UNDERSTANDING SOCIOLOGY

사회학 이해

권원기 저

정독
DEEP READING

사회학 이해

권원기 저

머리말

대학시절 사회학 강의를 들으면서 참으로 매력 있는 교과목이라는 생각을 하곤 했다. 그만큼 흥미롭게 사회학 수업을 들었고, 학점도 나름 좋게 나온 기억이 생생하다. 그 후 대학 강단에 서서 사회학을 강의한 지 어느덧 20여 년이 지나게 되었다. 그동안 많은 훌륭한 사회학 교재들을 접하면서 내심 부러운 마음과 언제 한 번 졸고라도 출간해 봐야겠다는 의욕이 있었다. 이번에 출간한 책은 오랜 시간 생각만해오던 것을 겨우 실행으로 옮긴 결실이라고 자평한다.

사회학은 다양한 사회현상을 이해하고 미래 사회변동을 예측할 수 있는 단서를 제공하는 분야라고 생각한다. 이런 관점에서 이 책의 전반부인 1장에서 3장까지는 사회학이 출현한 시대적 배경과 사회학 관련 많은 이론들을 다루었다. 여기에는 주요 사회학자들의 이론을 중심으로 전개하였으며, 다른 교재와는 다르게 사회변동이론을 곧바로 기술하였다. 그 이유는 사회변동이론을 사회학 관련 이론과 사회변동이론을 큰 묶음으로 다루는 것이 독자들의 이해를 용이하게 해줄 것이라는 믿음에서였다.

책의 중반부인 4장에서 9장까지는 각종 사회현상을 주로 다루었다. 여기에는 개인의 사회화, 사회 문화, 사회제도, 집단과 조직, 집합행동과 사회운동, 사회계층

등 여러 분야를 살펴보았다. 또한 현대 사회 감각에 맞는 내용과 사례를 활용하여 가급적 사회모습을 반영하려고 노력하였다.

책의 후반부인 10장에서 13장까지는 오늘날 많은 이슈로 등장하는 저출산 문제와 인구, 복지사회와 정보사회, 인공지능에 대해 기술하였다. 현대사회가 보여주고 있는 사회현상이자 사회적 과제인 저출산, 복지, 정보문제 그리고 향후 다가올 인공지능문제를 다루는 것이 현대사회를 이해하는 데 시의적절하다는 판단에서였다. 더불어 사회의 주요 쟁점분야를 후반부에 기술함으로써 우리의 고민과 미래의 방향을 모색해보자는 취지도 내포하였다.

이 책의 구성은 나름 독자성을 확보하려고 노력하였지만, 결국 기존 사회학 교재 틀을 많은 부분 답습할 수밖에 없었다. 그것은 저자의 능력한계와 기존 교재의 수월한 체계가 압도적인 탓이었다. 그런 면에서 기존 사회학 교재의 저자 분들에게 감사의 마음을 드린다. 마지막으로 이 책이 출간할 수 있도록 많은 격려와 성원을 해주신 정독출판사 김중용 사장님께 깊이 감사드리며, 아울러 책의 출간에 노고를 아끼지 않으신 출판사 관계자분들에게도 감사의 마음을 드린다.

2019년 2월

저자 씀

차 례

제1장 사회학 성립과 연구방법

제2장 사회학이론

제3장 사회변동

제4장 사회화

제5장 문 화

제9장 사회계층과 이동

제10장 저출산과 인구

제11장 복지사회

제12장 정보사회

제13장 인공지능과 인간

제1장 SOCIOLOGY

사회학 성립과 연구방법

1 사회학 성립과 연구방법

제1절 사회와 인간

1. 사회의 의의

1) 사회의 가변성

사회는 자연과 다르게 가변성이 강한 특성을 가지고 있다. 자연도 변화는 하지만 어느 정도 패턴이 있어서 그때마다 인지하는 것은 비교적 용이하다. 그러나 사회의 가변성, 즉, 사회의 변화무쌍함은 일정한 패턴을 찾아내기가 쉽지 않다. 그런 면에서 사회의 가변성은 우리가 사회를 연구할 수밖에 없는 동기를 제공한다. 사회의 변화를 알아야 어느 정도 변화패턴을 알 수 있고 나아가 불완전하나마 미래예측도 가능할 수 있다.

그렇다면 왜 사회는 가변적일까 하는 물음이 생긴다. 그 이유는 의외로 자명하다. 왜냐하면 사회를 구성하는 인자가 사람이기 때문이다. 인간이란 존재가 없다면 당연히 사회도 없게 된다. 그런데 사회를 구성하는 인간이란 존재는 어떤 속성을 가지고 있는가. 한마디로 지극히 변화무쌍한 속성을 가지고 있다. 하루에도 열두 번

이상 변덕스런 존재가 인간이다.

수시로 변덕을 부리는 가변적인 인간이 모여서 만들어진 것이 사회인데, 그렇다면 그 사회 또한 가변적이지 않을 수 없다. 더 나아가 인간은 수십억 명이 수십억 가지의 다양한 생각과 행동을 보인다. 인간이 사회를 구성한다는 것을 감안하면 사회는 그야말로 변동의 도가니가 아닐 수 없다. 게다가 인간은 유한한 생명을 가지고 있으면서도 끊임없는 변화를 추구하는 속성이 있다. 그 속성으로 인해 사회는 끊임없이 복잡하게 변동하고 각종 발명과 발견으로 새로운 세계를 경험하기도 하지만, 때로는 대규모 전쟁 같은 재앙을 통해 사회라는 그물망이 망가지기도 하는 위험스런 경우도 있다.

인간의 변화무쌍한 성격덕분에 사회는 자연스럽게 가변적이지 않을 수 없고, 인류역사가 시작된 이래, 단 한 번도 똑같은 사회모습을 재연하는 경우가 없는 이유도 이와 같은 속성 때문이다.

2) 사회의 성격형성

사회도 나름대로의 성격을 형성하고 있다. 우리는 흔히 A지역사회는 A라는 성격을 가지고 있다. B지역사회는 B의 성격을 가지고 있다는 식의 말을 한다. 이것은 사회가 눈에 보이는 성격을 가지고 있는 것은 아니나, 적어도 그 지역사회의 모습을 보여주고 있다. 협의의 지역뿐만 아니라 국가도 나름의 성격을 보여주고 있다. 이것은 해당 공간 내에 거주하는 인간들의 성향이 비슷함을 의미한다고 할 수 있다.

그렇다면 왜 일정 공간 내에 거주하는 인간의 성향은 비슷한 것일까. 여러 가지 이유가 있겠지만 중요한 몇 가지를 들면, 첫째, 오랫동안 이어져 온 정신과 물질교육이다. 조상들로부터 조금씩 배워 온 교육이 축적되어 어느덧 구성원들에게 일정한 형식의 행동과 정신을 형성하게 만드는 것이다.

둘째, 자연환경에 적응하는 과정에서 공동의 행동양식을 보여주는 것이다. 하천가에 사는 사람들은 항상 하천범람에 대비하기 위해 본능적으로 제방을 쌓고 홍수에 대한 경계심과 각종 주의사항에 익숙한 행동을 보일 것이다. 가뭄에 시달리는 지역의 사람들은 가뭄극복을 위해 저수지를 파고 집안에 물을 저장해 두는 방법을 강구하는 등 최대한 물의 고갈을 막기 위한 행동을 취할 것이다. 마찬가지로 추운 지역에 사는 사람들도 나름의 행동과 정신을 통한 추위극복 모습을 보일 것이다.

셋째, 성향이 비슷한 사람끼리 모여 사는 것을 선호하다 보니까 자연스럽게 해당지역의 성격모습으로 굳어질 수 있다. 오래전에는 씨족중심의 지역사회가 형성되었는데 이것은 성향이 비슷하고 협동이 원활하게 될 수 있기 때문에 배타적으로 모여 살았던 것이다. 오늘날도 어느 지역에 가면 무슨 성씨가 모여 살고 있고, 그 지역은 다른 지역과 다른 성격을 보여주는 것도 이 때문이다. 현대에는 취향이 비슷한 사람끼리 모여서 여러 가지 동호회 등을 결성하여 일정 공간에 모여 사는 경우가 있는데, 이것도 시간이 지나면 해당지역의 독특한 성격을 보여줄 수 있을 것이다.

3) 사회의 의미

일반적으로 사회는 '사람들이 모여 공동체를 형성하며 국가나 권력으로부터 지나친 억압 또는 강제를 당하지 않는 자유로운 상태에서 사회구성원들 간의 관계가 형성되는 시민사회'를 의미한다.

여기에서 시민사회는 사회와 어떤 관계일까? 처음에는 시민사회가 사회의 일부로서 하위영역에 속하였다. 즉, 공공영역에서 서로 담론을 주고받는 사람들을 시민이라 하였고, 그들이 구성하는 영역을 시민사회로 묘사되었다.[1] 그러나 시대가 민주화되고 점점 사람들이 담론의 장으로 모여들기 시작하면서, 오늘날은 시민사회에서 배제되는 사람은 없다고 볼 수 있다. 따라서 현대는 사회와 시민사회의 구별은 큰 의미가 없고 경계 또한 모호하다고 할 수 있다.

한편, 사회는 인간에게 어떤 의미가 있을까. 사회는 인간에게 '질서의 울타리'와 같다고 할 수 있다. 인간도 동물처럼 처음에는 혼자 생활하는 모습이었을 것이

1 시민사회의 개념은 시대에 따라 약간씩 달라져 왔다. 고전적 개념의 시민사회는 로크나 루소 등이 주장한 자연 상태와 대비되는 개인들 간의 합의에 의한 결사체를 의미하였다. 이들은 사회의 출현이 신이나 군주에게 있지 않다는 것을 강조하며, 국가와 시민사회를 동일시하였다. 근대적 개념의 시민사회는 헤겔(G.W.F. Hegel) 등에 의해 주도되었다. 그는 시민사회를 국가와 자연 상태의 중간단계로 보고, 시민사회는 개인이 가족 영역에서 벗어나 생계와 자기이익을 위한 경제적 경쟁의 사회로 간주하였다. 개인들의 이익경쟁의 통제를 위해서는 국가가 나서야 하고, 따라서 시민사회가 갖는 개인주의를 국가라는 보편주의와 통합하는 변증법적 해결을 모색하였다. 그런 면에서 헤겔은 국가와 시민사회를 분리하여 다루었다. 헤겔과는 반대로 토크빌(Tocqueville) 등에 의한 자유주의적 개념 옹호자들은 국가권력이 비대해지는 것을 경계하며, 오히려 국가를 최소화하고 사회를 최대화하기 위해 국가권력의 사회적 통제를 주장하였다. 이 외에도 마르크스주의자들은 시민사회를 자본주의와 동일한 것으로 인식하여, 개인 이익을 추구하는 사람들이 맺은 경제적 관계의 총체로 파악하고 이를 부르주아 사회라고 하였다. 그러면서 시민사회는 윤리와 도덕이 없는 분열된 사회에 불과한 것으로서, 이를 해결하기 위해서는 프롤레타리아 혁명이 필요하다고 주장하였다.

다. 그러다가 인간이 모여 살기 시작한 때부터 인간에게는 상호의존의 모습이 나타나기 시작했다. 서로 돕고 어려움을 이겨내고 일을 성취하는 과정에서 효율성을 경험하게 되었고, 대부분의 경우 혼자 사는 것보다 모여 사는 것이 더욱 효과적임을 깨닫게 되었다. 그렇게 모여 살다 보니까 자연스럽게 공동체 생활을 하게 되고 이것이 사회라는 형태를 띠게 되었다.

그런데 다양한 성격의 인간들이 제각각 자기주장과 성격을 드러내기 시작하였고, 시간이 흐를수록 점점 혼돈 속으로 빠지는 일이 잦아졌다. 이에 사회는 어떤 일정한 룰이 필요하게 되었다. 그 룰 속에 인간은 자신의 욕구를 제어하게 되고 다른 사람의 눈치도 보게 되는, 좋게 말하면 배려의식이 싹튼 것이다. 이러한 모습도 한 사회의 성격 형성 요인으로 자리 잡게 되었다.

사회는 무질서한 면도 있지만 기본적으로 질서를 추구하는 속성이 있다. 그래야만 사회 구성원들이 예측 가능한 행동을 하게 되고 서로의 안위를 위해 노력할 수 있게 된다. 사회가 인간들에게 질서를 갖고 있는 울타리 역할을 할 때, 비로소 사회의 진정한 의미를 찾을 수 있다. 그 사회는 인간에게 어떤 방식으로 살아야 하고, 어떤 마음과 행동이 공동체의 기준에 부합되는가를 묵시적으로 알려주는 일종의 방향타인 셈이다.

2. 사회와 인간의 관계

1) 인간의 진화

본래 인간의 출현[2] 초기에는 사회란 것이 없던 것으로 추측된다. 겨우 가족단위의 생존방식으로 생활했을 개연성이 크다. 지금의 동물 세계를 보면 어느 정도 초기 인간의 생활상을 짐작할 수 있다. 아마도 초기 인간은 거의 동물과 같은 수준으로 사냥하고 반대로 잡아먹히는 생활이었을 것이다. 각자 알아서 생존하는 약육

2 인간을 흔히 영장류의 으뜸이라고 부른다. 영장류는 생물분류로 보면 목(目) 정도에 해당한다. 즉, 동물(계), 척색동물(문), 척추동물(아문), 포유류(강), 유태류(아강), 영장류(목), 사람(과), 사람(속), 사람(종), 사람(아종)으로 나누어지는 것 중, (목)에 속한다. 초기 인류는 최초의 사람(과)인 '오스트랄로피테쿠스'(속)으로 알려져 있다. 시기적으로는 약 1백만 년 전부터 수백만 년 전으로 추정되고 있다. 그러나 오늘날 우리가 사용하는 인간이라는 용어는 보통 사람(호모) 속의 구성원들에게 붙여지며, 현대인과 같은 속에 해당한다. 최초의 인간은 약 1백만 년 전의 호모에렉투스로 추정하며, 그 후 초기 호모 사피엔스가 아프리카에서 시작, 진화, 확산되어 오늘날의 현대인이 되었다는 것이 다수 학자들의 시각이다.

강식의 원초적 삶이 지배적이었을 것이다.

그런데 인간이 우연하게도 불을 사용하게 된 것이 인간생활에 커다란 변화를 가져왔다. 불은 사냥한 고기를 보다 맛있게 구워먹을 수도 있지만 무엇보다 다른 짐승들의 공격에 강력한 무기로 쓰이게 되었다. 인간이 동물들을 확실하게 제압하는 결정적 전환점이 불의 사용이었다. 이후 인간의 농경생활 시작은 식량을 저장하여 추운 겨울을 지내기에 부족함이 없었고, 인간은 더욱 한곳에 모여 노동력을 집중할 필요성을 느끼게 되었다. 여기에 문자의 사용은 인간의 정신세계까지도 결집시키는 중요한 역할을 하게 되었다. 문자는 상호 의사소통을 보다 명백히 할 수 있으며 공동생활에 필요한 각종 규칙을 정립하는 데 큰 도움이 되었다.

이런 인간의 진화과정 속에 서서히 사회라는 틀이 형성되기 시작하였다. 인간이 모여 살다보면 자연스럽게 여러 가지 복잡한 문제가 생기고 의사소통의 왜곡도 생길 수 있다. 그래서 어느 정도 질서라는 것이 필요하게 된다. 인간의 불의 사용이 동물들에게 잡아먹히는 생활을 청산하게 했다면, 농경의 시작은 인간을 한 장소에 모여 살게 했으며, 문자의 사용은 보다 정교한 사회질서를 구축하는 데 크게 기여했다고 볼 수 있다.

이와 같이 인간의 진화는 사회를 형성하는 데 중요한 계기가 되었으며, 사회는 인간의 진화 과정에서 탄생한 '보이지 않는 생명체'와 같다고 할 수 있다.

2) 인간과 사회의 관계

인간은 '사회적 동물이다'라는 말은 명제가 될 정도이다. 사람은 사회 구성원으로서 자신의 맡은 바 책임과 의무를 성실히 이행해야 한다고 묵시적으로 강요받으며 사회를 떠나 홀로 살 수 없음을 당연시한다.

물론 로빈슨 크루소의 무인도 삶처럼 인간 혼자서 생활하는 것이 실현 불가능한 일은 아니다. 그러나 홀로 된 무인도 생활이 과연 인간다운 삶인 것인가를 생각해봐야 한다. 우리는 인간으로서 산다는 것이 단지 의식주를 해결하는 데에만 국한되지 않다는 것을 익히 알고 있다. 인간다운 삶과 사회의 존재는 분리되어 설명할 수 없을 정도로 불가분의 관계이다.

인간다운 삶은 사회가 전제되어 있을 때에 가능하기 때문에 인간 행위에 대한 논의 없이 여러 가지 사회현상들을 논할 수 없다. 마찬가지로 사회를 배제하고서 인간의 다양한 생활양식들을 설명할 수 없다.

인간은 사회 내 여러 집단에 속하면서 부여된 지위와 업무를 충실히 수행하고자 한다. 가정에서는 부모 또는 자녀로서, 학교에서는 학생으로서, 회사에서는 사원으로서 맡은 역할을 행하고 있다. 그러면서 각 개인은 다른 사람들과 관계를 형성하며 삶의 의미를 더 부여하고 있다. 만약 다른 사람과의 관계를 무시한다면 더 이상 사회 구성원으로 존재할 수 없다. 따라서 사회는 사람들이 모여 서로 맺고 있는 관계의 공동체로 이해할 수 있으며, 인간 행위들은 사회가 전제될 때에 비로소 이해되고 해석될 수 있다.

결과적으로 인간과 사회의 관계는, 인간은 사회를 구성하는 성원이며 사회는 인간 상호간의 관계를 의미 있게 유지시켜 주는 구조라고 할 수 있다. 또한 인간은 사회를 통해 삶의 의미를 부여받고, 사회는 이러한 인간 삶의 총체적 반영물이라고 할 수 있다.

제2절 사회학의 의의

1. 사회학의 다양성

사회학의 다양성은 사회학 연구결과의 다양성을 의미한다. 사회학 연구는 연구자마다 다양한 시각을 기초로 접근할 수 있고, 그 결과 또한 다양한 결론을 얻을 수 있는 특징이 있다. 많은 사회과학 분야 연구는 이런 식의 다양함을 특징으로 하고 있다.

연구결과의 다양성은 해당 학문의 한계이면서 장점이 될 수 있다. 한계라고 표현한 것은 부족하다는 뜻이 아니고 어떤 명확한 결론을 얻기가 불가능하다는 뜻이다. 이는 사회학뿐만 아니라 사회과학 분야의 대부분은 한계가 있을 수밖에 없다. 사회과학 자체가 인간과 사회를 다루다보니까 항상 변화하는 사회 속성을 완벽히 밝혀낸다는 것은 원초적으로 불가능하기 때문이다. 하지만 연구결과의 다양성은 장점도 갖고 있다. 관심 있는 사람은 누구나 탐구할 수 있고, 얻어진 결과가 잘못된 것도, 정확한 것도 아니라 할지라도 나름대로 성과를 거둘 수 있기 때문이다.

우리가 공부하는 사회학은 사회를 대상으로 각종 사회현상을 탐구하고 미래사회를 예측해 보려는 분야이다. 그런데 사회는 가변적인 인간들로 구성되어 있기 때문에 사회 또한 언제나 유동적인 특성을 갖고 있다. 사회학 분야에서는 고체처럼 정형화된 사회 모습을 찾아보기가 불가능할 정도이다. 사회학의 한계라 함은 어떤 공식처럼 정형화된 틀을 끄집어내기가 매우 어렵다는 것을 의미한다. 그렇지만 사회학의 이런 면이 역설적으로 무한한 탐구영역과 방법을 제공하고 있다.

장님 세 명이 커다란 코끼리를 만진 후 각자 소감을 얘기한다고 하자. 코끼리 다리를 만져 본 장님은 코끼리가 마치 기둥 같다고 하고, 코를 만져 본 장님은 코끼리가 뱀과 같다고 하며, 배를 만져 본 장님은 코끼리가 벽과 같다고 한다.

이들 세 명의 견해는 정답일까? 그렇지 않다. 그러나 이들의 견해가 과연 백퍼센트 틀린 비유일까? 그것도 아니다. 코끼리에 대한 이들의 소감은 백퍼센트 맞는 것도 아니고 백퍼센트 틀린 것도 아니다.

학문이라는 것이 이런 특성을 가지고 있다. 완벽하게 맞는 이론도 찾기 힘들고 반대로 완벽하게 틀린 이론도 찾기가 힘들다. 그래서 앞서 제시된 이론은 뒤따라오는 연구자에 의해 뒤집혀지거나 수정 보완이 되는 경우가 수없이 많다. 그런 과정들을 거쳐 더 이상 손댈 곳이 없다고 인정하면 그때는 이론을 넘어선 명제에 도달한다. '태양은 동쪽에서 뜨고 서쪽으로 진다' '지구는 돈다'와 같은 이론은 이제 명제로 굳어져 누구도 이에 대한 반론을 제기하지 않는다.

우리가 탐구하는 사회학은 사회를 대상으로 하는 분야이다. 사회는 가변적이고 똑같은 모습을 보인 적이 한 번도 없다. 그만큼 사회와 사회현상에 대한 견해는 다양할 수밖에 없다. 다시 말해 우리 모두가 각자 사회에 관한 정의를 내린다 해도 그것이 틀렸다고 말할 근거는 전혀 없다. 반대로 유명한 사회학자가 내린 정의라 해도 그것이 완벽한 정의라고 말할 근거 또한 부족하다. 이런 면에서 사회학은 우리에게 연구의 최종 도달점을 쉽게 허락하지 않고 있다. 다른 면에서 사회학은 우리에게 무궁무진한 연구의 영역을 제공하고 있다. 어쩌면 사회학의 한계가 더 많은 영역을 보여주고 있으며, 그 영역을 바탕으로 우리 모두는 사회학자가 될 수 있는 것이다.

2. 사회학의 필요성

사회학은 19세기에 접어들면서 비로소 학문으로 정립되기 시작하였다. 다른 분야처럼 오래된 역사를 갖고 있지는 않지만 지금은 중요한 영역으로 우리 생활과 밀접하다. 사회학만큼 우리 생활과 밀접하게 연관된 학문분야도 많지 않을 것이다.

사회학은 과거의 사회변화 흐름이 어떤 일반적 규칙에 의해 움직이는가를 분석해 보기도 한다. 나아가 현재의 우리 사회모습을 진단하고 문제점은 무엇인가를 파악한다. 이 과정에서 최대한 과학적인 방법으로 진단하고 파악하려는 것이 사회학의 모습이다. 이러한 일련의 노력은 다가오는 미래사회의 변화를 예측하고 이에 대응하는 자세를 제시하기도 한다.

사회학은 옛것을 탐구하여 새로운 것을 알아가는 온고지신(溫故知新)과 같은 학문의 자세를 바탕으로 하여 끊임없이 유동적인 사회변화 모습을 추적한다. 이것은 사회혼란을 줄이며 우리가 사회를 구성하고 살아가는 데 반복되는 실수를 최대한 줄이는데 기여하고 있다.

사회학은 우리 생활의 역사와 우리가 속해 있는 사회의 이전 모습을 살펴보고, 현재의 우리 사회모습을 진단하며, 미래의 사회모습을 안정적이고 발전적인 방향으로 인도하는 안내자라고 할 수 있다. 안내자로서의 사회학이 우리 삶 속에서 절대적으로 필요하다는 것은 두말할 나위가 없다.

또한 사회학은 학문의 지평을 넓혀주는 데 필요한 분야이다. 사회과학을 공부하는 경우 더욱 사회학은 그 지평을 넓혀주고 있다. 경영, 행정, 철학, 법, 복지 등 수없이 많은 사회과학 분야의 기초적 학문으로 사회과학의 각론분야에 진입하는 데 밑거름이 되는 분야라고 할 수 있다.

사회학은 우리의 실생활 면이나 학문적 탐구에 있어서 아주 유용한 도구로서 필요성이 증대되고 있다.

3. 사회학의 정의

사회학은 어떤 주제로 어디까지 연구하는 범위이며, 사회학의 개념은 어떻게 정의할 것인가 하는 것은 쉬운 문제가 아니다. 아마도 사회학을 연구하는 사람만큼 사회학의 개념정의가 많을 것이다. 그것은 앞서 장님과 코끼리의 우화를 보듯이 개인마다 다양한 시각으로 사회학에 접근을 시도하기 때문이다.

사회학의 범위는 작게는 개인부터 크게는 사회현상에 이르기까지 다양한 주제를 가지고 탐구하는 영역이다. 개인들의 상호작용에 따른 인식과 행동, 개인과 조직의 역학관계, 조직 간의 관계, 개인과 지역사회의 관계, 지역사회간의 관계, 개인과 국가 간의 관계, 국가 간의 관계 등 실로 다양하고 넓은 범위를 가지고 있다.

이렇듯 넓은 사회학 탐구범위에 비추어 볼 때, '사회학이란 이것이다' 하는 개념정의는 처음부터 불가능한 일일 수 있다. 그러나 사회학을 연구함에 있어서 어느 정도 기준이란 것이 필요한 까닭에 개념정의를 위해서는 다음 요소를 고려해야 한다. 먼저 개인의 인식과 행동을 포함해야 한다. 다음으로 집단과 조직을 포함하며, 이보다 포괄적인 지역사회에 관한 고찰도 포함해야 한다. 나아가 국가와 세계적인 사회현상도 더해져야 한다.

이러한 요소 등을 고려하면서 사회학의 개략적이나마 개념정의를 한다면 다음과 같다. 사회학은 '개인과 집단, 조직, 지역사회, 국가 등을 망라한 각종 현상을 연구하며 이들 간의 관계를 규명하는 학문'이라고 정의할 수 있다.

제3절 사회학의 성립

1. 사회학 출현배경

사회학이 어디에서 출발했는지는 마치 바닷물을 역추적하는 것과 같다. 바다로 흘러 들어오는 강물을 역으로 거슬러 올라가면 하천이 나올 것이다. 그 하천을 역으로 따라 가보면 실개천이 나올 것이고 실개천을 거슬러 가다 보면 산 위의 작은 물줄기가 나올 것이다. 그렇게 가다 보면 시작 지점이 한두 군데가 아닌 수백 수천 개의 지점이 발견될 것이다. 정확히 어디서부터 시작되었는지를 설명하기에는 너무 많은 시발점의 논란이 일 수 있다.

이와 같이 사회학의 출현배경도 많은 견해와 시각차이가 있다. 그래서 정확히 사회학 기원이 여기부터이다라는 명쾌한 설명을 하는 것은 매우 어렵다.

그러나 학문적인 면에서는 프랑스의 콩트(A. Comte)가 나름대로 정립한 사회학을 출발점으로 보고 있다. 콩트의 사회학은 당시 유럽사회의 상황과 깊은 연관성을 바탕으로 출발하였다.

당시 유럽은 16세기부터 대두된 시민계급과 1792년의 프랑스 대혁명의 영향으로 19세기 초에 이르러서는 시민사회가 성립되었다. 프랑스 대혁명에서 분수령을 이룬 시민사회의 성립은 인류 역사상 일반 대중의 힘이 역사의 전면에 등장한 획기적인 계기가 되었다. 그런데 위대한 시민혁명을 성공시킨 프랑스 사회는 뜻밖에 혼란의 도가니로 빠져들었다. 혁명 이후의 구체적인 플랜(plan)이 없었고, 카리스마 넘치는 핵심 지도력도 약한 탓에 수없이 많은 폭동과 혁명, 반혁명 등의 극심한 사회적, 정치적 혼란을 겪게 된 것이다.

여기에 영국에서 시작된 산업혁명3은 프랑스 사회 내 갈등을 더욱 심화시켰

그림 1-1 프랑스 대혁명 발생과 전개 일지

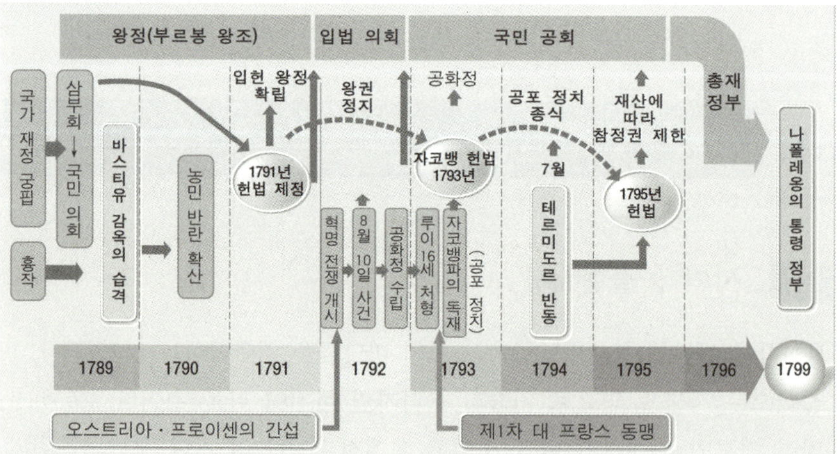

자료: ZUM학습백과(http://study.zum.com/book/11773).

3 영국에서 가장 먼저 산업혁명이 발생한 이유는 대략 다음과 같다. 첫째, 18세기 영국은 다른 나라보다 시민혁명을 빨리 겪은 탓에 정치적으로 안정되어 있었다. 청교도혁명, 명예혁명 이후 정치적으로 안정된 것이 산업혁명에 큰 기여를 하였다. 둘째, 산업화 초기의 주요 동력자원인 석탄이 풍부했던 것

다. 영국의 산업혁명 물결이 프랑스로 밀려들자 이 영향으로 프롤레타리아 노동자들과 부르주아 자본가의 대립이 계급갈등으로까지 비화되어 사회혼란은 더욱 극심하였다.

이러한 일련의 혼란상황을 우려하며, 혼란을 어떻게든 극복하고 사회 안정을 회복하기 위한 사상적인 노력이 요구되었고, 이에 부응하여 콩트에 의해 사회학(sociology)이라고 명명된 학문이 탄생하게 되었다.

2. 사회학 성립

학문적으로 사회학은 콩트(A. Comte)가 사회학이란 용어를 사용하기 시작한 데서 유래되었다고 보는 게 일반적 정설이다. 앞서 말한 대로 프랑스 대혁명 이후 사회가 극심해지자 이의 해결을 위한 사상적 처방이 필요하였다. 콩트는 먼저 혼란한 사회를 안정시키려면 사회질서가 필요하다고 보고 사회질서를 강조하는 '사회정학(社會靜學)'과 질서를 기반으로 하여 사회가 진보해야 한다는 내용의 '사회동학(社會動學)'을 합쳐 '사회학(社會學)'이라는 학문체계를 성립하였다.

사회정학은 프랑스 혁명 이후의 사회적 정치적 혼란기의 사회질서문제를 해결하는 것을 목표로 하였고, 사회동학은 근대시민사회의 성숙한 사회진보를 달성하는 것을 목표로 하였다. 특히 사회동학은 사회의 진보는 인간의 지적 진보에 기인한다고 보고, 인간의 지적 진보는 신학적 단계에서 형이상학적 단계로, 형이상학적 단계에서 실증적 단계로 이루어진다고 하였다.

콩트는 실증적 단계의 진보야말로 혼란한 사회를 안정시키고 진보된 사회를 가져올 수 있다고 주장하며, 사회학 분야에서도 실증주의라는 새로운 연구 방식을 적용하였다.

실증주의는 말 그대로 실제 있는 사물이나 대상에 대하여 그 사물만의 고유한 내용을 추출하여 정의내리는 방식이다. 그래서 실증주의는 사실에 맞지 않는 그 어떤 개념이나 이론도 배격하고, 보다 실재에 가까운 이론이 보다 실재에 먼 이론을 폐기하는 식의 태도를 취하고 있다.

도 산업발달에 중요한 역할을 하였다. 셋째, 영국의 신항로 개척 이후 신대륙과의 교류가 활발해져 산업발전에 충분한 자본을 갖추고 있었다.

콩트가 활동하던 시기의 서양철학은 대부분 사변철학(思辨哲學), 즉, 공상이나 추론에 근거하며 실재하지 않는 대상을 다루는 식의 학문적 태도가 주를 이루었다. 콩트는 이러한 사변철학적 방식을 배격하고 사물의 대상을 있는 그대로 두고, 그 안에서 일정한 법칙 또는 규칙을 뽑아내는 방식을 강조하였다.

실증주의는 자연과학의 연구방법론처럼 관찰과 비교, 실험을 통하여 어떤 보편적인 규칙을 얻으려는 방법이다. 예를 들면, 어느 날 태양이 동쪽에서 뜨고 서쪽으로 진다는 사실을 관찰했다고 하자. 이런 현상이 항상 나타나는지를 알기 위해서 비교를 해본다. 한국에서 관찰하는 것으로 그치지 않고 남미의 브라질에 가서 관찰하고 북미의 캐나다에 가서도 관찰하고 아프리카와 유럽에서도 관찰해본다. 이렇게 다양한 비교를 통해서도 태양의 뜨고 지는 방향이 일치한다면 다음으로 실험을 통해 관찰해본다. 반듯이 서서 관찰하기도 하고 물구나무서서 거꾸로 보기도 하며 다른 사람의 눈을 통해서도 실험해 본다. 이렇게 비교와 실험을 한 결과, 똑같이 태양이 동쪽에서 뜨고 서쪽으로 진다는 것이 확인될 때, 비로소 태양은 동에서 뜨고 서로 진다는 이론이 성립할 수 있다. 이 이론이 어떤 시간적 변수나 공간적 제약에도 변함없이 적용된다면, 이것을 거의 불변의 운동으로 받아들이고 우리는 이를 명제(命題)라고 규정한다.

이와 같이 콩트는 사회학을 정립시켰을 뿐 아니라 사회학의 연구방법으로서 자연과학과 같은 과학성을 개입시킨 역할이 크다고 할 수 있다. 우리가 사회학을 과학적 방법으로 사회를 분석하고 이해하려는 것도 콩트의 공헌이다.

3. 사회학의 과학성

사회학의 과학적 성격은 개인의 사상이나 직관에 의지하는 세계관을 배격하고, 모든 것은 실재하는 것을 기초로 분석 탐구하여 해법을 찾으려고 한다. 개인의 사상에 의존하다 보면 합리적 근거 없이 '본래 세상은 이런 모습이었지' 하는 식으로 혼자만의 세계를 규정하게 된다. 개인적인 추론이 틀리거나 가치 없다는 의미는 아니지만 이런 방법은 자칫 이론을 위한 이론으로 빠질 가능성이 있다.

사회학이 성립되기 이전의 서양철학은 주로 개인의 직관이나 경험에 의존하고 있었다. 루소의 '자연으로 돌아가라' 홉스의 '만인의 만인에 대한 투쟁'과 같은 사변철학이 주를 이루었다.

사변철학자들의 사상과 주장은 매우 의미 있고 주옥같은 금언(金言)이지만, 실증주의자들의 시각에서 보면 지극히 주관적이며 현실성이 결여된 것으로 보였다. 자연으로 돌아가자는 주장도 모든 인류가 자연으로 돌아가는 것이 불가능한 일인데도 단지 사유(思惟)함으로써 그 상황이 가능하게 여겨진 것이었다. 사회학의 과학적 시각으로 볼 때, 이러한 개인적 직관이나 경험에 의존하는 방법은 공상적인 것으로까지 여겨졌다.

그러나 여기에서 개인의 직관과 경험을 중시하는 방법이 잘못된 것이라고 단정하면 안 된다. 사회학 이전의 사변철학의 위대한 면을 간과해서는 안 된다는 것이다. 다만 사회현상을 파악할 때 이런 방법의 비과학적 요소로 인해 오류에 휩싸일 경우가 있음을 고려해야 한다.

사회학은 과학적이고 객관적으로 사회현상을 분석하려는 분야이다. 이것은 학문적 연구 분야뿐만 아니라 우리 실생활에도 많은 영향을 주며, 기업이나 국가의 계획, 정책 등에도 유용하게 작용한다.

예를 들면 회사의 사장이 직원을 채용하려 할 때, 대화 몇 마디하고 사장 자신의 직관으로 채용하게 되면 상당히 주관적이다. 이런 방법으로 우수한 사원을 채용할 수는 있지만 그 확률은 낮게 나타나고 객관성도 떨어져 공신력을 얻기가 쉽지

표 1-1 주요 사변철학자들과 주장내용

구 분	홉스(1588~1679)	로크(1632~1704)	루소(1712~1778)
자연상태	만인에 대한 만인의 투쟁	자연법이 지배하는 평화상태	자유롭고 평등
본성	이기적	백지	선함
자연권	자기보존	재산권(신체소유권)	평등과 자유
정치사상	군주제	간접민주주의	평등과 자유
사회계약 내용	자연권의 전면양도	자연권을 국가 또는 국왕에게 신탁: 자연권 보장	일반의지 실현
피통치자	절대복종	저항권 유보	혁명가능

않을 것이다. 반대로 너무 객관적인 스펙내용인 자격증, 출신학교, 학업성적 등 객관적인 데이터에만 의존하여 채용하는 것도 한계가 있다. 그래서 필기나 실기시험, 면접 등을 행하는 방식으로 주관적인 것과 객관적인 것을 충족하려 한다. 많은 회사에서 이 두 가지 방식을 병합하여 채용하는 것도 오류를 최대한 줄이기 위한 것이다.

국가정책을 수립함에 있어서도 사회학의 과학성이 적용되고 있다. 가령 노인복지정책을 수립하기 전에 재원마련을 어떻게 할 것인가, 얼마만큼의 금액을 투입할 것이며, 얼마나 많은 사람이 수혜를 입을 것인가 등을 면밀히 분석한 후 복지정책을 수립해야 한다.

이렇듯 사회학은 연구 분야로서 과학적인 면을 추구하는 것뿐만 아니라 우리의 실생활에 유용한 도구로서 과학적인 면을 추구하고 있다. 사회학이 사상적 담론을 넘어서 광범위한 학문 분야의 입문서와 같은 역할을 하는 것도 이러한 속성이 있기 때문이다.

제4절 사회학 연구방법

1. 사회학 성격

사회학을 제대로 연구하려면 먼저 사회학의 성격을 파악해야 한다. 첫째, 사회학은 기본적으로 현실사회를 대상으로 하는 분야이다. 우리가 흔히 말하기를, "현실은 그렇지가 않아"라고 하는데, 여기에서 현실은 생각과는 다르다는 것을 암암리에 내포하고 있다. 즉, 현실을 다룰 때에는 단순한 생각이나 상상으로 접근해서는 안 된다는 것을 본능적으로 알고 있다. 사회학은 상상으로 접근하는 것이 아니라 실제 현실의 문제를 증거로 찾고 해결하려고 한다. 사회학이 처음 출현했던 배경 자체가 사회적 혼란이라는 현실적 문제를 해결하려는 것이었기 때문에, 현실의 실제적 문제에 뿌리를 둔 것은 당연한 것일 수밖에 없다.

둘째, 사회학은 과학성을 추구하는 분야이다. 지금은 사회과학이라는 말을 익숙하게 하고 있지만 과거에는 과학이라는 용어는 자연과학에만 해당하는 것으로 여겨졌다. 정치, 경제, 행정 등 다수의 사회 관련 학문은 과학보다는 어떤 추상적인 원리를 파악하려는 입장이 강하였다. 그러나 지금은 이러한 분야들도 과학적 접근법을 주로 하고 있다. 이렇게 된 배경에는 사회학의 과학적 접근이 큰 역할을 하였다. 사회학은 사회적 병리원인 파악과 현실적 해결방안을 제시하는 데 있어서 과학적 방법에 집착하였고, 이것이 다른 사회관련 학문들에게 과학성을 중시하도록 영향을 준 것이다.

셋째, 사회학은 사회 관련분야 학문의 기초이자 종합학문적인 성격을 가지고 있다. 얼핏 보면 사회학은 이전 학문들의 연구방식이나 신념을 부정하는 것처럼 보일 수 있다. 그러나 사회학은 기존 학문을 부정하는 것이 아니라 그 위에서 새로운 형태의 접근법으로 태어난 분야라고 할 수 있다. 사회학이 탄생하기 이전의 학풍이었던 형이상학적 연구방법을 통해 사유적인 접근법의 한계를 알게 되었다. 또한 형이상학 이전의 신학적 단계의 학풍을 통해 신의 세계보다는 인간의 현실세계가 더 급하고 중요한 문제임을 깨닫게 되었다. 그럼에도 불구하고 사회학은 기존의 신학적, 형이상학적 학풍을 무의미한 것으로 간주하지 않고, 오히려 그 안에서 제기되었던 윤리 내지 신념의 내용을 객관적인 사실로 인정하고 연구대상에 포함시켰다. 한마디로 사회학은 이전의 연구내용을 평가절하 하는 것이 아니라 이전 연구방식의 문제점을 파악하고 새로운 방식을 추구한 것이다. 이런 까닭에 사회학은 사회과학 분야의 기초이며 종합적인 성격의 학문이라고 할 수 있다.

2. 사회학 연구의 전제

사회학의 과학적 연구방법은 주관적 인식과 객관적 인식의 문제와 연결되어 있다. 자연과학 분야는 이런 문제로부터 많이 자유롭다. 가령 한 그루의 나무를 보고 만져보면 그것이 나무임을 알게 되고 다른 사람들도 이의를 제기하지 않는다. 나무를 보고 만져 본 경험이 나무를 객관적인 대상으로 파악하고 동일한 견해를 유도하는 것이다.

그러나 사회현상은 경험했다고 해서 동일한 견해를 얻어내기가 힘들다. 예를 들면 모두가 국가 속에 살면서 국가라는 형태를 경험했어도, 정작 '국가란 무엇인가?'를 물어 보면 제각각 다양한 의견이 나타난다. 개인 자유를 강조하는 사람과 집단 결속을 강조하는 사람의 국가관은 현저히 다르게 나타난다. 이것은 국가라는 사회적 대상이 각 개인의 주관적 경험, 사상, 가치관 등에 의해 다르게 인식되기 때문이다.

사회현상은 주관적 인식 내지 지식에 크게 좌우된다. 하지만 사회현상을 주관적 견해에 의지하여 분석하고 문제를 해결하려 든다면 더 큰 문제가 발생할 수 있다. 사공이 많으면 배가 산으로 간다는 식의 중구난방이 될 수 있다. 물론 사회현상 연구에 전통적인 주관적 분석을 무시하는 것은 아니지만, 적어도 객관적 방법을 동원하여 사회현상을 분석하는 것이 보다 정교한 연구가 될 수 있고 많은 사람의 공감대를 이끌어 낼 수 있다. 사회학의 과학적 연구를 위해서는 다음과 같은 몇 가지 전제가 있어야 한다.

첫째, 많은 경우 주관적 인식의 오류가 있음을 인정해야 한다. 우리가 사는 사회 속에서 일어나는 여러 가지 사회현상은 우리와 직결되는 문제들이고 자신에게 다가오는 느낌도 제각각이다. 이 때 우리는 본인의 주관성에 기초하여 사회현상을 규정하고, 그에 대한 처방도 주관성에 의지하여 제시한다.

예를 들면, 맥주 집에서 몇 명의 젊은이가 '미래사회의 고령화 현상과 노인부양'이라는 현상을 놓고 대화한다면 그 원인과 해결방안이 제각각 다를 것이다. 어떤 사람은 아이를 많이 낳게 해야 한다고 주장하고, 다른 사람은 노인 일자리를 많이 만들어야 한다고 주장하고, 또 다른 사람은 부가가치가 높은 산업을 육성하여 국가의 재정을 강화해야 한다고 주장한다. 모두 자신들의 견해 속에 자신이 갖고 있는 지식, 자신의 현재 경제적 상황, 집안의 부모 연령 등 본인이 처한 위치에 따라 의견을 개진하고, 심한 경우 각자 의견을 강하게 주장하여 언쟁도 벌어지고 나아가 편이 갈라져 어색한 분위기가 연출되기도 한다.

그러나 이들의 원인분석과 처방은 대부분 본인의 생각일 뿐, 객관적인 근거가 미약한 탓에 적절한 해결책으로 채택하기가 곤란하다. 따라서 사회현상에 대한 과학적 연구는 어느 누구든 본인의 지식이나 경험은 완벽하지 않고 오류를 범할 수 있다는 것을 전제하는 것으로부터 출발한다.

둘째, 주관성을 배제하고 최대한 객관적인 측정이 필요하다. 어떤 연구자가 빈곤과 개인생활습관의 관계를 연구한다고 하자. 그런데 연구자는 평소 부자들에게 적지 않은 적대감을 가지고 있었다. 부자는 탈세와 불법, 정부권력과의 유착에서 부를 쌓고 있다는 생각을 가지고 있었다. 연구자의 연구결과, 빈곤의 이유는 개인의 생활습관과 상관성이 없고 사회구조적인 문제, 정부권력의 편향이 문제라고 지적한다면 이는 주관성이 강하게 반영된 것이라고 할 수 있다. 반대로 같은 주제를 다룬 다른 연구자는 빈곤이야말로 평소 개인의 근면성 부족이나 과다쇼핑 등 생활자세가 원인이라고 생각하고 있었다. 이 연구자의 연구결과, 빈곤의 이유는 국가나 사회와 관련이 없으며 개인의 노력정도가 빈곤을 좌우한다고 결론짓는다면 이러한 연구결과 역시 주관성이 강하게 내포된 것이라고 할 수 있다.

사회현상을 연구할 때, 객관적인 자세는 과학성을 결정짓는 중요한 요소라고 할 수 있다. 사회현상은 워낙 거대하고 복잡하고 양상이 다양하므로 보는 관점마다 다르게 해석될 수 있다. 그래서 과학적인 요소보다 주관적인 해석을 하고자 하는 유혹이 강하다. 그러나 연구의 과학성을 확보하기 위해서는 최대한 객관적인 자세를 유지해야 한다. 오늘날 사회과학연구는 설문조사나 통계자료 분석, 실재 존재하는 자료를 근거로 한 분석, 또는 연구자의 직접 참여를 통한 참여관찰 등 실재적이고 객관적 근거가 있는 연구를 강조하고 있다. 이와 같은 일련의 방법들은 사회현상 연구의 과학성 확보를 향한 조치라고 할 수 있다.

셋째, 측정의 타당성과 신뢰성을 확보해야 한다. 타당성은 측정도구가 연구내용을 측정할 만한 것인가를 의미한다. 건강상태를 분석하려면 혈압, 심장박동 수, 배변상태 등을 측정도구로 해야 하는데, 몇 킬로그램의 무게를 들 수 있는지, 윗몸일으키기는 몇 회를 하는지 등을 측정하면 타당성이 떨어진다. 많은 무게를 들 수 있고 많은 횟수의 윗몸일으키기를 하는 사람은 그렇지 못한 사람보다 더 건강할 확률은 높다. 하지만 이것은 건강상태를 측정하는 것보다 체력상태를 측정하는 것에 더 타당한 요소이다. 이와 같이 측정의 타당성은 측정하고자 하는 내용을 정확히 반영할수록 높게 나타난다.

신뢰성은 측정하고자 하는 도구가 믿을 만한 것이냐의 문제이다. 측정도구를 동일한 대상자에게 여러 번 반복 사용해도 거의 동일한 결과를 얻는다면 신뢰성은 확보된 것이라고 할 수 있다. 반대로 측정할 때마다 다른 결과를 얻는다면 신뢰성이 부족한 측정도구라고 할 수 있다. 예를 들면 종교생활과 신앙심을 측정하는데, 한 달 전에 측정했을 때는 하루 기도시간을 가장 중요한 요소로 응답하던 대상자가

한 달 뒤에는 헌금액수를 가장 중요한 것으로 응답하고, 또 한 달 뒤에는 예배참석 횟수를 가장 중요한 것으로 응답한다면 이 측정도구는 잘못된 것으로 신뢰성이 떨어진 것이라고 할 수 있다.

이와 같이 측정도구의 타당성과 신뢰성 확보는 사회학의 과학적 연구에 있어서 중요한 부분을 차지한다는 것을 알 수 있다.

넷째, 연구과정 및 연구결과를 공개해야 한다. 어떤 연구를 진행하는 과정에서 활용하였던 기존의 통계나 연구 자료를 분명하게 명시해 주어야 한다. 선행연구를 이용함에 있어서 아무런 주석도 달지 않고 마치 연구자 본인의 생각인양 기술하면 표절시비에 휘말리고 연구의 공신력을 떨어뜨리고 만다. 이런 행위는 힘써서 연구해온 기존 연구자에게 대한 예의도 아닐 뿐 아니라 연구자 본인을 스스로 속이는 행위에 해당한다.

또한 설문조사나 인터뷰를 할 경우에는 조사대상이 누구이며 언제 조사했는가를 명시해야 한다. 이것은 연구과정에 관한 공개에 해당하며 이러한 절차공개가 있어야만 연구의 신뢰도를 확보할 수 있다. 설문조사 자료를 통계분석하는 것도 어떤 통계방식을 사용했고 구체적으로 적용된 통계기법은 무엇이었는지를 밝혀야 하며, 설문조사 데이터를 온전히 보관하여 외부의 자료 요청이 있을 경우 제시할 수 있을 정도로 정당성을 유지해야 한다.

연구결과의 온전한 공개도 필수적이다. 비밀리에 본인 및 주변 몇몇 사람들만 공유하는 결과는 그들만의 이익을 위한 연구이지 객관성을 확보한 연구는 아니다. 연구결과를 온전히 공개할 때 비로소 공신력과 객관성 나아가 과학성까지 검증받을 수 있다.

3. 사회학 연구과정

사회학의 과학적 연구방법은 다음과 같은 과정으로 진행되지만 반드시 이 과정을 엄수하는 것은 아니며 연구 성격에 따라서는 융통성을 발휘할 수 있다. 그러나 일반적으로 사회학의 과학적 연구방법 과정은 오늘날 많은 사회과학 관련 논문 작성 과정과 유사하다고 보면 된다.

1) 연구주제 선정

사회학에서 연구주제 선정은 가장 주관적인 성격이 강한 부분이다. 누군가가 특정 연구주제를 부여하지 않는 한, 대부분 연구자의 기호에 의해 주제가 선택되어 진다. 연구주제를 선정하는 데 있어서는 충분한 사전 검토가 필요하다. 자신이 평소 관심 있는 분야인가, 연구할 수 있는 대상은 존재하는가, 자신의 역량 범위 내에서 연구가 가능한가 등을 고려해야 한다. 가령 '각국 민간단체의 유엔난민구호활동 인식에 관한 연구'를 주제로 선정한다면 개인 역량으로는 매우 벅찬 주제이다. 각 국의 민간단체를 나라별로 1개씩만 조사한다 해도 200여 개 국가의 단체를 조사해야 하는데, 이에 따른 비용과 시간은 개인이 감당하기에는 힘든 수준이다. 이러한 주제는 한 국가 차원에서도 쉽지 않으며 여러 국가가 공조해야 가능한 연구주제라고 할 수 있다.

따라서 연구주제를 선정할 때는 먼저 본인의 역량 가능한 범위를 고려한 후, 이에 합당한 주제를 선정해야지 무턱대고 자신의 관심분야를 고집해서는 안 될 것이다.

2) 문헌검토와 분석모형 설정

주제를 선정한 후 이에 관련된 분야의 선행연구를 반드시 검토해야 한다. 그 이유는 자신의 연구방향을 설정함과 동시에 무엇보다 연구의 분석틀을 정하는 데 유용한 근거가 되기 때문이다.

연구주제에 관해서 자신의 생각만을 정리해 간다면 그것은 본인의 사상 기록물에 불과한 것이지 객관적이고 과학적인 연구가 될 수 없다. 그래서 선행연구를 살펴본 후 그것을 토대로 연구모형을 설정해야 한다.

예를 들면 '전염병 유행규모가 사회경제생활에 미치는 영향'이라는 주제를 연구한다면, 막연히 전염병은 사회생활을 위축시키고 경제를 위축시킨다는 식으로 자신의 견해를 정리한다면 지극히 주관적 논지가 된다. 이보다는 과거 전염병 유행했을 당시 사회생활의 변화행태를 신문기사나 통계자료, 연구논문 등을 꼼꼼하게 검토하고 분석해야 한다. 그런 다음 전염병이 발생했을 때의 사회경제변화 분야를 구분해야 한다. 이것은 기존 자료에서 많이 다루었던 분야를 기초로 추출하는 것이 바람직하다.

이와 같이 기존 자료를 바탕으로 경제성장률의 변화, 학교휴업의 일수, 관광객 수의 변화 등 전염병 영향을 받을 수 있는 분야를 정리하면 연구는 체계적으로 진행하는 첫걸음을 뗀 것이다. 이를 다시 전염병 유행규모별로 정리하여 규모가 작을 때와 규모가 클 때를 구분하여 각각의 경우가 사회경제생활에 미치는 영향을 연관시켜 살펴본다.

연구모형은 연구를 진행하기 위한 분석의 틀과 같다. 도자기를 만들 때도 틀이 어떤 것이냐에 따라 도자기 모양이 달라지듯이, 연구의 틀은 연구의 모양을 결정짓는 중요한 요소가 된다.

3) 가설 설정과 변수 조작

연구주제를 선정하고 기존 자료와 연구를 토대로 연구모형을 설정한 다음, 연구 가설을 설정하는 것이 필요하다. 모든 연구에 가설이 꼭 필요한 것은 아니지만, 그래도 가설을 설정하면 연구의 길잡이 역할을 할 수 있다. 마치 우리가 길을 걸을 때, 막연히 앞으로 걷는 것보다 멀리 있는 소나무를 목표로 걷는다면 훨씬 더 반듯하게 갈 수 있고 낭비를 줄일 수 있는 것과 같은 이치이다.

앞의 주제에 관한 가설을 설정한다면 다음과 같이 표현할 수 있겠다.

"전염병 유행규모는 사회경제생활 변화에 차이를 가져올 것이다."

가설은 가상적으로 결론을 미리 내는 것이기 때문에 이 가설이 연구결과와 반드시 들어맞을 필요는 없다. 길을 걷는데 소나무가 최종 목표지점이 아닌 것과 같은 이치이다. 그래도 가설이 필요한 것은 연구의 대상과 범위, 진행과정을 간결한 문장으로 밝히는 것이므로 연구의 방향타 역할을 할 수 있기 때문이다.

변수의 조작은 연구에 포함된 추상적인 변수를 측정 가능한 변수로 전환시키는 작업이다. 이 가설에서 전염병 유행규모는 원인이 되는 독립변수이고, 이의 영향을 피동적으로 받는 종속변수는 사회경제생활이 된다. 이렇게 독립변수와 종속변수를 구분한 다음, 구체적인 측정 가능한 변수로 조작하는 것이 필요하다. 먼저 전염병 유행규모는 구체적인 기준선이 있어야 한다. 전염병에 감염된 환자 수를 기준으로 할 것인지, 아니면 전염병에 의한 사망자 수를 기준으로 할 것인지, 또는 전염병 확산지역범위를 기준으로 할 것인지를 정해야 한다.

다음으로 사회경제생활을 구체적으로 측정 가능한 지표로 전환시켜야 한다. 사회경제생활이 무엇인지 짐작은 할 수 있지만, 막상 측정하려고 하면 막연하게 다가온다. 따라서 이러한 추상적인 지표를 측정 가능한 경험적 지표로 바꿔주는 것이 필요하다. 사회경제생활을 측정할 수 있는 지표는 매우 많은데, 그렇다고 해서 이들 모두를 측정하려면 비용과 시간이 엄청나다. 이런 이유로 중요한 몇 가지 지표를 중심으로 선택하여 측정하는 '제약된 합리성'을 추구할 수밖에 없다. 위의 주제에서 사회경제생활을 측정할 수 있는 구체적인 지표로는, 경제성장률, 학교 휴업일수, 관광객 수 등이 조작변수로 포함될 수 있을 것이다.

4) 현장자료 수집

기존의 선행연구나 자료는 연구자 본인이 직접 획득한 자료가 아니라 다른 사람이 연구한 간접적인 자료이다. 연구주제에 따라서는 현장의 자료를 수집하는 경우도 있고 그렇지 않은 경우도 있다. 오늘날 많은 사회학 연구는 설문지법이나 인터뷰, 참여관찰 등을 실시하는 경우가 많은데, 이것이 현장자료수집의 방법들이라고 할 수 있다. 현장자료 수집은 말 그대로 현장의 상황을 보다 실감 있게 반영할 수 있기 때문에 유용한 자료가 될 수 있지만, 조사과정에서 오류가 없어야만 가치 있는 자료가 될 수 있다.

가령 설문조사를 실시할 때, 광범위한 모집단 전체를 모두 조사하여 분석하는 것은 매우 힘들다. 따라서 이들 모집단을 가장 잘 대표할 수 있는 표본 집단을 선정해서 조사하는데, 표본추출과정에서 오류가 없어야 모집단을 제대로 대변하는 것이라고 할 수 있다.

표본추출은 연구의 공신력을 확보하는 데 있어서 중요한 요소이다. 비교적 많이 사용하는 표본추출방법은 무작위표본추출이다. 이는 말 그대로 인위적인 작위를 가하지 않고 모집단의 어느 개체든 간에 똑같은 확률만큼 표본으로 선택되도록 하는 방법이다. 이를테면 1천 명을 각각 번호를 부여하여 이 중 20명을 1번, 51번 … 이런 식으로 표본으로 선정한다면 이것은 무작위표본추출방식이다. 또는 1천 명에 해당하는 각 번호를 상자 속에 넣어 골고루 섞은 후 20개를 집어내는 방법도 동등한 기회를 통한 표본추출이다. 이와 같이 무작위표본추출은 모집단 모두에게 동등한 기회를 부여하는 것이 핵심이다.

설문조사방법은 짧은 시간 내에 많은 대상자(모집단)를 조사하는 편리함으로 인해 사회학 연구에서 많이 사용하고 있다. 그러나 설문조사방법은 주의할 점도 있다.

먼저 모집단을 가장 잘 대표할 수 있는 표본을 추출해야 하며, 여기서는 모집단의 범위와 성격을 파악한 후 표본을 선정해야 한다. 만약 전국 20세 이상 성인남녀를 대상으로 표본추출한다면 성별, 연령별, 지역별, 소득수준별 등 여러 가지 모집단 성격과 규모를 파악하여 각 부분을 대표할 수 있는 표본을 선정해야 한다. 간혹 선거철에 TV 등 언론매체에서 전국 성인남녀 1,500명을 대상으로 투표 전 여론조사를 한 결과, A 후보가 B 후보를 몇 포인트 차로 앞설 것이라고 예측 보도하는 때가 있다. 나중에 선거결과를 보면 놀랍게도 언론기관에서 예측한 수치와 거의 들어맞는 경우가 있는데, 이것은 전국 성인남녀를 대표하는 표본이 극소수에 불과하지만, 규모가 큰 모집단을 대표할 수 있는 표본선정을 잘했기 때문이다.

다음으로 응답자 스스로 표본에 뛰어드는, 즉, 스스로의 표본추출이 없도록 해야 한다. 이런 오류는 주로 우편설문조사나 전화설문조사에서 나타날 수 있다. 우편설문조사의 경우, 조사에 응한 다음 그것을 다시 우편함에 넣어 되돌려 보내는 일은 응답자로서는 귀찮은 일이다. 이런 이유로 우편조사의 회수율은 낮은 편인데, 뜻밖에도 적극적으로 우편조사에 응하면서 되돌려 보내는 대상자들이 있다. 이들은 자신이 원하는 바가 이루어지기를 간절히 바라는 마음으로 조사에 적극적인 태도를 보인 것이다.

한 예로 연금을 더 내고 덜 받는 방향의 공무원연금개혁에 관한 설문을 전국 성인남녀 1만 명을 표본대상으로 해서 우편조사방법으로 한다면, 공무원이나 그 가족은 적극적으로 연금개혁 반대를 기재하여 되돌려 보낼 것이다. 이런 상황에서 우편설문지의 회수율이 저조할 경우, 공무원연금개혁 반대비율은 실제 모집단의 반대비율보다 훨씬 높게 나타날 것이다. 따라서 이해관계가 첨예하게 얽혀 있는 문제일수록, 이러한 오류를 방지하기 위해서는 조사방법 등 사전준비가 철저해야 한다.

인터뷰를 통한 자료 수집은 심리, 범죄, 경제 동향 등 주로 특수 분야의 연구에 적합한 방식이다. 예를 들면 증권시장의 1년 후의 종합주가지수를 예측한다고 할 때, 전국의 증권투자가를 대상으로 표본 추출하여 조사하는 것보다, 전문가 집단인 소수의 기관투자가를 대상으로 조사하는 것이 더 효율적일 수 있다. 증권투자를 하는 개인들은 대부분 주관적인 견해로 자신의 주식이 상승하기를 바라는 심정으로 미래 주가를 낙관하는 경향이 강하다. 그러나 전문가인 기관투자가들은 객관적인 시각에서 세계경제동향과 각국의 환율과 금리 등 여러 가지 변수를 종합판단하여 미래의 주가지수를 예측한다. 이러한 특수 분야의 연구는 굳이 대규모 모집단을 대상으로 하는 설문조사 방법보다는 인터뷰 방법이 효과적이라고 할 수 있다.

참여관찰은 주로 조사대상자들과 함께 생활하며 그들의 생활습관이나 행동, 사상까지도 실제적으로 관찰하는 방법이다. 가끔 TV 등에서 연구자가 며칠씩 아프리카 원주민들과 함께 생활하며 취재하는 모습을 볼 수 있는데 이것도 참여관찰의 형태이다. 참여관찰 방식은 조사대상자가 관찰당하고 있다는 사실을 알 수 있는 경우와 모르는 경우로 나눌 수 있다. 전자는 아무래도 조사대상자의 행동에 제약을 받게 되고 진실한 면을 다 보이지 않는다는 한계가 있다. 후자는 조사 대상자들이 자신도 모르게 관찰 당하고 있다는 사실을 알게 될 때 발생하는 도덕적, 법적 분쟁뿐만 아니라 연구의 윤리성까지도 의심받을 수 있다. 참여관찰 방법을 적용하기 위해서는 조사 대상자의 성격과 상황 등을 면밀히 검토해야 하며, 가장 좋은 방법은 조사대상자가 기꺼이 관찰되는 것을 수용하고 자신의 행동에 아무런 포장을 하지 않는 상태이다.

또한 참여관찰 방식은 현장의 살아있는 자료를 얻을 수 있다는 점에서 의미가 크다. 장소적 제약과 관찰범위가 한정되는 한계가 있지만 경우에 따라서는 역사적으로 가치 있는 자료가 적지 않다. 그러나 참여관찰을 할 당시에만 조사대상자들이 인위적인 모습을 보일 수 있기 때문에, 이왕이면 관찰기간 동안의 모습과 관찰 이후의 모습을 비교해 보는 것도 바람직한 연구방법일 것이다.

5) 자료분석

연구진행 과정에서 얻어진 현장자료와 기존 연구 자료를 분석하기 위해서 통계분석 등 각종 분석기법을 사용한다. 통계분석 등을 실시하여 계량적으로 분석하는 것은 양(量)적인 연구이며, 수집한 자료 안에 들어있는 내용을 일정한 기준에 입각하여 분석하는 것은 질(質)적인 연구라고 할 수 있다. 오늘날은 주로 양적인 연구를 많이 하는 경향이지만 질적인 연구 또한 의미 있는 분석기법이라고 할 수 있다.

자료분석기법은 수집된 자료를 어떻게 처리해서 어떤 결과를 얻을 것이냐에 달라진다. 객관적인 분포도나 비율 등을 알고자 할 때는 양적인 분석기법을 사용하고, 사건의 흐름이나 전개과정 등을 알고자 할 때는 질적인 분석기법을 사용하게 된다. 양적 분석기법은 기초적인 통계인 백분율, 비율, 편차 등에서부터 변수 간의 상관관계분석, 회귀분석, 요인분석 등 다소 복잡한 기법도 활용되며, 오늘날은 이보다 훨씬 더 복잡한 분석기법이 동원되고 있다. 질적 분석기법은 주로 기존의 책, 신문, 각종 정부 자료 등을 활용하여 이루어진다. 자료에 내포되어 있는 사건이나 행동의 변화를 시대적으로 구분하여 연구하거나 장소별로 비교하여 연구하는 것 등이 이에 해당한다고 할 수 있다.

6) 분석결과 해석

수집된 자료를 각종 분석기법으로 분석한다 해도 어디까지나 숫자로 표현되어 있는 또 다른 자료이다. 따라서 이를 해석하는 일이 연구의 마지막 방점을 찍는 것처럼 중요한 일이다.

분석결과의 해석은 마치 의사가 환자의 상태를 CT나 MRI 등 정밀 촬영한 사진을 보면서 환자의 상태를 진단하는 것과 같다. 만약 의사가 말기 암 상태를 초기 암으로 잘못 진단(해석)하여 빠른 수술을 하지 않고 적당한 약으로 대체했다면 환자는 치명적일 수밖에 없다.

이와 같이 분석결과의 해석은 어떤 상황의 정확한 진단과 같은 것이며, 연구자는 객관적인 시각에서 분석된 수치를 해석해야 한다. 분석결과의 해석은 주관적인 견해가 개입될 소지가 많기 때문에 이 점에 유의해야 한다.

가령 공무원연금개혁을 시행하기 이전과 이후의 공무원 근무태도를 비교하여 연금개혁이 공무원의 사기에 미치는 영향을 분석한다고 하자. 이 때, 공무원의 지각빈도가 연금개혁 실시 이전보다 5% 높게 나타났다고 한다면, 이를 두고 공무원의 사기가 떨어졌다는 식의 해석을 하는 것은 곤란하다. 지각빈도는 높아졌지만, 그 원인이 수해지역복구업무 때문에 그럴 수도 있고, 국제회의 개최에 따른 피로가 누적되어 그럴 수 있는 등 다양한 이유가 있을 수 있다. 그런데도 연구자 자신의 주관적인 편견으로 지각이 많아진 것은 연금개혁 때문이라고 단정적인 해석을 한다면 난센스가 아닐 수 없다.

연구자는 먼저 분석결과를 통한 수치를 일목요연하게 정리, 제시한 다음, 이것을 최대한 객관적인 관점에서 해석해야 한다. 수치를 제시해야 하는 이유는, 아무리 연구자가 객관적으로 해석한다 해도 자신도 모르게 주관적인 감정이나 의견이 개입될 수 있기 때문이다. 그러므로 연구결과물을 읽는 독자로 하여금, 제시된 숫자를 보며 연구자와 다른 시각에서 해석할 수 있는 기회를 주는 것이 타당하다.

분석결과의 정확한 해석은 연구대상의 현 상황에 관한 문제점을 올바르게 파악하고 이에 따른 개선방안을 찾는 데 크게 유용하다. 객관적이고 정확한 해석을 하지 않는다면 잘못된 진단을 하게 되고, 나아가 잘못된 개선방안을 제시하는 엉뚱한 흐름으로 이어질 수 있다.

그러나 연구자가 분석결과를 완벽하게 객관적 시각에서 해석하기란 매우 어렵다. 어떤 경우는 연구자 본인도 해석에 있어서 혼란스러울 때가 있다. 이런 경우 연구자는 본인의 사견임을 밝히고 잠정적인 해석을 하는 것도 무방하다. 이것마저도 쉽지 않을 경우 해석 자체를 하지 않고 분석결과의 수치만 제시하는 것도 나름 의미가 있다. 따라서 각종 첨단 분석기법을 동원하여 분석했어도 이를 해석하는 과정에서 공감대를 형성하지 못하면 연구의 의의는 퇴색될 것이고, 의사의 잘못된 진단처럼 오류에 빠진 연구가 될 수 있다.

7) 결 론

분석결과의 해석을 마친 후 지금까지의 연구에 관한 총체적인 결론을 내려야 한다. 결론은 간략하게 연구의 진행과정과 연구결과 나타난 문제점을 언급하며, 그에 따른 개선방안을 제시하는 방식으로 전개한다. 결론은 너무 장황하지 않아야 하고 다른 사람이 볼 때 일목요연하게 알아볼 수 있도록 정리해야 한다.

결론 부분에는 연구에 따른 한계, 즉, 전국에 있는 모든 모집단을 대상으로 하지 않고 일정 공간에 국한한 점, 시간적 비교를 하지 않고 특정 시간대만 분석한 점, 일부 분석기법만 적용할 수밖에 없는 한계 등 연구진행의 한계를 설명하는 것도 중요하다.

또한 기존 연구들과 본인 연구의 차이점, 본인 연구에 대한 차후 보완점, 앞으로의 지속적인 연구방향 등을 간략하게 언급하는 것도 결론부분에 있어서 필요한 내용이다.

4. 사회학 연구의 유의점

사회학연구는 과학적 연구방법을 지향하지만 역설적으로 비과학적일 가능성이 많은 분야이다. 자연과학은 실험 대상이 자연사물이기 때문에 결과도 복잡하지 않게 도출가능하며, 연구자의 주관이 개입될 소지가 적다. 그러나 사회를 대상으로 한 사회학 연구는 가변적인 요소가 많고, 그만큼 연구자의 주관이 개입될 여지가 많다. 그래서 사회학 연구는 객관성과 과학성을 확보하기 위해 다음과 같은 연구 자세를 견지해야 한다.

첫째, 연구자의 가치중립(value free)이 매우 중요하다. 연구자의 가치중립적 자세는 전체 연구과정에서 자신의 편견이나 판단을 최대한 배제시키는 태도를 의미한다. 만약 연구자의 주관적인 의견 개입이 많아지면 그것은 객관적인 연구가 아니라 주관적인 사설(私說)에 불과하다. 객관적인 증거와 사실에 입각하여 연구를 진행할 때, 비로소 사람들의 공감대를 얻을 수 있고 공신력 있는 연구로서 인정받을 수 있다.

그러나 모든 연구과정에서 철저히 가치중립을 지킬 수 있는 것은 아니며, 연구주제 선정만큼은 어쩔 수 없이 연구자의 주관적인 견해가 크게 작용한다. 연구자의 판단하에 어떤 주제가 학문발전에 기여하며, 사회를 개선시킬 수 있는지 등을 고려한 주제선정이 이루어진다. 아마도 전체 연구과정에서 유일하게 연구자의 가치판단이 작용하는 부분이 연구주제 선정일 것이다.

연구주제가 선정된 이후는 철저히 객관성을 확보하기 위하여 모든 가능한 수단을 동원해야 한다. 다른 학문과 마찬가지로 사회학 연구도 객관적인 사실을 추구하기 때문이다. 주관성을 배제하고 철저히 객관적인 자세로 연구하다 보면, 간혹 연구자의 의도와 다른 결과가 나올 수 있고, 경우에 따라서는 사회통념에 배치된 결과가 나올 수 있다. 그럼에도 불구하고 연구결과를 조작하거나 은폐하지 않고 당당히 공개할 때, 진실과 정의를 실현할 뿐만 아니라 사회진보를 위해 기여할 수 있다. 그만큼 객관적인 연구는 가치성이 높을 뿐만 아니라 사회변화의 첨병역할까지도 수행할 수 있다.

둘째, 연구자와 연구자본과의 부적절한 결탁을 배제해야 한다. 연구자본이란 개인이나 조직이 연구를 수행할 때, 연구자금의 일부 또는 전부를 제공해주는 자본을 말한다. 주로 정부기관이나 기업체의 재단 등을 통하여 지원되는 연구경비가 이에 해당한다. 여기에는 순수한 의도의 연구지원도 있지만, 지원기관의 의도를 반영하여 연구해 줄 것을 은근히 종용하는 지원도 적지 않다. 문제는 후자의 경우인데, 이러한 연구는 사실을 왜곡하여 지원기관의 이익에 부합하도록 연구를 조작할 수 있다.

예를 들면 어떤 기업이 시내 중심가에 대규모 쇼핑센터를 짓는다고 한다면 이에 대한 외부용역연구의 타당성 조사가 이루어진다. 그런데 외부용역연구비가 큰 금액이라면 정부기관이 지원하기에는 부담스럽다. 이런 까닭에 실제 많은 기업의 사업관련 연구용역비를 해당 기업이 지원하는 경우가 많다. 이런 관계를 통해 연구비를 지원받게 되면 자연스럽게 기업체의 요구사항에 민감하게 되고, 결과적으로 기업이 원하는 방향으로 연구가 이루어진다. 때때로 일반 시민들 상식으로는 도저히 이해가지 않는 사업도 연구용역에서는 타당하다고 결론짓는 사례를 적지 않게 볼 수 있다.

셋째, 조사대상자의 비사실적인 응답상황에 주의해야 한다. 다시 말해 조사대상자가 어떤 강제력에 의해, 있는 그대로를 응답하지 않고 틀린 응답을 하는지의 여부를 알아채야 한다.

예를 들면, 원장에 의한 폭행사건이 발생한 복지원을 조사한다고 할 때, 조사대상자인 원생들이 자신은 폭행당한 사실이 없다고 응답하게 되면 십중팔구 보이지 않는 강제력이 작용하기 때문이다. 즉, 폭행사실을 있는 그대로 응답했을 때 돌아올 차후 보복이 두려워 거짓말을 하는 수가 있다. 이런 예는 군대조직에서도 간혹 발생할 수 있다. 상급자에 의한 구타나 욕설이 있는지의 여부를 조사할 경우, 사실대로 응답했을 때 돌아올 불이익 때문에 거짓말로 응답하기도 한다. 비단 이런 조직뿐 아니라 수많은 조직에서 이와 같은 거짓 응답의 개연성은 존재한다. 따라서 연구자는 조사대상자가 물리적 자유만이 아닌 정신적 자유와 함께 실제 사실을 응답하는지의 여부를 면밀히 살펴봐야 한다. 여기에는 응답자를 둘러싼 환경의 특성 내지 분위기를 예리하게 관찰하는 노력이 뒤따라야 한다.

제2장 SOCIOLOGY

사회학이론

- 제1절 사회학이론 등장 배경
- 제2절 사회학이론
- 제3절 사회학이론의 논의

2 사회학이론

제1절 사회학이론 등장 배경

사회학이론은 학문적 접근방법의 다양성과 현실사회의 변화에 기초하여 시작되었다고 할 수 있다. 오늘날 우리가 알고 있는 사회학이론이 출현하기 이전의 학문적 조류는 계몽주의자들에 의한 연역적 방법이었다.

연역적 연구는 어떤 특정 이론을 도출하기 위해서 일반적인 사실들로부터 추론해가는 방법이다. 흔히 삼단논법이라는 용어를 많이 사용하는데, 이 삼단논법이 연역적 방법이다. 예를 들면 물이 없는 곳에서는 생물이 살지 못한다, 달에는 물이 없다, 그러므로 달에서는 생물이 살지 못한다는 식의, 이미 타당성이 확립된 전제를 통해 특수한 결론을 얻는 방식으로 탐구하는 접근법이다.

계몽주의자들은 이와 같은 연역적 방법을 통하여 자신들의 신념이나 추론에 근거한 이론을 전개하였다. 사회변화나 인간행동 변화 현상을 두고 신의 의지에서 비롯되었다고 하는가 하면, 어떤 변화든 만물의 원리하에서 움직인다고 하는 막연하고 비증거주의적인 학풍을 이어갔다. 하지만 이러한 연구방법이 비과학적이고 주관적인 면이 강하다 해서 가치 없는 것은 아니며, 오히려 반대적인 귀납적 연구방법의 출현을 가져오는 중요한 원천이 되었다.

사회학이론은 연역적 방법과 반대되는 귀납적 연구방법을 사용하였다. 귀납적 연구는 여러 가지 사물에서 공통적인 요소를 뽑아내어 이를 일반적인 법칙으로 귀결시키는 방법이다. 예를 들면 코끼리는 허파로 숨을 쉰다, 개도 허파로 숨을 쉰다, 사람도 허파로 숨을 쉰다. 그런데 코끼리, 개, 사람 모두 포유동물이다. 이것으로 볼 때, 모든 포유동물은 허파로 숨을 쉴 것이다 식의 결론을 도출하는 방법이다. 귀납적 접근법은 이처럼 타당성이 확립된 특수한 사실들을 나열한 뒤에, 그 안에 공통된 사실을 찾아서 결론을 맺는 탐구형태이다.

사회학은 이와 같이 귀납적 연구방법을 사용함과 동시에 변증법적 과정을 통하여 더욱 사회학이론이 확장되었다. 변증법적 과정이란 어떤 이론이나 사실을 정(正)이라고 하고, 이와 반대되는 이론이나 사실을 반(反)이라 하며, 이 둘이 융합하여 완벽한 합(合)이 된다는 논리이다. 예를 들면 '사회는 개인들이 모여 만든 집단이며, 집단을 기초로 만들어진 집단의식이 곧 사회다'라는 이론이 나왔다면, 이에 대응하여 '사회는 개인들이 모여 이루어진 단순한 개인의 합에 불과한 것이고, 따라서 사회라는 것이 별도로 존재하지 않다'는 반대의 이론이 나오게 된다. 나중에 이 두 견해가 융화되어 '사회는 개인의 합이며 집단의식을 갖는 반면, 개인의 의사를 존중하는 이중적 형태가 사회이다'라는 새로운 이론이 나온다면, 이 과정이 정－반－합의 변증법적 과정을 거친 이론의 확장이라고 할 수 있다.

그런데 여기에서 정과 반은 반드시 서로 180도 달라야 하는 것은 아니며, 이전의 이론과 다른 시각에서 또 다른 이론이 나오는 것을 의미한다. 가끔 사회학 연구자들 중에는 정과 반을 완전히 서로 달라야만 하는 것으로 인식하는 경우가 있는데, 이는 스스로 연구의 다양한 접근법을 한정짓는 행위일 수 있다.

또한 정반합에서 합의 이론도 완벽하게 정과 반의 이론을 융합시키는 것만을 의미하지 않는다. 정과 반의 이론 중 어느 하나에 귀속되어 동화될 수도 있고, 아니면 전혀 다른 새로운 형태의 합이 될 수도 있다.

한 예로 세종대왕이 한글을 창제할 때 바다를 의미한 표기는 'ᄇᆞᄅᆞᆯ' 이었다. 그 후 세월이 흘러 '바다'라는 표기가 등장하였고, 어느 정도의 세월만큼 ᄇᆞᄅᆞᆯ과 바다는 공동으로 사용되어졌을 것이다. 그러다가 지금은 바다라는 표기로 합일되었는데, 이것은 두 표기를 융합한 것이 아니라 어느 한 개의 표기로 귀속되어 동화되는 경우이다. 이와 같이 정반합에서 합은 반드시 정과 반의 두 이론을 융합해야만 하는 것이 아님을 알아야 한다.

여기에서 합의 이론이 어떤 형태로든 정과 반을 융합하는 것은 맞지만, 그렇다고 해서 완벽하게 발전된 이론이라는 생각도 주의해야 한다. 바ᄅᆞᆯ과 바다 표기 중에서 바다가 바ᄅᆞᆯ보다 완벽하다고 할 수 있는 근거는 없다. 마찬가지로 사회학이론에서 발전된 이론 운운하는 것 자체가 어불성설이라고 할 수 있다. 정과 반의 이론이 서로 다른 형태의 변형된 이론이며, 이 둘을 합한 이론도 다른 형태의 변형된 이론인 것이지, 꼭 발전된 이론이라고 할 수 없다. 쉽게 말해서 아프리카 원시사회의 형태로 살아가는 원주민의 삶을 보며 산업화의 물결 속에서 풍요롭게 살고 있는 우리 삶이 발전하였다고 말하는 것이 얼마나 좁은 소견인가. 원주민의 삶을 인간성과 자연의 시각에서 본다면, 산업화 속에서 고독에 몸부림치며 기계처럼 사는 삶이 얼마나 퇴보한 삶인가를 알 수 있다.

사회학 이론은 이와 같이 사회현상 분석기준의 잣대를 어디에 두느냐에 따라 이론의 방향과 주장이 달라진다. 사회학에서는 어느 이론이 다른 이론보다 모든 면에서 탁월하고 현실에 완벽하게 적용될 수 있다는 논리는 성립되지 않는다. 사회학의 이런 면은 큰 학문적 장점을 가지고 있으며, 이러한 장점 때문에 사회학은 짧은 역사이면서도 엄청난 확장을 해왔던 것이다. 따라서 사회학은 학문적 연구방법의 다양성을 바탕으로 시작되었고, 이후 많은 사회학자들에 의해 주옥같은 사회학이론이 전개되어 왔다.

사회학이론은 학문적 접근법의 다양성뿐만 아니라 현실사회의 변화를 반영하는 차원에서도 시작되었다. 중세 봉건사회를 지나 산업혁명으로 인한 사회변화는 이전의 양상과 확연히 다르게 나타났다. 산업혁명 이후, 이전에는 볼 수 없었던 생산 공정을 통하여 똑같은 형태의 상품을 대량으로 만들어냈다. 아울러 산업혁명으로 말미암아 도시에는 공장이 우후죽순으로 들어섰고 농촌도 기계화로 인해 경작이 훨씬 수월해졌다. 그러나 이 과정에서 도시는 일자리를 얻지 못한 빈민들이 넘쳐나고, 농촌 또한 기계농업으로 인한 실업자가 늘게 되었다. 도시고 농촌이고 할 것 없이 일자리가 부족하고 소수 자본가들은 풍부한 부를 갖게 되었지만, 수많은 일반 시민들의 삶은 궁핍과 열악한 상황으로 내몰리게 되었다. 한마디로 산업혁명은 자본주의를 가속화시켰고 도도한 자본주의의 물결은 사회를 다양하고 복잡하게 분화시켰다. 많이 가진 자와 적게 가진 자, 아예 가진 것이 없는 자 등 사회는 점차 계급으로 분화되고, 이들의 갈등 속에 혼란과 복잡성은 더해 갔다. 이처럼 새로운 사회변화를 통해 새로운 사회문제가 속출한 것이다.

사회학이론은 이러한 사회변화와 그에 따른 사회문제를 진단하고 해결할 수 있는 방안을 모색하기 위한 것이었다. 결국 사회학이론은 중세 연역적 학문연구방법에 대응한 귀납적 연구방법등과 같은 학문적 연구방법의 다양성 실현과 자본주의 확장으로 인한 여러 가지 사회문제를 해결하고자 하는 열정에서 시작되었다고 할 수 있다.

제2절 사회학이론

1. 콩트

콩트(A. Comte, 1798~1857)는 앞서 말한 바와 같이 사회학을 학문적으로 체계화한 학자이다. 그가 살았던 프랑스의 상황은 혁명으로 인한 혼란기였다. 사회를 연구하는 학자들도 자신이 살고 있는 사회의 영향을 외면할 수 없고, 어쩌면 그가 속한 사회의 성격에 따라 학문적 철학이나 이념이 형성된다고 할 수 있다. 만약 어떤 사회학자가 살고 있는 사회가 평안한 사회라면 그의 사회를 보는 관점도 평안한 일상 속에서 변화되는 사회현상을 탐구할 것이다. 반면 그가 속한 사회가 전쟁과 분열이 판치는 격동기라면 그의 사회를 보는 시각도 격동적일 수밖에 없을 것이다.

콩트가 바라본 사회의 모습은 격동기의 혼란이었고, 그는 이러한 사회혼란을 수습할 수 있는 학문적 방안을 찾기에 골몰하였다. 그의 입장에서 보면 우선은 사회혼란을 가라앉히는 '사회질서'가 중요한 문제였다. 사회를 구성하는 각 하위부문들, 이를테면 가족, 집단 나아가 정치, 경제, 문화체제 등 수많은 부문들이 상호 관련성을 어떤 형태로 가지고 있는가를 연구하였다. 이들 간의 상호 관련성을 고찰하여 이에 기초한 보편적 법칙을 끄집어내는 것이 중요한 과제였다. 이와 같이 사회질서를 확립하기 위해 상호관련성을 집중 탐구하는 분야를 사회정학(social statics)이라고 하였다. 한편, 사회혼란을 수습하기 위한 사회질서 확립은 매우 중요한 과제였지만, 그것으로 모든 것이 해결된 것은 아니었다. 질서만으로 사회를 설명하기에는 무엇인가 부족하였고, 여기에 진보라는 과제를 추가함으로써 비로소 사회현상을 제대로 설명할 수 있었다. 진보라는 것은 사회를 구성하는 부문들의 내부에서, 또한 각 부분들 사이에서 어떻게 역동적인 움직임이 일어나는 것인가를 탐구하는 영역으로, 콩트는 이를 사회동학(social dynamics)이라고 하였다.[1]

콩트는 당시 사회적 혼란의 이유를 근대 시민사회의 미성숙이라고 규정짓고, 사회가 성숙하려면 지적 발달이 성숙해야 한다고 보았다. 그는 당시의 지적단계는 중세를 지배한 신학적 단계를 지나 형이상학적 단계에 머무르고 있다고 보고, 사회의 성숙을 가져오기 위해서는 이들 단계를 넘어선 실증적 단계로 나아가야 한다고 생각하였다. 실증적 단계는 말 그대로 사회현상을 실제 눈으로 확인할 수 있고 객관적 입장에서 파악하여 사회현상 저변에 흐르고 있는 어떤 법칙을 찾아내는 것이었다. 또한 실증적 방법은 사회현상 연구와는 전혀 연관이 없어 보였던 기존의 수학, 물리학, 생물학 등 다양한 분야의 연구방법을 활용하였다. 그럼으로써 복잡하기 짝이 없는 사회현상을 과학적 지식에 의지하여 어떤 보편적 법칙을 찾아낼 수 있다는 것이 콩트의 생각이었다. 결국 그의 믿음은 사회학에 실증주의라는 과학적 연구방법을 적용 가능하도록 하였고, 이후 사회학의 접근방향을 제시해주는 큰 역할을 하였다.

2. 스펜서

스펜서(H. Spencer, 1820~1903)는 영국 출신으로, 콩트에 필적할 만한 사회학 체계를 세워 영국 사회학의 창시자가 되었다. 일찍이 자연 과학에 흥미를 가졌던 그는 진화 철학을 주장하고, 진화가 우주의 원리라고 생각하며, 인간이 살아가는 사회도 진화론적 입장에서 살펴보려고 하였다.

사회진화론(Social Darwinism)[2]은 19세기 찰스 다윈이 발표한 생물진화론에 입각하여, 사회의 변화모습을 해석하려는 것으로 스펜서가 처음 사용한 개념이다.

1 Auguste Comte, *The Positive Philosophy of Auguste Comte*, Translated by H. Martineau, N.Y.: P. Eckler, 1868; 현승일, 사회학(박영사, 2012), pp. 9~10; 김기삼 · 전정태, 사회학의 이해(삼영사, 1997), pp. 59~60.

2 Herbert Spencer, *Principle of Sociology*, N.Y.: D. Appleton and Co., 1956.

스펜서는 다윈의 진화론을 범우주적인 법칙으로 확대할 수 있다고 생각하고, 사회학은 사회의 진화를 밝히는 학문이라고 주장하였다. 그는 다윈의 생물진화론과 마찬가지로, 사회도 단순한 상태에서 진화하여 더욱 복잡한 형태로 변화된다고 보았다. 이러한 변화 과정에서 생물이 진화하면서 몸의 기능이 분화하거나 통합하는 것처럼, 사회도 진화하면서 그 기능이 분화하거나 통합된다고 보았다.

또한 사회에도 생물진화론의 적자생존(the survival of the fittest)의 원리가 적용된다고 보았다. 자연에서의 적자생존은 우수한 유전자의 생물체가 그렇지 못한 생물체보다 환경변화에 잘 적응하고 오래 존속할 수 있어서 결국 우수한 생물체만이 살아남을 수 있다고 보는 견해이다. 사회도 이와 같이 우수한 사회가 그렇지 못한 사회보다 변화에 잘 적응하고 오래 존속할 수 있다고 보는 것이 사회의 적자생존이론이다.

하지만 사회 적자생존 이론은 인류사회의 갈등을 불러일으키는 데 있어서 악용되기도 하였다. 대표적으로 게르만족의 우수성을 신봉하고 일어선 나치즘, 서양문명의 우수성을 표방하면서 아프리카와 아시아에 대한 유럽의 식민지화 등이 적자생존 이론을 악용한 것들이었다.

오늘날 사회진화론에 대한 비판이 일고 있는데, 이는 다음과 같은 이유에서이다.

첫째, 사회는 갈수록 진화한다는 것이 언제나 성립될 수 없다는 점이다. 때때로 사회는 앞으로 진보만 하는 것이 아니라 전쟁이나 전염병, 천재지변, 경제공황 등으로 퇴보하거나 멸망할 수도 있다. 사회진화론은 이러한 사회의 퇴보 현상에 대해 설명할 이론적 논거가 부족하다.

둘째, 사회진화론이 식민지 개발과 후진국 착취를 정당화하는 데 악용된다는 점이다. 사회진화론에 비추어 볼 때, 아프리카나 동양문명에 비해 서구 문명은 많이 진화한 것으로 보인다. 진화한 서구문명은 이러한 적자생존 이론을 앞세워 아프리카와 동양에 대한 식민지배를 정당화하는 데 이용하였다.

스펜서가 의도적으로 서구문명의 우월성을 강조하였다고 볼 근거는 부족하다. 그러나 결과적으로 볼 때, 그의 이론은 서구의 식민지 침탈지배를 정당화시키는 데 이용되었고, 서구 문명은 우월하다는 식의 오해를 불러일으키고 말았다. 그런 까닭에 사회진화론은 오히려 극복해야 할 대상으로까지 인식될 정도였다.

그러나 스펜서는 근본적으로 국가의 강제력에 의한 질서유지를 배격하고 각 개인의 자율에 바탕을 둔 사회질서를 옹호한다. 또한 사회의 최고 도덕률로서 '동일 자유의 원칙'을 주장하였다. 동일 자유의 원칙이란, 다른 사람도 나와 동일한 자유를 누린다는 조건하에 각 개인이 최대의 자유를 누리는 것을 의미한다. 동일자유의 원칙이 성립될 때 인간은 최대 행복을 달성할 수 있다고 주장한 것이다.

이렇듯 스펜서의 개인적인 사상은 국가의 독재나 강압을 비판하고 전쟁을 반대하며, 공산주의나 사회주의 정체체제를 배격하였다. 다만 일부 사람들이 식민착취나 강압적 지배 등 자신들의 욕심을 채우기 위한 수단으로 그의 이론을 악용한 점은 안타까운 일이 아닐 수 없다.

3. 뒤르켐

뒤르켐(E. Durkheim, 1858~1917)이 살았던 프랑스사회는 혁명 후 혼란의 시기였다. 사회가 혼란스러울수록 개인의 자유보다는 개인의 집합, 즉, 집단이나 사회적 통일을 강조할 수밖에 없다. 혼란한 시기에 계속 개인의 의견과 주장을 수용하다 보면 더욱 혼란스러워지고 배가 산으로 가는 일도 생길 수 있다. 그래서 혼란기일수록 개인의 주장보다는 집합의식을 강조하며 하나로 통일되는 것을 중요하게 생각한다. 당시 프랑스 사회는 혼란과 격동기였기 때문에 뒤르켐 또한 개인의 무한한 자유보다는 사회적 안정을 위한 집단과 통일을 강조하는 방향으로 이론을 전개해 나갔다.

뒤르켐은 개인들이 모여 사회를 구성하지만, 일단 사회가 구성되면 개인을 통제하는 집합의식이 출현한다고 보았다.[3] 여기에서 집합의식(collective conscience)은 집단이나 사회 등에 속해 있는 개인들이 공유하고 있는 사상이나 관념을 의미한다.

기본적으로 집합의식은 사람들과의 관계 속에서 형성되는데 사람들 간의 관계의 연대성이 어떠하냐에 따라 집합의식의 영향력이 달라진다. 만약 사람들 간의 연대성이 강하면 집합의식의 개인에 대한 영향력은 클 것이고, 연대성이 약하면 집합의식의 개인에 대한 영향력은 작아질 것이다.

3 George Ritzer, *Contemporary Sociological Theory and Its Classical Roots: The Basics*, Second Edition, 2003. 한국이론사회학회 역, 현대 사회학 이론과 그 고전적 뿌리(박영사, 2014), pp. 21~29.

원시공동사회나 씨족사회처럼 연대성이 강하면 그들이 속한 집합의식은 상대적으로 강한 영향력을 주게 된다. 가령 공동으로 사냥감을 포획할 때, 어떤 사람이 규칙을 위반하거나 게을리하면 집합의식에 의한 징벌은 강할 것이다. 반면에 오늘날 자유와 민주주의가 강조되는 사회에서는 개인의 의견을 존중할 수밖에 없고, 따라서 개인을 향한 집합의식의 영향력은 상대적으로 약하게 된다. 예를 들면 선거에서 투표하지 않았다고 해서 어떤 징벌을 무겁게 할 수 없는 것처럼 집합의식의 영향력은 약화된다. 이와 같이 뒤르켐은 집합의식을 개인 간의 연대성 정도와 결부시켜 논의하였다.

그렇다면 집합의식의 구체적인 형태가 무엇이냐의 문제가 제기된다. 이에 대해 뒤르켐은 집합의식은 추상적 개념인 것처럼 보이지만, 실상은 구체적인 내용을 포함하는 것이라고 하였다. 그는 구체적인 내용은 다름 아닌 사회적 사실이라고 주장하였다. 사회적 사실(social facts)이란 사회를 지배하는 규범이나 관습, 법규, 건축물처럼 그 사회의 성격을 보여주는 사고, 행동 등의 양식을 의미한다. 이러한 사회적 사실은 집합의식을 형성하면서 개인의 외부에 존재한다. 하지만 사회적 사실은 개인의 외부에 존재하면서도 사회구성원인 개인에게 강력한 영향력을 행사하고 있다.

뒤르켐은 사회적 사실을 두 가지로 구분하였다.[4] 첫째는 물질적인 사회적 사실(material social facts)이다. 물질적인 사회적 사실은 외부 사회체계에서 건축물과 같은 실체적이고 물질적인 형태를 띠고 있다. 한 예로 칠판과 책상을 보고 만질 수 있는 강의실은 물질적 형태이다. 그 강의실은 학생들에게 강의를 들을 수 있고 필기를 할 수 있도록 하면서 강의에 집중하도록 만든다. 얼핏 보면 학생을 위한 자유로운 공간이기도 하지만, 다른 면에서 보면 강의실이라는 물질적인 사회적 사실이 학생들로 하여금 수업 외의 다른 일을(노래를 부른다든지 춤을 춘다든지 하는 등) 할 수 없도록 강한 통제를 한다. 만약 물질적 사실이 강의실이 아닌 맥주 집이었다면 학생들의 행동은 확연히 달라질 것이다. 이와 같이 물질적 사회적 사실은 구성원들의 행동을 강제한다.

둘째는 비물질적인 사회적 사실(nonmaterial social facts)이다. 비물질적인 사회적 사실은 가치 또는 규범과 같은 형태로서 개인의 외부에 존재하면서 개인에게 강한 영향력을 행사하고 있다. 강의실에서 춤을 춘다거나 노래를 부르지 않도록 보이지

4 George Ritzer, 2003, pp. 27~28.

않는 강제력을 행사하는 것도 비물질적인 사회적 사실에 기인한다. 흔히 말하는 불문율이 여기에 속한다.

그런데 물질적인 사회적 사실은 객관적이고 눈으로 확연히 보이기 때문에 우리의 외부에 존재한다는 것을 알 수 있다. 그러나 비물질적인 사회적 사실은 눈에 보이지 않는 성질 때문에 우리 외부에 존재하는지의 여부를 판단하기가 쉽지 않다. 뒤르켐은 이에 대해 사회의 가치나 규범은 집합적으로 공유하는데서 개인의 밖에 존재한다고 한다. 이러한 가치나 규범이 사회화 과정에서 개인들에게 내면화될 수 있지만, 모든 가치와 규범을 내면화시킬 수는 없다고 한다. 따라서 사회의 가치나 규범 중 일부는 개인에게 내면화되고, 나머지는 사회의 집합의식으로 존재하여 개인에게 강제력을 행사하고 있다. 이런 의미에서 볼 때, 비물질적 사회적 사실도 개인의 외부에 존재하고 있음을 알 수 있다.

한편, 뒤르켐은 집합의식의 작용이 어떠하냐에 따라 개인의 행동이나 사고도 달라진다는 견해를 피력하였다. 그에 의하면 지극히 개인적인 행동이라고 여겨지는 것도 실상은 사회적 연대에 의해 결정지어진다고 하였다.

예를 들면, 개인의 자살이라는 행동은 지극히 개인 차원의 행동이지만, 사실은 사회적 집합의식, 즉, 사회적 연대가 어떠하냐에 따라 다른 양태로 나타난다. 개인이 속한 사회가 약한 연대를 보이면 이기적 자살(실연이나 경제적 곤란 등으로 인한 자살 등)이 많아지고, 사회적 연대가 강하면 이타적 자살(전투 중에 강한 결속으로 인해 자신을 희생하는 등)이 많아진다고 하였다. 또한 현대사회와 같이 급격한 사회변동(경제공황, 주식폭락 등)이 나타나면 아노미(anomie)[5]적 자살이 많아진다고 하였다. 아노미적 자살은 어떤 사람이 급격한 사회변동에 의해 좌절을 겪은 나머지 자살을 선택할 경우, 이를 모방하여 연쇄 반응의 자살이 이어진다는 특징이 있다.

뒤르켐의 자살론[6]에서 유추해 볼 수 있는 것은, 개인의 사고나 행동은 그가 속한 사회의 집합의식, 나아가 구체적인 사회적 사실이 개인에게 얼마나 영향을 미치는지 여부에 의해 달라진다는 것이다. 이것은 뒤르켐이 개인보다는 집단이나 사회가 사회학의 중심대상이라고 본 것과 일맥상통한다. 또한 사회적 실체는 집합의식

5 아노미(anomie)상태란, 어떤 행동이 기대되고 있는지를 알 수 없는 느낌, 다시 말해 분명하고 안전하다는 신념 없이 사회에서 표류하고 있는 듯한 느낌을 말한다.

6 E. Durkheim, *Suicide*, Translated by J. A. Spaulding and G. Simpson and edited by G, Simpson, Glencoe Ill: Free Press, 1951.

이며, 집합의식은 구체적으로 사회적 사실들로 구성되어 있다는 것을 주장한 것과 도 통한다. 이러한 사회적 사실에 입각한 사회적 연대 정도가 어떠하냐에 따라 개인행동에 대한 구속력이 달라진다는 것이다.

뒤르켐은 사회가 안정과 번영을 가져오기 위해서는 기계적 연대에서 유기적 연대로 나아가야 한다고 주장하였다. 기계적 연대는 분업이 거의 일어나지 않고 구성원 대다수가 열매를 채취하거나 동물을 사냥하는 등 유사한 일을 하는 것으로 긴밀하게 엮여 있는 상태이다. 이는 주로 원시적 사회나 미성숙 산업사회에서 볼 수 있는 형태이다.

유기적 연대는 주로 산업사회에서 많이 볼 수 있는 형태이다. 구성원들 각자가 전문화된 일을 수행하며 서로 얽혀 있는 관계이다. 신발을 만드는 사람, 빵을 굽는 사람, 아이를 돌보는 사람 등 많은 사람들이 각자의 일을 담당하며, 서로에게 도움을 주는 상태가 유기적 연대라고 할 수 있다. 뒤르켐은 유기적 연대에 대해 분업에 기반하고 있는 현대사회에서 많은 수의 사람들이 맡은 역할을 수행하기 위해, 그리고 생존하기 위해 서로 연결되어 있는 상태라고 규정하였다.

그는 유기적 연대가 기계적 연대보다 분업과 상호의존성 면에서 훨씬 더 복잡하고 역동적이라고 하였다. 또한 역사적 변동도 기계적 연대에서 유기적 연대로 이어진다고 설명하면서, 기계적 연대에서 유기적 연대로 변동시키는 힘은 역동적 밀도(dynamic density)[7]의 증가라고 하였다.

뒤르켐에 의하면 역동적 밀도란 사람들의 수와 상호 작용의 빈도를 의미하며, 역동적 밀도가 증가하게 되면 기계적 연대에서 유기적 연대로 전환이 일어난다고 한다. 즉, 한 사회의 구성원인 인구가 증가하면서 사람들 사이의 상호작용의 횟수가 증가하게 되고, 이를 바탕으로 기계적 연대에서 유기적 연대로의 전환이 일어난다는 것이다.

여기에서 유기적 연대의 핵심은 분업인데, 뒤르켐은 분업이야말로 사회의 안정과 번영을 가져온다는 믿음을 가지고 있었다. 그는 인구가 증가할수록 토지, 식량 등 한정된 자원을 둘러싸고 사람들 사이의 경쟁이 치열해지고, 경쟁이 치열하다 보면 사회의 무질서와 갈등은 점점 더 증가하게 될 것이라고 하였다. 따라서 무질서와 갈등을 해소하기 위해서는 분업을 통한 안정과 번영을 모색해야 함을 강조하였다.

7 George Ritzer, 2003, p. 23.

그는 분업이 증가하게 되면 사람들은 각자 담당하고 있는 일에 책임을 지고, 서로간의 의존성과 조화가 늘어 갈등이 줄어든다고 보았다. 분업을 바탕으로 전문화된 영역이 늘어나고, 나아가 사회적 효율성과 생산성이 증가하면서, 사회는 이전보다 더욱 안정과 번영을 구가할 것이라고 주장하였다.

4. 마르크스

마르크스(K. Marx, 1818~1883)는 사회현상을 분석함에 있어서 상부구조와 하부구조의 틀로 접근하였다.[8] 상부구조(super structure)는 사회가 갖고 있는 정치적, 철학적, 종교적, 각종 제도 등 많은 요인들을 포함하며, 이것들은 통칭 사회 전체의 문화 또는 양식이라고 할 수 있다. 하부구조(infra structure)는 사회의 경제적 생산양식을 의미하는데, 여기에는 생산력과 생산관계를 포함하고 있다.

마르크스는 이 중에서 상부구조가 사회변동의 핵심요인이 아니고, 오히려 상부구조는 하부구조의 변동에 따른 종속적인 위치로 파악하고 있다. 하부구조가 어떻게 변동하느냐에 따라 상부구조의 내용이 달라진다는 설명이다. 즉, 사회의 경제적 생산양식은 그 사회의 정치, 사상, 종교 및 제도 등을 결정짓는데 결정적인 독립변수로 보고 있다.

1) 역사발전 단계론

마르크스는 인류사회의 역사적 변동을 다섯 단계로 나누어 설명하고 있다. 첫째 단계는 원시공동체제사회로서, 이때는 주로 사냥을 해서 연명하고 있었고, 사냥과정에서 많이 기여한 사람과 그렇지 않은 사람 간에 불평등이 생길 수 있다. 이러한 불평등을 해소하고 집단의 통합을 가져오기 위해서는 씨족의 우두머리 또는 제사장을 중심으로 합리적이고 평등한 공동 분배를 추구해야 했을 것이다. 이런 상황을 가장 잘 컨트롤할 수 있는 체제로서 원시공동사회체제가 나오게 되었고, 이것은 하부구조인 원시공동생산경제양식에 기인한 것이었다.

둘째 단계는 고대 노예체제사회로서, 노예를 기반으로 한 경제적 생산관계가

8 Karl Marx, *Selected Writings in Sociology and Social Philosophy*, Translated by T. B. Bottomore and M. Rubel(eds), London: Watts, 1956.

형성되고, 이에 기초한 상부구조가 출현한 것이 고대노예사회체제였다. 노예를 사유재산으로 인식하면서 노예를 매매할 때의 규칙, 노예관리방법 등 여러 가지 제도가 필요했고, 노예를 생산수단으로 인식하는 사상도 형성되어야 하는 등 고대노예사회체제의 상부구조가 성립될 수밖에 없었다. 하부구조의 변화가 상부구조의 변화를 가져온 것이었다.

셋째 단계는 중세봉건체제사회로서, 농노를 기반으로 한 경제적 생산관계가 형성되고, 이에 기초한 상부구조가 출현한 것이 중세봉건사회체제였다. 왕 밑에 영주들은 장원이라는 많은 농토를 갖고 있으면서 그 안에서 농노들을 활용하여 농산물을 생산하였다. 농노는 일정한 세금을 영주에게 바치고 남은 것으로 생활하는 과거 노예보다는 나은 조건이었다. 새로운 생산관계인 농노의 출현으로 상부구조 또한 이에 맞는 형태로 전환된 것이었다.

넷째 단계는 근대자본주의체제사회로서, 임금노동자에 기초한 경제적 생산관계가 형성되고, 상부구조 또한 이에 맞게끔 자본주의체제로 변모하였다. 산업혁명이 시작되고 수많은 공장이 들어서며 자본가들과 프롤레타리아 노동자들이 등장하면서 임금노동자가 새로운 경제적 생산관계를 형성하였다. 자본주의체제의 상부구조는 임금노동자라는 새로운 형태의 하부구조의 등장에 기인한 것이었다.

다섯째 단계는 공산주의체제사회로서, 자본주의체제가 자본가와 프롤레타리아 계급갈등으로 무너진 후, 노동자들이 경제적 생산수단인 기계설비 등을 공동으로 공유하며, 필요한 만큼의 상품생산을 하게 되는 하부구조가 형성된다. 이러한 하부구조로 인해 상부구조 역시 더 이상 자본주의체제가 필요치 않게 되고 새로운 공산주의체제사회가 등장하게 되는 것이다.

이러한 각 단계의 형성은 새로운 사회적 생산양식이 나타나기 때문에 이루어진다. 사회적 생산양식은 물질적 생산수단인 생산력과 생산관계 두 가지 요소로 구성된다. 생산력이란 인간의 노동, 기계, 기술 등을 의미하며, 생산관계는 생산 활동을 둘러싼 인간 간의 관계를 의미한다. 가령 봉건사회체제에서 영주와 소작인 간의 고용관계나 자본주의체제에서 자본가와 노동자 사이의 고용관계 등이 이에 속한다. 결과적으로 생산력이나 생산관계는 상호 연관되어 있으며, 이들의 변화는 생산양식의 변화를 가져오며, 생산양식의 변화는 역사발전의 새로운 단계를 가져온다는 것이 마르크스 이론의 골자이다.

마르크스가 인류역사를 이와 같은 상부구조와 하부구조로 구분하여 분석한 것은 새로운 접근법이며 나름대로 의미가 큰 이론으로 간주된다. 그러나 그의 이론은 현실 적용면에서는 적지 않은 오류와 비판에 부닥치고 있는 것도 사실이다. 그의 이론에 의하면 인류역사변동은 원시공산주의 → 고대 노예제 → 중세 봉건제 → 근대 자본주의 형태로 전개되어 왔는데, 실제로 이런 과정을 거친 지역은 유럽 지역 정도이며, 아시아나 아프리카 등 다른 지역에서는 이와 같은 과정을 적용하기가 곤란하다. 예를 들면 중국의 봉건제도는 진시황 아니면 늦어도 한나라 무제 때 군현제도에 의해 대체되었고, 한국의 경우도 고려시대에 들어서면서 군현제도가 정착되기에 이르렀다. 즉, 이들 지역에서는 농노제나 이와 비슷한 어떤 사회구조가 존재할 수 없었던 것이다. 동양에서 농노제에 관한 문헌기록도 찾아보기 힘들 뿐 아니라, 설령 농노제가 존재했다 하더라도 역사적인 시기로 여겨질 만큼의 기간은 아니었을 것이다. 이와 같은 이유로 마르크스의 역사적 전개과정에 관한 이론은 전 인류역사에 적용되기에는 무리가 따른다고 할 수 있다.

2) 자본주의 모순과 공산주의

마르크스는 이러한 역사변동의 과정을 설명하면서 자본주의체제의 모순과 공산주의체제의 도래를 강력히 주장하였다. 그는 자본주의체제의 모든 가치는 노동자의 노동을 통해서만 나오며, 자본주의의 기반은 프롤레타리아라고 생각하였다. 자본주의하에서 자본가는 프롤레타리아의 노동 없이는 어떤 상품도 생산하지 못하고 자본을 늘리거나 이익을 만들 수 없다고 여겼다. 여기에서 자본가는 생산수단을 소유하고 있는 사람들이며, 프롤레타리아는 생산수단을 소유하고 있지 않은 까닭에 자신의 노동력을 자본가에게 팔아서 생계를 유지해야 하는 사람들을 의미한다. 이런 이유로 자본가와 프롤레타리아는 일종의 협상을 하게 되는데, 그것이 노동력 제공에 따른 임금지급 계약이다.

그는 이와 같은 자본가와 노동자의 계약은 상당히 불공정하게 이루어진다고 주장하였다. 자본가와 노동자 사이의 임금액수도 노동자의 가족이 최저생활을 할 정도의 수준에서 이루어지며, 그 대가로 노동자는 자신의 능력과 역량을 제공하게 된다고 하였다. 이러한 일련의 자본가와 노동자 간의 관계는 얼핏 평등한 것처럼 보이지만, 실상은 자본가는 대부분을 차지하고 노동자는 겨우 살아남을 정도의 임금만 지급받으며, 더욱이 자본가야말로 진정한 노동을 하지 않으면서 노동자를 착취한다고 주장하였다.

그가 말한 착취는, 자본주의체제하에서 자본가가 많은 것을 소유하고 프롤레타리아는 생존할 수 있을 정도의 몫만 배분받는 상황을 의미한다. 그런데도 실제 모든 가치는 노동으로부터 나오고, 노동자는 가치를 창출하는 노동을 담당하는 데 반해, 자본가는 노동과 거리가 먼 투자, 경영, 기획만을 하면서도 더 많은 이윤을 가져간다고 믿었다.

마르크스의 논리에 의하면, 자본가는 자신들의 영리함과 자본조달, 시장조작 등의 활동에 대한 보상을 충분히 받아야 한다고 생각하며 자신들이 노동자를 착취한다는 것을 인식하지 못하고 있다는 것이다. 이것은 노동자도 마찬가지다. 노동자 또한 본인들이 착취당한다는 사실을 인식하지 못한 채, 본인의 노동력 제공만큼 정당한 대가를 받는다고 생각한다는 것이다. 이와 같이 자본가와 노동자 모두 착취하고 착취당하는 관계를 깨닫지 못하는 이유는 허위의식에 사로잡혀 있기 때문이라고 한다. 허위의식은 자본주의하에서 자본가와 노동자가 가지고 있는 스스로에 대한, 서로의 관계에 대한, 자본주의가 작동하는 방식에 대한 잘못된 인식을 의미한다.[9]

하지만 노동자는 시간이 흐름에 따라 점점 많이 착취당하고 곤궁해지기 때문에 자본주의 사회에서 일어나고 있는 착취상황의 실태를 알게 되고, 자본주의하에서의 계급관계를 정확히 인지할 수 있게 된다. 다시 말해, 프롤레타리아는 계급의식에 도달할 수 있는 능력이 있고 자본가들은 그럴 능력이 없다는 것이 그의 주장이다. 여기에서 계급의식은 자본주의하에서 일어나는 허위의식을 극복하고 자본주의 체계를 정확하게 이해할 수 있는 프롤레타리아의 계급의 능력을 의미한다.

그런데 자본주의가 진행될수록 프롤레타리아 숫자는 증가하게 된다. 그 이유는 자본가끼리 치열하게 경쟁을 한 나머지, 경쟁에서 탈락한 자본가는 프롤레타리아로 전락하고 이것이 반복되면서 자본가 숫자는 줄어들고 프롤레타리아 수는 계속 증가하기 때문이다. 점점 늘어난 노동자층은 결국 자본주의체제의 모순을 인식하고 계급의식으로 무장한 후, 폭력으로든 아니면 거의 폭력을 사용하지 않아도 될 만큼의 적은 수의 자본가를 타도할 수 있게 된다.

결국 프롤레타리아의 실천만이 자본주의체제를 무너뜨리고 공산주의체제를 가

9 George Ritzer, 2003, pp. 35~36.

져올 수 있다고 믿으며, 폭력 등 실질적인 실천이 선행되지 않고 저절로 자본주의 체제가 몰락하기를 기다리면 안 된다는 것이 마르크스의 믿음이었다.

3) 자본주의와 인간소외

마르크스는 자본주의체제의 모순과 관련하여 노동자의 소외[10]적인 면을 지적하였다. 자본주의 사회는 노동자로 하여금 생산 활동을 스스로 선택할 수 없게 하며, 자본가들에 의해 해야 할 일이 정해져 있다. 여기에 노동자들은 분업이라는 틀 안에서 상품생산의 공정라인의 한 부분을 담당하는 탓에 자신이 기여한 부분을 제대로 파악하지 못하는 경우가 많다. 오직 생산 라인의 일부분에 매달린 채 작업을 하게 되고, 따라서 자신이 만드는 상품에 무슨 일이 일어나고 있는지조차 파악이 안 된다. 자신의 작업 수행이 전체 업무과정과 어떻게 연결되며 최종 생산물과 무슨 관련이 있는지를 파악하지 못하는 경우가 허다하다. 작업과정에서 노동자들은 서로 함께 작업을 하지만, 실제는 자신에게 주어진 업무를 외롭게 혼자 반복적으로 행한다. 주변 사람들이 가득하긴 하지만 모두가 이방인들처럼 각자 업무만을 수행하는 것이다.

여기에 자본가는 한술 더 떠서 노동자들에게 성과급이라는 미명하에 노동자들을 경쟁으로 내몬다. 작업량의 표준을 정해 놓고, 표준량보다 일을 많이 한 사람은 임금을 더 주고, 적게 한 사람은 임금을 덜 주는 방식으로 노동자의 경쟁을 유도한다. 노동자는 상호 협력적인 업무수행이 아니라 처절한 생존 경쟁에서 한 사람 한 사람 원자로 분리되어 살아가고 있다. 시간이 흐를수록 노동자는 존엄한 주체적 인간이 아닌 하나의 기계의 부품처럼 작업과정의 일부가 되어간다. 그런 까닭에 노동자는 본인의 생산 활동, 생산한 상품들, 상품을 생산하는 과정에서 함께한 동료들 및 본인의 잠재적 가능성 등 많은 상호 연관성을 대부분 파괴당하고 노동자는 그러한 것들에게서 소외당하고 만다.

마르크스는 이와 같은 자본주의체제의 모순을 갈파하면서 공산주의의 도래를 위해 프롤레타리아의 단결을 촉구하고 있다. 자본주의체제가 가지고 있는 물질적 생산관계가 내부적으로 많은 모순을 가지고 있으므로 이를 타파할 능력은 오직 노동자에게 있다고 본 것이다. 그의 논리는 한 사회의 경제적인 힘 내지 생산양식은

10 George Ritzer, 2003, pp. 32~33.

다른 모든 분야에 변화를 일으켜 역사가 변화한다는 주장이었다.

그러나 그의 이러한 주장은 오늘의 인류현실에 적중하지는 않고 있다. 특히 공산주의체제를 표방한 소련과 동구권의 몰락 등은 그의 주장의 비현실성을 더해주고 있다. 하지만 학문적으로 볼 때, 사회변동, 사회계급 등 여러 가지 시각에서 사회를 분석하고 새로운 사회학 접근의 지평을 열어준 점은 매우 고무적이고 기념비적인 일이라고 할 수 있다.

5. 베버

베버(M. Weber, 1864~1920)는 독일태생의 사상가로서 서구사회의 합리화 과정에 관한 이론으로 유명하였다. 마르크스가 사상적 관점에서 그 영향력이 크게 작용한 반면, 베버는 사회학의 관점에서 영향력이 크다고 할 수 있다. 베버는 사회계급, 지위와 권력, 비교론적 방법론, 종교제도, 경제제도, 관료제 조직 등 매우 많은 사회학 분야를 연구하였고, 그 파급력 또한 지대하였다.[11]

1) 계층이론

마르크스는 사회의 불평등 요인을 자본가와 프롤레타리아의 계층으로 구분하고 경제적 요인에 의해서만 성립하는 것으로 설명하였다. 베버는 이에 맞서 사회의 불평등관계는 경제적 요인뿐만 아니라 권력, 부, 사회적 위신 등 여러 가지 요인의 복합적인 결과로 보았다. 경제적으로 부를 축적하여 상위그룹에 속해 있다고 해서 정치, 위광 등 모든 면에서 상위그룹에 속한다고는 볼 수 없다는 견해이다.

오늘날 현실상황은 계층에 관한 베버의 시각이 더 들어맞는 것처럼 보인다. 실제로 돈을 많이 번 사람들이 정치권력을 위해 국회의원이나 고위관직을 추구하는 것을 보면 어느 정도 이해할 수 있다. 반대로 고위관직이나 권력을 갖고 있는 위치에 있으면서 돈을 추구하는 사람도 부지기수다. 권력을 이용해서 거액의 뇌물을 수수한 나머지 감방에 가는 일도 심심찮게 볼 수 있는 현실이다. 이런 현상은 단지 인간 욕심의 발로라고 볼 수 있지만, 다른 한편으로 돈 또는 권력 중 어느 한 가지만 소유하고 있을 때, 사회적으로 완벽한 상층부에 속하지 못한다는 자신감의 결여로

11 George Ritzer, 2003, pp. 38~49.

해석될 수 있다.

따라서 사회 분위기가 돈 또는 권력 한 가지만으로도 상위그룹에 속한다는 확신이 서지 않는 한, 인간의 부와 권력 등을 동시에 추구하려는 욕심은 끊이지 않을 것이다. 여기에 사람들의 무한한 욕심과 함께 사회계층은 보다 더 복잡한 요인을 포함하여 형성할 것으로 예측할 수 있다. 예를 들면, 미술가의 천재적 재능, 공예가의 재능, 운동선수의 재능, 수학자의 재능 등 보다 폭넓고 다양한 요인들이 사회계층 성립에 포함될 것으로 짐작된다.

2) 합리성 유형

베버를 합리주의자라고 부르는 것은 그만큼 그의 합리성에 대한 분석이 남다르고 독특한 까닭이다. 그는 합리성을 다음과 같은 네 가지 유형[12]으로 분류하였다.

첫째, 실천적 합리성으로, 어떤 목적을 달성하기 위해 가장 빠른 방법을 찾으려 노력하는 행동이다. 이것은 서구사회라든지 하는 특정 지역에서 특정인들만이 추구해 온 것이 아니다. 인류역사가 시작된 이래 거의 본능적으로 추구해 온 합리성이다. 실천적 합리성은 일상생활에서 빈번히 등장한다. 휴가를 떠날 때, 도로가 막히면 가장 빠른 길을 찾아 우회하는 것 등이 이에 해당한다.

둘째, 이론적 합리성으로, 행동보다는 관념적 이해에 속하는 부분이다. 즉, 합리적 행동보다는 합리적으로 세상을 이해하려고 하는 부분이다. 만약 휴가지로 가는 도로가 계속해서 막힌다면 근본적인 문제 해결을 위해 도로를 확장하거나 인근에 다른 우회도로를 개설하는 등 장기적인 작업이 시행되는데, 이러한 노력이 이론적 합리성에 속한다. 이론적 합리성 또한 전 인류를 통틀어서 시행되어 온 합리성이라 할 수 있다.

셋째, 실질적 합리성으로, 실천적 합리성처럼 직접적인 행동과 관련이 있다. 실천적 합리성과 실질적 합리성의 차이점은, 업무를 가장 빨리 수행할 수 있는 방법을 찾음에 있어서 일상적 경험에 의존하는 것은 전자이고, 보다 큰 가치에 의해 방법을 선택하는 것은 후자에 속한다.

실질적 합리성은 초문명적이고 초역사적인 성격을 가지고 있다. 한 예로써 어떤 부족이 전쟁에 출전하기에 앞서, 말이나 양을 죽여서 하늘에 제사를 지내는 의

12 George Ritzer, 2003, pp. 39~40.

식은 시간도 많이 걸리고 덜 합리적인 행위라고 볼 수도 있다. 그러나 그러한 의식은 해당 부족으로서는 가치 있는 일일 뿐만 아니라 상당히 합리적이라는 믿음을 가지고 있다. 어떤 부족은 출전하기에 앞서 서로의 손가락에 피를 내어 한 그릇에 담아 돌려 마시고 출전하는 경우도 있다. 이러한 의식들은 오늘날의 시각으로 보면 미신적인 또는 지극히 비합리적인 것일 수 있지만, 당시의 부족 입장에서는 합리적일 뿐만 아니라 최선의 행위일 수 있다. 따라서 실질적 합리성은 문명과 역사를 넘어서 해당 지역의 가치체계를 반영한 것이라고 할 수 있다.

넷째, 형식 합리성으로서, 구성원 누구에게도 적용되는 규칙, 규제, 법에 기초한 행동의 선택을 말한다. 형식합리성의 형태는 근대 서구사회의 가장 두드러진 형태라고 할 수 있으며, 서구 산업화의 시작과 함께 출현하였다. 관료제와 같은 조직체에서 여러 가지 규칙을 정해 놓고 업무를 수행하는 것은 이러한 합리성에 기인한 것이다.

베버는 특히 형식 합리성에 관심을 기울였다. 서구사회에서 이러한 합리성이 출현하고 발전시킨 요인이 무엇인가를 탐구하였다. 그 결과 형식합리성을 촉발시킨 주요인은 프로테스탄티즘이라는 것을 나름대로 밝혀냈다.

3) 프로테스탄티즘 합리성과 자본주의

베버는 서구사회의 합리성 출현에 프로테스탄티즘이 중요한 기여를 한 것으로 평가하였다. 또한 칼뱅주의를 기초로 한 프로테스탄티즘이 근대적 자본주의 발생을 촉발시켰다고 생각하였다. 그는 칼뱅주의에 내재되어 있는 프로테스탄트 윤리에 초점을 두고, 프로테스탄트 윤리를 통한 자본주의 발달을 분석하였다.[13]

프로테스탄트 윤리는 칼뱅주의자들이 죽어서 천국으로 가게 될지 지옥으로 가게 될지를 알지 못할 뿐 아니라, 자신의 운명을 바꾸기 위해 어떤 행동을 해야 하는지도 알지 못한다. 하지만 그들이 하나님으로부터 구원을 받았는지 못 받았는지를 구분할 수는 있다는 것이다. 구원을 받았는지의 여부를 알 수 있는 중요 징표 중의 하나는, 살면서 자기 사업에 성공하고 있으면 구원을 받은 것이고, 그렇지 못하면 구원을 받지 못한 것으로 간주했다. 이것은 운명 예정설 또는 예정 조화설이라고

13 Max Weber, *The Protestant Ethic and the Spirit of Capitalism*, Translated by T. Parsons, N.Y.: Scribner, 1958.

하는데, 베버는 이러한 프로테스탄트 윤리가 자본주의 정신으로 이어졌다고 주장하였다.

운명 예정설을 기준으로 보면, 어떤 사람이 열심히 노력해서 사업을 일구고 그 사업을 크게 번창시키게 될 때, 그 사람은 이미 구원을 받을 사람으로 간주한다. 그러다보니까 사업가들은 자신의 쾌락을 위해 돈을 쓰기보다는 근검절약을 통해 부를 축적하고, 이를 재투자하여 점점 더 사업을 확장시키려고 하였다. 이러한 행위는 정당한 것이며 윤리적 의무라고까지 생각하였다.

사업장에 근무하는 노동자들의 생각도 예외는 아니었다. 그들도 양심적으로 열심히 일하며 훌륭한 노동자가 되기 위해 노력하였다. 그 길만이 하나님으로부터의 구원을 받는 징표라고 확신하였던 것이다. 사업가와 노동자들은 제각각 성공을 위해, 아니 구원의 징표를 얻기 위해 열심히 노력하였고, 이 과정에서 자본주의 정신[14]이 발달했다는 것이 베버의 논리였다.

과거에는 돈을 추구하는 행위는 곧 탐욕적이고 이기적이며 속물적이라는 인식을 감출 수 없었다. 한국의 조선시대 경우도 돈의 축적에 대해 상당히 부정적인 시각을 가지고 있었다. 사농공상(士農工商)이라는 직업구분을 하면서 돈을 가장 많이 추구할 수밖에 없는 상업을 맨 끝에 두어 은근히 상인들을 경원시하였다. 조선시대 5백여 년 동안 경제적 발전이 별로 없었던 이유도 이러한 사회인식이 한몫 했기 때문이다.

그러나 자본주의 정신은 돈을 추구하는 태도에 대한 기존의 시각을 완전히 바꾸어 놓았다. 칼뱅의 프로테스탄트 윤리로부터 시작된 자본주의 정신은 합리적이고 체계적으로 이윤추구를 하는 것이 핵심 내용이었다. 이 내용은 근검절약을 통해 돈을 버는 행위는 정당한 목적이며 지속적으로 부를 축적하여 경제를 발전시키는 것 또한 중요한 의무였다. 돈을 추구하는 행위는 저속하고 이기적이라고 생각되던 관념을 180도 바꿔서, 오히려 돈을 추구하고 부를 축적하여 경제를 발전시키는 행위는 윤리이자 구원의 길이라는 인식으로 바꿔놓은 것이다. 물론 돈을 축적하는 수단이 비합리적이거나 비윤리적이어서는 안 된다. 프로테스탄트 윤리는 합리적이고 체

14 여기서 말하는 자본주의 정신은 서구사회의 사람들이 탐욕이 아닌 경제적인 성공을 끊임없이 추구하게 만드는 윤리적 체계 때문에 경제적으로 성공하려는 것을 의미한다. 또한 자본주의 정신은 이윤추구를 포함하여 합리적이고 체계적으로 검약, 정확, 공정성 등 돈을 버는 것 자체를 정당한 목적으로 여기게 만드는 다양한 구성 요소를 포함한다. George Ritzer, 2003, p. 41.

계적인 과정을 통한 물질 추구를 비호하는 것이지, 비윤리적인 수단을 통한 물질추구까지 비호한 것은 아니었다.

베버는 당시 유럽사회의 사업가나 숙련 노동자들이 프로테스탄트들임을 주목하고, 이들이 프로테스탄트 윤리에 적응하고 있으며 자본주의 발달에 기여한다는 것을 파악하였다. 따라서 프로테스탄티즘의 경제적 합리성은 자본주의 발달에 중요한 가교역할을 하였고, 나아가 여러 분야의 합리성 확보에도 기여하였다.

4) 합리적 권위와 관료제

베버는 권위를 한 가지의 단순한 권력으로 보지 않고, 전통적 권위, 카리스마적 권위, 합리적 권위로 구분하여 살펴보았다.

첫째, 전통적 권위는 오랜 세월 동안 지속된 권위의 신성함을 바탕으로 이루어진다. 족장이나 왕의 권위는 오랜 기간 그 직위의 특수성으로 권력을 행사하는데, 해당 족장이나 왕의 개인적 능력은 큰 변수가 되지 않는다.

예를 들어 어떤 왕의 개인적인 능력이 다른 시대 왕들보다 뒤떨어진다 해서 왕의 권위가 크게 손상 받지 않으며 전통적 권위는 계속 유지된다. 오히려 왕의 능력보다는 외부적인 변수가 권위 하락이나 상승에 영향을 미친다. 국가적 힘이 강해서 다른 나라와의 전쟁에서 승리했다면 그 시대의 왕은 한층 권위가 강해질 것이고 칭송받을 것이다. 반면에 전쟁에 실패하여 국가적 손해가 막심하다면 아무리 유능한 왕이라 할지라도 권위는 크게 손상될 것이다. 역사적으로 이런 경우는 수없이 많았다.

그런데 전통적 권위가 살아 있다고 해서 권력범위와 일치한다고는 볼 수 없다. 전통적 권위가 여전히 존재해도 그에 상응하는 권력을 갖지 못하는 경우가 많다. 오늘날의 영국 여왕이나 일본 왕 등 군주제를 유지하고 있는 나라들 대부분은 왕의 전통적 권위는 존속되지만 그에 따른 권력은 인정하지 않고 있다. 베버가 말한 세 가지 권위 중에서 오늘날 권위와 권력이 가장 일치하지 않는 부분은 전통적 권위라고 할 수 있다. 또한 전통적 권위는 합리적인 것과는 거리가 먼 비합리적 요소를 다수 포함하고 있다. 그런 까닭에 전통적 권위와 권력이 일치했던 과거 중세까지의 사회는 왕의 자의적인 정책결정으로 여러 분야에서 혼란을 초래한 경우가 적지 않았다.

둘째, 카리스마적 권위는 지도자의 특별한 능력이나 신성함, 또는 독특한 특징을 바탕으로 형성된다. 카리스마적 권위는 지도자 본인의 능력에 크게 좌우되기도 하지만, 때로는 지도자의 능력과 상관없이 권위가 형성되기도 한다. 리더 자신의 능력은 별로 없는데도 그의 추종자들이 지도자의 능력을 대단하다고 생각한다면 그는 카리스마적 권위의 소유자가 된다.

그런데 카리스마적 권위는 지도자가 살아 있을 때만 유지되는 경우도 있고 그렇지 않은 경우도 있다. 어떤 점쟁이가 비범한 능력으로 사람들의 운명을 잘 맞춘다면 또는 어떤 의사가 기가 막히게 환자의 병을 잘 고친다면, 그들을 추종하는 사람들에게 카리스마적 권위를 인정받을 것이다. 그러나 이들은 살아 있는 기간 동안 그 능력을 인정받아 권위를 가질 수 있지만, 죽은 후에는 신화적 인물은 될지언정 카리스마적 권위를 부여하지는 않는다. 하지만 아주 예외적으로 사후에 그들의 신상을 조각해 놓고, 조각을 만지거나 경배를 하면 운세가 트인다든지, 아니면 병이 낫는다든지 한다면 그들의 능력을 이용한 새로운 권위가 형성될 수 있다.

예를 들면, 어떤 종교적 지도자가 환자에게 손만 얹어도 치료가 되고, 또 다른 지도자는 구름과 바람을 일으킬 수 있다고 하여 카리스마적 권위를 인정받았다고 하자. 이들을 추종하는 사람들은 지도자의 비범한 능력을 믿고 그의 권위에 복종할 것이다. 그런데 막상 지도자가 죽고 나면 추종자들은 순식간에 허탈해질 것이다. 더 이상 능력자도 없고 마땅한 안식처(추종자들 시각에서 볼 때)가 사라지고 만 것이다. 이때 추종자들은 기발한 착상을 하게 되는데, 그것은 카리스마의 일상화[15]이다.

카리스마의 일상화란 일상적인 일들을 잘 처리하기 위해 카리스마적 지도자의 예외적이고 혁명적인 능력을 바꾸려는 그의 제자 및 추종자들의 노력이다. 이러한 노력은 카리스마 지도자가 사라진 후에도 그의 추종자들이 계속 권력을 유지하기 위해 준비하는 과정이기도 하다. 예수, 공자, 석가 등의 카리스마적 권위를 활용한 기독교, 유교, 불교 등은 대표적인 카리스마 일상화의 산물이라고 할 수 있다.

카리스마의 일상화는 또 다른 권위를 생산하기도 한다. 처음에는 카리스마적 권위에 의존하던 추종자들이 지도자가 사라진 후에 일정한 경배의식을 만들고 경배공간을 신성시하고 여러 가지 규칙을 만들어 사람들로 하여금 지키도록 유도한다. 이 과정에서 사람들은 의식이나 공간, 규칙을 신성시하고 의무적으로 수행하는 것

15 George Ritzer, 2003, p. 45.

을 당연하게 여기게 되며, 점차 일상화에 빠져들면서 삶과 죽음 등에 관한 위안으로 삼는다. 시간이 흐를수록 이러한 일상화는 인간생활의 질서로 자리 잡기도 하고 때로는 합리적이고 합법적인 권위로 인정하기도 한다. 이와 같이 카리스마적 권위는 비합리적으로 출발하면서도 경우에 따라서는 합리적 내지 합법적인 권위로 이전되기도 한다.

셋째, 합리적 권위는 문서화된 범위 안에서 인정받는 것이 특징이다. 대통령이 되었다 해서 과거 왕처럼 권력을 자의적으로 마구 행사하는 것이 아니라 문서로 규정된 범위 내에서 그의 권력을 행사할 수 있다.

그런데 합리적 권위도 전통적 권위와 마찬가지로 권력과 반드시 일치하지는 않는다. 가령 대통령이 그에 합당한 권력을 소유하고 행사한다 해서 권위가 인정받는 것은 아니며, 단지 규정에 나와 있기 때문에 국민들이 그 권력을 수용하는 것일 수 있다. 어느 때는 국민들의 전폭적인 지지를 바탕으로 규정 이상의 권력행사를 용인받기도 한다.

카리스마적 권위는 사람들의 심리를 변화시키는 내부변화가 핵심이지만, 합리적 권위는 사람들의 행태를 변화시키는 외부변화가 핵심이다. 베버는 합리적 권위의 이러한 특성이 역사에서 가장 중요한 혁명적 동력이라고 하였다.[16] 그는 합리적 권위야말로 우리가 살고 있는 사회구조를 크게 바꾸었다고 주장하며, 그 핵심에는 현대 관료제라는 조직구조임을 강조하였다.

베버에 의하면 전통적 권위나 카리스마적 권위도 나름대로 권위를 지키기 위한 조직구조를 가지고 있었지만, 그것은 사실 합리성과는 다소 거리가 먼 것이었다. 그러나 합리적 권위를 유지하기 위한 구조, 즉, 관료제는 가장 합리적인 형태로서 우리 생활에 깊이 연관되어 있다. 이를테면 우리는 아침에 일어나서 버스나 전철 또는 자가용을 타고 출근하는데, 여기에는 관료제의 규칙에 따라 요금을 지불하고 차선을 지켜야 한다. 직장에 도착하면 관료제의 상명하복의 구조와 자신의 업무가 기다리고 있다. 모든 업무는 일정한 절차에 따라 이루어지고 자신의 업무는 절차에 따라 평가받고 성과급도 받는다. 심지어 퇴근 후에도 직장 상사나 동료, 후배와 회식자리도 함께 하는데, 여기서도 관료제 분위기는 사라지지 않는다. 우리는 알게 모르게 관료제의 틀 안에서 하루하루를 보내고 있다.

16 George Ritzer, 2003, p. 47.

어쨌든 관료제는 베버의 말처럼 우리 생활과 밀접하게 연관되어 있는 것이 사실이며, 우리는 부지불식간에 그 안에서 삶을 영위하고 있다. 기존의 전통적, 카리스마적 권위는 관료제를 앞세운 합리적 권위에 밀려나기 시작했으며, 앞으로도 합리적 권위는 관료제의 효과성이 비실효적이라는 것이 입증되지 않는 한 계속 위세를 떨칠 것이 분명하다.

5) 사회학 연구의 가치중립과 이념형

베버는 사회학을 연구하는 사람이 가져야 할 태도로서 가치중립(value-free)을 강조하였다. 가치중립은 사회의 어떤 대상을 조사하고 분석할 때 연구자 자신의 가치관과 신념을 배제하고 객관적 사실에만 입각해서 연구하자는 것이다.

연구주제는 연구자의 판단이나 기호에 맞춰 선택될 수 있지만, 연구 진행과정 및 연구결과에 관해서는 가치중립이 이루어져야 한다. 만약 가치중립의 자세가 훼손되면 연구는 연구자의 주관적 감정 내지 편견이 개입될 것이고, 이는 제3자로부터 객관적인 호응을 얻지 못할 것이다. 연구자의 가치중립적 자세는 연구과정과 결과의 신뢰성을 확보하고 공개적인 지지를 얻을 수 있는 핵심적인 요소라고 할 수 있다.

사회를 대상으로 연구하는 작업은 자연의 사물을 대상으로 하는 것과는 차이가 크다. 자연과학은 특정 사물을 대상으로 그것의 완성과정(예를 들면 볍씨를 뿌린 후 쌀이 나오기까지의 과정 또는 계란이 부화하여 닭이 되는 과정 등)을 살펴보면 연구결과는 객관적이고 신뢰를 얻을 수 있다. 하지만 사회과학 분야는 어떤 사안을 분석함에 있어서 해당 사안이 어느 정도 완성에 가까운가를 알기가 쉽지 않다. 베버는 이러한 딜레마를 해결하기 위해 '이념형'이라는 기준을 제시하고, 이 기준에 비추어 보면서 어느 정도 완성적인가를 알 수 있게 하였다.

한 예로 관료제의 형태나 운영을 10개국의 관료제를 통해 분석하는 경우, 백퍼센트 완벽한 관료제의 이념형을 설정한 다음, 10개국의 관료제를 이념형에 비추어 비교하면 각국의 관료제 수준을 알 수 있다. 이러한 비교론적 연구방법은 오늘날 많은 분석에서 유용하게 쓰이고 있다. 그러나 비교방법을 적용하기 위한 완벽한 이념형을 산출하는 문제는 용이하지 않은 일이며, 설령 이념형이 도출되었다 해도 모든 사람의 공감대를 얻을 수 있을 만큼 완벽한지의 여부도 딜레마가 아닐 수 없다.

제3절 사회학이론의 논의

지금까지 초기 사회학자들의 이론을 살펴본 바, 이들은 오늘날까지 우리에게 큰 영향을 미치고 있다. 사회를 보는 시각도 다양하고 연구방법도 다양하고 사회문제를 처방하는 해결책도 다양하게 제시하고 있다. 앞서 코끼리와 장님의 예에서 코끼리를 완벽하게 설명할 수 없는 것처럼 아무리 위대한 사회학이론도 사회현상을 완벽히 설명할 수는 없다. 그만큼 사회학 분야는 범위도 광대하고 접근법도 다양하기 때문에 누구에게나 열려 있는 분야라고 할 수 있다. 반대로 누구도 완벽한 이론을 전개한다는 것은 불가능에 가까운 일일 것이다.

앞의 이론을 살펴보면, 뒤르켐은 분업의 변화와 함께 기계적 연대로부터 유기적 연대로의 전환을 강조하면서, 여기에는 사회적 역동의 밀도가 중요요인이라고 하였다. 마르크스는 경제적 생산양식을 기초로 역사적 변화를 설명하면서 자본주의의 본질과 공산주의의 도래를 주장하였다. 그러나 프롤레타리아만이 종국적으로 올바른 계급의식을 얻게 되어 공산주의 실현의 주체가 될 것이라는 그의 의견은 아직까지는 현실에 착근하지 못한 것으로 평가받고 있다. 베버는 합리성의 유형을 실천적, 이론적, 실질적, 형식적 합리성의 4가지로 구분하고, 이 중 형식적 합리성이 어떻게 서구사회의 합리화를 유도했는지를 규명하려고 하였다. 특히 프로테스탄트 윤리는 서구사회의 합리화와 함께 자본주의 경제체제를 촉발시키는 데 주요 요인이라고 주장하였다. 이와 같이 사회학이론들은 각자 나름의 시각으로 이론을 전개하면서 사회변화의 방향을 예측하고 해결책을 모색하는 데 중점을 두고 있다.

또한 사회를 하나의 실체로 볼 것인가 아니면 단순한 개인들의 집합체로 볼 것인가로 사회를 보는 시각이 달라지기도 한다.

이에 대해 뒤르켐은 사회를 하나의 실체로 보는, 이른바 사회실재론을 주장하였다. 그는 개인이 사회를 성립시키는 요인이지만 한번 사회가 성립하고 나면 사회는 따로 존재하는 것으로 파악하였다. 따로 존재하는 사회는 개인의 사상과 생활습관 등 많은 면에서 개인을 구속하는 것으로 이해하였다. 이에 반해 베버는 사회는 개인들이 구성해 놓은 것에 불과하다는 이른바 사회명목론을 주장하였다. 개인이 없으면 사회가 없고 개인의 모든 행동 그 자체가 사회라는 입장이었다. 그래서 사회를 제대로 이해하기 위해서는 개인의 특성이나 행동을 면밀히 분석해야 한다고 주장하였다.

사회를 실체로 보는 입장을 거시적 접근법이라고 하고, 사회를 명목으로 보는 입장은 미시적 접근법이라고 할 수 있다. 전자의 방식대로 연구할 때는 사회를 분석대상으로 출발하고, 후자의 방식대로 연구할 때는 개인의 행동을 분석대상으로 출발하게 된다.

예를 들면 노동조합이 파업을 실시할 때, 거시적 접근법은 파업에 동참하는 인원 수, 과격성의 정도, 요구사항 등을 분석하여 파업의 성격을 파악하려고 든다. 또한 파업이 파업참가자의 행동 및 사고에 어떤 영향을 주는지를 분석하려고 한다. 반면 미시적 접근법은 파업은 단지 참가자들의 총합에 불과하다는 입장으로 파업참가자의 참여 동기, 행동양식, 심리 상태 등을 분석하여 파업의 성격을 파악하려고 한다. 거시적인 방법을 취하면 파업이 주체가 되고 참가자는 파업에 따른 영향을 받는 수동적 입장에 처한다. 반면에 미시적인 방법을 취하면 파업참가자가 파업의 성격을 형성하는 주체가 되고 파업 자체는 참가자들 성향의 결과물에 불과한 것으로 간주된다.

이상의 사회학 이론에서 볼 수 있듯이 어떤 이론이 우월하고 열등하다는 판단도 무의미하며, 현실에 적용되는 이론이 독보적으로 존재하는 것도 쉽지 않다. 또한 연구방법도 다양하며 출발점도 다양하다는 것을 알 수 있다. 따라서 사회학이론을 논의함에 있어서 우리는 아주 다양한 시각과 다양한 결과를 수용할 수 있어야 하고, 사회학의 광범위한 영역에 도전할 수 있는 자세를 가져야 할 것이다.

제3장 SOCIOLOGY

사회변동

3 사회변동

제1절 사회변동 의의

1. 사회변동 의미

사회변동은 말 그대로 사회가 움직이는 것을 말한다. 사회가 움직인다는 것은 총체적인 의미이지 어느 한 부분의 변화를 의미한다고 볼 수 없다. 사회변동의 내면은 사회 구성원의 의식이 바뀌고 행태가 바뀌며, 제도가 바뀌고 문화도 바뀌는 등 실로 수없이 많은 부분에서 변화가 일어난다. 다만 그러한 변화가 한꺼번에 달리기 스타트하듯 바뀌는 것이 아니라 오랜 시간을 두고 바뀌는 속성이 있다. 일단 어느 한 부분에서 변화가 일어나면 다른 부분에서 변화가 일어나고 이런 식으로 전염되어 사회 전체가 커다란 변동을 보이는 것이다.

한 예로 인터넷의 보급으로 통신망과 컴퓨터 분야의 변화가 일어나고 다음으로 제도가 변화되고 나아가 사회 구성원의 행동이 변화되고 의식까지 변화되는 것을 볼 수 있다. 비록 시차는 있지만 지역적으로도 서서히 파급되어 전 세계가 인터넷에 따른 수많은 변화가 일어난 것도 경험하고 있다. 사회변동은 이렇게 작은 것에서부터 시작되어 전 인류가 변화되는 면이 있는가 하면, 전쟁이나 지진 등 엄청난 사건을 계기로 한순간에 인간생활과 의식구조가 변화되는 면도 있다. 그만큼 사회변동은 다양한 변화양상과 함께 여러 가지 특성을 가지고 있다.

사회변동 의미를 한마디로 규정하기는 용이하지 않지만, '사회변동은 사회 구성원 간의 관계변화, 구성원의 의식과 행태 변화, 집단과 집단 간의 관계변화, 사회계급구조 변화, 국가권력구조 변화, 사회제도의 변화, 사회문화의 변화 등 수많은 사회구성요소의 변화를 망라한 총체적인 변화'라고 할 수 있다.

2. 사회변동 성격

사회변동의 성격을 구체적으로 살펴보면 다음과 같다. 첫째, 사회는 물 흐르듯이 끊임없이 변화하고 있다. 어느 한 순간 정체되어 있는 상황이 없다고 해도 과언이 아니다. 사회구성원인 개인은 물론이고 집단, 지역사회, 국가, 각종 기관, 나아가 기술과 문화 등 거의 전 분야에 걸쳐서 지속적으로 변화하고 있다.

둘째, 시간에 따라 사회변동의 속도와 폭이 다르다. 사회변동의 속도는 마치 팽이 돌아가는 것과 같다. 처음에는 느리게 어설프게 돌아가지만 점점 가속도가 붙으면 팽이가 돌고 있는지 모를 정도로 도는 것을 볼 수 있다. 인류역사는 오래 되었지만 사회변동의 속도는 매우 느린 것이었다. 그러다가 산업혁명의 불길이 시작된 후 과거 수만 년간 변화되던 것을 불과 2백여 년 만에 훨씬 빠른 속도로 변화시켰다. 변화의 속도도 빠르지만 변화의 폭은 상상 초월의 것이었다. 엄청난 무게의 쇳덩어리인 비행기가 하늘을 날고 운동장 몇 개 크기의 함정이 바다 위를 떠다니고 아무리 먼 거리도 목소리와 영상을 듣고 볼 수 있다는 사실은 수백 년 전에는 꿈에도 상상할 수 없는 것들이었다.

셋째, 공간에 따라 사회변동의 속도와 폭이 다르다. 사회변동은 전 지역에 걸쳐서 일시에 변화하는 마라톤 경주가 아니다. 마라톤은 참가 선수 모두가 스타트라인에 서서 동시에 출발하지만 사회변동은 들쭉날쭉 출발선도 다르고 거리도 제각각이다. 아무리 산업혁명이 시작되어 지구촌 곳곳에 변화의 바람을 일으켰다 해도, 생활의 많은 부분이 산업혁명 이전 상태와 같은 지역도 적지 않다. 또한 지역마다 사회변동의 폭도 다르다. 어떤 지역은 스마트폰으로 은행거래를 할 수 있고 증권투자를 할 수 있는 반면, 어떤 지역은 단순한 통화기능에 그치는 경우도 많다. 그만큼 사회변동은 공간에 따라 변동의 속도와 폭이 달라지는 불균형적 변동의 속성이 있다.

넷째, 부문별로 사회변동의 속도와 폭이 다르다. TV나 세탁기, 냉장고 등 가전제품의 경우는 일상생활에 많은 변화를 가져왔지만, 가족제도의 혼인제도, 교육제도의 입학과 졸업제도 등의 분야는 변화의 속도가 느리게 나타난다. 이와 같이 한 사회 내에서도 부문별로 변동의 속도와 폭이 다르게 나타나는 속성이 있다.

다섯째, 연쇄적인 변화의 반응이 일어난다. 한 분야의 변화는 해당 분야의 변화로 끝나는 것이 아니라 타 분야로 전이되는 속성을 가지고 있다. 예를 들면 스마트폰이 출현하자 인터넷뱅킹을 할 수 있게 되고, 이로 인해 은행 점포의 인원이 축소되고 은행원을 적게 채용하는 등의 영향을 미치는 경우이다. 반면에 스마트폰의 영향으로 각종 정보를 실시간으로 접하게 되며 사람들은 지구촌 곳곳에 떨어져 살아도 서로 의견을 공유하며 여론을 형성할 수 있다. 이와 같이 한 분야의 변화는 다른 분야의 변화로 연쇄적인 반응을 일으키고 이로써 변화의 파급효과가 커지게 된다.

여섯째, 사회변동은 긍정적인 면과 부정적인 면을 포함하고 있다. 사회변동이 꼭 인간생활에 유익한 것만은 아니다. 첨단 기기의 등장으로 많은 정보를 손쉽게 접하고 여러 가지 생활의 편리함을 누리지만, 반대로 이에 적응하지 못하는 사람들은 극심한 스트레스에 시달려 우울증이나 각종 질병에 노출될 위험성이 있다. 현대사회의 급변속에 정신질환을 앓는 경우가 늘어나는 것도 이와 같은 현상이다. 때로는 사회변동이 인간정서의 파괴와 범죄 양산을 가져오는 경우도 적지 않다. 일부 현대인들이 이러한 사회변동의 스트레스를 경험한 나머지 '슬로시티[1]'와 같은 자연적 삶이나 느리게 변화하는 삶을 선호하는 것은 이와 같은 연유에서이다.

이 외에도 사회변동의 성격을 논하려면 수없이 많다. 그만큼 사회변동은 다양한 얼굴을 가지고 있으며, 한마디로 변동의 의미를 규정하기 힘든 이유도 사회변동

1 슬로시티는 '유유자적한 도시 또는 풍요로운 마을'이라는 뜻인 이탈리아어 치타슬로(cittaslow)의 영어식 표현이다. 1986년 패스트푸드와 같은 즉석식에 반대해 시작된 슬로푸드, 즉, 여유로운 식사 운동과 정신을 삶의 방식으로 확대한 개념이라고 할 수 있다. 슬로시티 운동으로 인해 전통과 자연생태를 보전하면서 느림의 미학을 기초로 인류 발전을 추구해 나가는 도시가 늘기 시작했다. 이 운동은 이탈리아의 소도시 그레베 인 키안티(Greve in Chiantti)에서 시작되어 현재는 유럽을 비롯하여 세계적으로 확대되어 가고 있다.

의 속성이 다양한 까닭이다.

제2절 사회변동 요인

1. 사회변동 촉진요인

사회변동은 지나고 나면 역사가 된다. 그런데 변동의 순간은 얼마나 변동이 되고 있는지를 가늠하기가 쉽지 않다. 시간이 흐른 다음에 어떤 사건이나 계기가 사회변동을 가져온 것이었음을 깨닫게 된다. 아, 그 때 그 일이 지금의 변동을 초래했었구나 하는 것이다. 이것이 곧 사회변동을 촉진시킨 사건이며 요인이라는 것을 알게 되는 것이다.

사회변동의 촉진요인은 무수히 많다. 작은 일에서부터 큰일까지 사회변동을 가져오는 것은 아주 많고 다양하다. 꼭 크나큰 사건만이 변동을 가져오는 것은 아니다. 아주 작다고 치부하는 사소한 일까지도 나중에 보면 엄청난 변동을 가져온다. 예를 들어 구석기 시대 유물 중 동물치아로 만든 바늘이 있는데, 이렇게 작고 사소한 바늘의 발견은 그 후 인류생활에 많은 변화를 가져온 것으로 짐작된다. 추운 겨울에 지낼 옷을 기워서 입을 수 있는 것만으로도 인류가 겨울을 나기에 큰 도움이 되었고 수명도 그만큼 연장되며, 나아가 각종 생활의 편리함도 가져왔을 것이다. 지금은 바늘로 주사도 놓을 수 있고 수술을 할 수 있을 정도로, 인류역사 속의 작은 발견은 엄청나고 긴 세월 동안 사회변동을 가져온 것이다.

여기에서 수많은 사회변동 요인을 살펴보기는 용이하지 않으며, 주요 변동 촉진요인을 살펴보면 다음과 같다.

첫째, 자연환경의 변화이다. 자연환경의 변화가 인간사회의 변화를 가져온 것은 한두 번이 아니다. 가령 강가에 살고 있는 마을에 어느 날 홍수가 나서 강물이 범람하여 마을이 물에 잠겼다고 하자. 이 때, 사람들의 반응은 두 가지 이상이 될 것이다. 한 가지 반응은 강물이 범람하지 않는 더 높은 지대로 이사할 것이고, 다른 반응은 강둑에 제방을 쌓아 강물의 범람을 막을 것이다. 전자는 높은 지대에 새로운 마을을 형성시킬 것이고, 후자는 강물의 둑이 더 높아져 홍수를 대비할 것이다. 이후에도 이런 자연의 변화와 인간의 반응은 반복될 것이다. 어느 시기에 다시 홍수가 크게 나면 일부 사람들은 다른 곳으로 이사를 갈 것이고, 일부 사람들은 더 정교한 기술로 제방을 쌓을 것이다. 이런 과정을 거치면서 한편에서는 새로운 마을이 점점 늘어나고, 다른 한편에서는 제방 쌓는 기술이 진전될 것이다.

오늘날 높은 지대에 사람들이 집을 짓고 사는 것이나 제방을 돌로 정교하게 쌓아놓고 철망으로 또다시 제방을 덮는 모습도, 이와 같은 자연의 변화와 인간의 반응이 오랫동안 이어져 온 결과라고 할 수 있다.

둘째, 인구증가와 이동이다. 인구증가는 필연적으로 인구 이동을 불러일으킨다. 한 지역의 인구가 많아지면 먹고 살만한 식량도 부족할 뿐 아니라 일자리도 적어지기 때문에 다른 지역으로 이동이 불가피하다. 역사적으로 이러한 예는 수도 없이 많았고, 인구이동 과정에서 다른 부족이나 국가와 전쟁이 벌어지기도 하였다.

역사적으로 볼 때, 인구증가와 이동은 많은 사회변동을 초래하였다. 훈족의 이동, 게르만족의 이동, 바이킹족의 이동 등은 유럽사회를 그때마다 변화시켰고, 아시아에서도 몽골족의 이동이 사회적 변화를 가져오기도 하였다. 이러한 인구이동은 기존의 사회질서를 파괴하거나 변화시키는 등 여러 가지 면에서 사회변동을 가져온다.

오늘날과 같은 산업사회는 인구증가와 이동은 도시화를 가져오고 있다. 도시는 산업시설이 집중되어 있고 일자리도 많을 뿐 아니라 문화시설도 많이 배치되어 있어서 인구유입을 가속화시킨다. 이런 과정은 자연적으로 형성되기도 하지만 인위적으로 형성되기도 한다. 가령 정부에서 특정 지역에 신도시를 건설하기로 한다면 신도시에 필요한 주택, 교통, 상하수도 시설, 학교, 공원 등 많은 시설이 들어서게 된다. 사람들은 특정 지역에 잘 정비된 각종 시설의 혜택을 누리기 위해 대가를 지불하며 입주하는데, 이런 과정에서 인위적인 도시화가 발생한다.

그런데 인구증가와 인구이동이 반드시 함께 움직이는 것은 아니라는 점을 유의해야 한다. 인구증가가 거의 없다 해도 인구이동은 일어나는 경우가 적지 않기 때문이다. 한 예로 홍수나 가뭄이 발생하여 더 이상 생존하기가 어려운 상황이 닥치면 인구증가가 없어도 이동은 일어날 수밖에 없다. 따라서 사회변동에 있어서 인구증가와 인구이동은 함께 작용하기도 하고 개별적으로 작용하기도 한다.

셋째, 발견과 발명이다. 발견은 기존에 존재하고 있었지만 인간이 몰랐던 것을 찾아내는 것이고, 발명은 기존에 없었던 것을 새로이 창안하는 것이라고 할 수 있다. 콜럼부스가 신대륙을 발견한 것과 에디슨이 전기를 발명한 것은 좋은 예이다. 발견과 발명은 인간사회의 변동을 초래하는 중요한 요인 중의 하나이다.

콜럼부스가 신대륙을 발견한 이후 인간생활의 공간적 영역은 확대되었고 원자재 공급처를 확보하려는 각국의 쟁탈전이 시작되고, 이 과정에서 기존 원주민 사회의 질서가 파괴되고 새로운 유럽사회의 질서가 이식되는 등 엄청난 변화를 겪게 되었다. 마찬가지로 에디슨이 전기를 발명한 후, 인간사회의 야간활동이 엄청나게 증가하였고 야간경제도 크게 활성화되었다. 뿐만 아니라 산업시설에 전기를 공급하여 수많은 상품을 생산하게 되었고 각종 첨단기기도 전기의 힘을 이용해서 사용하게 되었다.

그런데 발명은 단지 기술적 발명에 국한하지 않는다. 우리는 흔히 발명을 하드웨어의 기술혁신만을 생각하는 경향이 있는데, 발명에는 기술적인 면만 아니라 사회적인 면도 포함하고 있다. 이를 사회적 발명이라고 하며, 사회적 발명 또한 인간사회의 변동을 가져온 중요 요인이 되었다. 사회적 발명은 새로운 보험제도, 노동조합, 각종 복지제도 등을 의미한다. 이러한 사회적 발명은 인간생활의 변화를 가져오고 나아가 의식의 변화까지도 가져오게 되었다. 보험제도가 출현함으로써 미래의 불안을 감소시키고 상부상조의 공동체 의식을 강화시키는가 하면, 노동조합이 출현함으로써 노동자의 인권과 각종 권리행사를 할 수 있도록 바뀌었으며, 복지제도의 시작으로 인해 궁핍과 재난에 대한 두려움을 어느 정도 극복시켜 주었다. 이렇듯 발견과 발명은 장기간에 걸쳐 인간사회에 물리적인 변화뿐만 아니라 의식적인 변화까지도 가져오는 요인이 되어 왔다.

넷째, 문화의 접촉이다. 한 지역의 문화가 다른 지역으로 전이되었을 때 문화적 접촉이 일어난다. 접촉된 문화는 기존의 문화를 대체하기도 하고, 또는 두 문화가 공존하는 경우도 있으며, 아니면 두 문화가 혼합되어 새로운 문화를 형성하기도 한다. 기존의 문화를 대체하는 경우는 신규 유입된 문화가 전반적으로 우월한 기능을 가질 때 발생한다. 가령 소를 이용해서 밭을 가는 지역에 트랙터 기술이 유입되면 소를 이용한 밭갈이 문화는 사라지고 만다. 두 문화가 공존하는 경우는 각각의 문화에 대한 선호도가 팽팽할 때 발생한다. 고기를 잡는 방법 중 낚시를 이용해서 잡는 문화와 투망을 이용해서 잡는 문화가 혼재할 때, 각자 선호하는 방식을 고집하여 낚시와 투망의 방법이 공존하게 된다. 두 문화가 혼합되어 새로운 문화를 탄생하는 경우는 보다 신기술이 작용할 때가 많다. 라디오 듣기를 즐기는 문화와 무성영화를 즐기는 문화가 혼합되어 영화나 TV 등의 새로운 문화를 발생시키는 경우가 이에 해당한다.

문화적 접촉은 사람과 사람 사이의 생활변화는 물론 지역사회끼리 문화가 전파되어 행동과 의식을 변화시키기도 한다. 이런 과정을 거쳐 국가 전체의 문화가 바뀌는 경우도 허다하다. 그런데 문화적 접촉은 자연적으로 이루어지기도 하지만 강제적이고 인위적으로 이루어지는 경우도 많다. 여진족이 청나라를 건국하고 기존의 중국인들에게 뒤로 머리를 길게 땋아 내리는 변발을 강요한 결과 중국인 전체가 변발을 하는 문화가 형성된 경우가 이에 해당한다.

문화적 접촉으로 인한 사회변동은 강제적인 변동을 제외하면, 대부분 사회적 편리성을 추구하는 방향으로 변동을 이끌어간다. 예를 들면 유선전화가 보급된 사회에 무선전화의 문화가 유입되면 사회적 편리성이 증대되기 때문에 무선전화 문화가 급속히 전파될 수 있다. 시간이 흐르면서 무선 전화기와 인터넷이 결합하여 인터넷 기능을 탑재한 스마트폰이 새로운 문화를 주도하게 된다. 이런 과정을 거치면서 사회적 편리성이 증가한다는 믿음을 가지게 되고, 이런 유형의 새로운 문화는 지속적으로 출현할 것이다.

다섯째, 자각된 욕구이다. 인간은 근본적으로 만족한 상태에서는 도전정신이 약하다. 부족함이 많을수록 무엇인가 해법을 찾게 되고 그 과정에서 도전의식을 가지게 된다. 역사적으로 사회구성원 모두가 완벽하게 만족하고 행복한 경우는 없었다. 아마 앞으로도 영원히 그런 상태의 사회는 존재하지 않을 것으로 예측된다. 완벽하게 모든 사람이 만족한 사회가 되지 않는 한, 언제나 욕구충족에 노출된 사람은 있게 마련이다. 그런 사람들은 때때로 이단자로 처단되기도 하지만, 그들의 자각에 의한 욕구를 실현시키는 과정에서 사회를 변동시키기도 한다.

자각된 욕구는 사회변동에 관한 의욕이라고 할 수 있다. 사회를 변동시키고자 하는 의욕은 처음에는 작은 변화로부터 시작되지만, 나중에는 사회 전체에 커다란 변화를 가져오기도 한다. 한 예로 소비자보호가 소홀했던 산업화 초기에는 구매한 상품이 맘에 들지 않거나 흠이 있는 경우에도 별다른 호소를 할 곳이 없었다. 상품을 만든 회사에서는 극히 적은 보상만 하는 것으로 그치기도 하고, 때로는 아예 무시하기도 하였다. 이에 불만을 느낀 자각한 소비자 몇 명이 소비자보호운동을 시작하면서 점차 운동이 확산되었고, 지금은 거의 모든 상품에 상품내용 성분의 표기와 함께 소비자 보호규정 및 연락처를 명기하고 있다. 이 외에도 남여차별의 현실에 불만을 느낀 일부 사람들에 의해 시작된 양성평등운동이나 독재정권의 전횡에 분노한 일부 사람들이 시작한 정치적, 인권적 민주화 운동 등 자각된 욕구로 인한 사회변동의 사례는 수도 없이 많다.

여섯째, 전쟁과 침입이다. 전쟁은 단순히 전투현장에서 싸우는 것만이 아니라 뒤에 무수히 많은 물자와 인력공급이 뒤따른다. 전쟁을 하게 되면 군대의 이동은 물론 식량과 각종 보급품의 조달과 운송에 엄청난 노력을 투입한다. 전쟁은 많은 인명살상은 물론 피난민 속출, 시가지의 파괴 등 사회에 충격적인 변동을 초래한다. 이 과정에서 새로운 교통망과 주거지가 형성되고 신무기와 신상품이 개발되기도 한다. 전쟁관련 산업이 활발해지고 피난민을 대상으로 한 상업 활동도 활발해진다. 어떤 경우에는 전쟁통에 부를 축적하여 신흥부자가 출현하고 신종 사업이 뜨기도 한다.

전쟁이 끝난 후의 사회는 더욱 변동적이다. 전쟁에 승리할 경우 논공행상에 따라 지배층의 권력재편이 이루어지고, 전쟁에 패할 경우는 책임을 지고 물러나는 지배층과 이를 대체하는 지배층 사이의 권력재편구도가 이어진다. 또한 남성의 사망이 많아진 까닭에 남편을 잃은 여성도 증가하고 고아나 부상자가 속출하며 각종 범죄도 끊이질 않는다. 정부는 이러한 사회적 혼란을 수습하기 위해 인위적으로 사회변동을 추진하거나 자연발생적인 사회변동을 긍정적인 방향으로 유도해 간다. 이와 같이 전쟁을 통한 사회변동은 다른 변동요인으로 인한 사회변동보다 그 대가가 혹독하다는 데 특징이 있다. 전쟁에 의한 사회변동은 인위적인 재해라고 할 수 있다. 그렇지만 전쟁으로 인해 새로운 사회문화의 접촉과 이식, 그로 인한 의식변동 등이 사회변동을 촉진시키는 요인이 되는 것은 분명하다.

침입은 전쟁과 함께 움직이는 면이 강하다. 총칼을 들고 침입하는 것이 아닌 경제적, 문화적 침입이라면 상황은 다르지만, 대체로 전쟁과 침입은 유사개념이라 해도 무방할 것이다. 어느 일방이 상대방을 침입하여 벌어진 전쟁은 수많은 사건을 수반하면서 문화적 전파를 가능하게 하고 사회구성원의 의식과 행태를 바꿔준다.

전쟁과 침입이라는 일련의 상황 속에서 사회변동은 더욱 가속화된다는 것을 알 수 있다.

일곱째, 혁명이다. 전쟁은 외부로부터의 사회변동요인이지만 혁명은 내부로부터의 사회변동이라고 할 수 있다. 사회체제 내의 불만 요인이 쌓이고 쌓이다가 폭발하는 행동이 혁명이라 할 수 있는데, 이러한 혁명은 성공하든 실패하든 사회변동을 촉발시키는 면이 강하다. 18세기 말 프랑스 대혁명이나 20세기 초 러시아의 볼셰비키혁명 등은 성공한 혁명으로서 사회변동에 엄청난 영향을 미쳤다. 물론 실패한 혁명도 사회변동에 영향을 미치는 경우가 적지 않다. 예를 들어 조선시대 후기에 발생한 동학혁명은 실패로 끝났지만 그 영향은 적지 않았다. 동학혁명으로 말미암아 중세사회의 낡은 체제가 무너지기 시작하였고, 민중항쟁의 출발점과 함께 자주적인 힘만이 외세침략을 극복할 수 있다는 교훈을 남겨주는 등 여러 가지 면에서 사회변동을 가져오게 되었다. 이와 같이 혁명은 내부적인 사건이면서도 사회변동을 촉진시키는 힘은 매우 폭발적임을 알 수 있다.

이상에서 언급한 요인 외에도 사회변동을 촉진시키는 일은 수도 없이 많다. 그런데 사회변동을 촉진시킨다 해서 언제나 긍정적인 변동결과를 가져온다는 것은 아니다. 때로는 기존의 사회체제가 평화롭고 상대적으로 만족도가 높았음에도 불구하고 전쟁이나 자연재해 등과 같은 요인으로 인해 투쟁적이고 각박한 사회체제가 형성될 수도 있다. 따라서 사회변동을 가져온 요인의 성격이 어떠하며, 그 변동요인을 어떻게 수용하느냐에 따라 긍정적인 사회변동결과를 기대할 수 있을 것이다.

2. 사회변동 장애요인

사회변동이 아무리 긍정적인 것이라 해도 그 변동을 수용할 만한 분위기나 인적 구성이 없으면 변동은 저항에 부딪히고 만다. 변동에 대한 저항이 일시적이냐 아니면 영구적이냐의 차이만 있을 뿐, 사실 대부분의 사회변동은 저항을 받으면서 이루어진다. 여기서는 사회변동에 대한 저항요인이 무엇인가를 간략히 살펴보기로 한다.

첫째, 사회구성원의 비선호이다. 비록 좋은 사회변동이라 할지라도 사회 구성원들이 선호하지 않으면 변동은 쉽게 일어나지 않는다. 오늘날 세계 곳곳의 많은 부족들이 외부세계의 변화를 거부하고 자기들끼리의 생활방식과 전통을 가지고 살아가는 모습도 이에 해당한다. 조선시대 후기 서양 문물을 거부하고 외세를 배격하자는 척화운동마저 일어날 정도로 서양문물을 싫어한 경험이 있다. 이러한 구성원들의 태도는 비록 좋은 사회변동을 가져온다 해도 그것이 정착되기까지 상당기간 변동의 장애요인으로 작용하게 된다.

둘째, 새로운 수용에 대한 혼란도 장애요인이 된다. 어떤 신기술이 나와서 상품을 생산한다 해도 처음에는 혼란을 주기 때문에 과거의 것에 대한 향수가 남아 있다. 사람들은 혼란상황이 지속될수록 새로운 것에 대해 거부감을 강하게 갖게 되고 그만큼 변동은 더디게 일어난다. 한 예로 스마트폰 기능이 수시로 업그레이드되면서 더 많은 정보를 제공하고 있지만, 사람들에게는 되레 더 불편을 주는 경우가 있다. 비록 업그레이드로 인해 더 많은 기능과 정보를 얻는다 해도 새로운 상황에 대한 적응이 쉽지 않은 탓에 거부감을 갖는 것이다. 하지만 새로운 것을 수용하는데 따른 혼란의 시간이 짧을수록 변동에 대한 저항도 약하게 나타난다.

셋째, 변화로 인한 편익이 비용보다 적을 때는 장애요인이 된다. 예를 들어 도심지 상공을 관통하는 경량전철을 도입하면 주행속도도 빠르고 편리함도 증가하지만, 경량전철 도입에 따른 도시 미관 저해나 철로 건설비용이 엄청날 경우 이에 대해 저항 또는 철로건설을 포기하게 된다. 실제로 도시 중심부를 통과하는 철로가 미관상 좋지 않다는 이유로 경량전철 도입을 포기하는 도시도 적지 않다. 도시 미관을 살리는 방법은 지하에 철로를 건설하는 것인데, 이것은 비용이 많이 소요되기 때문에 웬만한 지방자치단체에서는 시도할 엄두도 못 내고 있다. 이와 같이 어떤 신기술이나 새로운 것을 받아들이는데 편익보다 비용이 많이 소요될 경우 새로운 것에 대한 저항이 심하거나 그만두는 경우가 비일비재하다.

넷째, 전통에 집착하는 문화적 타성도 장애요인이다. 문화적 타성은 현재의 사회질서에 만족하여 더 이상 새로운 문화를 받아들이는 것에 대한 저항을 의미한다. 문화적 타성에 심하게 젖어 들수록 기존질서에 대한 집착이 심하고 신질서에 대한 무관심 또는 공포감이 극에 달한다. 이런 현상은 사회 전체적으로도 나타나지만 조직 내의 작은 부서에서도 나타나는 면이 많다. 어떤 회사에서 결재업무를 종이가 아닌 전자결제로 전환한다고 할 때, 짧은 기간이나마 부담감과 저항의식이 일어나는 경우도 있다. 나이가 많을수록 전자결제에 경험이 없는 사람일수록 그러한 저항감은 더 크게 나타날 것이다.

다섯째, 기득권의 고집이 장애요인이 될 수 있다. 기존 질서하에서 이익을 누리는 사람들은 변동에 따른 새로운 질서를 원치 않는다. 새로운 질서는 어떤 형태로든 자신이 갖고 있는 권리가 침해당할 수 있기 때문이다. 이러한 권리를 가지고 있는 사람이 많을수록 또는 강한 권력자와 연결되어 있는 그룹이 강할수록 사회변동은 지체된다.

단적인 예로 북한은 상부 권력층의 기득권 유지를 위해 세습이라는 수단을 활용하면서 사회변동을 거부하는 체제이다. 세습의 중심에 김정은 직계 가족이 있지만, 실상은 이들을 빌미로 자신의 기득권을 유지하려는 그룹이 있기에 세습권력이 가능한 것이다. 마치 사이비 교주를 앞세우며 교주와 연결된 그룹이 기득권을 유지하는 것과 비슷한 경우이다. 이러한 기득권 유지를 위한 권력자와 그룹은 새로운 질서를 추구하는 변동에 지극히 거부감을 가진다. 거부감이 극에 달할수록 독재 권력이 강화되고 대다수 민중은 권력층의 기득권유지를 위한 수단으로 전락하고 만다.

이상과 같이 사회변동을 촉진시키는 요인이 있는 반면에 사회변동을 저해하는 요인도 있음을 알 수 있다. 사회변동의 장애요인이 강할수록 그 사회는 변화가 지연되고, 다른 사회와 비교해서 여러 가지 면에서 낙후되는 모습을 보이게 된다. 그러다가 결국에는 다른 사회에 흡수, 동화되거나 뒤늦게 변동에 뛰어드는 불완전한 사회상황을 만들고 만다.

제3절 사회변동이론

사회변동이론은 앞서 여러 번 언급한대로 장님이 코끼리를 만지고 진단하는 행태와 비슷한 이치이다. 즉, 사회라는 코끼리를 두고 여러 갈래로 해석하는 것이라고 할 수 있다. 사회변동의 모습은 하나일지라도 그 변동의 원인과 변동의 형태를 보는 시각은 다양할 수밖에 없다. 그 이유는 사회학은 사회를 대상으로 각자의 사상과 신념 등에 기초하여 연구하고 분석하기 때문이다. 따라서 사회변동이론은 사회를 보는 시각만큼이나 많이 존재할 수 있다. 여기서는 여러 가지 사회변동이론 중에서 보다 알려진 이론들을 소개하기로 한다.

1. 진화론

진화론(evolutionary theory)은 사회도 생물체처럼 진화한다고 믿는 이론이다. 사회를 진화론적 시각으로 보는 관점은 19세기 찰스 다윈(C. Darwin)의 진화론에 영향을 받은 것이었다.

다윈의 진화론은 생물유기체가 단순한 조직체로부터 복잡한 조직구조로 진화한다는 내용을 핵심으로 담고 있다. 단순한 조직구조는 각 기능이 거의 분화되지 않고 상호의존 현상도 미약한 것이 특징이다. 반면에 복잡한 조직구조는 얼핏 혼란스러운 것처럼 보이지만, 내막을 보면 각 기능이 다양하게 분화되고 고도의 상호의존형식을 취하고 있다. 실제로 아메바와 같은 아주 단순한 생물체는 기능분화가 거의 이루어지지 않아서, 어디가 입이고 어디가 내장이며 항문이 어디인가를 분별하기가 어렵다. 하지만 생물체 중에 가장 복잡한 조직구조를 가지고 있는 인간의 몸은 각 기능이 다양하게 분화되어 있고, 그러면서도 서로 의존하는 관계를 형성하고 있다.

인간의 몸이 얼마나 상호의존적인가는 의학적 지식이 아니라도 금방 알 수 있다. 우리가 잠자기 전에 엄지발톱 밑에 아주 작은 가시를 하나 끼워놓고 잠을 청한다면 아마 밤새도록 잠 못 이룰 뿐 아니라 온 몸에 열이 날 지경일 것이다. 우리 몸의 가장 끝부분에 작은 가시 하나에도 온 몸이 반응한다는 것은 그만큼 인간의 몸이 상호의존적임을 말해준다. 다윈의 진화론은 이처럼 단순하고 미분화된 생명체로부터 아주 복잡하고 분화된 생명체로 진화한다는 내용이었다.

초기의 사회학자들은 많은 부분 다윈의 진화론처럼 사회도 진화한다고 생각하였다. 그들은 사회가 진화하는 이유를 환경변화에 대해 인간이 적응하려는 노력의 산물로 여겼다. 여기에서 환경이라 함은 기후나 지리적 여건 등 단순히 자연환경만을 의미하는 것이 아니라, 인구와 기계문명 등 사회환경을 포함하는 개념이다. 이러한 외부 환경변화에 잘 적응하는 사회는 계속 진보하고, 적응에 실패한 사회는 도태되고 만다는 것이 진화론적 견해였다. 진화론적 시각에서 사회변동을 설명하는 학자들 중 스펜서는 대표적인 학자로 여겨지고 있다. 그는 사회를 하나의 유기체로 전제한 다음, 사회와 생물학적 유기체는 유사성이 존재한다고 생각했다. 먼저 사회도 유기체처럼 계속 진화 내지 발전하며 그 과정에서 사회 내부의 부분들도 성장을 한다고 보았다. 사회내부의 부분들이 성장하면서 진화하고 기능이 분화되며 서로 의존하는 관계가 성립된다는 것이 그의 주장이다. 그런 과정을 거치면서 사회는 내부적으로 복잡해지고 이질적이며 분리와 확산이 되는 단계로 나아간다는 것이다. 실제로 우리 사회를 보더라도 백 년 전의 사회구조와 비교해 볼 때, 지금의 사회구조는 엄청나게 복잡해져 있음을 알 수 있다. 백 년 전에는 없었던 교통관리시스템이나 사회복지시스템 등 이루 헤아릴 수 없을 만큼 많은 제도와 조직이 생겨나고 복잡해졌다. 그러면서 각 구조는 서로 의존하고 톱니바퀴 물리듯이 맞물려 돌아가고 있다. 그가 말한 사회진화의 방식이 우리 사회뿐만 아니라 세계 대부분의 사회에서 전개되어 온 것이다.

스펜서는 사회를 군사형 사회와 산업형 사회로 구분하고 사회진화는 군사형 사회에서 산업형 사회로 변동한다고 주장하였다.[2] 군사형 사회는 강제 권력에 의해 개인의 자유로운 행위는 극히 제한적이고, 중앙의 절대적인 권력에 의해 동원되고 협조해야 하는 특징을 가지고 있다. 반대로 산업형 사회는 중앙의 절대권력의 영향이 제한적이며 개인의 자유로운 의사결정을 존중하는 민주적인 체제와 자발적인 협조에 의해 운영되는 것이 특징이다. 그는 이러한 사회적 특징을 전제로, 군사형 사회에 가까운 사회일수록 진화가 덜 된 사회이고, 산업형 사회에 가까운 사회일수록 진화가 많이 이루어진 사회로 간주하였다.

진화론적 관점에서 사회변동을 주장하는 학자는 스펜서뿐만이 아니었다. 뒤르켐은 사회가 기계적 연대에서 유기적 연대로 진화한다고 주장하였다. 기계적 연대는 사회구성원들의 의식과 관념이 하나로 통일된 성향이 강하여 단결력이 높아 보인다. 기계적 연대가 높은 사회는 사람들 간의 연대가 인위적으로 생긴 것이 아니라, 태어날 때부터 이미 정해진 혈연 또는 집단규칙에 의해 자연스럽게 형성된 것이 특징이다. 이런 상황에서는 개인의 자유와 권리보다는 집단의 의식 또는 규칙이 사회를 지배하게 된다.

유기적 연대는 사회가 복잡하게 분화하면서 이질성을 극복하고 서로를 위해

2 Herbert Spencer, 1956.

조금씩 양보하는 인위적 타협의 산물로서 연대가 형성된다. 사회 각 부분이나 개인이 이질적이다 보니까 이를 통합할 적정한 방법을 찾는데, 주로 법률이나 관습, 문화 등에서 통합의 수단을 찾게 된다. 후천적으로 형성된 통합이니만큼 구성원 간의 심리적 결속은 약할 수밖에 없고, 대부분 공동체를 유지하려는 방향으로 통합을 하게 된다.

앞서 말한 군사형 사회는 기계적 연대가 주를 이루고, 산업형 사회는 유기적 연대가 주를 이룬다고 할 수 있다. 어쨌든 뒤르켐은 사회진화가 기계적 연대에서 유기적 연대라는 방향으로 진행한다고 보았다. 이 외에도 진화론적 시각으로 사회변동을 살펴본 학자는 많다. 이들의 견해는 서로 다른 면이 있지만, 결과적으로 사회가 진행형으로 변동한다는 사실에는 대동소이하다. 그러나 사회변동이 언제나 발전적인 방향으로 진행하지는 않는다. 아무리 잘 나가는 사회라 할지라도 자연재해나 전쟁, 또는 구성원의 퇴폐적 의식구조로 인해 퇴보할 수 있다는 것을 유념해야 한다. 실제로 발전을 거듭하던 사회가 어떤 사건이나 재해로 말미암아 퇴보하여 쇠락의 길로 접어든 경우를 볼 수 있다. 이런 면에서 진화론적 사회변동론은 일정부분 한계를 갖고 있음을 알 수 있다.

2. 순환론

순환론(cyclical theory)은 사회가 단순한 것으로부터 복잡한 것으로 진화한다는 사회진화론적 이해를 비판하고, 생물유기체가 그렇듯이 사회도 생성과 성장 쇠퇴하는 일련의 과정을 반복한다는 생각을 하였다. 유형의 생물유기체만이 생성하고 성장하며 소멸하는 과정을 거친다는 생각을 하였으나, 순환론자들은 무형의 사회도 이와 같은 과정을 주기적으로 반복한다고 믿었다.

영국의 사학자인 토인비3는 사회변동을 순환론적 관점으로 이해하며, 사회변동을 자연의 도전과 인간의 반응의 연속으로 보았다. 즉, 인간은 자연과 사회환경으로부터 지속적인 도전을 받게 되고, 인간은 도전을 잘 극복하고 생존에 성공하면 번영하게 된다. 반대로 도전을 극복하지 못하고 실패한 반응을 보일 경우 인간사회는 쇠퇴 또는 소멸을 당하고 만다는 것이다. 그는 인간역사에서 자연과 사회환경의 도

3 Anold Toynbee, *A Study of History*, Abridgement of volumes 1~6, by D.C. Somervell, London: Oxford University Press, 1946.

전을 잘 극복한 때는 흥하였고, 반대로 도전을 극복하지 못한 때는 망하는 식의 흥망성쇠의 순환이 곧 사회변동의 모습이라고 주장하였다. 그가 말하는 사회변동의 방향은 일직선으로 나아가는 것이 아니라, 흥하고 망하는 또는 무르익고 쇠퇴하는 식의 흥망성쇠의 반복으로 이어진다는 것이었다.

이에 반해 러시아 사회학자인 소로킨[4]은 사회변동은 인간의 가치관의 순환이라고 보았다. 인간이 추구하는 가치는 감각적 가치관, 관념적 가치관, 이상적 가치관의 세 종류로 분류되는데, 이들이 끊임없이 순환한다고 주장하였다.

이 중 감각적 가치관은 사회구성원들의 가치관이 물질이나 향락에 치우치는 상태를 의미한다. 요즘 우리 사회에 '돈이면 다 된다'는 의식이 널리 퍼져 있는 것은 감각적 가치관이 강해졌기 때문으로 해석할 수 있다. 관념적 가치관은 감각적 가치관과 반대되는 개념으로 사회구성원들의 의식세계가 초월적이고 비물질적이며 정신적인 측면을 강조하고 있다. 조선시대에 선비정신이나 중세 유럽의 가톨릭문화도 따지고 보면 관념적 가치관이 지배적인 시대였다. 이상적 가치관은 감각적 가치관과 관념적 가치관을 조화시킨 가치관이라고 할 수 있다. 어느 부분에서는 감각적인 것을 추구하고 또 다른 부분에서는 관념적인 것을 추구하는 것으로 양자 간의 균형을 이루려는 상태이다.

소로킨은 사회변동은 감각적, 관념적, 이상적 가치관이 순환하여 사회를 지배하는 반복과정이라고 설명하였다. 하지만 대부분 사회에서는 이상적 가치관을 적용하기가 쉽지 않다. 실제로는 정도의 차이만 있을 뿐, 사회변동은 감각적 또는 관념적인 것 중 어느 하나가 우위를 점하는 다소 불균형한 상태가 순환되는 것이라는 해석을 할 수 있다.

순환론은 비단 몇몇 학자에 의해 주장되었다기보다는 동·서양을 막론하고 철학적 우주원리 탐구에 자주 등장하였다. 예를 들어 동양의 음양오행설도 우주만물이 돌고 돈다는 식의 사상에 기초한 것으로 볼 수 있다.

〈그림 3-1〉을 보면, 나무(木)는 불(火)을 지펴주고, 불은 흙(土)을 북돋아주며, 흙은 금(金)을 생산하며, 금은 물(水)을 생산하고, 물은 나무(木)를 살도록 해준다는 것이다. 이러한 오행(五行)은 다시 각자 음(-)과 양(+)으로 나누어지고, 이들이 서로

4 Pitrim A. Sorokin, *The Crisis of Our Age: The Social and Cultural Outloo*k, N.Y.,: E.P. Dutton, 1941.

그림 3-1 음양오행의 순환도

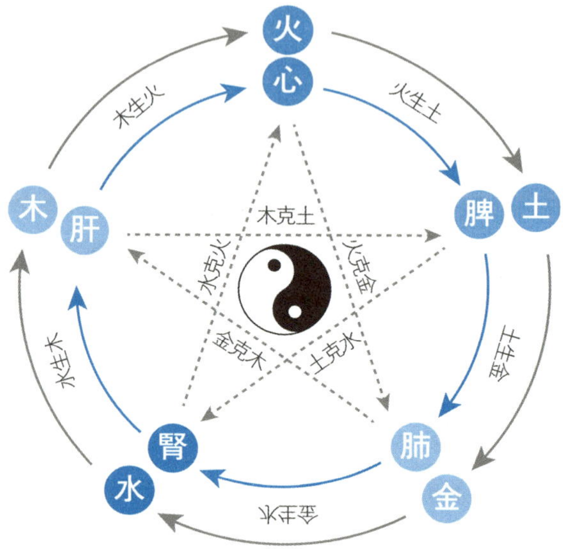

서로를 도와주고 희생함으로써 우주만물이 형성되고 돌아간다는 주장이 음양오행설이다.

이와 같이 순환론은 특정한 사회학적 이론의 범주를 넘어서서 오래전부터 인류역사에 시대와 장소를 초월하여 많은 이들에게 회자되던 철학적 사상과 맥을 같이한 것이라고 할 수 있다.

3. 구조기능론

사회는 내부적으로 수많은 부분들의 체계로 구성되어 있으며, 이들은 스스로의 생존과 성장을 위해 어느 정도 동적인 상태에 처하게 된다. 마치 식물이 가지가 자라면 잎도 많이 달리고 줄기도 커지며 뿌리도 널리 퍼지는 것과 같은 이치이다. 그래야만 크고 튼튼한 나무로서 스스로 균형을 잡을 수 있기 때문이다. 사람도 마찬가지로 신장이 커지면 손발이 자라고 얼굴도 크게 되고 다리도 길게 자라는데, 이것은 사람 내부의 균형을 찾으려는 과정에서 비롯된 것이다. 이와 같이 사회구조도 내부의 한 체계에서 변화가 일어나면 다른 체계도 변화가 일어나고 그것이 다른 부분에도 파급되어 사회 전체가 변화하게 된다는 이론이 구조기능론이다.

파슨스를 중심으로 한 구조기능론자들에 의하면, 사회 내부의 한 부분이 변화되고 다른 부분이 변화되지 않는다면 그것은 기형적인 사회구조가 될 수밖에 없으며, 따라서 사회는 본원적으로 이러한 기형 내지는 불균형적인 구조를 벗어나 전체적으로 균형 있는 변화를 추구하는 형평 지향적 속성을 가지고 있다고 한다.

어떤 사회가 해외 시장을 개척하여 경제적인 풍요로움을 가져왔다면, 이것은 단지 경제체계의 변화만 가져오는 것이 아니라 다른 분야에도 영향을 미치게 된다. 가령 경제적 풍요는 레저욕구를 자극하여 레저와 관광산업을 활성화시키고 이로 인한 해외여행의 급증과 유학을 촉진시키며, 나아가 선진 외국의 교육제도나 인권, 정치적 민주화 등을 보고 배우는 기회가 된다. 이러한 것을 접한 사회는 자기가 속한 사회의 정치적 민주화나 질 높은 교육을 요구하게 되고, 점차 정치체계, 교육체계 등의 변화를 추구하게 된다. 이런 식으로 사회 내부의 한 분야의 변화는 다른 분야의 변화에 영향을 주고, 나아가 전체 사회의 변화를 유도하여 전체적으로 형평을 유지하게 한다. 구조기능론은 어떤 급격한 변동에 의한 것이 아니라 완만한 변동에 의한 사회변화를 설명하는 것이 특징이다.

구조기능론의 대표학자인 파슨스에 의하면 사회는 본래 형평을 지향하는 속성이 있으며, 이러한 속성으로 말미암아 사회는 전체적인 형평을 달성하기 위해 내부의 각 체계의 변동을 도모한다고 한다. 한마디로 사회는 형평을 지향하는 방향으로 변동이 일어난다고 한 것이다.

파슨스는 사회체계의 형평을 강조하면서 이를 유지하기 위해서 꼭 수행해야 할 기능적인 요건들이 있다고 하였다. 이것은 사회가 형평을 유지하며 생존하기 위한 요건들로서, 적응(A-adaptation), 목표성취(G-goal attainment), 통합(I-integration), 잠재적 유형유지(L-latent pattern variables & management) 등의 기능적 요건들이 충족되어야 한다고 본다.[5]

여기에서 적응은 외부환경의 요구에 대한 반응으로 목표를 성취하기 위해 필

---

5 Talcott Parsons, *Structure and Process in Modern Societies*, Glencoe, Ill.: Free Press, 1960.

요한 자원을 확보하는 것이다. 사회내의 부분체계 중 경제체계가 이러한 기능을 수행한다. 목표성취는 목표들 사이에 우선순위를 정해놓고 필요한 자원을 동원하는 기능으로 정치체계가 이러한 기능을 수행한다. 통합은 사회 내의 각 체계단위들 사이의 상호관계를 조정하고 통합하는 기능으로 법률체계가 이 기능을 담당한다. 잠재적 유형유지 기능은 사회구성원들이 인식하지 못하는 사이에 작용하는 일종의 가치관 등을 의미하며 이러한 가치관을 유지하는 기능은 교육, 문화, 종교체계 등이 담당한다. 사회체계는 각 부문들로 나누어지는데, 각 부문은 앞서 말한 적응, 목표성취, 통합, 잠재적 유형유지 등 기능적 요건에 상응한다. 즉 사회 내의 모든 하위체계는 이 네 가지 기능적 부문들에 속한다고 볼 수 있다.

구조기능론적 시각으로 사회변동을 보는 데는 몇 가지 특징이 있다. 첫째, 사회는 반드시 부분들이 결합한 체계이며 따라서 이들을 전체적으로 파악해야 한다는 입장이다.

둘째, 사회는 언제나 동적인 균형 상태를 유지하려고 한다. 어떤 외부충격이나 환경변화가 있다 해도 이에 적응하는 변화량을 최소화하려는 속성이 있다. 최소한의 변화를 통해 환경에 적응하려 하고, 이를 위해 사회통제의 구조적 메커니즘을 가동시킨다. 또한 사회적 역기능이나 일탈 등을 사전에 예방하는 사회화 및 사후통제를 행하는 등의 통제메커니즘을 주로 활용한다.

셋째, 사회변동은 일반적으로 점진적 방식으로 진행하며 급격하고 혁명적인 방식으로는 일어나지 않는다.

넷째, 사회통합을 가져오는 기본적이고 핵심적인 요소는 가치합의이다. 사회구성원들 간의 가치합의가 이루어지지 않으면 사회는 통합되어 있다고 볼 수 없기 때문이다.

이 같은 구조기능론은 특정 시점의 사회체계 상태를 설명하는 데 유용하다는 평을 받고 있다. 그러나 특정 상태가 아닌 변화의 과정을 분석하는 데는 한계가 있다는 비평도 받고 있다. 또한 지나치게 사회통합 내지 균형을 강조한 나머지 기존 체제의 유지에만 급급하고, 어떠한 혁명적 변화를 거부하려는 논리로서 보수적 이데올로기에 치우칠 위험성이 크다는 비판도 뒤따른다.

4. 갈등론

갈등론[6]에 의하면 사회는 언제나 갈등을 안고 있는데, 만약 사회가 평화를 지속하고 있다면 그것은 갈등이 해결된 것이 아니라, 어떤 강제적 힘에 의해 사회질서가 유지되기 때문으로 해석한다. 갈등론은 이러한 강제적 힘에 의한 평화유지는 진정한 사회의 모습이 아니라고 본다. 오히려 갈등을 사회의 보편적이고 정상적인 현상으로 보면서, 이러한 갈등이야말로 사회를 변동시키는 요인으로 간주하고 있다. 또한 사회가 평화적으로 통합되어 있는 것은, 구성원들이 어떤 도덕적 합의에 의한 것이 아니며, 힘 있는 자가 힘없는 사람들을 강제로 억압하기 때문에 통합되어 있는 것처럼 보이는 착시현상을 보인다고 주장하였다.

갈등론자들은 사회는 언제나 현 상태를 깨뜨리려는 힘을 가지고 있으며, 이러한 힘에 의해 혁명 등 여러 가지 수단으로 사회변동을 일으킨다고 주장한다. 이러한 주장은 진보적인 이념을 배경으로 하고 있으며, 사회적으로 피지배계급에 속한 집단의 지배계급에 대한 투쟁을 정당화시켜 주는 면이 있다. 본래 개인들은 자신들의 이익을 극대화하기 위해 이익집단을 구성하여 투쟁에 나서게 되는데, 갈등론과 같은 논지는 이익집단 투쟁을 뒷받침하는 요소가 될 수 있다.

앞서 언급한 기능론이 온건적인 사회변동에 중점을 둔 반면, 갈등론은 급진적인 사회변동에 중점을 둔 것이라고 할 수 있다. 또한 갈등론은 사회를 개인과 개인 또는 집단과 집단 간의 끊임없는 경쟁과 투쟁의 연속으로 보고 있다. 이러한 투쟁의 결과 사회변동은 투쟁에 승리한 집단의 이익증대나 혹은 집단들 간의 이익균점의 방향으로 진행한다고 하였다.

이와 같이 갈등론적 견해는 사회변동을 사회 집단 간의 갈등을 기초로 설명한 점에서 독특하다고 할 수 있다. 하지만 사회구조를 지배와 피지배집단이라는 두 개의 집단으로 양극화시켜 설명한 것은, 복잡한 사회구조를 너무 단순화시켰으며 사회현상에 대한 과학적 분석도 부족하다는 비판을 받고 있다.

6 Ralf Dahrendorf, *Class and Class Conflict in Industrial Society*, Stanford, Calf: Stanford University Press, 1959.

5. 물질(양)적 결정론

사회변동에 관한 물질적 결정론은 마르크스의 유물사관에 입각한 경제적 결정론이 대표적이다.[7] 그는 역사적으로 사회변동은 경제적 힘에 의해 이루어졌다고 본다. 인류역사에서 경제적 힘은 곧 생산조직형태였는데, 이것이 5단계를 거쳐 변화되었고 사회구조도 이에 따라 5단계로 변동되었다고 주장하였다.

1단계는 원시공동사회에서 공동생산양식이고, 이것이 상부구조인 원시공동사회구조를 형성시켰다. 2단계는 노예를 기반으로 한 생산조직으로 바뀌고, 이것이 고대사회구조를 발생시켰으며, 3단계는 농노를 기반으로 한 생산조직으로 전환되고 사회체제도 봉건사회구조로 바뀌었다. 4단계는 임금노동자를 기반으로 한 생산조직이 출현하고 이것이 자본주의구조를 형성하였으며, 5단계는 공동생산조직으로 전환되어 유토피아의 공산사회구조를 형성시킨다고 하였다.

마르크스는 역사발전과정에서 언제나 하부구조인 생산양식, 즉 생산조직형태가 상부구조인 사회구조를 형성시키는 원인이라고 하였으며, 결국 물질 중심의 하부구조가 변화함으로써 정치나 경제, 문화, 사상 등 상부구조인 사회구조가 바뀐다는 유물적 변증법을 내세웠다. 한마디로 물질인 양(量)이 사회를 변동시키는 원인이라는 것이 그의 주장이었다.

마르크스의 '양적 변화가 질적 변화를 가져온다'는 주장은 인류역사 전개과정을 유물적 변증법 시각으로 보았고, 이 점은 사회학 연구에서 획기적이며 신선한 것으로 평가할 수 있다. 그러나 경제적 요인은 사회를 구성하는 수많은 요인 중 일부에 불과한데, 이것으로 사회 전체의 변동을 설명하려 든 점은 지나친 확대해석이라고 할 수 있다. 실제로 사회변동은 어느 한 요인의 변화에 의해 이루어지는 것이 아니라 총체적인 변화가 어우러져 이루어지는 경향이 강하다. 하지만 여러 가지 비판에도 불구하고 사회변동에 관한 물질적 결정론은 나름대로 사회변동의 분석틀을 제공하였으며, 사회변동 분석의 지평을 확대해 주었다는 긍정적 평가를 내릴 수 있다.

7 Karl Marx, 1956.

6. 정신(질)적 결정론

사회변동에 관한 정신적 결정론은 베버를 중심으로 전개되었다. 정신적 결정론은 물질 중심의 경제적 생산양식이 사회 전체를 변동시킨다는 물질적 결정론에 반기를 든 이론이다.

베버는 정신적 요소(질)가 오히려 사회변동을 촉진시키는 원인이라고 주장하면서, 그 예로 프로테스탄트 종교적 요인을 들고 있다. 그에 의하면 사회변동은 경제적, 물질적인 것에 의한 것이 아니라 정신, 이념, 이상 등 정신적 요인에 의해 일어나는 것이며, 그 중심에는 종교적 신념 내지 이상이 있다고 하였다. 예를 들면 프로테스탄트 중에서도 캘번주의를 따르는 캘빈교도들에 의해 종교적 신념을 실천하는 과정에서 자본주의체제를 형성하였다고 본다. 즉, 캘빈교도들은 종교적 신념에 근거하여 근검절약을 실천하였고, 이 과정에서 저축을 증진하였으며, 다시 저축금액을 재투자하여 확대재생산이 이루어지도록 하였다. 그 결과 인류역사에 전례가 없던 자본주의라는 사회체제를 출현시켰다는 것이 베버의 주장이었다.[8]

본래 캘빈은 중세 종교개혁자의 한 인물로서 그의 사상은 운명예정론, 직업소명, 금욕주의로 요약되었다. 운명예정론은 사람들이 신으로부터 구원을 받았는지의 여부는 이미 태어나기 전부터 결정되어 있다고 믿는 것이었다. 그런데 문제는 과연 내가 구원을 받을 운명인지 아닌지를 알 수가 없다는 점이었다. 이에 대해 캘빈은 세상에 태어나 살아가는 동안 본인이 많은 성공을 거둘수록 구원받을 운명이라는 '운명예정론'을 제시하였고, 사람들은 살아가는 동안 본인 직업에 충실하며 성공하려고 노력하게 되었다. 직업소명은 본인이 갖고 있는 직업 또한 신이 주신 천직이며, 불평 없이 직업에 충실하는 자세가 신의 뜻에 부합하며 신을 기쁘게 해드린다는 교리이다. 금욕주의는 방탕이나 허영, 사치, 정욕 등에 자신을 얽매이지 않고, 근검, 절약하여 부를 축적하는 삶이야말로 신을 따르는 진정한 자세임을 강조하는 것이었다.

베버에 의하면, 캘빈교도들은 이러한 캘빈이 제시한 교리를 충실하게 이행하고자 노력하였고, 이 노력은 직업에 대한 애착과 생활의 절제, 부의 축적을 가져오게

8 Max Weber, *The Protestant Ethic and the Spirit of Capitalism*, Translated by T. Parsons, N.Y.: Scribner, 1958.

되었다. 또한 축적한 부는 다시 재투자와 재생산에 활용되어 경제적 확대를 가져오게 되었고, 이것이 오늘날 자본주의체제를 성립시킨 주요인이 되었다.

결국 정신적 결정론이 주장하는 사회변동은 사람의 가치관이나 신념이 어떠한가에 따라 여타 사회체계가 달라진다는 이론이다. 먼저 사람의 가치관이나 신념의 변화가 있은 후에 경제체계나 다른 사회체계 등이 달라진다는 것을 강조하였다.

7. 문화론

문화론자들은 문화가 사회변동에 있어서 중요한 요인이라고 보는 견해를 가지고 있다. 문화는 오랜 세월에 걸쳐 특정한 지역의 사람들이 형성해 놓은 생활패턴이라고 할 수 있다. 문화는 전 세계에서 동시다발적으로 일어나는 것이 아니라 특정 지역에서 그것도 작은 단초가 시발점이 되어 거대한 문화가 형성되는 특징이 있다.

동남아시아는 물론 유럽 등 전 세계를 강타한 한류도 처음에는 드라마의 궁중요리소재나 몇몇 가수의 뮤직으로부터 시작하였다. 그러던 것이 시간이 흐르면서 각국으로 전파되고, 이제는 한류를 모르는 사람이 없을 정도로 세계적인 문화흐름의 하나가 되었다.

외부로부터의 문화 전파는 기존의 문화와 긍정적으로 융합될 수 있지만 갈등을 야기하면서 융합되는 경우도 적지 않다. 긍정적으로 융합되면 보다 빠른 시간 내에 조화를 이루는 변동이 일어나게 된다. 자동차가 도입되면서 기존의 수레문화와 충돌하기보다는 자동차로의 긍정적인 대체현상이 일어나는 경우가 이에 해당한다. 반대로 외부문화와 기존 문화가 심하게 갈등을 야기하면서 융합되는 경우도 있는데, 조선시대 후기, 서양의 천주교 문화와 조선사회의 기존문화가 갈등을 빚었던 경우가 이에 해당한다.

문화가 전파되어 사회변동을 일으킨다는 것은 린턴(R. Linton)[9] 등 문화론자들이 주장하는 내용이었다. 이들은 사회변동의 원인이 문화 전파에 있다고 보았으며, 전파된 문화 중 얼마만큼을 수용하느냐에 따라 사회변동의 방향이 결정된다고 하였다.

문화 전파는 물질문화와 비물질문화로 구성되어 사회변동을 촉진시켜왔다. 세

9 Ralph Linton, *The Study of Man*, N.Y.: D. Appleton Century, 1936.

탁기, TV, 인터넷 등의 전파는 물질문화에 속하고, 민주주의 가치, 인권존중 등은 비물질문화에 속한다. 이러한 문화의 침투력과 파급범위는 사회변동의 폭을 결정하였다.

문화전파뿐만이 아니라 문화이식도 사회변동의 원인으로 지적되고 있다. 무어(W.E. Moore)[10] 등 문화이식론을 강조하는 학자들은 사람들 간의 문화접촉을 통해 사회변동이 일어난다고 하였다. 문화이식은 온건하게 이식되는 경우와 강압적으로 이식되는 경우로 구분되고 있다. 온건한 문화이식은 사람들 간의 직접적인 접촉을 통해 서로에게 문화를 배우고 익히는 과정에서 문화가 이식되는 형태이다. 가령 학자들끼리 만나서 상대방의 기술을 습득하고 그것을 자기 사회에 이식하는 형태가 온건한 문화이식이라고 할 수 있다. 역사적으로 볼 때, 고려시대 문익점 선생의 목화씨의 전래, 최무선의 화약 제조법 기술습득 등 많은 사례가 이에 속한다.

강압적인 문화이식은 힘센 집단이 상대적으로 약한 집단을 정복한 후, 그 사회의 변동을 강제로 행하는 경우가 이에 속한다. 일제에 의해 조선이 식민지화되고 난 후, 조선의 정치, 제도, 사상 등 여러 가지 면에서 강압적인 변화를 강요당한 일은 대표적인 사례이다.

문화론의 문화전파와 문화이식은, 한 사회가 다른 사회를 변동시키는 포괄적 접근뿐 아니라 개인과 개인 사이의 작은 문화적 접촉도 사회변동의 원인이 될 수 있다는 미시적 접근도 포함한다는 것을 알아야 한다.

8. 테크놀로지 결정론

어느 한 사회가 새로운 기술인 테크놀로지를 채택하게 될 때 사회변동이 일어난다는 주장이 테크놀로지 결정론이다. 오그번(W.F. Ogburn)[11]을 중심으로 이론이 전개되었으며, 테크놀로지의 발달방향이 사회변동의 방향을 이끈다는 견해가 핵심이다.

이 이론에 의하면, 새로운 기술이 도입되면 생산수단의 변화가 일어나고 새로운 생산품이 만들어지며, 나아가 소비 패턴에도 변화를 가져오게 되고, 사회관습이

10 Wilbert E. Moore, *Social Change*, Englewood Cliffs, N.J.: Prentice-Hall, 1963.

11 William F. Ogburn, *Social Change: With Respect to Culture and Original Nature*, N.Y.: B. W. Huesh, 1930.

나 제도에도 변화를 가져오는 연쇄반응적인 변동을 일으킨다.

예를 들어 말이 이끄는 마차를 타던 사회에 자동차를 만드는 기술이 도입됨으로써 소비자는 마차 대신 자동차를 타게 되고 나아가 사회변동을 초래하게 된다. 즉 마차를 대체한 자동차를 사용함으로써 소비자의 행동패턴이 달라지는데, 신호등의 준수, 좌회전과 우회전의 규칙, 운전자 간의 매너 등 다양한 형태로 행동양식이 달라진다. 이렇게 달라진 소비자의 행동패턴은 시간이 흐르면서 자신의 의식구조마저 변화시킨다. 다시 말해 여러 가지 교통법규를 준수하는 행동 등이 반복되면서 새로운 가치관이나 신념 등이 생겨나는 것이다. 과속운전 하다가 행인을 다치게 하는 것은 나쁜 운전태도이며, 음주운전으로 인해 다른 차량에 손해를 입히거나 사람을 사망에 이르게 하는 것은 범죄행위라는 생각 등은 자동차 도입에 따라 생긴 새로운 가치관 및 신념이라고 할 수 있다.

그런데 새로운 테크놀로지가 행동뿐 아니라 의식에까지 완전히 정착하는 데는 시간이 많이 소요된다. 그러다 보니까 행동은 신기술을 사용하면서도 의식구조는 옛것에 머무는 현상이 누구에게든 발생하게 된다. 이것을 문화적 지체현상이라고 하는데, 사람에 따라 이러한 지체현상이 짧은 경우도 있고 긴 경우도 있다. 의식적으로 새로운 테크놀로지에 빨리 적응하는 사람은 그렇지 못한 사람보다 문화지체 기간이 짧게 된다는 것이다.

테크놀로지 결정론은 마르크스의 유물적 변증법과 유사한 듯 보이지만, 그 내용은 유물적 변증법보다 더 다양함을 알 수 있다. 마르크스의 사회변동은 사회전반적인 경제적 생산력과 생산관계의 변화가 핵심이지만, 테크놀로지 결정론은 포괄적인 생산관계가 아닌 작은 신기술 도입만으로도 사회가 변동된다는 관점이다. 한 예로 세탁기라는 새로운 테크놀로지의 도입은 적지 않은 사회변동을 일으켰다. 세탁기로 인해 단순히 가정 생활패턴만 달라진 게 아니었고 여성의 사회진출에도 영향을 주었으며, 나아가 주부만이 아니라 남편들도 세탁 일을 할 수 있다는 가치관 변화까지 이어졌다. 이와 같이 테크놀로지 결정론은 새로운 기술 도입의 정도가 사회변동의 정도를 결정한다는 이론으로서 오늘날 많은 분야에서 입증된다고 볼 수 있다.

9. 산업주의 수렴이론

수렴의 의미를 해석하자면, 양극단의 것들이 어느 한 방향으로 합일되는 과정이라고 할 수 있다. 산업주의로 수렴한다는 것은 양극단으로 보이는 것이 산업주의라는 방향으로 서로 가까워지는 모양을 의미하는 것이다. 산업주의는 산업혁명 이후 발생한 경제체제라고 할 수 있다. 대규모 기계 설비를 이용하여 대량의 상품을 제조하거나 기계를 이용한 대규모 농작물 생산 등은 산업주의의 상징이라고 할 수 있다.

그런데 내용적으로는 산업주의를 지향하면서도 외형적으로는 서로 극단에 위치하는 체제가 자본주의와 공산주의였다. 자본주의는 사유재산의 보호원칙과 함께 개인의 자유로운 경제활동을 보장하는 것을 표방하고 나선 반면, 공산주의는 국가의 계획경제 실시로 인민에게 필요한 만큼만 효율적으로 생산하는 시스템을 표방하였다. 이들은 외형적으로 서로 반대되는 체제를 성립시킨 것이다.

그러나 양 체제는 각자 문제점을 안고 있었다. 먼저 자본주의체제는 개인의 자유로운 경제활동과 생산을 보장하고 있었지만 실상 개인에게 모든 것을 맡겨둘 수 없었다. 만약 개인에게 모든 경제활동을 맡기면 어떤 상품은 과잉 생산될 것이고 또 다른 상품은 과소 생산될 것이 뻔했고 실제 그런 현상이 나타났다. 그러다보니 국가가 나서서 생산자와 함께 생산량을 논의하고 상품유통과 소비량까지 계산하며 생산의 적정선을 찾기에 골몰하였다. 이는 자연스럽게 국가의 계획 내지 통제시스템이 발동하는 결과가 되어 어느 정도 공산주의적 요소를 취하게 되었다. 다음으로 공산주의체제도 모든 경제활동을 국가가 나서서 하는 것이 점점 불가능에 가까워졌다. 왜냐하면 산업화로 인한 기계설비의 복잡성, 생산라인의 다양성, 운영의 전문성 등을 정부 관료가 다 이해할 수 없었고, 그런 상황에서 정부의 지휘대로 모든 생산활동을 통제할 수는 없었다.

갈브레이드(K. Gallbraith)[12]를 중심으로 한 산업주의 수렴 이론가들은 결국 자본주의와 공산주의체제는 둘 다 각각의 한계를 노출하면서 기술에 의한 생산체제로 수렴되고 말 것이라는 주장을 펼치고 있다. 그들이 주장하는 산업주의로의 수렴은 기술발달이 진행할수록 가속화될 것으로 보고 있다.

---

12 Kenneth Gallbraith, *American Capitalism: The Concept of Countervailing Power*, Rev. ed., Boston: Houghton Mifflin, 1956.

다시 말해 기술발달이 이루어질수록 정부의 일반관료보다는 기술전문가인 관료의 입지가 커지게 되고, 이들은 기업의 기술전문가와 생산, 분배 및 소비 등을 논의하며 장차 생산량을 조정하게 된다. 이런 현상은 자본주의체제뿐만 아니라 공산주의체제에도 나타나며, 결과적으로 국가의 주요 경제정책들은 이들 손에 의해 움직인다는 것이 수렴 이론가들의 주장이다. 따라서 산업주의 수렴이론은 기술발달이 사회변동의 원인이며, 자본주의나 공산주의체제를 넘어서 산업주의를 지향하는 방향으로 변동이 이루어진다고 주장한다. 이러한 산업주의자들의 주장이 현실적으로도 입증되고 있다고 볼 수 있다. 구소련이나 동구권 공산주의 국가들이 계획경제의 한계와 체제모순을 겪은 나머지 자본주의 요소를 일부 도입하였으며, 자본주의 국가들도 중앙정부의 계획경제 요소를 강화하는 등 양 체제가 수렴되어가는 형태를 보이고 있다.

제4장 SOCIOLOGY

사회화

4 사회화

제1절 사회화 의의

1. 사회화 의미

사회화는 인간이 사회구성원이 되면서 보다 인간답게 살아가려고 노력하는 과정이라고 할 수 있다. 여기에는 사회가 정해 놓은 여러 가지 규범 등을 습득해가는 것이 중요한데, 이것은 혼자 해결할 수 없는 일이다. 만약 인간이 태어나서 숲속에 홀로 버려진다면, 그러면서도 기적적으로 살아 생존해 간다면 인간의 생명력은 끈기 있게 보일 것이다. 하지만 다른 사람과 더불어 살아갈 수 있는 각종 에티켓이나 습관, 정신적 공유 등을 갖기는 힘들 것이다. 인간은 성장하면서 누군가의 도움을 기초로 해서 인간다운 품격을 형성하기 때문이다.

인간답다는 것은 상당히 주관적일 수 있다. 어떤 사람은 동물수준을 벗어나면 인간답다고 할 것이고, 어떤 사람은 높은 도덕적 사상과 태도를 겸비해야만 인간답다고 할 것이다. 각자 주관적인 잣대로 인간다움을 재단하고, 이에 맞추어 인간다움의 논란도 다양할 것이다. 사회화를 인간다움을 갖추려는 과정으로 볼 때, 어느 정도 객관적인 시각에서 이것을 논하는 것이 타당하다고 할 수 있다.

사회화에서 인간다움은 자신과 타인이 서로 어우러져 생활하고 공동의 지향점을 가질 수 있는 이성적인 판단능력을 소유하는 사람이라고 할 수 있다. 여기에는 개인의 이기적인 면을 넘어서 자신의 이익도 추구하면서 타인의 이익도 존중하는, 그러면서 상호 이익을 균점하는 접점을 찾으려는 태도가 필요할 것이다. 이와 같은 태도는 공동체를 지탱하는 기반이 되고, 공동체의 유지야말로 사회의 근본이 되기 때문이다. 결국 사회화는 공동체의 유지에 필요한 개인의 품성, 즉, 인간다움을 습득해 가는 과정이라고 할 수 있다.

2. 사회화 특징

사회화가 가지고 있는 특징을 다각도로 살펴보면 다음과 같다. 첫째, 사회화는 중단 없는 과정이라고 할 수 있다. 즉 사회화는 마치 갓 태어난 수많은 수중생물체들이 거대한 생존의 장(場)인 바다로 행진해가는 모습과 흡사하다. 바다에 진입한 후에도 끊임없이 바다의 속성을 이해하고 적응하는 기술을 터득하며 생존하게 된다. 마찬가지로 인간도 태어나는 순간부터 앞으로 살아가야 할 거대한 사회공동체를 향해 전진을 하게 되며, 성인이 된 후에도 계속 사회의 속성을 이해하고 적응하는 과정을 죽을 때까지 터득하게 된다. 사회화는 순간적인 학습기간이 아닌 인생 전체의 적응과 이해의 과정으로 이해해야 한다. 다시 말해 사회화는 인생의 어느 시기에만 습득하고 마는 단편적인 과정이 아니라, 인생 전체를 통해 끊임없이 습득하고 적응하는 과정이라고 할 수 있다. 우리 주변에 흔히 나이든 사람들이 말하기를, “인생은 죽을 때까지 배운다”라고 하는데, 이것은 개인의 착오와 실수로 인해 사회에 적응하지 못할 때가 수시로 나타나게 되고, 이를 극복하면서 사회에 적응하는 기술을 배가시킨다는 것을 의미한다.

둘째, 사회화는 공동체 적응은 물론 자신만의 독특성도 갖도록 한다. 사회의 구성원으로서 인격을 형성함과 동시에 자신만의 정체감을 갖게 되어 사회와 자신의 조화를 이룰 수 있도록 해준다. 사람은 누구든지 태어나면서 갖는 고유한 자기만의 속성이 있다. 이러한 속성을 천성 또는 본래 타고난 성격이라고 하는데 이것을 너무 강조하면 이기적인 사람으로 흐르기 쉽다. 사회는 구성원 수만큼 각각의 성격들이 한데 어우러져 지내는 집단이라고 볼 수 있다. 그런 가운데서 자신만의 타고난 성격을 고수하려 든다면 타인과 더불어 사는 사회화는 요원한 일이 되고 만다. 따라서 사회화는 타인을 배려하고 자신의 고유한 성격을 어느 정도 자제시키면서 공동체 삶을 유지하게 만든다. 그렇다고 해서 사회에 매몰되는 것이 아니라 자신만의 독특성을 유지하는 방법도 터득하도록 해준다. 그럼으로써 공동체 적응과 자신의 특성과의 조화를 찾아 균형 있는 인격체로 성장시켜 준다.

셋째, 사회화는 사회가 요구하는 것들을 최소한의 노력으로 습득하는 수단이다. 사회는 여러 가지 규범이나 문화, 사상 등을 가지고 있는 복합체라고 할 수 있다. 개인을 떠나 사회가 따로 존재한다고 보든, 아니면 개인이 모여서 사회가 구성된다고 보든 간에 이에 상관없이 사회는 다양한 요구를 개인에게 하고 있다. 예를 들어 인접사회와 갈등이 심한 사회는 강력한 안보정신과 여러 가지 규범을 요구할 것이고, 협동과 공동생산을 강조하는 사회는 협동정신과 그에 따른 규범들을 요구할 것이다. 한 개인이 사회가 요구하는 것들을 혼자 터득하는 것은 어렵고도 힘든 일이지만, 사회화 과정을 통해 빠르고 보다 쉽게 습득할 수 있게 된다.

이 외에도 사회화의 특징은 매우 많다. 그러나 전반적으로 사회화는 개인을 존중함과 동시에 사회구성원으로서의 역할도 요구하는 특징을 가지고 있다.

3. 인간 의존성과 사회화

포유동물 중 인간만큼 태어난 후 오랜 기간 스스로 독립할 수 없는 생명체도 없다. 개인차가 있겠지만 태어난 후 최소한 몇 년은 지나야 스스로 먹고 용변도 처리할 수 있으며, 스스로 돈을 벌어서 먹고 사는 실질적인 독립은 거의 20여 년이 지나야 가능하다. 얼룩말이나 영양 등과 같은 동물이 태어나자마자 일어서서 뛰어다니는 것과 비교하면 실로 엄청난 시간 동안 보살핌이 필요한 것이 인간이다.

그런데 인간이 태어나면서 보살핌을 받는 과정이 단순히 먹을 것으로 해결되는 것이 아니다. 의식주는 기본이고 사회의 일원으로서 배워야 할 각종 규범이나 관습, 정신 등을 함께 익혀야 한다. 그러나 이런 것들은 혼자서 배워 익힐 수 있는 성질의 것이 아니다. 누군가가 함께 곁에서 가르쳐 주고 교정해주고 하면서 배워야 하는 내용이다. 책이나 문자뿐만이 아니라, 여기에는 여러 가지 감정과 소통이 뒤따라야 제대로 배울 수 있는 것들이다. 한마디로 전인격적으로 24시간 가르치고 배우는 것이다.

만약 사람이 태어난 후 먹을 것만 주고 어떠한 가르침이나 배움의 과정이 없다면 사회화가 가능할 것인가? 답은 가능하지 않다는 것이다. 왜냐하면 인간은 본래 의존성의 동물로서 특히 의존기간이 매우 긴 것이 속성이기 때문이다. 실제로 인간이 태어난 후 별다른 보살핌을 받지 못하고 오직 먹을 것만 주며 생존케 한 사람이 전혀 사회인으로서 기능을 하지 못한 사례가 적지 않다.

사회화는 인간의 약한 속성을 보완해주며 사회인으로서 성장해 가도록 누군가의 다양한 보살핌이 있을 때 가능하다. 보살핌의 대상은 어린아이지만 보살피는 주체는 부모나 형제자매 또는 제3의 타인일 수 있다. 부모가 보살피는 것이 좋은 면이 많겠지만 상황이 여의치 않은 경우, 형제자매나 할아버지 또는 할머니, 아니면 보육원 선생 등 보살피는 주체가 다양할 수 있다.

중요한 것은 보살피는 주체가 누구이냐가 아니라 얼마만큼 세심하고 좋은 감정과 소통이 되면서 보살피느냐이다. 어린 아이의 입장에서 보면 주변이 편안하며 자신을 향한 시선과 감정이 긍정적일 때 사회화는 빨라지며 바른 사고와 태도를 습득할 수 있다. 비록 부모가 보살핀다 해도 매일같이 아이 앞에서 싸우고 폭력과 욕설이 오고가는 환경이라면 아이의 사회화는 부정적인 방향으로 흐를 수 있다. 즉, 사회화는 사회화이지만 내용은 사회에 부정적인 영향을 미치는 사회화인 셈이다. 아이가 성인이 된 후 각종 범죄에 휩쓸리는 경우, 많은 범죄자가 어릴 때의 성장과정에 문제가 있었음이 밝혀지기도 한다. 그만큼 사회화에 필요한 주변 인물이 존재하는 것만이 아니라 어떻게 사회화를 시키는가도 매우 중요한 문제이다. 어린 아이를 보살피는 사람이 부모이든 할아버지 할머니이든 아니면 그 외의 다른 사람이든 간에 보살핌의 내용이 긍정적인 사회화에 더 결정적임을 알아야 한다. 따뜻한 감정과 신뢰감 있는 의사소통, 아이의 상황을 면밀히 체크하며 성장을 돕는 양육태도 등이 제대로 된 사회화의 내용이며 학습의 장이라고 할 수 있다. 어린 아이의 사회화와 관련된 양육태도는 가정에서부터 학교 직장 등으로 이어지게 되고, 특히 어릴 때의 양육내용은 그 후에 많은 영향을 주게 된다.

제2절 사회화 대행자

1. 사회화에 필요한 인물

인간의 의존성 때문에 사회화 과정에는 반드시 누군가를 필요할 수밖에 없다. 필요로 하는 인물이 개인이건 집단이건 간에 한 개인의 사회화에는 아주 중요한 역할을 수행하게 된다. 만약 어떤 개인의 사회화에 개입된 인물이 부정적인 성향이라면 사회화가 진행되는 개인은 부정적인 성향을 갖게 될 확률이 높다. 반대로 사회화에 개입된 인물이 긍정적인 성향이라면 사회화가 진행되는 개인은 긍정적인 성향을 갖게 될 확률이 높다.

그러나 반드시 사회화에 개입된 인물에 의해 개인의 성향이 결정되어지는 것은 아니다. 비록 개인의 사회화과정에 개입된 인물이 부정적인 성향일지라도 이에 동조하지 않고 긍정적인 성향을 갖는 사람도 적지 않다. 그것은 사회화가 진행되는 개인이 본인에게 영향을 미치는 인물을 반면교사로 삼고 자신만의 독특한 성향을 갖도록 노력하기 때문이다. 한 예로 술주정뱅이 아버지를 보고 오히려 술을 한 모금도 입에 대지 않는 자식이 있는 경우가 이에 해당한다. 반대로 훌륭한 부모 밑에서 자라며 사회화를 진행한 자식이 나중에 아주 못된 파렴치범이 되는 경우도 있다. 이러한 이유는 사회화가 반드시 타인을 필요로 하지만, 백 퍼센트 타인의 영향을 받아서 사회화가 진행되는 것은 아니기 때문이다. 즉, 타인의 영향 속에서 사회화를 진행한다 해도 인간 본연의 자각능력과 타고난 성격차이로 인해 이러한 현상이 나타나는 것이다. 사회화는 타고난 성격, 스스로의 자각능력, 타인과의 관계 등이 복합적으로 작용한 결과라고 할 수 있다. 그러나 인간이 태어나면서 성장하는 과정, 특히 어린 시절일수록 사회화에 필요한 인물, 다시 말해 사회화 대행자들의 기능은 매우 중요하며 어떤 성향의 대행자와 접촉하느냐가 사회화에 중요한 변수가 될 수 있다.

2. 사회화의 주요 대행자

사회화 과정은 일생 동안 진행된다고 해도 과언이 아니다. 다만 성인이 되었을 때는 본인의 자각과 판단능력이 어린 시절보다 강하기 때문에 타인의 영향을 덜 받을 수 있다. 하지만 인간은 일생 동안 본인의 타고난 성향과 타인의 영향이 어우러져 사회화를 진행한다고 할 수 있다. 그런 까닭에 인간의 사회화에는 성장의 단계마다 사회화에 영향을 미치는 사람이나 집단이 있기 마련이고, 이들이 중요한 사회화의 대행자라고 할 수 있다.

1) 가 정

어린 시절에는 가족이 중요한 사회화의 대행자라고 할 수 있으며, 특히 가족은 인간의 사회화 대행자들 중에 가장 영향력이 큰 대행자라고 할 수 있다. 어린 시절 겪은 가정환경이 성인이 된 후에도 마음 깊숙이 자리 잡아 오랫동안 영향을 주는 경우가 많다. 예를 들어 폭력 부모나 형제 밑에서 자란 아이는 성인이 된 후에도 이것이 강력한 트라우마로 작용할 수 있다. 반대로 자상하고 온화한 부모와 형제 밑에서 자란 아이가 성인이 된 후 마찬가지로 자상하고 온화한 성격을 형성하는 예도 많다. 물론 가정환경의 여하에 따라서 성격형성이 온전히 좌우되는 것은 아니며, 본인의 타고난 성품에 의해서 가정환경과 무관하게 성격형성이 되는 경우도 적지 않다. 다만 일반적으로 어릴 때의 가정환경은 개인의 성격형성에 많은 영향을 준다는 것은 보편화된 상식이라고 할 수 있다.

가정은 다른 사회화의 대행자들과는 다르게 오랜 기간 동안 사회화에 영향을 주는 요소이다. 직장이나 학교는 일시적으로 영향을 주는 면이 있지만, 가정은 성인이 된 후에도 영향을 주는 면이 강하다. 어린 시절을 지나서 청소년기에도 가정은 영향을 주는데, 일류대학에 입학해야 한다는 강박관념 또는 좋은 직장에 취직해야 한다는 관념 등은 가정의 영향에 의해서 이루어지는 면이 많다. 심지어 결혼 후 여성이 남편의 부모에게 고분고분 말을 잘 들어야 한다는 것이라든지, 아니면 남성이 아내의 부모에게 잘해 드려야 한다는 등의 관념도 가정교육에 의한 측면이 강하다고 할 수 있다. 그만큼 가정은 개인의 사회화에 많은 영향을 주며 장기간에 걸쳐 가장 핵심적인 사회화의 대행자이다.

2) 어린이 또래집단

오늘날 어린이들의 또래집단은 주로 어린이집이나 유치원 같은 사회구조의 한 형태로서 비교적 체계화된 곳이다. 어린이집이나 유치원과 같은 또래집단은 어린이에게 큰 문화적 충격을 안겨줄 수 있다. 그동안 가정 안에서만 사회화된 어린이가 처음으로 자신과는 다른 견해를 가진 대등한 존재가 있음을 실감하고 이에 고민하는 시기가 이때이다. 어린이도 나름대로 어린이집이나 유치원에 가서 생활하면서 기쁨도 누리지만 고민도 적잖이 하게 된다. 그들이 표현력이 부족해서 어른들이 간과하기 쉽지만 사실 어린이들도 자신 이외의 다른 주관을 가진 존재와 어떻게 어울려야 할 것인가를 걱정하게 된다. 그런데 이러한 고민 내지 걱정은 아이를 사회화시키는 좋은 교본이 될 수 있다. 자신만을 위하는 이기심과 타인의 이기심을 조화시키려는 노력을 행하게 되며, 이로써 조금씩 사회의 일원으로 나아가는 과정을 밟게 되는 것이다.

또래집단을 통한 사회화는 어른들의 일방적 강요에 의한 사회화에 완전히 매몰되는 것을 방지해 주는 기능을 수행한다.[1] 만약 또래집단과 어울리는 과정 없이 가정으로부터 곧바로 사회에 나간다면, 아이는 가정에서부터 사회의 직장에서까지 어른들의 가치관과 규범에 세뇌되어 자신들만의 독특한 사회화과정을 거치지 못하게 된다. 그렇게 될 때 아이는 어른들의 세계와 다른 나름의 의식과 가치관, 관심을 구축하지 못하고, 경우에 따라서는 로봇과 같은 사회인이 되기 쉽다.

또래집단 단계의 사회화 과정이 없다면, 아이는 자신만의 새로운 세계를 창조하기도 어려우며, 사회 전체적으로 볼 때도 새로운 역동성을 가져올 수 있는 동력을 상실할 수 있다. 아이들은 그들만의 세계에서 대화하고, 기존의 방식과는 다른 새로운 방식으로 상호존중과 평등을 실천할 수 있다. 가령 기존의 상호존중 방식이, 만날 때 서로 악수하는 것이었다면 아이들은 포옹이라는 방식으로 상호존중을 표현할 수 있고, 그것이 더욱 친밀한 사회문화를 형성할 수 있다.

따라서 어린 시절의 또래집단을 통한 사회화는 어린이가 가정을 벗어난 최초의 바깥세상의 경험과 함께, 사회라는 공동체의 일원으로서 갖춰야 할 자질을 습득

1 F. Elkin & G. Handel, *The Child and Society: The Process of Socialization*, N.Y.: Random House, 1972.

하는 학습장이라고 할 수 있다.

3) 성인 또래집단

성인도 또래집단을 이루는 경우가 많다. 오늘날 유행처럼 번지는 동창회나 동호회 등이 이에 속한다고 할 수 있다. 동창회는 학교를 동년배에 입학하거나 졸업한 사람들로 구성되어 있고, 동호회는 연령대는 다르지만 취미나 기호가 유사한 사람들로 구성되어 있다. 동호회는 또래집단과 다르게 구성되어 있는 면이 있지만 모임의 성격상 또래집단과 유사하다고 볼 수 있다.

성인 또래집단도 사회화에 영향을 미친다고 볼 수 있다. 예를 들어 동창 중의 한 명이 돈을 많이 번 큰 부자가 되어 다른 사람들로부터 융숭한 대우를 받는다고 하자. 그 모습을 본 다른 사람들이 '역시 돈이 최고야' 하는 마음이 강하게 든다면, 그 이후 많은 사람들이 돈을 최고의 가치로 여기는 성향을 보일 것이고, 사회 전반적으로도 돈을 중시하는 물질만능주의의 풍조가 유행할 수 있다.

그러나 성인들의 또래집단은 어린 시절의 또래집단에 비해 사회화에 미치는 영향은 작다고 볼 수 있다. 성인들은 이미 자신만의 가치관과 규범이 자리잡고 있기 때문에 성인 또래집단에 의한 사회화는 그만큼 영향력이 적을 수밖에 없다.

4) 학 교

학교는 어린이가 성인이 되어 사회에 본격적으로 진출하기 전 가장 조직적이고 체계적인 사회화를 행하는 기관이라고 할 수 있다. 학교는 어린이가 접하는 공식적인 환경이면서 스스로 판단하고 동료학생들과 어울리며 문제에 부닥치면 여러 가지 방법을 동원하여 해결하게 하는 무언의 사회화 교육을 실시한다. 가령 선생님이 부여한 과제를 수행할 때, 동료와 상의하든지 아니면 인터넷이나 현장조사를 하는 식으로 여러 가지 수단을 동원하여 과제를 해결하는 것은 좋은 예이다.

학교는 성인이 되어 사회로 진출하기 전의 마지막 배려의 장(場)으로서 사회화의 교육기관이라고 할 수 있다. 그런데 사회화의 대행자로서 학교 선생님의 과도한 간섭이나 감정적 체벌 등이 따른다면 아이의 사회화는 부정적인 방향으로 형성될 위험성도 내포하고 있다. 실제 학교생활에 부적응하여 정상적인 사회의 일원으로서 성장하지 못하는 경우는 수도 없이 많다. 이런 이유로 학교를 통한 사회화는 효율적인 면을 가지면서도 자칫 위험성도 가지고 있는 양면성이 있음을 알아야 한다.

학교는 학생에게 따뜻한 상호배려와 자신만의 학습의지 및 성취, 사회에서 요구하는 자격의 취득 등 다양한 사회화의 예비훈련장이 되어야 한다. 또한 지나치게 과거의 전통적 규율과 성취목표에 편입시키려 들지 말아야 하며, 학생 본인만의 창의성과 끝없는 상상과 미래비전 등을 가질 수 있도록 격려하며 지원해야 한다. 이러한 격려와 지원이 없다면 학교의 사회화는 군국주의 체제의 열병식 병사들을 양성하는 기관에 불과할 것이다.

5) 매스미디어

TV, 영화, 인터넷, 잡지, 라디오, 신문 등은 사회의 신념, 가치, 규범 및 전통 등을 개인에게 전달하는 데 중요한 기능을 수행하고 있다.[2] 이들 대중매체는 오늘날 사회화 과정에서 영향력을 단기간에 가장 많이 확대한 분야라고 할 수 있다.

최근에는 인터넷을 통한 사회화가 상당한 영향력을 확대시키고 있으며, 인터넷의 개인 블로그(blog)의 팔로워(follower) 숫자가 많아질수록 영향력이 강화되기도 한다. 여기에 사이버 커뮤니티 등이 늘어나면서 각종 사이버 모임도 증가하고, 이들을 통한 사회화도 날로 확산되는 추세이다. 지금까지의 TV를 통한 사회화의 영향력이 거의 절대적이었다면, 점차 인터넷을 통한 사회화의 영향력이 그 자리를 잠식해가고 있는 모습이다.

매스미디어(mass media)는 특히 어릴 때 사회화에 중요한 영향력을 미친다. 어린이는 바깥세상을 모두 경험할 수 있는 환경이 아니므로 미디어에서 소개하는 새로운 세계를 접하다 보면 꿈과 희망이 신선해지고 인생관도 긍정적으로 성립할 수 있게 된다. 반면에 어린이가 미디어에서 제공하는 음란물이나 성인물 등을 자주 접하게 되면 어린이다운 순수한 상상과 꿈을 펼치기보다는 쾌락적인 것을 좋아하는 불완전한 사회화가 되기 쉽다. 그런 까닭에 매스미디어를 접하는 어린이에 대한 부모와 학교 선생님 등 어른들의 세밀한 관심이 필요하다고 할 수 있다.

---

2 M.N. Marger, "The Mass Media as a Power Institution", in S.J. Ferguson(ed.), *Mapping the Social Landscape*, N.Y.: McGraw-Hill, 2005.

6) 직 장

직장은 성인이 된 후에 속하게 되는 조직으로서 사회화 과정에서 가장 늦게 영향력을 행사한다. 그럼에도 불구하고 직장도 사회화에 적지 않은 영향력을 미치게 되는데, 직장의 분위기나 규율 등은 기존의 사회화된 관념을 바꾸기도 한다. 예를 들면 어떤 청년이 대학생으로서 자유로운 민주주의 사고방식에 젖어 있었지만, 직업군인의 길을 택한다면 군대라는 특수한 규율과 가치관이 그동안의 관념을 바꾸도록 만든다. 이와 같이 새로운 직장 분위기에 적응해야만 생존할 수 있는 상황이야말로 어쩌면 사회화에 강력한 영향력을 행사하는 도구일 수 있다.

성인이 된 후에도 사회화는 진행형으로 이루어지고 있으며, 직장은 그러한 대표적인 사례라고 할 수 있다. 다시 말해 직장의 목표나 가치관 또는 규범 등은 직장에 소속된 성원들의 인성의 일부로서 내면화된다고 볼 수 있다.[3]

7) 지역사회

개인이 거주하는 지역사회도 사회화에 영향을 줄 수 있다. 지역사회는 앞서 말한 사회화의 대행자들보다 그 영향력은 현격히 떨어지지만 지역의 분위기 등은 여전히 사회화에 영향을 미칠 수 있다.

만약 어떤 지역이 주민 서로 간에 겨울철에 집 앞 길에 쌓여 있는 눈마저도 치우지 않는다면 그 지역의 분위기는 온통 개인주의 풍조가 휩쓸 것이다. 이런 분위기에서 자라는 어린이는 어른들의 이기주의 행태를 본받을 것이고, 이들이 자란 다음에도 그 지역은 각박한 풍조가 이어질 확률이 높다. 반면에 주민 간에 서로 위하고 작은 것이라도 나누어 먹고 서로 돕는 분위기를 가진다면, 이를 본 어린이는 어른이 된 다음에도 서로서로 정을 나누는 심성을 갖게 될 확률이 높다.

오늘날은 도시화와 산업화로 지역사회 중심의 사회분위기는 그다지 중시하지는 않지만, 긍정적인 지역사회 분위기는 사회화에 좋은 영향을 미치는 요인으로 작용한다. 반대로 부정적인 지역사회 분위기도 사회화에 좋지 않은 영향을 미치게 됨은 자명한 일이다.

---

3 Earl R. Babble, *The Practice of Social Research*, Belmont, Calif: Wadsworth, 1979. pp. 147~149.

지역사회의 분위기가 국가적 차원의 분위기에 이어진다는 것은 어렵지 않게 짐작할 수 있다. 지역사회가 모여서 국가라는 사회가 형성되는 것인 만큼, 국가 차원에서도 긍정적인 지역사회 만들기에 여러 가지 대안을 고려할 필요가 있다.

제3절 사회화이론

1. 피아제의 인지발달론

피아제(J. Piaget)는 인간이 성장하면서 인지발달도 함께한다고 하며, 이러한 인지발달이 사회화에 필요한 퍼스낼리티를 형성시켜 준다고 한다. 그는 인간의 성장과정에서 나타나는 인지발달을 4단계로 구분하여 설명하고 있다.[4]

첫 번째 단계는 감각충동단계(sensorimotor stage)이다. 이 시기는 태어나면서부터 약 2세까지의 시기로서, 이때는 감각으로만 대상의 인지를 할 수 있는 단계이다. 이 시기의 아이에게 무엇을 주게 되면 대부분 입으로 가져간다. 입의 감촉을 통해 대상을 인지하고 자기 취향이 아니거나 별다른 맛이 없으면 이내 던지고 마는 것을 자주 볼 수 있다. 또한 손으로 만지거나 눈에 보이는 것, 그리고 귀로 듣는 것으로 대상을 인지하는데, 이것을 감각에 의한 대상인지라고 할 수 있다.

이 시기의 아이는 자신의 감각세계가 전부이기 때문에 감각을 벗어난, 즉, 시야에서 사라지거나 만질 수 없는 상태 또는 귀에 들리지 않는 상황이 되면 더 이상 대상을 인지하지 못하게 된다. 따라서 이 시기의 아이에게는 많은 눈 맞춤과 속삭임, 부드러운 감촉 등을 경험하게 함으로써 사회화에 긍정적인 인성을 함양하도록 해야 한다.

두 번째 단계는 전(前)조작단계(preoperational stage)로서 감각충동단계 이후 약 6~7세의 시기라고 할 수 있다. 이때는 어떤 대상이 감각세계 밖에도 존재함을 알게 되어 대상을 지속적으로 인지할 수 있는 능력이 생긴다. 가령 엄마가 옆에 있다가

4 Jean Piaget, *The Principles of Genetic Epistemology*, Translated by Wolfe Mays, N.Y.: Basic Books, 1973.

눈에서 사라진다 해도 엄마의 존재를 알게 되며, 이를 대상영속성(object permanence)이라고 한다.

이 단계의 어린이는 대부분 자기중심적이어서 이기적으로 행동하는 경향이 강하다. 자신이 갖고 싶은 것은 꼭 가져야만 직성이 풀리는 시기이며, 그것을 가질 수 없는 환경에 대해서는 해석할 능력이 없는 시기이다. 이때의 부모는 아이들 본인이 원하는 것은 무엇이든 사달라고 조르는 통에 본의 아니게 아이와 씨름을 하게 된다. 이 시기는 자기중심적인 사고가 강한 만큼 어떠한 정보도 자기중심적으로 해석하려 든다. 한 예로 자신이 배가 고프면 먹을 것을 찾게 되는데, 동시에 다른 어린이도 배고플 거라는 생각은 하지 못한다.

또한 자기중심적인 정보의 해석은 구체적인 정보조작을 어렵게 한다. 즉, 어떤 남자아이가 자신에게 여동생이 있다는 것은 알면서도 반대로 여동생이 오빠가 있다는 것은 쉽사리 인지하지 못하는 경우가 이에 해당한다. 이것은 자기중심으로 인식하고 판단하기 때문이라고 할 수 있다. 이와 같이 어떤 정보를 조작하는 능력이 원활하지 못한 것과 자기중심적인 사고가 지배적인 시기는 어른들의 자상한 설명과 안내가 사회화에 있어서 중요한 조력자이다.

세 번째 단계는 구체적 조작단계(concrete operational stage)로서 전조작단계 이후 약 11세 정도까지이다. 이 시기는 대상을 구체적으로 생각하고 무엇보다 사물에 대한 정보조작이 가능한 단계이다. 이때는 어떤 장소에 가는 길을 구체적으로 설명하며 약도도 그릴 수 있으며, 어떤 사물의 외형은 변할지라도 질량은 불변할 수 있다는 것도 알 수 있는 시기이다. 또한 다른 사람에게는 본인과 다른 견해가 있을 수 있음을 알게 되어 토론이나 협상을 통해 해결하려 드는 시기이다.

이 단계는 자기중심적인 사고방식을 벗어나서 다른 사람과 잘 어울릴 수 있는 방법을 모색하기도 하며, 이를 위해 자신을 양보할 줄도 아는 공동체적인 성격형성이 가능한 때이다. 따라서 어른들은 이 시기의 어린이에게 공동체의 특징과 상호배려의 중요성, 사물에 대한 구체적이고 객관적인 관찰능력 등을 심어주도록 함으로써 어린이로 하여금 긍정적인 사회화과정을 경험하도록 도와주어야 한다.

네 번째 단계는 공식적 조작단계(formal operational stage)로서 12세 이후 단계이다. 이때는 추상적인 생각이 가능하며 객관적 시각으로 사물을 관찰할 수 있다. 어떤 문제에 부닥치면 다양한 해결책을 생각해 내며 다른 사람의 의견도 구하면서 연구를 행한다. 그러면서 이론적 사고가 발달하고 나름대로 논리가 서 있는 문제해결도 도출해 낼 수 있다.

피아제는 어떤 문화권이든 문화적 다름은 있을지언정 이와 같은 인지발달단계는 유사하다고 주장한다. 그는 4가지 인지발달 단계가 모든 어린이들에 보편적으로 적용 가능하다는 것이다.

그의 인지발달 단계이론이 보편적인 적용가능성이 있든 없든 간에 중요한 것은 사회적 경험 없이는 인지발달 단계도 어렵다는 점이다. 다시 말해 혼자서 고립되지 않고 타인과의 사회적 접촉이 있어야 인지발달도 가능하다. 따라서 사회화는 혼자서 이루어질 수 없으며, 각 단계마다 긍정적인 인성을 함양할 수 있도록 사회화 과정에서 적절한 개입이 필요함을 알 수 있다.

2. 쿨리의 영상자아론

쿨리(C.H. Cooley)는 개인의 사회화과정은 본인의 상상력을 본인 안에 내면화시키는 과정이라고 주장하였다.[5] 다시 말해 본인과 남과의 관계 속에서 본인의 위치를 인식하고, 그에 따라 행동하고 사고하는 과정에서 사회화가 진행된다는 내용이다.

그가 말한 영상자아이론은 남이 나를 어떤 사람으로 보고 있는가에 관한 상상(imagination of how others see me), 나의 외향적 모습을 어떻게 보고 있는가에 관한 상상(imagination of how others judge my appearance), 나에 대해 가지고 있는 타인의 생각은 무엇일 것이라는 상상(imagination of the thoughts others have of me)에서 비롯된 나 자신 스스로의 느낌(the feeling of myself that results from my imagination)이 핵심요소이다.

이 이론에 의하면 사회화는 타인이라는 거울이 사회화의 아주 중요한 요소이다. 타인이 나를 어떤 사람으로, 어떤 외모로, 어떤 느낌을 갖고 있을 것이라는 본인의 믿음이 사회화에 결정적인 영향을 미치게 된다. 그러므로 남이 나를 어떻게 보고 생각하느냐가 중요하지만, 그보다는 타인의 시각에 대한 내 마음 속의 믿음이

5 Charles Horton Cooley, *Human Nature and The Social Order*, Rev. ed, N.Y.: Scribner, 1922.

어떠하냐가 더 중요하다고 할 수 있다. 예를 들면 남들이 나를 아주 예쁘다고 생각해도 정작 내 자신은 남들이 나를 예쁘지 않게 생각한다고 믿는다면 결과는 엉뚱한 방향으로 흘러가고 만다. 즉 남들의 시각에 대한 엉뚱한 방향의 나의 믿음은 얼굴 성형을 하도록 만들거나 아니면 쓸모없는 자괴감과 열등감에 사로잡히는 결과를 초래할 수도 있다. 반대로 실제 남들은 나를 예쁘지 않다고 생각하지만, 정작 본인은 남들이 나를 예쁘다고 생각할 것이라고 믿고 행동한다면, 본인은 더욱 자신감과 긍정적인 생각을 할 수 있다.

이와 같이 영상자아이론으로 본 사회화는 개인 본인이 갖고 있는 상상을 내면화시키는 과정이라고 할 수 있다. 이것은 타인이야말로 나 자신의 사회화 과정에 있어서 자각을 시켜주는 중요한 존재이다. 사회 구성원들은 서로 서로 상대방이라는 거울을 통하여 사회화에 필요한 자아 내지 인성을 형성해 가는 것이다.

3. 미드의 자아(自我)론

미드(G.H. Mead)는 쿨리와는 다소 다른 시각에서 이론을 전개하며, 사람은 타인의 거울에 비춰진 나의 모습의 상상, 즉 타인에 의해서만 자아형성이 되는 것은 아니라는 견해였다. 사람의 자아는 본래부터 타고난 자아와 타인과의 상호작용에서 만들어진 자아로 구성된다고 하였는데, 전자를 '주체적 자아(I)'라고 하고, 후자를 '객체적 자아(M)'라고 하였다. 사람의 자아는 이 두 자아를 합한 것이라고 주장하였다.[6]

주체적 자아는 태어날 때부터 이미 형성되어 온 본인만의 성질 내지 본능 등을 의미하는 것으로, 건강이나 욕망 등이 여기에 포함된다. 객체적 자아는 다른 사람들과의 상호작용에서 만들어진 타인과의 '공유된 마음'이라고 할 수 있으며, 주로 자신을 통제하는 역할을 한다.

일반적으로 주체적 자아는 선천적으로 타고난 자신의 기질이기 때문에 이기적이고 욕구적일 수 있다. 간혹 선천적으로 양보심 많은 봉사적 기질을 타고난 사람도 있지만 대부분의 사람은 이기적인 기질을 갖고 태어난다. 그런데 이러한 기질대로 사회생활을 하다보면 타인과의 잦은 마찰과 갈등으로 정상적인 생활이 어렵게 된다. 따라서 타인과의 원만한 관계를 유지하기 위해서는 주체적 자아를 통제하는

6 George H. Mead, *Mind, Self and Society*, Chicago: University of Chicago Press, 1934.

것이 요구되며, 객체적 자아는 그에 알맞은 통제수단이 될 수 있다.

객체적 자아는 많은 부분이 인공적으로 만들어진 영역이다. 개인이 다른 사람과의 관계 속에서 눈치를 보며 터득하고, 그런 과정에서 형성된 것이 객체적 자아라고 할 수 있다. 인공적이라 해도 개인의 노력여하에 따라 객체적 자아의 성숙도가 달라질 수 있다. 자아의 성숙도가 높다는 것은 그만큼 인격이 완성에 가깝다고 할 수 있고, 이러한 인격적 태도가 사회생활을 원만히 할 수 있도록 도와준다. 즉, 사회구성원 간의 관계는 인격적인 관계로 이루어지는 것이 다반사이며, 객체적 자아는 이러한 인격을 형성하는 데 중요한 요소라고 할 수 있다.

결과적으로 주체적 자아와 객체적 자아는 본인의 자아를 구성하는 요소로서 사회생활을 원만히 이루어낼 수 있는 인격의 바탕이기도 하다. 특히 객체적 자아는 사회화에 있어서 중요한 역할을 수행하며, 상호간의 공유된 마음을 가지면서 공동체 생활을 가능하게 하는 요인이다.

4. 에릭슨의 자아발달론

에릭슨(E.H. Erikson)의 자아발달이론은 사람이 사회화과정에서 8단계의 심리발달을 거친다고 하였다.[7] 8단계는 연령별로 이루어지고 있으며 각 단계는 서로 대칭적인 심리적 경향을 가지고 있다.

1단계는 유아기(약 0세~1세 정도)로서 신뢰감 또는 불신감의 단계이다. 이때는 아이의 욕구가 적절하게 충족이 되며 주변사람들로부터 따뜻한 보살핌을 받는다면 아이는 주변사람과 상황에 대해 신뢰감을 갖게 된다. 반면에 아이의 욕구가 충족되지 못하면서 주변사람들로부터 따뜻한 보살핌도 부족하다면 아이는 주변상황과 사람들에 대해 신뢰하지 못하게 된다. 아이가 말로 표현을 못한다고 해서 아이 앞에서 부모가 소리를 지르며 던지고 욕설하고 싸운다면 아이는 본능적으로 부모를 신뢰하지 못하게 된다. 이것은 아이가 성장하면서 깊은 내면에 사회에 대한 불신과 부정적인 의식을 갖는 계기가 될 수 있다. 따라서 이 시기의 아이에게는 부모와 아이 간의 신뢰감 형성을 위해 아이를 일관성 있고 따뜻하게 보살피는 것이 중요하다.

---

7 Erik H. Erikson, “Youth, Fidelity and Diversity,” in *Youth: Change and Challenge*, Erik H. Erikson(ed.), N.Y.: Basic Books, 1963.

2단계는 아동기의 시작단계(약 2~3세 정도)로서 자율성 또는 수치심과 의심의 단계로 분류된다. 이 시기의 어린이는 스스로 일어서고 걷고 손을 사용하는 능력을 키우는 단계이다. 이런 과정을 거치면서 아이는 외부상황을 탐색하기 시작하고 자율적인 면을 갖게 된다. 이때 부모를 비롯해서 주변 사람들이 아이의 행동에 대해 격려하고 지지해준다면 아이는 더욱 자신감과 열정을 가지고 행동을 강화시킨다. 그러나 아이의 행동에 대해 하지 말라는 식으로 제재를 가하거나 아이의 행동에 대해 어설프고 우스꽝스럽다는 식으로 핀잔을 준다면 아이는 자신도 모르게 수치심과 자신의 행동에 대한 의심에 빠져들게 된다. 따라서 이 시기의 아이에게는 아이의 의사를 존중해 주며 아이가 하고자 하는 행동들에 대해 지지하고 격려해주는 것이 중요하며, 그러한 행동들에 대해 교정해주려고 지나치게 간섭하는 것을 자제하도록 한다.

3단계는 유희기(약 4~5세 정도)로서 창의성과 죄의식의 단계이다. 이 시기의 어린이는 언어능력과 신체발달이 시작되며 생각하고 상상하는 능력발달도 시작되는 단계이다. 이 시기는 가정을 벗어나 세상에서 벌어지는 사회적 놀이에도 관심을 갖게 된다. 또한 스스로 양심이라는 것도 확립되며 누군가를 존경하는 마음도 생기기 시작하고, 존경하는 사람이 가졌던 직업을 자신도 장차 갖고 싶어 하며 소망을 키우기 시작한다. 그래서 이 시기의 어린이에게 위인전을 많이 들려주고 읽혀 주는 것은 어린이의 장래 꿈을 키우고 실현하려는 의지를 심어주는 중요한 역할이 될 수 있다. 반면에 어린이를 무시하거나 처벌하게 되면 아이는 창조적 활동에 대한 자신감을 잃게 되고 자신의 행동에 대해 죄의식을 갖게 된다. 예를 들면 아이가 자신은 장차 커서 에디슨과 같은 발명가가 되고 싶다고 말할 때, "너처럼 놀기 좋아하는 아이가 어떻게 에디슨과 같은 인물이 되겠느냐?"고 하면서 핀잔을 주고 무시한다면 아이는 순식간에 좌절감을 맛보게 된다. 뿐만 아니라 자신의 소망에 대한 부끄러움과 자신은 절대로 발명가가 될 수 없다는 생각으로 목적의식을 잃고 만다. 따라서 이 시기의 어린이가 비록 다소 허황된 꿈을 갖는다 할지라도 그것을 격려하며 너는 할 수 있다는 믿음을 보여주면, 아이는 성인이 되면서 점차 꿈과 현실을 알맞게 조화하며 살아가는 사회인이 될 수 있다.

4단계는 학령기(약 6~11세 정도)로서 근면과 열등감이 작용하는 단계이다. 이 시기의 어린이는 체계적인 학교 교육을 받기 시작하며 앞으로 살아가는 데 필요한 사회적 기술을 학습하게 된다. 교육을 받음과 동시에 본인 스스로 장차 사회적 성원으로서 살아가기에 적정한 근면성도 키우게 된다. 따라서 이 시기의 어린이에게는 부모와 선생의 격려가 중요한 시기이다. 특히 학교라는 공식적인 교육기관을 처음 접하는 어린이의 입장에서는 선생님의 격려와 칭찬이 부모의 그것보다 더 크게 작용할 수 있다. 부모의 격려와 칭찬에는 익숙해진 탓도 있어 그다지 감흥을 주지 못할 수 있지만, 선생의 격려와 칭찬에는 상대적으로 큰 영향을 받는다.

반대로 선생의 질타나 무시는 부모의 그것보다 더 큰 충격으로 다가올 수 있다. 낯선 환경에서 낯선 선생님의 말은 객관적으로 정확성이 높다고 생각되기 때문이다. 어린 학생 입장에서는 자신의 인생 최초로 본인에 대해 객관적인 평가를 받는 상황이므로 민감하지 않을 수 없다. 만약 어린이가 자신을 향한 질타나 무시 등을 극복하지 못하게 된다면 어린이는 열등감속에 빠지게 되며 장차 어떤 일도 완수하지 못하는 능력 부족의 결과를 초래할 수 있다. 그런 이유로 학령기의 어린이에게는 주위환경을 지적이며 열심인 상태, 그리고 칭찬과 격려의 분위기를 조성해 줄 필요가 있다.

5단계는 청소년기(약 12~20세 정도)로서 자아정체성과 역할혼란이 작용하는 단계이다. 이 시기의 청소년은 신체의 급격한 변화가 이루어지지만 정신적 성숙은 아직 미흡한 상태라고 할 수 있다. 신체발달과 정신적 성숙의 불균형이 가장 심한 때가 이 시기인 것이다. 그런 까닭에 청소년들은 자신의 위치에 대해 분명한 인지를 해야 하는데, 이에 대해 부모와 주변의 성인들이 도와주어야 한다.

특히 이 시기의 청소년들은 자아정체감과 역할혼란이 나타날 수 있기 때문에 청소년으로 하여금 본인의 정체의식과 역할을 인지시켜 주어야 한다. 즉 청소년 본인은 아직 학생이며 집안에서는 자녀이고, 역할은 충실한 학업과 자신의 특기를 계발하는 것임을 인식하는 것이다. 그런데 가끔 사회적 틀에 청소년들을 얽매이려다 보니까 일탈이 생길 수도 있고, 이는 자칫 이 시기의 청소년이 정체의식과 역할을 망각하게 할 수 있다. 따라서 청소년에게 무조건 사회적 틀에 순응하라고 강요할 것이 아니라 스스로의 잠재능력을 발휘할 수 있도록 다양한 제도적 장치와 배려가 필요하다. 예를 들면 학업에는 취미를 못 붙이는 학생도 다른 분야에는 놀라운 집중력과 능력을 발휘할 수 있기 때문이다.

에릭슨은 이 시기의 갈등을 인생에서 가장 심각한 것으로 받아들이고 있다. 이 시기의 청소년은 자신이 경험한 일들이 일관적일 때 정체감은 강화된다고 하며, 반대로 경험한 일들이 비일관적일 때 정체감과 역할혼란이 가중된다. 어떤 청소년이 가족으로부터 사랑받고 동료들과 잘 지내며 학업에 대한 흥미와 선생으로부터 인정받는다면 정체감은 훨씬 확고해질 것이다. 반대로 가족으로부터 소홀하게 취급받고 학업에 대한 흥미를 잃고 뒷골목의 조폭과 어울리다 보면 자신이 성인의 역할을 하는 것인지 청소년의 역할을 하는 것인지가 불분명하게 되고 혼란이 가중되고 만다. 그래서 후자의 경우는 빠른 시일 내로 바른 방향으로의 선도와 상담, 미래의 비전 등을 제시하며 정상화된 사회인으로 이끌어주어야 한다.

6단계는 성인단계(약 20~35세 정도)로서 상호간의 친밀 또는 고립의 시기이다. 이 시기는 사회인으로서 다른 사람들과 여러 가지 방법으로 친밀함을 맺고 유지하며 더불어 사는 실천적 단계이다. 여기에는 이전 단계의 정체감 형성이 잘 되어 있을수록 상호 친밀한 관계를 맺는데 유리하다. 만약 이전 단계의 정체감 형성이 약하게 되면 타인들과 친밀한 관계 형성에 어려움을 겪게 되고 자칫 고립에 빠지게 된다. 이런 상황에서는 자신을 개방하기가 쉽지 않고 자신이 스스로 폐쇄적인 모습으로 굳어지게 되며 이성간의 사랑도 용이하지 않을 수 있다. 이 시기는 상담과 같은 타인의 도움을 빌려서라도 스스로 고립을 탈피하도록 노력해야 한다. 실제로 무기력하거나 고립된다고 느낄 때, 상담 등을 통하여 극복하는 사례가 적지 않다. 따라서 이 시기의 성인은 스스로의 노력과 타인의 도움을 적절히 병행하여 친교의 장을 확대하는 용기와 노력이 필요하다.

7단계는 중년기(약 36~65세 정도)로서 생산성 또는 침체의 시기이다. 생산성이란 어떤 물건의 생산성이 아니라, 다음 세대를 낳고 양육하는 일과 함께 본인의 노후복지를 준비하는 일까지를 포함하는 광범위한 일을 의미한다. 사실 중년기는 인생의 가장 중추적인 단계로서 많은 일을 행하고 그만큼 현실적인 고통도 따르는 시기이다. 자식을 양육하는 경제적, 교육적 문제뿐만 아니라 부모세대를 부양하는 문제까지 전후좌우로 벅찬 시기라고 할 수 있다. 이시기의 과업을 잘 수행하게 되면 인생의 보람을 가질 수 있고 노후의 생활에 대한 만족감이 증대된다. 반대로 이 시기에 여러 가지 과업을 수행하지 못할 경우 자신만의 이기심과 타인을 배려하는 데 인색하여 더욱 고립을 심화시키게 되고, 나아가 침체 내지 자폐의 상황으로 몰아갈 수 있다.

8단계는 노년기(약 65세 이후)로서 통합 또는 절망이 지배적인 심리단계이다. 노년기는 사회적 신체적으로 대부분 직장을 떠나는 시기로서 인생의 완성된 마감을 시작하는 단계라고 할 수 있다. 이 시기는 과거의 자취를 회고하면서 다가올 죽음도 생각하고 준비하기 시작한다. 과거에 이루어낸 업적이 만족할 만한 수준이면 노후의 삶도 평안하며 완성된 뿌듯함을 가질 수 있다. 반대로 과거의 업적에 불만이 많을수록 회한이 깊어지고 괴로움과 절망에 빠질 수 있다. 그러나 이 시기에 인생관을 다시 정립하고 과거의 경험을 바탕으로 삶의 지혜와 인생의 깊은 맛을 느끼게 되면 자아통합이 될 뿐 아니라 인생의 의미를 깊게 만들 수 있다. 반대로 끝까지 자신의 인생을 되돌아보는 거울이 없이 고집과 이기주의에 집착하게 되면 노년의 여유와 자애로움은 약해지고 탐욕과 추한 인생의 종착역으로 치닫는 경우도 있다. 이런 사람은 죽음에 대한 공포심도 강해서 삶의 끈을 죽어가는 순간까지도 붙잡으려는 헛된 집착을 보인다. 따라서 노년기는 인생에 있어서 포기할 줄 아는 지혜가 무엇이며, 이루어내야 할 노력의 요소는 무엇인가를 후손들에게 깨우쳐 주며, 그동안의 자신의 삶의 모습을 돌아볼 수 있는 고요한 시간을 자주 갖도록 해야 한다.

에릭슨은 이와 같이 인생을 8단계로 구분하여 각 단계마다 서로 상충하는 심리상태를 설정하였다. 또한 앞의 단계는 뒤의 단계에 영향을 미치는데, 앞의 단계가 긍정적이면 뒤의 단계에서도 긍정적인 심리를 갖게 될 확률이 높다고 하였다. 그러나 이런 관계는 백 퍼센트 그렇다는 것은 아니며, 비록 앞의 단계에서 부정적인 심리를 가졌다 해도 뒤의 단계에서는 타인과의 상호작용에 따라서 긍정적인 심리를 갖게 될 수 있다. 가령 폭력배가 마음씨 고운 여성을 만나게 되어 새로운 삶을 가꾸며 사회적으로 훌륭한 일을 하게 되었다면, 이는 전적으로 타인과의 긍정적인 상호작용의 결과라고 할 수 있다. 따라서 에릭슨의 8단계는 미리 정해진 인생의 흐름이 아니라 각 단계마다 누구와 어떤 관계를 형성하느냐가 중요한 요소가 되고 있다.

5. 프로이트의 자아발달론

프로이트(S. Freud)[8]는 사람마다 자아(self)를 가지고 있는데, 이것은 사회적인 경

8 Sigmund Freud, *An Outline of Psychoanalysis*, Translated by J. Strachey, N.Y.: W. W. Norton, 1949.

험의 산물이라고 생각하였다. 그가 말한 자아 속에는 개인의 인성과 인성을 담고 있는 신체를 포함하고 있다.

그에 의하면 자아는 세 부분, 즉 이드(id), 에고(ego) 및 슈퍼에고(super ego)로 구성되어 있다. 여기에서 이드는 본능적으로 움직이며 쾌락중심의 성질을 갖고 있다. 어떤 질서나 규칙, 도덕심 같은 것은 없고, 정신적 바닥에 있는 무의식의 상태를 주관하고 있다. 이드는 조잡하고 세련되지 않은 본능과 욕구의 총합이라고 할 수 있다. 그런데 이드 속에는 리비도(libido)라는 강력한 성욕 형태의 에너지가 존재하고 있다. 사실 이드가 공격적이고 본능적이며 쾌락적 성향을 갖는 것은 리비도의 충동에 기인한다. 그래서 리비도의 욕구를 잘 다스려야만 정상적인 이드가 작동할 수 있다.

그림 4-1 프로이트의 자아

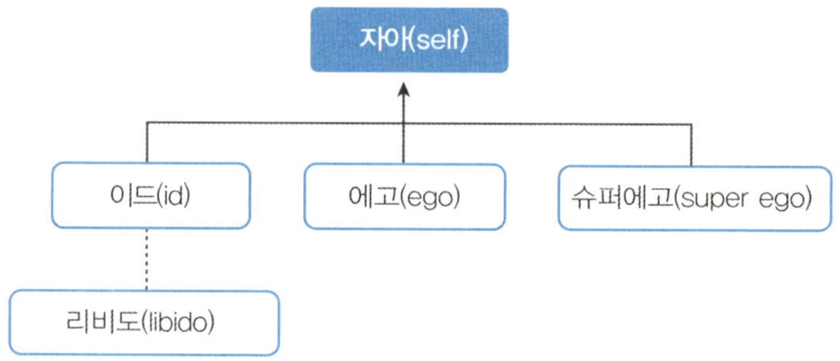

아이가 태어날 때는 백지상태와 같다. 그러나 아이의 내면에는 이드가 지배적인 상태라고 할 수 있다. 인간이 태어나면서부터 갖게 되는 이드는 일생 동안 무의식중에 남아 있으면서 강력한 에너지를 발산하고 있다. 정상적인 사회화는 어쩌면 이드를 얼마나 잘 관리하느냐의 여부에 달려 있다고 해도 과언이 아니다.

에고는 합리적이며 균형적인 의식의 부분이라고 할 수 있다. 본래 어린이는 자기중심의 이기적인 면이 강한데, 점차 자신만이 아니라 타인과의 관계도 존재하며 타인의 시각에 비춰지는 자신의 모습을 인지하면서부터 에고가 싹트기 시작한다.

슈퍼에고는 세 가지 중 가장 늦게 시작하는 자아의 일부이다. 슈퍼에고는 자제적이며 도덕적인 면과 이상적인 면을 가지고 있다. 자신의 행동이 사회의 요구에

반하지 않도록 자제하는 면과 함께 사회가 요구하는 행동에 부합하도록 이끌어준다. 슈퍼에고는 이드와는 정반대로 쾌락적인 면을 부정하고 가능한 도덕적인 부분을 강화시키려고 한다.

이드와 에고, 슈퍼에고는 성인의 자의식 속에서 항상 작용한다. 예를 들어 한 남학생이 예쁜 여학생을 소개받아 데이트를 한다고 하자. 이 때 남학생은 여학생이 마음에 들어 길을 걸으면서도 여학생 옆으로 다가가려고 한다. 남학생의 마음속에 이드가 요동치며 여학생이 마음에 드니까 빨리 껴안으라고 충동한다. 자신도 모르는 사이에 여학생에게 손이 다가가며 어깨를 감싸 안으려고 한다. 그 순간 남학생의 마음속에 슈퍼에고가 나타난다. '네가 짐승이냐. 처음 본 여학생을 껴안으려고 하다니… 떨어져서 걸어 가' 하는 식으로 완강히 자제를 촉구한다. 남학생은 이드와 슈퍼에고의 싸움 속에서 이러지도 저러지도 못하고 갈팡질팡한다. 이 때 에고가 나타나서 중재를 한다. 지금은 대낮이니까 적당히 떨어져서 걷도록 하고 나중에 밤에 술 한잔 하면서 가까이 하는 게 좋겠다는 식으로 중재를 한다. 이러한 에고의 중재 덕분으로 남학생과 여학생의 관계는 비교적 이성적인 인간관계를 형성하게 된다.

결과적으로 자아의 세 부분인 이드와 슈퍼에고, 에고의 발달이 정상적으로 되어야 정상적인 사회인으로서 성장할 수 있다. 이 세 부분 중 사회화와 가장 연관이 깊은 것은 슈퍼에고이다. 프로이드는 슈퍼에고에 의해 사회의 중요한 일들이 수행된다고 보았으며, 타인을 의식하며 타인과의 관계를 잘 형성할 수 있는 자제심도 슈퍼에고에 기인한 것이라고 하였다. 자신만의 감정표현과 이익추구의 행동을 충동질하는 것은 이드인데, 슈퍼에고는 이드의 충동질을 억제시킨다. 그럼으로써 개인으로 하여금 사회화의 과정을 이루어가도록 해준다. 이러한 이유로 이드와 슈퍼에고는 언제나 갈등관계로 서로 대치하게 된다.

그런데 프로이트에 의하면 슈퍼에고는 아이러니하게도 이드 속에 내재되어 있는 리비도라는 성욕에너지를 얼마나 잘 충족시켜 주느냐에 달려 있다고 한다. 그는 리비도를 인간의 강력한 에너지원으로서 일생동안 존재하며 자아발달의 연원으로 보았다. 따라서 프로이트의 이론을 성심리적 접근(psychosexual approach)이라고 부르기도 한다.

성심리적 접근에 따르면 리비도의 충족은 인간의 신체 일부분을 통하여 이루어진다고 하며, 태어난 이후 어느 부위를 통해 리비도가 만족되는가에 따라 자아발달과정이 구분된다고 하였다. 자아발달과정을 단계별로 보면 다음과 같다.

첫 번째 단계는 구강기(oral stage)로서 출생 후 1세까지라고 할 수 있다. 이 시기의 유아들은 입과 입술을 자극함으로써 리비도를 충족시킨다. 어떤 물건을 주던지 일단 입으로 가져가서 빨고 깨물고 씹는 등의 행동을 함으로써 만족을 추구하는 것이다. 이러한 만족의 단계가 충족되지 못할 경우, 아이는 장차 성인이 되어 구강고착(oral fixation) 현상을 보일 가능성이 높다. 구강고착 현상이란 입을 이용한 작용이 쓸데없이 많아져서 끊임없이 지껄인다거나 줄담배를 피운다거나 껌 같은 것을 계속 씹는 등의 입을 쉬지 않는 행동을 의미한다. 이러한 현상도 심리적 불안증세의 일환으로 분류될 수 있는데, 이는 구강기의 리비도와 관련된 것이다.

두 번째 단계는 항문기(anal stage)로서 보통 2세부터 3세 정도의 시기이다. 이 시기의 어린이는 항문작용을 통하여 리비도를 충족시키는데, 대변을 참다가 한꺼번에 배설함으로써 느껴지는 쾌감 등이 이에 해당한다. 어린이는 대변을 참았다가 배설하는 과정에서 스스로 항문을 통제하는 능동적 행위도 경험하게 된다. 프로이트는 이 시기의 어린이가 항문 만족을 충족하지 못할 경우, 항문고착(anal fixation) 현상을 일으키기 쉽다고 한다. 항문고착은 지나칠 정도의 깨끗함을 추구하는 결벽증 또는 너무 꼼꼼한 성격, 작은 것에 인색한 성격, 그리고 수동적인 성격 등을 포함하고 있다. 이러한 항문고착 현상은 항문기의 리비도 충족 여부와 관계된 것으로 볼 수 있다.

세 번째 단계는 성기기(phallic stage)로서 4세부터 5세 정도의 시기이다. 프로이트에 의하면 이 시기가 자아발달 과정에 있어서 가장 중요한 시기이며, 이 시기에 슈퍼에고가 처음으로 등장하여 생성된다고 하였다. 이때의 어린이는 각각 엄마와 아빠에게 연모의 정을 품게 된다. 남자아이는 엄마에게 성적인 연모를 품게 되고, 여자아이는 아빠에게 성적인 연모를 품게 된다. 잠재의식 속에 이러한 연모의 감정은 남자아이의 경우 외디푸스 콤플렉스(oedipus complex)라 하고, 여자아이의 경우 일렉트라 콤플렉스(electra complex)라고 한다.

남자아이가 갖고 있는 외디푸스 콤플렉스는, 자신이 엄마에 대한 연정을 품고 있다는 사실을 아빠가 알게 되면 자신의 성기를 제거하지 않을까 하는 불안감에서 비롯된다. 이러한 거세불안증(castration anxiety)을 극복하기 위해 가능한 아빠와 동지라는 인식을 심어주려고 노력한다. 아빠와 목욕탕에 함께 가서 서로 등을 밀어준다든지 하는 행동은 이러한 노력의 한 예라고 할 수 있다. 여자아이도 역시 자신의 아빠에 대한 연정을 엄마에게 들키지 않을까 하는 불안감에 사로잡힌다. 여자아이 또한 엄마와 동지라는 인식을 심어주기 위해 여러 가지 노력을 하게 되는데 엄마의 화장품을 찍어 바른다든지 하는 행동은 이러한 노력의 예라고 할 수 있다.

남자아이나 여자아이가 아빠와 엄마에게 동지라는 의식을 심어주려는 노력은 무의식적으로 이루어지지만, 실상은 이 과정에서 슈퍼에고가 출현하기 시작한다. 콤플렉스를 극복하는 과정에서 자신의 충동을 참아가면서 상대방과 동일시하려는 노력이 슈퍼에고를 성장시키는 셈이다. 만약 이러한 과정이 순조롭게 진행되지 못한다면, 아이는 성인이 되어서도 자신을 통제하거나 도덕적 행동을 수행함에 있어서 결함을 드러낼 수 있다. 나아가 퍼스낼리티의 문제를 갖게 되어 정상적인 사회인으로서 타인과의 관계형성에 실패할 수 있다. 이런 면에서 프로이트는 성기기의 슈퍼에고 형성을 사회화의 핵심적인 요인으로 보았던 것이다.

네 번째 단계는 잠복기(latency stage)로서 6세부터 사춘기의 초기까지라고 할 수 있다. 이 시기는 일생 동안 유일하게 리비도가 조용히 잠복되어 있는 상태이다. 이때의 어린이들은 남녀 간의 이성적인 충동이 거의 일어나지 않는다. 초등학교 다니는 여자아이가 남자아이를 밀치거나 꼬집어서 남자아이가 울고 집에 오는 경우도 실상은 리비도의 성적 충동이 조용하기 때문이라고 볼 수 있다. 리비도가 잠잠하니까 남자와 여자의 이성적 감흥이 일어나지 않고 단순한 동급생 정도로만 여기는 것이다. 반면에 이 시기의 어린이들은 주변 환경에 관심을 갖게 되며, 사회적 규범에 관한 것들을 하나씩 배우기 시작한다.

다섯 번째 단계는 성행위기(genital stage)로서 사춘기부터 사망에 이르기까지의 기간이라고 할 수 있다. 이 단계에서 리비도의 충족은 주로 성행위에 의해 이루어진다. 이 시기에서는 진정한 사회인으로서 성숙한 자세를 확립해야 한다. 성숙한 자세는 다름 아닌 내면의 공격적인 충동과 성적인 쾌락을 적절하게 조절하며, 사회적으로 용인되는 수단을 통해서만 자신의 욕구를 충족시키는 자세이다. 프로이트는 어린 시절에 형성되어 온 자아의 유형에 의해 성인의 퍼스낼리티가 정해진다고 한다. 그만큼 어린 시절의 자아형성이 가장 중요한 것임을 강조하고 있다. 이런 과정을 거치면서 결국, 진정한 사회인은 자신의 욕구를 정당한 방법으로 충족시키며, 타인과의 적절한 관계형성을 통하여 공동체의 유지를 도모하는 성숙된 퍼스낼리티를 갖는 인간이라고 할 수 있다.

제5장 SOCIOLOGY

문 화

5

문 화

제1절 문화의 의의

1. 문화의 의미

어떤 사회를 알기 위해서 가장 처음으로 접근하는 부분은 아마 문화일 것이다. 문화는 그 사회의 개인과 집단의 행위양식의 총합이라고 할 수 있으며, 문화에 대한 이해 없이 사회를 이해한다는 것은 어불성설이다.

인간 생활에는 문화적 영향을 받지 않은 것이 거의 없다. 우리가 아침에 일어나서 세수하고 밥 먹는 것과 같은 극히 일상적인 일도 문화의 영향권에 들어 있다. 한국인은 숟가락과 젓가락을 이용하여 식사를 하지만, 미국인은 나이프와 포크를 이용하여 식사를 한다. 식사의 내용물도 문화에 따라 다르다. 한국인은 쌀로 만든 밥을 주식으로 하지만 미국인은 밀가루로 만든 빵을 주식으로 한다. 이렇듯 사소한 일상이라 할지라도 해당 문화의 내용이 어떠한가에 따라 생활패턴과 내용이 달라지며, 그 이면에는 문화의 작용이 있다.

문화는 사회의 모든 구성원이 공유하는 집단행위양식이기는 하지만 그 내용이 동일하지는 않다. 사회 내의 각 층에 따라서 문화가 다시 세분화된다. 다시 말해 사회 내의 노인, 중장년, 청소년, 어린이 등 각 층에 따라서 문화의 내용이 달라진다. 또한 같은 계층 내에서도 남녀 성별로 문화가 달라지기도 하며, 세분화된 그룹별로 문화가 달라지기도 한다. 그런 의미에서 문화는 큰 사회의 유지만이 아니라 작은 그룹을 유지하기 위한 나름대로의 존속장치로 작용한다고 볼 수 있다.

문화는 개인뿐 아니라 작은 집단, 보다 큰 조직, 지역사회, 국가까지도 영향을 미치며 강력한 사회안전망의 역할을 수행한다. 만약 기존문화가 무너지게 되면 신문화가 이를 완전히 대체할 때까지 사회는 필연적으로 갈등을 겪게 될 것이다. 그런 후에 사회는 점차 안정을 되찾고 신문화는 사회의 새로운 존속장치로 자리매김한다.

결과적으로 문화는 어느 사회든 존속을 위한 필수적 장치이며, 사람들은 해당 문화의 틀 안에서 나름의 생활방식을 찾고 적응하며 삶을 영위한다. 문화가 어떠하냐에 따라 각종 제도의 운영방향도 달라질 수 있으며, 나아가 사회의 모습도 달라질 수 있다.

2. 문화의 개념

문화는 인간이 모여 사는 곳이면 어디에든 존재할 수밖에 없다. 그것은 문화가 한 사회의 인간 삶의 지표로서 인간이 그 사회에서 어떻게 살아가야 하는가를 알려주기 때문이다. 문화는 사회 내 구성원의 특성을 규정해줄 뿐만 아니라 사회와 사회 간을 구별하는 특징을 보여주고 있다. 한마디로 문화는 사회 내의 구성원을 특징 지워주고, 구성원이 속한 사회와 다른 사회와의 차별성을 보여주는 바로미터라고 할 수 있다.

학자마다 문화에 대해 많은 개념정의를 내리고 있는데, 영국의 인류학자인 타일러(E.B. Tyler)는, "문화 또는 문명은 사회구성원으로서 인간이 습득한 지식, 믿음, 예술, 도덕, 법, 관습, 기타 모든 능력과 습관을 다 포함하는 복합적인 총체이다[1]"라고 하였다. 이것은 문화를 일반적인 개념으로 이해하고 있음을 반증하고 있다. 다시 말해 문화는 인간행동을 총체적으로 포함하며 인간 행동들이 모여 이루어진 일종의 생활양식을 의미한다고 할 수 있다.

1 E.B. Tyler, *Primitive Culture*, London: J. Murray, 1871. p. 28.

인간이 모여 살게 되면 여러 가지 갈등이 일어날 수 있다. 문화는 이러한 갈등을 최소화시키는 잣대가 될 수 있다. 문화의 지침 아래 인간행동이 이루어진다면 사회는 질서가 자리 잡고 비로소 공동체의 틀을 형성할 수 있다. 그런 의미에서 문화는 사회라는 그릇에 담긴 내용물이라고 하며, 사회의 틀 안에 담긴 문화라는 내용물에 따라 그 사회의 특징을 가늠할 수 있다.

사회 내의 구성원들은 각자의 생각과 의견대로 움직이려는 본능이 있다. 그러나 본능대로 움직이면 사회 자체가 붕괴될 가능성이 높다. 따라서 구성원들 사이에 어떤 공통의 이해를 가져올 수단이 필요한데, 문화는 공통의 이해를 제공하는 중요한 수단이 되고 있다. 문화라는 기준을 정해놓고 구성원들이 움직이는 과정에서 개인 각자의 생각과 삶의 방식을 하나로 엮어주게 된다. 이러한 통일된 틀 안에서 사회가 유지되고 인간은 사회인으로서의 역할을 수행하며 삶을 영위하게 된다. 그런 의미에서 문화는 사회구성원에게 공동의 틀을 제공해주며 사회를 유지가능하게 하는 삶의 양식의 총합이라고 할 수 있다.[2]

결국 문화는 인간생활에 꼭 필요한 요소이며 사회유지를 가능하도록 하는 공통의 틀을 제공하면서 개개인의 사상과 행동을 하나로 결속시켜 주는 촉매제와 같다고 할 수 있다.

3. 문화의 특성

문화는 여러 가지 특성을 가지고 있으며, 이 중에서 중요한 몇 가지 특성을 살펴보면 다음과 같다.

첫째, 문화는 인간이 만들어 낸 창조물이다. 태초에 인간이 서로 모여살기 시작하면서 음식물의 분배 및 사냥의 역할 분담 등 아주 원시적인 형태의 문화가 시작되었을 것이다. 그것이 점점 다양해지고 복잡해짐에 따라 문화의 형태도 다양하고 복잡해졌다. 이러한 과정을 거치면서 문화는 인간생활에 깊숙이 관여하고 인간들이 모여 사는 곳은 어디든지 문화의 지침이 형성되었던 것이다.

둘째, 문화는 상징을 매개로 하여 축적되었다. 인간은 생각하는 존재이다. 그런데 생각을 표현하기 위해서는 언어나 문자, 제스처 같은 상징이라는 수단을 이용해

2 J.W. Vander Zanden, *Sociology: The Core*, 3rd ed., N.Y.: McGraw-Hill, 1993, p. 61.

야 한다. 문자로 기록할 수 없었던 시대에도 문화는 존재할 수밖에 없었고, 그 시기에는 언어나 몸짓 등 상징적 수단을 이용해서 문화를 만들고 축적하였다. 문자가 발명된 이후에는 보다 수월하게 문화를 기록하고 축적할 수 있었다.

셋째, 문화는 인간이 환경에 적응하는 과정에서 생겨난 것이다. 인간에게 자연환경의 변화는 유리한 면보다는 불리한 면이 많았다. 화재나 지진, 태풍, 홍수 등 많은 자연환경의 변화는 인간에게 협력과 강력한 의지를 요구하였다. 인간은 이러한 척박한 자연환경의 도전을 극복하기 위해서라도 단결하지 않을 수 없었고, 이 과정에서 많은 문화가 생겨나기 시작하였다.

넷째, 문화는 협력노동의 과정에서 생겨나게 되었다. 밭갈이나 논농사와 같은 농업, 또는 짐승을 사냥할 경우도 협동적 노력을 통해 이루어지고 이 과정에서 서로간의 의사소통을 하며 문화가 생겨나게 된 것이다. 심지어 다른 부족과의 전투에서조차 구성원 간의 협력이 필요하게 되었고, 이 또한 문화가 형성되기 시작한 하나의 원인으로 작용하였다.

다섯째, 문화는 사회 구성원간의 공유된 의식이다. 개인 혼자만의 생각과 행동은 문화로 간주할 수 없지만, 이것이 다른 사람들과 공유하게 되면 문화로 자리매김할 수 있다. 나아가 사회 전체적으로 확산되어 공유하게 된다면 사회문화로서의 위치가 확고해질 수 있다. 물론 이 과정에서 사회 구성원들끼리의 상징적 수단을 통해 공유된 의식이 확산된다는 것은 두말할 나위가 없다.

여섯째, 문화는 학습되고 전승된다. 인간이 태어나면서부터 문화를 알 수 있는 것은 아니며, 타인에 의해 문화를 배워야 비로소 사회 구성원의 자격을 얻을 수 있다. 앞의 세대가 후의 세대에게 문화를 알려주고 배우는 과정에서 문화는 학습되고 전승될 수 있다. 이런 의미에서 문화는 세대 간의 끈을 이어주는 중요한 가교역할을 한다고 볼 수 있다. 역설적으로 문화가 존재하지 않으면 사회의 존립도 더 이상 기대할 수 없다는 의미가 된다.

일곱째, 문화는 보편성과 다양성을 동시에 가지고 있다. 아무리 사회유지를 위해 문화가 필요하다고 해도 사회 내의 소그룹이나 하위 조직은 나름대로의 문화를 가지고 있다. 사회 전체적인 면에서 적용되는 문화와 각각의 그룹에 적용되는 문화가 동시에 공존하는 셈이다. 다만 사회 전체적인 보편적 문화가 하위 조직의 문화보다 우선시됨은 당연할 것이다. 왜냐하면 작은 조직의 존립보다는 큰 사회조직의 존립이 더 중요하게 되고, 그럼으로써 사회 전체적으로 적용되는 문화가 우선시된다. 이것은 하위 조직의 문화가 보다 큰 사회의 존립에 부정적인 영향을 미친다고 할 때, 하위 조직의 문화는 변화되거나 강제로 해체되는 경우가 종종 있다. 예를 들면, 한국 사회에서 공산당 추종의 조직이 존재하여 그들만의 공산당 문화를 구축할 경우, 이는 한국 민주주의 사회존립과 정면으로 대치되는 문화이며, 따라서 공산당 문화가 제거되거나 다른 면으로 전환되어야 하는 운명에 처할 수밖에 없다.

여덟째, 문화는 끊임없이 새로운 것이 가미되면서 변화한다. 기존의 문화가 오래도록 유지되는 면도 있지만, 대부분의 문화는 과거의 문화에 새로운 것을 첨가하여 조금씩 변화시키는 특성이 있다. 오늘날 핸드폰 문화도 이와 같은 예이다. 기존의 핸드폰 기능에 새로운 기능을 조금씩 첨가하여 점차 새로운 문화로 변모시키고 있다. 이와 같이 문화는 새로운 부분을 첨가시키면서 변화하는 것이 일반적이다. 그러나 예외적으로 급격하게 변모하는 문화도 존재한다. 전쟁이나 천재지변의 사건 등으로 인해 새로운 문화가 순식간에 형성되는 것이 이에 해당한다.

제2절 문화의 기능

1. 문화의 지침

클릭컨(C. Kluckhohn)은 문화의 기능에 대해 "문화는 인간의 모든 행위에 대해 지침을 제공하는 청사진[3]"이라고 하였다. 사람이 아침에 일어나서 세수하고 밥을 먹고 일터에 나가서 일을 하고 밤에 잠자리에 드는 모습까지 문화의 영향을 받지 않는 것이 없다. 그만큼 문화는 인간생활과 떼어놓을 수 없는 삶 그 자체이다. 클릭컨의 말대로 문화는 인간 모든 행위에 관한 지침서라고 할 수 있다.

여기에서 문화의 인간행위에 관한 중요한 몇 가지 지침내용을 살펴보면 다음과 같다.

3 Clyde Kluckhohn, *Mirror for Man: The Relation of Anthropology to Modern Life*, N.Y.: Whittleysey House, 1949.

첫째, 문화는 인간이 자연환경의 변화에 대응할 수 있는 방법을 제공한다. 지구의 자연환경은 지역마다 천양지차다. 열대지방에서는 섭씨 수십 도를 오르내리는 무더위에 시달려야 하고 한대지방에서는 반대로 영하 수십 도의 혹한에 시달려야 한다. 이렇듯 자연환경의 조건은 인간에게 생존에 필요한 대응력을 요구하였다. 인간은 척박한 자연환경에 적응하기 위해서 다양한 수단을 강구해야 했다. 이를테면 열대지방에서는 더위를 피하기 위한 수상가옥을 짓고 살며, 한대지방에서는 추위를 피하기 위해 이글루라는 얼음집을 짓고 사는 것 등이 좋은 예이다. 이러한 방식의 자연환경에 대한 적응은 문화의 오랜 전승에 기인한 것이었다.

둘째, 문화는 사회 공동체 유지를 위해 남녀간의 이성관계 지침을 제공한다. 사회마다 조금씩 다르긴 하지만 기본적으로 남녀관계는 사랑하는 사람끼리 정식 결혼을 하여 자녀를 낳고 가정을 이루며 사회의 성원이 될 것을 주문하고 있다. 문화가 제시한 테두리 안에서 상호존중의 정상적인 성관계를 할 때, 비로소 사회의 성문화가 제대로 형성되고 사회질서도 안정적으로 유지될 수 있다고 본 것이다.[4] 이와 같이 문화는 이러한 남녀관계의 지침을 확보해가면서 공동체를 유지하는 방향으로 이끌어준다.

그러나 오늘날은 남녀관계의 기존관념은 많이 변모되고 있는 실정이다. 가령 동성끼리의 결혼도 허락하는 나라가 늘고 있으며, 법적 결혼만이 아닌 동거 개념의 가족도 이해하는 풍조를 보이고 있다. 이러한 변화 역시 문화내용의 변모라고 할 수 있으며, 앞으로도 이러한 변천은 계속될 것이다.

셋째, 문화는 자원배분에 관한 지침을 제공한다. 자원이 풍부하면 배분의 문제가 생길 수 없다. 그러나 자원이 부족하다 싶으면 배분의 문제가 발생한다. 그때 누가 얼마만큼 더 가져갈 것이냐가 이슈로 대두된다. 문화는 이러한 배분의 문제를 당시의 사회 상황에 따라 나름의 지침을 제공해준다. 가령 담배가 처음 도입되었을 때는 담배의 양이 매우 적었을 것이다. 담배의 양은 희소하고 인구는 많은 딜레마

4 그러나 성관계에 대한 문화적 지침은 데이트 폭력에 의한 강간, 친족간의 성폭력 등으로 인해 내적으로 심각하게 훼손되어 가고 있다. 2015년 한 해 동안, 친족의 성폭력에 의해 피해를 입은 19세 미만 피해자는 3,875명으로, 이 중 부모, 형제에 의한 피해가 1,803명, 친인척에 의한 피해가 2,072명으로 집계되었다. 이 중 보호시설 입소는 161명에 불과해 대부분은 다시 가해자인 가족에게 돌아가는 어처구니없는 현실이 전개되고 있다(자료: 여성가족부, 성폭력 상담통계). 그런데 이 숫자는 표면적으로 드러난 숫자일 뿐, 신고 접수되지 않는 숫자까지 더한다면 실로 심각한 수준이 아닐 수 없다.

에 빠질 때, 당시의 문화는 배분의 지침을 규정하게 된다. 먼저 나이 많은 할아버지들과 고관대작들만이 담배를 피울 수 있도록 하였다. 그러다가 점차 담배의 양이 많아지면서 중년의 남성들까지 배분을 받게 되었고, 차츰 담배의 양이 더 많아지면서 나이든 할머니로 확산되었다. 이것은 담배가 처음 도입되었을 시기가 조선사회의 유교적, 장유유서적인 사회분위기로 인한 자원배분 형태였다. 오늘날은 담배의 양이 워낙 많다보니까 남녀 구별은 물론 나이구별도 없이 청소년들도 피울 수 있게 되었다.

자원배분의 지침은 자원의 양과 밀접한 관련이 있다. 자원의 양이 희소할수록 배분에 관한 갈등은 높아지며, 이 때 문화의 지침이 중요하게 작용할 수 있다. 희소자원을 배분하는 모습을 보면 그 사회의 신분구조라든가 계층형태를 알아볼 수 있는 계기가 된다. 문화는 결국 사회의 모습이 투영된 것이다. 또 다른 면에서 보면 문화는 사회의 모습을 결정하는 것일 수 있다. 이렇듯 문화와 사회의 모습은 서로 밀접한 관련이 있고, 자원배분의 형태에도 영향을 미친다고 할 수 있다.

넷째, 문화는 의사소통 방식에 관한 지침을 제공해준다. 사회마다 의사소통방식은 다양하다. 예를 들면 한국은 손바닥을 뒤집어서 사람을 부르면 기분나빠하지만, 미국사회에서는 손바닥을 뒤집어서 불러야만 사람이 다가온다. 이와 같이 사회마다 서로간의 의사소통방식이 다른데, 이것은 언어뿐만 아니라 문자, 표정, 제스처 같은 것 등이 다 포함된다. 특정 사회를 제대로 이해하기 위해서는 미묘한 몸짓, 손짓, 표정 등에 숨겨진 의미를 제대로 알아야만 가능하다. 그 이유는 사회구성원간의 의사소통 방식에서 공유된 마음과 의식을 읽을 수 있기 때문이다.

다섯째, 문화는 사회구성원 공동의 목표를 제시한다. 사회구성원은 자기가 속한 사회가 제대로 유지하기 위한 어느 정도의 수고를 투입해야 한다. 국방의 의무나 납세의 의무 등은 사회유지를 위한 개인의 수고에 해당한다. 그런데 이러한 수고는 사회공동체를 유지하기 위한 노력의 일환이며, 사회가 제시한 공동의 목표를 지키기 위한 것이다.

여섯째, 문화는 사회화에 관한 지침을 제공해준다. 인간은 태어나면서부터 정상적인 사회화과정을 통해 사회구성원에 합류하도록 한다. 그래서 사회화는 정상적인 사회구성원이 되기 위한 경로라고 할 수 있다. 문화는 이러한 사회화 과정을 어떻게 진행해야 하는가를 일러준다. 사회에 따라서 사회화방법은 다르다. 과거 아테

네와 스파르타 도시국가는 태어난 아이를 성인이 되기까지 각각 다른 방법으로 사회화 교육을 시켰었다. 지금도 각 사회마다 사회화과정은 다르게 나타나고 있다. 예를 들면 한국은 어린이집, 유치원 등을 거쳐 아이가 사회에 적응할 수 있는 각종 교육을 시키지만, 아프리카 오지에서는 그런 교육과정 대신에 들판 또는 산으로 나가 열매채취나 고기 잡는 방법을 통해 사회화교육을 시키고 있다.

문화를 통해 사회화 과정의 수단을 찾는 것은 당연한 일인지도 모른다. 문화가 그 사회의 인간생활의 거의 모든 면에 영향을 주기 때문이다. 특히 사회화 과정에 따른 교육은 문화가 제시하는 방법으로 이루어지는 것이 일반적이다. 문화와 교육이 일치하는 접점에서 사회화가 이루어질 때 비로소 그 사회가 원하는 인간상을 만들어낼 수 있다.

일곱째, 문화는 욕구달성에 관한 합리적인 가이드라인을 제시한다. 여기에서 가이드라인은 사회구성원들이 용납할 수 있는 수준이며, 꼭 법규에 합치되어야 할 강제성은 아니다. 예를 들면 어떤 사람이 이성에게 사랑을 구하면서 상대방을 반강제로 납치한 후, 외딴섬에 들어가서 살다가 결혼하게 되면 납치에 따른 법적 처벌보다는 둘의 사랑을 우선하여 관용을 베풀어 줄 수도 있다. 재산을 축적함에 있어서도 법규에서는 모든 거래를 투명하게 하여 세금을 모두 납부하도록 강제하고 있지만, 은밀하게 이루어지는 현금거래나 탈세 등은 법적 처벌은 받을 수 있어도 소유한 모든 재산을 무효화시켜 소멸시키지는 않는다. 이와 같이 개인욕구달성은 그 사회의 문화가 제시하는 가이드라인에 의해 용납 여부가 결정되어진다. 흔히 개인적인 욕구달성은 법규의 틀 안에서 이루어져야만 정당성이 확보된다고 하지만, 현실은 법규의 정당성보다 더 넓은 틀의 사회문화의 용납 여부가 적용되고 있음은 부인할 수 없다.

여덟째, 문화는 개인의 감정표현에 관한 지침을 제공한다. 슬픈 일을 당하거나 기쁜 일을 맞이했을 때의 사람들의 감정표현도 문화권에 따라 조금씩 다르다. 슬픈 일을 당했을 때, 어떤 나라 사람들은 손수건으로 입을 가린 채 흐느껴 울지만, 어떤 나라 사람들은 길바닥에 주저앉아 대성통곡하며 울기도 한다. 이것은 문화적 우열이나 수준차이가 아니라 어릴 때부터 익혀온 문화적 다름이라고 할 수 있다. 이뿐만 아니라 낯선 사람이 위기에 처해 있을 때도 문화권에 따라 개인행동이 다르게 나타날 수 있다. 길을 가다가 남모르는 사람이 누군가에게 폭력을 당하는 모습을 본다면, 어떤 나라 사람들은 그냥 지나치거나 못 본 척하지만, 어떤 나라 사람들은 분연히 나가서 중재를 하거나 말리려고 한다. 이러한 것도 그 사회의 문화가 어떻게 개인에게 영향을 주어왔는가의 차이이다.

그러나 문화의 개인감정 표출에 관한 것은 점차 문화적 차이에 따른 특색이 약화되고 있다. 그 이유는 인터넷이 전 세계를 실시간으로 연결시켜 주고, 다른 문화권의 사람들의 감정표현과 자신들의 감정표현을 암암리에 비교해가며 동화되는 모습을 보이기 때문이다. 유명가수의 콘서트가 열리면 관중들의 열광하는 모습이 국가별로 별다른 차이가 없는 것도 인터넷 등의 영향이다. 그만큼 세계가 네트워크를 형성하며 하나가 되어갈수록 문화에 따른 개인의 감정표현도 유사하게 동화되는 것을 알 수 있다.

2. 문화형성 방향

문화의 기능은 무질서하게 어우러져 형성되는 것이 아니라, 사회내의 어떤 목적달성을 위해서 특정그룹에 의해 주도적으로 형성되어 왔다. 먼저 사회 내의 목적은 현재의 사회질서 유지가 가장 큰 목적이었다. 사회질서 유지가 되어야 사회구성원들이 안심하고 생업에 종사할 수 있기 때문이었다. 그러나 사회질서 유지는 기득권층에게만 이익이 집중되는 모순도 가져왔다. 기득권층은 사회질서를 명분으로 그들만의 이익을 독점하려 하였고, 이에 반발하는 계층과의 끊임없는 긴장과 갈등을 겪어야만 하였다. 그런 까닭에 기득권층은 자신들의 이익을 보다 확고하게 만들 수단이 필요하게 되었고, 문화는 아주 유용한 수단이 되었다.

다시 말해 문화의 기능을 자신들에게 유리한 방향으로 이끌어가고, 이것이 마치 사회전체 구성원의 합의에 의한 것인양 포장하였다. 물론 그렇다고 해서 문화형성이 부도덕하게 이루어졌다는 것은 아니며, 문화형성은 주로 기득권층의 이익보호를 위주로 되어왔음을 의미하는 것이다. 기득권층에게 유리한 방향으로 형성된 문화지침은 곧 사회구성원의 제반사항을 규제하였고, 사회화의 중요한 틀이 되었다. 여기에서 기득권층이란 권력을 잡은 귀족층만이 아니라 사회 내의 연장자, 남성들도 해당한다.

그러나 이들 기득권층의 이익보호를 위한 문화형성도 최소한 사회공동체 유지를 위한 범위 내에서 한정되었다. 만약 사회공동체 유지를 해칠 정도의 문화지침을 만들 경우 큰 반발을 가져오게 되고, 이는 기존 사회질서의 몰락과 함께 기득권층의 몰락도 가져오는 원인이 되기도 하였다. 러시아의 볼셰비키혁명이나 프랑스 대혁명 등 많은 혁명들은 부당하고 모순된 문화지침이 근본적인 원인이 되었던 것은 부인할 수 없다. 따라서 문화형성은 주로 기득권층이 주도하여 형성하는 면이 많았지만, 그들의 이익보호를 위한 문화지침도 사회공동체 유지 범위 안에서만 허용될 정도였다.

제3절 문화의 종류

문화의 종류는 학자들의 견해에 따라 다양하게 분류될 수 있다. 그러다 보니까 문화의 종류만도 수십 가지 이상 나열할 수 있다. 여기서는 많이 알려져 온 몇 가지 주요 문화를 소개하고자 한다.

1. 경험문화

'경험만큼 훌륭한 스승은 없다'고 할 정도로 경험은 자신이 실생활에서 터득한 소중한 자산이다. 인간이 자연적·사회적 환경에 적응하면서 스스로 깨닫고 얻어진 기술적 지식이 곧 경험이다. 예를 들어 집을 짓는다거나 농사를 짓는 일 또는 어떤 물건을 생산하는 기계 작동까지도 경험을 통해 나온 노하우가 중요하다. 이러한 노하우는 개인 차원을 넘어 사회 구성원들 간에 공유된 기술로 전환되면 경험적 문화로서 입지가 탄탄해진다.

경험적 문화는 한 세대의 노하우로 끝나는 것이 아닌 세대 간의 전승을 통해 축적해 간다. 그 과정을 통해 각종 생활에 편리한 방법이 축적되고 이를 바탕으로 새로운 노하우가 생겨나기 시작한다. 이렇듯 경험적 문화는 과거의 기술만을 전수해 주는 것이 아니라 새로운 기술을 창조할 수 있는 힘의 원동력으로 작용한다.

그런데 경험적 문화는 인간의 지각능력을 사전에 한정시키는 면도 있다. 다시 말해 사회 환경이 변화해도 자신이 경험한 틀에 맞추어 사고를 하게 되고 그 틀 안에서 환경을 해석하려고 한다. 이러한 태도가 환경변화에 대한 대응력을 키워주는 면도 있지만, 어느 때는 변화하는 환경에 제대로 적응하지 못하여 큰 손실을 초래하는 면도 있다. 구한말 위정자들이 자신들의 기존 경험만을 의지한 채 국제환경변화를 해석하다 보니까 제대로 된 대응을 하지 못하였고, 그 결과 나라를 잃는 큰 손실을 당해야만 했다. 경험적 문화는 사회를 유지시키는 중요한 요소이긴 하지만, 반대로 경직된 경험문화 유지는 오히려 사회유지에 해를 끼칠 수 있음을 알아야 한다. 따라서 경험적 문화를 소중하게 보존하되, 환경변화에 대한 유연성을 키우는 일을 병행하는 것이 바람직하다.

2. 관념문화

관념문화는 경험적 문화와 많은 부분 밀접한 면이 있다. 인간이 어떤 것에 관한 경험을 하게 되면 자신의 머릿속에 경험한 사물이나 사건, 환경에 대한 인식이 생겨나고, 그것이 내면에 자리 잡게 됨에 따라 관념으로 이어진다. 다시 말해 관념문화는 주로 경험을 바탕으로 한 인간의 머릿속에 내재되어 있는 문화로서, 가치관, 신념 등과 같은 사상적 형태의 문화라고 할 수 있다. 우리가 흔히 말하는 예쁘다, 아름답다, 곱다 등의 표현도 머릿속에 자리 잡고 있는 미의식의 관념문화이다. 이와 같이 사람의 머릿속에 내재되어 있는 관념문화는 그 시대의 사상을 형성하고 사회유지의 큰 물줄기를 만드는 역할을 한다.

관념문화 중 가치관이란 어떤 사안에 대해 바람직하다 또는 바람직하지 않다 등의 이성적 판단의 바탕이 된다. 남을 돕는 것이 바람직하다는 생각은 가치관이며, 남을 돕는 봉사활동은 가치관에 따른 행위라고 할 수 있다. 사람이 어떤 가치관을 갖고 있느냐에 따라 밖으로 드러나는 행동은 달라진다. 소크라테스가 악법도 법이기 때문에 준수해야 한다는 가치관을 갖고서 독배를 마신 것도 그의 가치관에 기인한 것이었다. 반면에 악법은 철폐되어야 하고 지킬 가치가 없다는 가치관을 갖는다면 기존사회에 저항하는 행동을 보이게 될 것이다. 이와 같이 가치관은 행동에 영향을 주고, 행동은 사회에 영향을 주며, 때로는 사회의 질서를 바꿔놓기도 한다.

신념은 가치관보다 더 강한 자기 믿음이라고 할 수 있다. 신념과 가치관은 서로 비슷한 부분이 많다. 다만 신념은 가치관보다 더 강한 자기 확신에 기초한다고 할 수 있다. 신은 존재한다는 믿음이나 반대로 신은 존재하지 않는다는 믿음은 가치관보다는 신념에 가깝다. 인간생활에서는 가치관과 신념은 혼재해서 나타나기도 한다. 처음에는 가치관에 입각한 행동을 하지만 나중에는 신념으로 굳어져 행동이 과격해질 수 있고, 반대로 신념에 찬 행동을 하다가도 어떤 계기로 가치관의 변화가 생겨서 약화된 행동을 보일 수 있다. 이와 같이 가치관과 신념은 상황에 따라서 우선순위가 바뀔 수 있으며, 서로 영향을 주고받기도 한다. 이것은 전적으로 개인이 처한 상황이나 경험에 의해 사상이 달라지는 결과라고 할 수 있다.

미의식도 관념문화의 일종이라고 할 수 있다. 사물이나 인물을 보고 아름답다 또는 예쁘다 식의 생각은 미의식에 기초한 것이라고 볼 수 있다. 미의식은 지역에 따라 시대상황에 따라 다르게 나타난다. 예를 들면 조선시대에는 미인의 기준이 얼굴이 달덩이 같고 허리가 잘록한 것으로 많이 판단했었다. 그러나 오늘날은 달덩이 같이 둥글넓적한 얼굴을 미인의 기준에 포함하는 경우는 극히 드물다. 이와 같이 미의식 기준도 시대에 따라 다르게 적용된다. 미의식은 지역에 따라서도 다르게 나타난다. 아프리카의 일부 부족에서는 입술이 두꺼울수록 미인으로 간주하기도 하고, 피부가 검을수록 미인으로 간주한다. 시간의 변화에 따라 문화가 변하듯이 미의식도 변화하는 것이다.

3. 물질문화

물질문화는 인간생활의 외적인 물리적 형태이다. 관념문화가 인간 내적인 문화라고 한다면 물질문화는 인간 외적인 문화라고 할 수 있다. 우리가 일상생활에서 끊임없이 접하며 이용하는 것이 물질이고, TV, 컴퓨터, 냉장고, 세탁기, 자동차 등 수많은 물건들이 물질문화를 구성하고 있다.

그런데 물질문화는 물건 자체만을 의미하는 것은 아니며, 물건을 사용할 수 있는 기술과 능력까지도 포함해야 한다. 단순히 물건을 앞에 두고 사용하지 않는다면 문화가 형성될 수 없다. 물질문화는 전파속도나 전파범위가 다른 문화보다 빠르고 넓다. 특정 지역에서 시작된 물질문화가 다른 지역으로 이전함으로써 물질 이용에 대한 동화가 일어난다. 이런 과정을 거치면서 점점 많은 지역에서 물질문화가 동일한 모습으로 나타난다. 가령 자동차를 발명하여 점차 많은 지역에서 자동차를 이용하게 되면서 자동차 문화가 널리 확산되고, 자동차를 이용한 문화모습도 거의 유사한 형태를 보인다. 그런 의미에서 물질문화는 물질의 보급과 함께 물질을 사용할 수 있는 기술의 확산이 관건이라고 할 수 있다. 오늘날은 인터넷 보급 등으로 인해 지역 간 물질문화의 차이는 현저히 줄어들고 있는 추세이다.

한편 물질문화는 물질 자체만이 아닌 그 안에 내포되어 있는 정신문화와도 밀접한 관련이 있다. 어떤 면에서 보면 물질문화는 정신세계의 표출이라고 볼 수 있다. 물질의 모양이나 디자인, 색깔 등을 보면 사회구성원의 정신적 측면을 짐작할 수 있다. 예를 들면 고려청자의 화려함은 고려사회의 물질문화의 귀족성과 디자인의 우수성을 표현한 것으로 해석할 수 있다. 반면에 조선시대 백자의 순수함은 당시 사회의 실용성과 디자인의 깔끔함을 짐작할 수 있다. 의복과 같은 경우도 해당 사회의 내면을 짐작할 수 있는 중요한 도구이다. 이와 같이 물질은 그 사회의 내면을 짐작할 수 있는 도구이며, 정신세계를 엿볼 수 있는 중요한 단서가 된다. 또한 개인이든 사회든 나름대로의 정신세계가 존재한다. 여기에서 사회의 정신세계는 실체가 명확하지 않을 수 있지만, 구성원들이 사용하는 물질의 형태를 보면 그 사회의 정신세계를 어느 정도 알 수 있다. 그런 의미에서 물질문화와 정신문화는 필연적으로 연결되어 있다고 할 수 있다.

물질문화는 인간의 기술에 의해 진보된다. 자연환경에 의존하는 물질의 시대는 그야말로 오래전 역사 이야기일 뿐이다. 앞으로도 인간의 기술진보에 의해 물질문화는 많은 변화가 나타날 것이다. 갈브레이드는 인간에 의한 기술을 테크놀로지라는 표현으로 사용하고 있다. 그는 "테크놀로지란 과학의 여러 원리들이 어떤 용도를 위하여 조직화된 것"이라고 설명하고 있다.[5]

자동차를 예로 들면, 엔진추진의 원리, 연료발화의 원리, 노면상태와 공기압의 원리, 피스톤운동의 원리와 같은 과학적 원리 등을 종합하여 자동차라는 물질을 만들어낸다. 이것은 테크놀로지의 영향으로 탄생한 하나의 인간생활도구인 셈이다. 이러한 물질을 사용하다 보면 더욱 새로운 원리적용이 늘어나고, 가속도가 붙어서 신기술의 물질문화가 자리 잡을 것이다. 이러한 경향은 인간생활의 많은 변화를 초래할 것으로 예측된다. 예를 들어 멀지 않은 장래에 무인자동차, 즉 사람이 운전하

5 Kenneth Gallbraith, 1956.

지 않아도 차량 스스로가 운행하고 주차하는 시스템의 자동차가 곧 상용화될 것으로 예측된다. 이것은 인간기술의 진보와 함께 일상생활에 커다란 변화를 가져올 것으로 전망된다. 이와 같이 물질문화의 변화는 인간생활 변화에 많은 영향을 미치는 대표적인 요소이다.

테크놀로지는 하드웨어(hardware)와 소프트웨어(software)로 구분된다. 하드웨어는 물질 그 자체를 말하며, 소프트웨어는 물질을 다루는 기술을 의미한다. 하드웨어가 먼저 출현하고 이어서 소프트웨어가 출현한 것으로 보이지만, 사실은 소프트웨어를 진행하는 과정에서 새로운 하드웨어 기술이 추가되는 경우도 많다. 따라서 양자 간의 관계는 서로 맞물리면서 보완적이고 서로 자극시켜 진보시키는 면이 있다.

4. 규범문화

사람들이 모여 사는 곳에는 일정한 규범이 있어야 한다. 그렇지 않으면 개개인이 마음 내키는 대로 생각하고 행동하면 사회는 무질서와 혼란의 도가니에 빠지게 되고, 한마디로 사회가 성립될 수 없다. 그래서 정상적인 사회가 되기 위해서는 보편적인 규범에 따라 구성원들이 행동해야 한다.

규범문화는 정상적인 사회를 성립시키고 유지하기 위해 사회구성원들에게 준수할 것을 기대하는 행동기준에 관한 문화이다. 우리가 흔히 말하는 상식에 의한 사고와 행동은 규범문화에 기초한 것이라고 할 수 있다. 보편적으로 사회구성원들이 납득하고 수용하며 지키는 상식선의 사고와 행동은 규범문화가 암암리에 제시한 기준이다. 가령 인사하는 예절, 대화하는 예절, 식사하는 매너, 통화하는 매너 등 수많은 분야에서 상식적인 사고와 행동을 주고받는데, 이것이 보편적인 범위 내에서 이루어져야 한다. 사회공동체 유지는 보편적인 규범의 준수 여부에 달려 있는데, 이것을 크게 위반할 경우에는 사회존립이 흔들릴 수 있고, 위반자는 강력한 일탈자로 남게 된다. 따라서 규범문화와 사회공동체 존립은 필수불가결한 연결체이다.

사회학자인 섬너(W.G. Sumner)는 규범문화의 요소를 민습, 원규, 법 세 가지로 구분하고 있다.[6] 민습(folkways)은 사회규범 중 강제성이 가장 약한 부분이며, 일반적

---

6 W.G. Sumner, *Folkways: A Study of Sociological Importance of Usages, Manners, Customs, Mores, and Morals*, Boston: Ginn and Co., 1940.

으로 에티켓이라고 할 정도의 행동지침을 의미한다. 수업시간에는 잡담을 하지 않고 조용히 하는 것 또는 버스나 지하철 안에서 작은 목소리로 통화하는 것 등이 이에 해당한다. 민습은 사회구성원끼리 상호 존중의 의미가 담겨있다고 할 수 있다. 다시 말해 타인을 배려하는 행위는 대부분 민습에 녹아 있음을 알 수 있다. 민습은 하루아침에 형성된 것이 아니라 오랜 시간을 거쳐 축적되어 왔으며, 시대와 장소에 따라 조금씩 변형되어 왔다. 민습으로 인해 사회 성원들의 교류는 자연스러워지고 서로 편안해 하고 사회질서유지에도 많은 도움을 준다.

그러나 민습을 어겼다고 해서 어떤 강력한 처벌을 하거나 제재를 가하지는 않는다. 그 이유는 민습을 어긴 행위가 사회질서를 크게 무너뜨리거나 공동체유지를 훼손할 수준은 아니기 때문이다. 예를 들면 수업시간에 방귀를 뀌었다고 해서 그 학생을 처벌할 수는 없는 일이며, 지하철에서 큰 소리로 통화했다고 해서 경찰에 넘길 수는 없는 일이다. 다만 다른 사람을 배려하지 않는 자세로 인해 비난을 받거나 따가운 눈총을 받는 식의 일종의 도덕적 제재를 가하는 수준에서 그친다. 따라서 민습은 광범위한 사회공동체 유지의 바탕으로서 사회인으로서 갖춰야 할 기본적인 덕목이라고 할 수 있다.

원규(mores)는 민습과는 반대로 사회공동체 유지를 위해 절대적으로 필요하며 반드시 준수해야 하는 덕목이다. 사회공동체 전복을 위한 반역, 살인, 테러, 강도, 강간, 방화 등의 범죄는 사회질서 유지에 커다란 해악을 주는 행위이다. 이러한 행위를 용인한다면 사회는 순식간에 무너지고 구성원끼리의 긴장도는 엄청나게 높아지며 살벌한 사회가 될 것이다. 그런 까닭에 원규를 위반하는 범죄에 대해서는 강력한 제재를 가할 수밖에 없고, 실제로 어느 사회든 원규위반에 대한 처벌이 가장 무겁게 행해지고 있다.

법(law)은 성문화된 사회규범이다. 민습과 원규는 구체적으로 성문화되지 않고, 구성원 간의 묵시적 합의에 기초한 규범이라고 할 수 있다. 그러나 법은 사회공동체 유지를 해치는 행위에 대한 구체적인 처벌사항을 문서화시킨 것이다. 사회 구성원들이 오랜 기간 내면화된 민습이나 원규 사안을 준수하는 한, 법의 집행은 일어나지 않을 것이다. 반면에 사회공동체 유지를 훼손하는 일탈행위가 발생한다면 법 집행은 불가피할 것이다. 그런 의미에서 법집행은 사회공동체 유지를 위한 최후의 보루인 셈이다.

법집행은 구성원들 간의 합의와 수용이 있을 때 효과가 극대화된다. 사회구성원들이 흔쾌히 받아들일 수 있는 법집행은 공정성과 원칙을 지킬 때 나타난다. 사적 감정을 가지고 법집행을 한다면, 구성원들이 법집행에 대해 반감을 갖게 되고, 이는 사회공동체 붕괴로 이어질 가능성이 크다. 역사적으로 볼 때, 여러 독재국가에서 정권유지를 목적으로 자행한 불공정한 법집행이 결국 사회적인 저항을 초래하여 정권몰락은 물론 사회에 큰 상처와 후유증을 가져온 경우가 적지 않았다. 따라서 법은 사회질서유지를 위한 최후의 보루인 것은 맞지만, 그것은 어디까지나 원칙과 공정한 법집행이 전제될 때 가능한 것임을 알아야 한다.

법은 어떤 위반행위에 대한 사후적 처리수단으로만 작용하는 것은 아니며 사전적 예방효과도 가져온다. 즉, 법은 사회공동체 유지에 해악을 끼치는 행위를 나열하고, 그 행위에 따른 징벌수위를 미리 문서화시킴으로써, 사람들이 위반행위를 하지 않도록 하는 예방효과를 갖고 있다. 그런 면에서 법은 사전적 예방과 사후의 처리방안을 동시에 내포하는 양면성이 있다.

5. 은현문화

은현문화도 문화의 한 종류로 구분할 수 있다. 은현문화는 한 사회의 구성원들이 가지고 있는 독특한 심리적 반응의 관념적 요소를 의미한다. 즉, 은현문화는 관념문화의 한 갈래로서, 비록 각 사회의 문화가 동질화의 방향으로 나아간다고 해도 은현문화만큼은 가장 늦게 동질화될 만큼 독특함을 가지고 있다. 홀(E.T. Hall)은 은현문화의 성격에 대해 시간, 공간, 우정에 관한 관념을 예를 들어 설명하였다.[7]

먼저 약속시간의 준수를 예로 들어 보면 다음과 같다. 가령 두 사람이 시간을 정해 만나기로 약속했다면, 둘 중 사회적 지위가 낮은 사람이 더 기다리고 사회적 지위가 높은 사람이 덜 기다리는 것이 일반적인 현상이다. 또는 사회적 지위와 상관없이 이득을 얻어야 하는 사람은 그렇지 않은 사람보다 더 많은 시간을 기다리기도 한다. 이처럼 보편적으로 갑을관계 중에서 갑의 위치에 있는 사람보다는 을의 위치에 있는 사람이 더 많은 시간을 기다리게 된다.

그런데 약속시간에 대한 북아메리카 사람들의 은현문화를 보면 상황은 훨씬

7 Edward T. Hall, *The Silent Language*, Greenwich, Conn: Fawcett, 1959.

심각하다. 그들은 약속시간 지키는 것을 자존심으로까지 결부시켜 생각할 정도이다. 단순한 불쾌감 이상인 것이다. 만약 사회적 지위가 동등한 사람끼리 약속을 정해놓고, 타당한 이유 없이 어느 일방이 약속시간에 몇 분 늦었다면 진심의 사과를 해야 한다. 30분 이상 늦었다면 꽤 많은 사과를 해야 하고, 그 이상 늦었다면 두 사람의 관계는 자칫 파국을 맞이할 수도 있다. 그러나 라틴아메리카 사람들의 시간관념은 북아메리카 사람들과 반대이다. 한 예로 라틴아메리카 사업자와 어떤 사업상 계약을 위해 약속시간을 정했다고 하자. 만약 오후 2시에 만나기로 했는데, 상대방이 정확히 시간 맞춰서 나왔다면 그 계약은 불발될 확률이 높다. 하지만 30분 이상 늦게 나왔다면 계약은 성립할 확률이 높다. 오히려 약속시간에 늦게 나올수록 계약이 성립할 확률이 더 높아진다. 그 이유는 라틴아메리카 사람들은 계약 건에 대해 신중하게 생각할 시간이 필요한 까닭에 늦게 나올 수밖에 없다고 생각하기 때문이다. 이렇게 시간을 두고서도 사회에 따라 은현문화가 다르게 나타나고 있음을 알 수 있다.

공간에 관한 은현문화도 사회마다 다르게 나타난다. 북아메리카 사람들은 상대방과 대화를 할 때 어느 정도 거리를 두고 얘기해야 편안함을 느낀다. 반면에 중동지방의 아라비아 사람들은 사람과의 거리를 바짝 좁혀야만 편안함을 느낀다. 북아메리카 사람과 아라비아 사람이 대화를 하면 한 사람은 바짝 다가서려 들 것이고, 다른 한 사람은 가급적 거리를 두려고 하는 모습을 보인다. 그러다 보니까 시간이 흐를수록 은연중에 둘 사이는 쫓고 쫓기는 진풍경을 연출하게 될 것이다.

일본인과 한국인의 공간문화도 다소 다르다. 한국인에게 길을 물어보면 대개는 본인이 서 있는 지점부터 설명을 해준다. 여기서부터 쭉 가서 좌측으로 돌다가 몇십 미터 앞에서 우측으로 가면 된다는 식이다. 그러나 일본인은 특정 건물이나 장소를 기점으로 알려주는 방식이다. 가령 종로3가에서 경복궁을 가려면 어떻게 가느냐는 질문에 한국인은 여기서부터 쭉 가다가 광화문광장 앞에서 우측으로 돌아 이순신 장군 동상과 세종대왕 동상을 지나서 경복궁이 있다는 식으로 설명해준다. 반면에 일본인은 세종대왕 동상 뒤편에 경복궁이 있다고 하는데, 그러면 세종대왕상은 어디 있느냐고 재차 물어보면 이순신 장군 동상 뒤에 있다고 대답해준다. 이는 일본인 특유의 공간적 독립성 인식 탓으로, 공간과 공간을 연결시켜 주는 설명이 부족한 경우이다.

우정에 관한 은현문화도 사회마다 다르다. 북아메리카 사람들은 손쉽게 우정을 나눌 수 있다. 서로 만난 시간이 짧아도 금방 친구로 진전되는 것이 어렵지 않다. 하지만 손쉽게 친구관계가 단절되는 면도 많다. 우정에 관한 인식이 심각하거나 깊이 있는 의무적 관계라고 생각하지 않기 때문이다. 그러나 라틴아메리카 사람들은 우정 어린 친구관계를 형성하기가 쉽지 않다. 상당한 관계가 지속되어야만 친구로 발전할 수 있을 만큼 까다롭다. 하지만 한 번 친구관계를 맺어 놓으면 그들 간의 의무감 인식도 대단히 강하다. 만약 친구 사이의 한 사람이 사업에 실패하기라도 하면 다른 친구들이 어떻게 해서든 재기할 수 있도록 힘써준다. 친구의 우정을 쌓기가 힘들어도 일단 우정을 쌓아 놓은 후에는 여러모로 의무감이 생기는 은현문화이다.

한국 성인들의 뿌리 깊은 은현문화 중 하나가 접대문화이다. 이것이 소액으로 선의의 마음으로 하면 괜찮지만, 문제는 접대를 주고받는 과정에서 은밀한 거래가 오고 가고 보답의 심리 때문에 부정과 청탁을 배제할 수 없다. 이런 관행이 존재하면, 사회는 부패되고 불공정 관행이 판을 치는 후진적인 문화를 벗어날 수가 없다. 그런데 2016년 9월 28일부터 소위 '김영란 법[8]'이 시행되었다. 수백만 명의 공직자와 사립학교 교직원, 직장인과 언론인이 적용을 받게 된 이 법은 식사비와 선물비, 경조사비 상한액을 설정하여 과도한 접대문화를 바꾸고자 한 것이다. 이 법의 시행으로 인해 그동안 한국 사회에 뿌리 깊던 접대 은현문화가 많은 변화를 겪고 있다.

8 '김영란 법'은 '부정청탁 및 금품 등 수수의 금지에 관한 법률'을 제안자의 이름을 따 부른 말이다. 2011년 6월 당시 김영란 국민권익위원장이 국무회의에서 '공정사회 구현, 국민과 함께하는 청렴 확산 방안'을 보고하며 처음 제안하였다. 이 법은 직무 관련성이나 대가성을 따지지 않고 공직자의 금품수수를 처벌할 수 있게 하여, 동일인으로부터 1회에 100만원 또는 매 회계연도에 300만원을 초과하는 금품을 받으면 직무와 관련 여부를 묻지 않고 형사처벌(3년 이하의 징역이나 3천만원 이하의 벌금)하도록 했다. 또한 식사 기준 3만원, 선물 5만원, 경조사비 10만원의 상한선을 시행령에 규정하여, 공직자 등이 직무와 관련이 있는 사람으로부터 3만원이 넘는 식사 대접을 받으면 과태료를 물게 하였다. 단체로 식사 대접을 받았을 경우 1인당 접대 비용은 n분의 1로 상한 여부를 따진다. 마찬가지로 선물 금액은 5만원 이내로, 경조사비 상한액은 10만원 이내로 제한했다. 경조사비에는 경조사 목적으로 보내는 화환이 포함되며, 경조사 목적이 아닌 승진 선물 등으로 화환을 보낸다면 5만원의 선물 기준이 적용되었다. 이 외에도 외부 강의에 대한 상한액을 정하여, 공직자의 경우, 장관급은 원고료 포함 시간당 40만원, 차관급은 30만원, 4급 이상은 23만원, 5급 이하는 12만원을 상한액으로 규정했다. 언론인이나 사립학교 교직원의 경우에는 민간인이라는 점을 감안해 직급별 구분 없이 시간당 100만원까지 사례금을 받을 수 있도록 했다. 한편, 돈이 오가지 않아도 부정청탁을 하면 처벌하도록 하였다. 기존에는 형법 130조에 따라 부정청탁의 대가로 금품이 오갔을 경우에만 뇌물수수, 배임수재 등으로 처벌했으나, 김영란 법은 돈이 오가지 않은 부정청탁도 처벌 대상으로 규정했다. 부정청탁의 사례를, 인·허가 등에서 법령을 위반한 청탁, 입찰 경매 등 직무상 비밀 누설 요구 등 15가지로 제시했으며, 공직자가 이를 들어줄 경우 2년 이하의 징역 또는 2천만원 이하의 벌금을 받도록 하였다.

각 사회는 은현문화를 가지고 있다. 은현문화 중에는 좋은 면도 있고 좋지 않은 면도 있다. 그런데 간혹 상식적으로 이해할 수 없는 차원의 참혹하고 야만적인 형태의 은현문화도 있다. 한 예로 2016년 5월 30일 파키스탄에서 일어난 끔직한 살인사건은 은현문화의 폐단이었다. 사건은 19세의 사다퀘라는 여교사가 온갖 폭행을 당한 후, 산 채로 화형을 당한 일이었다. 미국 CBS뉴스 등 외신에 의하면, 이 여성은 자신이 근무하고 있는 학교 재단 이사장으로부터 이사장 아들과 결혼해 달라는 부탁을 거절한 이유로 살해당했다. 이사장 아들은 자식까지 둔 유부남에 나이도 여교사보다 2배 이상 많은 상대였다. 정상적인 사회라면 이런 제의가 있을 수 없는 일이고, 설령 제의를 받았다 해도 이를 거절한 것이 하등 이상할 것이 없다. 그런데 여교사가 살고 있던 지역의 은현문화는 이를 용납하지 않았다. 파키스탄 일부 지역에서는 결혼이나 구애와 관련해 남자 측이 망신을 당했다고 생각되면 상대 여자나 그 가족에게 테러를 가하는 일이 빈번히 일어나고 있다. 사다퀘라는 여성도 이러한 은현문화의 희생물로서 남자 측의 사주를 받은 사람들로부터 끔직한 죽임을 당한 것이었다. 파키스탄 인권위원회(HRCP)에 따르면, 파키스탄에는 약 70%의 여성이 가정폭력으로 고통 받고 있으며, 2015년 한 해 동안만 해도 1,096명의 여성이 가문의 명예를 실추시켰다는 이유로 친족에 의해 명예살인[9]을 당했다고 한다. 사람을 죽이는 범죄에 어떻게 명예라는 수식어를 붙일 수 있는가가 어이없는 일이 아닐 수 없다. 이런 식의 야만적이고 용납할 수 없는 은현문화는 문화라기보다는 범죄라고 해야 할 것이며, 하루빨리 청산되어야 할 미개함이 아닐 수 없다.

은현문화는 긍정적이든 부정적이든 각 사회마다 독특한 특성을 가지면서 여전히 존재하고 있다. 그런 이유로 각 문화가 동질화된다 해도 은현문화는 상당기간 더 존속될 가능성이 높다. 그러나 은현문화도 결국은 문화 통합이라는 대세를 거스를 수는 없을 것이다. 특히 부정적인 은현문화는 점차 개방된 사회흐름과 인식전환으로 인해 점차 설 자리가 없어질 것이고, 따라서 은현문화도 시간이 지나면서 상호 동화될 것으로 전망된다.[10]

9 명예살인은 정혼자와의 결혼을 거부하는 등 가문의 명예를 훼손했다고 판단됐을 때 가족을 죽이는 이슬람 국가의 관습이라고 한다. snow@newsis.com

10 Edward T. Hall, 1959,

제4절 문화 다양성과 통합

오늘날 물질문화를 중심으로 세계인의 문화가 점점 동질화되어 가고 있는 것은 사실이다. 그러나 여전히 각 사회마다 나름대로의 독특한 문화가 자리 잡고 있으며, 그 안에서 공동체 결속을 다지기도 한다. 때로는 우리가 이해하지 못할 기묘한 형태의 문화가 여전히 존재하고 있으며, 그것은 문화의 다양성으로 이해할 수 있어야 한다. 여기서는 먼저 다양한 형태의 문화적 모습을 살펴보고, 문화의 통합 내지 동질화되는 이유를 살펴보도록 한다.

1. 문화 다양성

문화의 다양성을 찾아본다면 의외로 많은 사회가 독특한 문화를 가지고 있음을 알 수 있다. 예를 들면 우리가 정상적이라고 생각하는 일부일처제도 모든 문화권이 가지고 있는 것은 아니다. 이슬람문화권의 많은 사회에서는 여전히 일부다처제를 채택하고 있다. 인도네시아 지방에서는 집의 현관문이 세 개이면 부인이 세 명이고, 현관문이 네 개이면 부인이 네 명이라는 의미를 담고 있을 정도이다. 반대로 드물긴 하지만 일처다부제를 고수하는 사회도 있다. 시베리아의 코랴크족, 티베트의 네팔족, 남인도지방의 나야족은 일처다부제를 고수할 뿐만 아니라 결혼과 가정유지방식도 독특하다.

가령 시베리아의 코랴크족은 남편 친구가 집에 찾아오면 남편은 자기 아내와 친구를 동침시키는 것을 예의로 안다. 만약 친구가 자기 아내와의 동침을 거절하면 모욕적인 것으로 간주하여 둘 사이는 서먹해지기도 한다.[11] 티베트의 네팔족은 남자형제 중 맏형이 결혼하면 동생들도 형수와 성생활을 하는 일처다부제를 채택하고 있다. 남인도의 나야족은 여자가 남자 집에 가서 결혼식을 한 후 며칠 밤을 남자 집에서 지내다가 돌아오면 그것으로 남자와의 관계는 끝난다. 이렇게 결혼식을 올린 후 여자는 자신의 집을 밤에 방문하는 남자는 누구든 가리지 않고 성관계를 가질

11 Clyde Kluckhohn, 1949.

수 있다. 당연히 여자에게서 태어난 아이는 정확한 아버지를 알 수 없기에 어머니의 혈통을 따를 수밖에 없다. 그럼에도 불구하고 아이의 출생의식이나 성년식 등 어떤 중요한 의식을 치를 경우에는 아버지의 참석이 필요하다. 이때는 아이의 어머니가 아무 남자에게나 의식에 참석해 줄 것을 부탁하고 남자는 특별한 일이 없는 한 참석해야 한다.[12] 이 외에도 일부 사회는 매우 독특한 성문화를 형성하고 있다.[13]

어쨌든 자기 자신의 잣대로 다른 문화를 평가하려고 한다면 여러 가지 독특한 문화를 이해하지 못할 수 있다. 독특한 문화를 가진 사회는 그럴 만한 자연환경이나 인구사회학적 조건이 있기 때문이다. 그런 면에서 문화형태의 다양성을 인정하는 것은 그 사회의 모습을 사실대로 파악하는 데 중요한 전제조건이 될 수 있다.

2. 문화통합과 이유

오늘날 문화가 통합되어 가는 원인은 다양한 분야의 물질문명의 발달과 관계가 깊다. 자동차가 출현함으로써 지역과 지역을 연결하여 문화가 동질화되어 갈 수 있었고, 항공기가 발달함으로써 국가와 국가를 연결하여 문화가 동질화되어 갈 수 있었다. 여기에 인터넷과 같은 통신연결망의 보급은 문화통합의 결정적인 요인이 되었다. 전 세계 어디에서든 발생하는 사건이나 특이한 일들이 실시간으로 생중계될 만큼 인터넷의 영향력은 폭발적이다.

통신망의 보급은 물질문화의 동질화뿐만 아니라 사상과 같은 관념문화의 동질화에도 큰 영향을 미친다. 과거에는 미인대회의 선발기준이 사회마다 제각각이었지만, 오늘날은 거의 대부분의 국가나 사회가 미의 기준을 보는 시각이 유사하게 되

12 김기삼·전정태, 1997, p. 94.

13 위에 언급한 것 외에도 일부 사회는 매우 특이한 성문화를 가지고 있다. 캄보디아의 크룽 부족은 딸이 결혼 적령기가 되면 딸을 위해 개인 오두막집을 지어주어야 한다. 딸은 오두막집에서 혼자 기거하는데, 이 기간 동안 마을의 총각들은 모두 언제든지 오두막집을 드나들며 그녀와 성관계를 갖는다. 모든 총각들과 관계를 가진 후, 그중에서 가장 마음에 든 총각을 선택하여 결혼을 하게 된다. 파푸아뉴기니의 삼비안 부족의 남자 아이들은 7살이 되면 여성과 접촉할 수 없다. 이후 10년 동안 남자들끼리만 살게 되는데, 이 기간 동안 많은 동성애자가 속출한다. 17세가 되면 성인식을 치루고 비로소 여자들과 접촉할 수 있다. 그러나 오랜 기간 남자들과 살아 온 탓에 대부분 여성에게 관심을 두지 않고 남자들끼리만 어울려 다닌 나머지 지금은 삼비안 족이 거의 남아 있지 않다. edited by mel-langccolly.kr

었다. 이것은 전 세계를 하나로 엮어주는 통신망의 진보가 큰 원인이라고 할 수 있다. 통신망의 연결은 관념의 전파에도 큰 파급효과를 가져온다. 일부 국가의 자유와 인권의 국민운동이 발생할 때, 통신망의 연결을 통해 전 세계로 전파되고, 이로 인해 다른 국가에서도 자유와 인권운동이 발생할 수 있다. 2000년대에 아프리카 북부지역의 튀니지라는 국가에서 발발한 쟈스민혁명도 인권과 자유를 향한 국민운동이었다. 이 나라의 혁명 열기는 곧바로 이집트 등 인접 국가에 영향을 주었고, 이들 국가에서 자유를 열망한 국민운동이 일어나기도 하였다.

물질문화의 발달은 각 사회구성원들의 삶의 방식에도 동질화를 가져오고 있다. 아파트와 같은 고층주거 건물이 파급됨에 따라 세계 어느 국가에서든 고층 아파트를 볼 수 있고, 이러한 주거 건물은 삶의 문화까지도 동질화시켜왔다. 이와 같이 물질문화의 진보가 다른 영역의 문화까지도 동질화시키는 현상은 앞으로도 더욱 가속화될 것으로 전망되고 있다.

오그번(W. Ogburn)은 물질문화가 인간의 행동과 의식까지도 영향을 미치는 현상을 테크놀로지 결정론으로 설명하고 있다.[14] 그에 의하면 사람들이 동일한 기술이나 물건을 사용하게 되면 행동과 의식도 점차 동일하게 수렴된다고 한다. 자동차를 사용하게 될수록 신호등에 익숙해지고 각종 교통법규에 맞추어 운행하게 된다. 그런데 이런 행동과 의식은 어느 한 사회만이 아니라 자동차를 사용하는 사회는 모두 동일한 행동과 의식을 갖게 된다.

그런데 특이한 것은 자동차라는 신물질이 인간사회에 어떠한 영향을 주며, 이것을 계속 사용할 것인지 폐기할 것인지에 대한 논의는 이루어질 여유가 없다. 오직 주어진 신기술이나 물질에 익숙해지는 것이 오히려 더 중요한 이슈가 되고, 사람들은 그것에 익숙해지려고 많은 노력을 쏟아붇는다. 그 결과 물질의 해악 여부에 관한 이슈는 뒤로 밀려나고, 물질에 익숙해지느냐의 여부가 더 중요한 쟁점 사안으로 부각되었다.

인터넷의 보급은 이런 현상의 대표적인 경우라고 할 수 있다. 인터넷 보급이 인간생활에 편리함을 가져올 것이라는 믿음이 강조된 나머지 너도나도 이에 익숙해지려고 많은 노력을 하였지만, 정작 사생활의 침해나 각종 해킹 사건으로 인한 대혼란 문제는 사전에 논의조차 되지 않았다. 가정이긴 하지만 만약 앞으로 전쟁이

14 William Ogburn, 1930.

발발한다면 인터넷 해킹으로 인한 통신망 조작으로 항공기와 항공기가 충돌하고 각종 통제시스템이 붕괴되어 방사능과 같은 유해물질이 쏟아져 나올 수 있는 대재앙이 초래될 수 있다. 그런데도 이러한 문제는 사전에 논의조차 없이 오직 인터넷 보급과 사용에 열중하였던 것이다. 어쨌든 물질문화의 발달은 인간 삶의 방식과 행동, 의식까지도 통합시키는 데 결정적인 기여를 했지만, 정작 이로 인한 인간미의 상실, 전통적인 가치의 후퇴와 함께 자칫 대재앙을 초래할 수 있는 위험성은 간과하고 있다.

한편 문화의 통합은 이러한 물질문화의 출현과 함께 각 지역으로의 전파속도가 빨라지는 것도 한몫하고 있다. 어느 지역에서 새로운 기술의 물질이 출현하면 과거에는 전파속도가 느렸지만, 오늘날은 전파속도가 매우 빠르게 전개되어 문화의 통합도 가속화되고 있다.

린턴(R. Linton) 등 문화전파론 학자들은 문화의 동질화 현상이야말로 한 사회의 문화와 다른 사회의 문화가 상호 전파되기 때문이라고 주장한다.[15] 문화의 전파는 여행이나 선교처럼 사람들 간의 직접적인 접촉으로 이루어질 수 있고, 교역이나 매체 등을 통한 간접적인 접촉에 의해 이루어질 수 있다. 이에 대해 무어(R. Moore)는 사람 간의 직접적인 접촉에 의해 이루어지는 전파를 문화이식(acculturation)이라고 하였다.[16]

결국 문화의 통합은 물질적인 것뿐만 아니라 사상, 종교, 학문과 같은 관념과 규범적인 것 등 여러 분야가 통합되어 가고 있으며, 그 바탕에는 TV, 인터넷과 같은 신물질의 발달이 큰 원인으로 작용하고 있고, 전파속도도 가속화되어 가고 있다.

3. 문화통합과 지체현상

문화가 통합되어 가는 것이 일반적인 추세이지만 모든 부분이 동시에 통합이 이루어지는 것은 아니다. 문화의 어떤 부분은 빠르게 변화추세를 따라가지만 다른 부분은 변화속도에 미치지 못하고 뒤처지는 경우가 있다. 일종의 문화변동 간의 부조화 현상이 나타나는데, 오그번은 이것을 문화지체(cultural lag)현상이라고 하였다.[17]

15 Ralph Linton, 1936, pp. 326~327.

16 Wilbert Moore, 1963.

그에 의하면 물질문화와 비물질문화 중에서 비물질문화의 변화속도가 물질문화의 변화속도보다 느리다고 한다. 이러한 현상은 세계 어느 지역에서든 종종 나타나는 현상이라고 할 수 있다. 서양물질문명의 발달로 시작된 전 세계의 물질문화 변화속도는 매우 빠르게 전개되어 왔지만, 비물질문화의 정신적인 부분에서는 변화속도가 느리게 진행되어 왔다. 가령 자가용 승용차의 보급은 엄청나게 확대되었지만, 그에 따른 교통준수 의식이나 남을 배려하는 운전문화는 미흡한 면이 적지 않다. 이렇듯 물질문화와 정신문화간의 변화속도의 부조화 현상도 문화지체라고 할 수 있다.

문화지체는 물질문화와 비물질문화 사이에서만 발생하는 것이 아니며, 세대간, 지역 간에도 발생할 수 있는 현상이다. 기성세대는 스마트폰 문화에 적응하기가 쉽지 않지만 젊은 세대는 스마트폰의 변화속도에 잘 적응한다. 이런 것을 보면 세대 간에도 문화지체현상이 나타남을 알 수 있다.

문화지체는 물질문화뿐만 아니라 정신적인 측면에서도 나타난다. 예를 들면, 어느 지역은 우주선을 타고 외부행성 여행을 계획하고 상상하는데, 어느 지역에서는 아직도 부족 간 전투가 이어지며 타부족을 멸시하고 파괴하는 일을 자행하고 있다. 이는 정신적인 측면에서 확연히 구분되는 문화지체현상이라고 볼 수 있다.

사회 간 문화통합을 정상적으로 이루어내기 위해서는 문화지체 현상을 잘 극복해야 한다. 만약 강제로 문화통합을 이루어내고자 한다면 필연적으로 갈등이 수반되고 문화를 빙자한 핍박 또는 살육까지도 이어질 수 있다. 일제시대 일본 제국주의가 조선국민들을 문화적으로 통합시키려고 상투와 긴 머리카락을 자르게 하는 단발령을 강요하고 한글도 못 쓰게 하면서 이름도 일본식으로 개명하게 하는 등 많은 핍박을 한 것은 이와 같은 사례이다. 강제적 문화통합은 지배자와 피지배자라는 이분법을 가져오고, 나중에는 양자 간의 갈등과 분열, 오로지 피상적인 유대관계 형성만을 가져올 수 있다. 따라서 진정한 문화통합은 문화지체 현상을 이해하고 배려하며 상생의 차원에서 상호 존중과 깨우침을 전달할 때 가능하다는 것을 알아야 한다.

17 William Ogburn, 1930.

제5절 문화의 절대성과 상대성

1. 문화의 절대성

문화의 절대성은 특정 문화가 다른 문화에 비해 절대적으로 우위에 있다고 믿는 입장이다. 생물을 우성인자와 열성인자로 구분하듯이 또는 여러 가지 상품을 놓고서 우열을 비교하듯 문화도 우열을 가리는 식의 비교를 하는 태도이다.

흔히 문화는 각자의 특징을 가지고 있기 때문에 우열을 가리는 것이 의미 없다는 말을 한다. 그러나 속으로는 은근히 자신들의 문화가 더 우수하다는 자부심을 가지고 있음은 부인할 수 없다. 자신들의 문화를 다른 국가나 사회에 알리려고 애쓰는 이면에는 자신들의 문화에 대한 은근한 자부심이 깔려 있음을 알 수 있다.

그러나 특정 문화가 우수하다는 절대적인 믿음은 절대적으로 후유증을 가져온다. 역사적으로도 문화의 절대성은 자문화중심주의(ethnocentrism) 또는 자민족중심주의를 통해 강하게 드러난 적이 많았다. 히틀러의 독일 나치하의 게르만 민족의 우월주의는 내부결속을 가져오는 이득을 얻었지만, 다른 국가와 사회에는 커다란 상처를 주고 말았다. 잘못된 자민족 중심주의 결과가 엄청난 인명살상과 수많은 도시파괴 등의 참혹한 결과를 가져온 것이다.

한편 자문화중심주의와는 별개 형태인 문화적 사대주의는 피해도 줄 수 있고 긍정적인 영향도 줄 수 있는 양면성을 가지고 있다. 문화적 사대주의는 자문화중심주의와는 반대로 자신들의 문화가 열등하다고 인식하는 것으로 다른 문화를 동경하고 추구하는 행태를 유발한다. 과거 조선시대에 무조건 대국의 문화를 동경하고 우리의 문화를 업신여긴 적도 있었으며, 불과 수십 년 전만 해도 미국을 비롯한 서양문화를 무조건 동경하는 풍조도 있었다. 이러한 것은 모두 자신들의 문화를 열등하다고 여기는 문화적 사대주의의 발로라고 할 수 있다.

그러나 문화적 사대주의는 무조건 해악을 가져오는 것만은 아니다. 자문화중심주의는 남의 문화를 열등하게 보면서 온갖 행패를 부릴 수 있는 해악한 면이 있지만, 문화적 사대주의는 때때로 자신을 돌아보며 더욱 발전할 수 있는 계기가 될 수 있다. 예를 들면 어떤 사회의 문화가 남녀차별을 뿌리 깊게 적용하고 있을 경우, 선진사회의 남녀평등문화를 접한 후, 자신들도 남녀평등을 시행한다면 문화적 사대주의가 좋은 계기로 작용할 수 있다. 이와 같이 문화적 사대주의를 잘 활용한다면 의외의 긍정적인 성과를 거둘 수 있다.

오늘날 민족중심주의 문화는 많이 퇴색되는 추세이며, 타문화권에서도 민족중심주의 문화는 인정받지 못하는 경향이다. 반면에 문화적 사대주의는 지역에 따라서 여전히 존재하고 있으며, 자신보다 우월하다고 여기는 문화에 대해 장점을 습득하려는 경향도 적지 않다. 따라서 자민족중심주의 문화든 사대주의 문화든 간에 어느 정도는 내면에 존재할 수밖에 없지만, 이것이 지나치게 표출되면 자신뿐 아니라 다른 문화에도 심각한 폐해를 줄 수 있음을 알아야 한다.

2. 문화의 상대성

문화에는 우수한 문화도 없고 열등한 문화도 없다는 견해가 문화적 상대주의이다. 문화는 특정 사회의 독특한 가치를 담고 있는 그릇으로서 그 사회를 제대로 이해하기 전에 문화를 평가하는 것은 옳지 못하다. 일단 어떤 문화든 그 나름대로의 형성된 이유가 있을 것이고, 그것은 사회공동체를 유지하려는 방향으로 전개되었음을 인정해야 한다. 문화 상대주의(cultural relativism)는 우열을 가리자는 것이 아니라 다름을 인정하자는 취지이다. 그래서 문화와 사회의 맥락은 일맥상통한다고 할 수 있으며, 사회를 알기 위해서는 문화를 알아야 하고, 반대로 문화를 이해하기 위해서는 그 사회를 알아야 한다.

가령 한국인이 자주 먹어온 보신탕 문화도 다른 문화권에서 볼 때는 야만적일 수 있지만, 속내를 들여다보면 나름의 이유가 있다. 한국의 경우 농지면적은 좁고 먹을 것은 풍부하지 않은 탓에 여름철은 체력고갈이 쉽게 일어난다. 가을철 수확기를 앞두고 많은 노동을 해야 하기 때문에 미리 체력보충을 위한 단백질 섭취를 해두어야 했다. 보신탕 문화는 이러한 절박한 이유로 생겨나게 되었다. 그러나 오늘날은 먹을 것도 많아지고 농경일도 기계화된 탓에 보신탕을 즐겨 먹는 사람이 줄어들고 있는 추세이다. 이렇듯 남들이 보기에는 혐오스러운 문화도 실상을 파악하고 나면 이해가 될 수 있는 문화양태가 적지 않다.

문화의 상대성은 각 사회마다 독특한 자연환경과 사회·역사적 환경 속에서 출발하여 나름대로의 독특한 특성을 이어 왔다. 그런 과정에서 각 문화의 가치성이 확립되고 사회의 특징을 결정짓는 방향으로 문화가 형성된 것이다. 문화는 해당 사회의 특성을 알려주며 다른 사회로부터 인정받을 만한 가치가 있으며, 상호 존중해야 하는 요소이다. 따라서 각 사회의 문화는 문화가 추구하는 가치와 규범이 존재하므로 문화의 다양성과 함께 문화의 상대성을 인정하는 것이 중요하다.

제6절 내부문화의 다양성

문화는 한 사회에 한 개의 문화만 존재하는 것은 아니다. 그 사회를 대표하는 광의적인 문화가 존재하더라도 그 안에는 여러 가지 내부문화가 존재하고 있다. 뭉뚱그려서 어떤 사회의 문화는 이것이다 식으로 정의하기가 곤란한 이유가 바로 내부문화의 다양성 때문이라고 할 수 있다. 여기서는 여러 가지 내부문화 중 중요한 몇 가지를 살펴보기로 한다.

1. 하위문화

한 사회의 전체 문화 내에서 각 집단의 구성원들끼리 공유하고 있는 문화를 하위문화(subculture) 또는 부분문화라고 한다. 과거 농경사회나 유목사회 등 비교적 단순한 생활양식이 지배할 때는 하위문화가 많지 않았다. 그러나 산업사회로 이전되면서 직업도 다양해지고 연령별, 성별, 지역별로 다양한 삶의 행태가 분화되었다. 그런 이유로 산업사회가 진전될수록 하위문화도 많아지고, 이런 추세는 더욱 강화되고 있다.

산업화사회에서는 각종 선술집 모임, 친목회 등 주로 면대면을 중심으로 한 하위문화가 성행하였지만, 정보화사회에서는 인터넷 등을 활용한 각종 동호회 중심의 하위문화가 많아지고 있다. 즉 정보화 네트워크를 통한 상호간의 취미와 자신과 적합한 모임인지를 파악한 후 모임에 가입하는 형태가 늘어나는 추세이다.

그런데 하위문화는 전체 문화와 상충되지 않을 때 부분문화로서 존재의미를 갖는다. 만약 하위문화가 전체문화와 충돌할 때는 하위문화가 아니라 전체문화를 흔드는 반문화가 될 수 있다. 하위문화는 전체문화와 방향을 같이 할 때 사회평형을 유지할 수 있지만, 전체문화와 반대 방향으로 가면 사회평형이 깨질 수 있다.

잉거(J.M. Yinger)는 이러한 하위문화를 특수문화의 일종으로 보면서, 하위문화는 전체문화와 모순이 되지 않는 특수문화라고 한다. 반대로 특수문화 중에서 전체문화와 모순되는 문화를 대항문화라고 한다.[18] 어쨌든 하위문화가 대항문화로 전개될 경우, 사회는 어떤 형태로든 문화변동을 겪을 수밖에 없다.

2. 반문화

반문화는 전체문화와 반대되는 대항문화를 의미한다. 반문화는 전체사회에 위협이 될 만한 요소를 갖추는 경우도 있고, 그렇지 않은 경우도 있다. 전자는 전체사회의 평형을 깨뜨리는 폭력이나 군사적 행동 등과 같은 것을 의미하며, 후자는 일반상식의 문화를 거부하는 기이한 형태의 문화집단을 의미한다.

오늘날 여러 국가에서 발생하고 있는 반군활동은 국가체제를 전복하려는 의지를 가지고 있으며 전체사회의 존립에 위협을 주는 대표적인 반문화라고 할 수 있다. 반면에 사회 전체에 별다른 위협은 주지 않지만 일반적인 문화전통을 기피하는 문화집단도 존재하는데, 1960년대에 미국에서 번진 히피운동[19]은 이런 종류의 대표적인 반문화이다.

반문화는 공간과 시간에 관계없이 언제든 나타날 수 있는 문화이다. 굳이 산업사회가 아니더라도 과거 봉건사회나 전제군주시대에도 반문화는 존재하였다. 가령 기존의 강요된 사회질서를 외면한 채, 숲속에서 풍류를 읊던 청담사상가들 모임도 반문화라고 할 수 있고, 고려 말기와 조선 초기에 조선 건국을 반대하던 선비들이 두문동에 들어가 생활한 것도 반문화의 범주에 포함될 수 있다. 이런 점에 비추어 볼 때, 대체로 반문화는 강요된 제도나 법, 사회구조, 독재나 비합리적인 정치풍토

18 J. Milton Yinger, "Contra culture and Subculture", *American Sociological Review*, Vol. 25, 1960.

19 히피운동(Hippie Movement)은 1960년대 말에 미국에서 번진 문화로서, 돈, 명예, 권력 등 세속적인 가치를 배격하고, 일부일처제의 남녀관계도 거부하며 공동생활과 집단혼음을 행하며, 남루한 옷차림과 감지 않는 긴 머리 스타일을 추구하는 등의 기이한 행동을 보였다.

를 거부하는 사람들이 형성하는 특징이 있다.

3. 선택문화

선택문화는 개인의 취미나 기호에 의해 이루어지는 문화를 의미한다. 선택문화도 하위문화의 일종이지만, 오늘날은 하위문화 중에서도 나름대로의 영역을 구축하는 문화로 존재하고 있다. 특히 정보화 사회에서 수많은 네트워크 형성은 선택문화의 폭을 넓혀주고 있다.

선택문화는 개인들의 기호에 의해 만나는 모임, 예를 들면, 등산, 볼링, 배드민턴, 골프, 댄스 등과 같은 운동모임뿐만 아니라, 음악, 미술, 연극 등 문예부문, 커피, 전통차 등과 같은 기호음식을 주제로 하는 모임 등 매우 다양한 형태로 이루어지고 있다.

이러한 선택문화는 사회내의 역동성을 가져올 수 있으며, 사회 내 개인들이 각자의 삶의 영역을 넓혀가는 계기가 될 수 있다. 선택문화는 하위문화 중에서 가장 갈등이 적을 뿐 아니라, 사회체제 유지에도 긍정적인 요인으로 작용하는 면이 강하다. 그 이유는 자신의 삶 속에서 외로움 또는 사회에 대한 부정적 감정 등을 동호회 등의 모임문화에서 해소할 수 있기 때문이다. 따라서 선택문화는 사회가 복잡하고 개인이 받는 스트레스가 가중될수록 더욱 활성화될 것으로 전망되고 있다.

제6장 SOCIOLOGY

사회제도

6

사회제도

제1절 사회제도 의의

1. 사회제도 의미

사회제도(social institution)를 한마디로 정의한다는 것은 어떤 사회현상을 두고 다양한 시각으로 논의하는 것만큼이나 복잡하다. 실제로 학자마다 사회제도의 정의도 다르게 나타나며, 그런 까닭에 사회제도를 명확히 규정하기가 용이하지 않다.

사회제도는 어느 날 갑자기 형성된 것이 아니고, 오랜 시간 축적된 생활방식을 기초로 이루어졌다. 다시 말해 사회제도는 정치는 어떻게 할 것인가, 가족은 어떻게 이루고 유지할 것인가, 경제행위방식은 어떤 형태로 허용되고 유지되는가, 교육은 어떤 방식으로 할 것인가 등 인간생활에 필요한 수많은 기준들을 담고 있다.

사회구성원은 이런 사회제도를 통하여 일정기준의 사고와 행동을 행하게 된다. 문화가 사회생활의 지침을 마련하는 기능이 있다면, 사회제도는 이러한 문화기능을 보다 더 구체적으로 조직화한 것이며, 사회에 정해져 있는 법, 규칙, 상식적인 행동 등이라고 할 수 있다. 예를 들면, 교육, 정치, 경제, 가족에 관한 문화적 요소들은 아주 다양하게 나타나는데, 이것을 현실에 적용하려면 구성원들이 공감하는 형식이 필요하다. 그 형식이 곧 사회제도이며, 이는 여러 가지 문화적 요소, 즉, 교육, 정치, 경제 등 많은 문화적 내용을 법규 등의 형태로 전환시킨 것이라고 할 수 있다.

한 예로 가족을 구성할 때, 남자가 아무 여자와의 관계를 통하여 가족 성원을 충당한다고 하면 사회는 무질서하게 될 것이다. 그러나 가족제도라는 형식을 규정해 놓는다면 가족성원의 충원 방식은 일정한 절차에 의해서 충원해야 한다. 경제적 행위도 마찬가지이다. 사회제도에 규정된 정당한 절차를 통하여 경제행위를 해야 하는데, 이를 어기고 무조건 돈만 벌면 된다는 생각으로 마약을 재배해서 판매하거나, 탈세를 저지르면서까지 돈을 모으는 행태가 난무하게 되면 경제 질서는 엉망이 될 것이다.

따라서 사회제도는 사회구성원의 사고와 행동을 지배하는 사회집합의식 또는 사회공동체의 힘으로서 사회내 집단과 개인을 구속시키는 작용을 한다. 또한 사회를 유지하는 데 필요한 기구나 조직, 질서 등을 담은 총체적인 사회생활의 표준이라고 할 수 있다.

2. 사회제도 성격

사회제도의 성격은 여러 가지가 있지만 몇 가지 뚜렷한 면을 살펴보면 다음과 같다.

1) 분화성

사회제도는 인류역사의 시기에 따라 분화되어 왔다. 원시공동사회에서는 사회제도라는 것이 독립적으로 운영되어 있지 않았다. 가족 단위나 부족단위로 생활한 까닭에 수렵과 채집을 통한 경제활동, 가장이나 족장을 중심으로 한 의사결정, 생존의 방법에 관한 가족 내 교육 등 여러 가지 제도가 이루어졌다. 한마디로 원시적인 융합(primitive fusion)상태로서 각종 사회제도는 미분화된 상태였다. 이후 시간이 흐르면서 점차 하나씩 제도가 분화되기 시작했고, 분화 정도는 점점 가속화되었다.

원시적 융합 상태에서 가장 먼저 빠져 나간 제도는 종교제도로 추측된다. 제사장이라는 신분을 가진 사람이 고대사회에서 많이 등장하는 것으로 보아 종교의식은 가족이나 부족을 넘어서 새로운 제도로 등장했을 것으로 짐작된다. 종교제도에 이어 정치제도와 경제제도가 가족과 부족의 범주로부터 벗어나 사회제도로 구축되었을 것으로 추정된다. 여기에서 정치제도와 경제제도는 어느 제도가 먼저 사회제도로 정립되었는지는 불분명하다. 왜냐하면 경제제도는 물물교환이 일어나면서부터 이미 부족의 범주를 벗어났으며, 정치제도 또한 이미 수천 년 전부터 폴리스라는 단어가 생겨날 정도로 오래전에 사회 속으로 파고들었다. 그런 까닭에 정치와 경제제도를 두고 어느 것이 먼저 사회제도로 구축되었는가를 판단하는 것은 용이한 문제가 아니다.

어쨌든 정치와 경제제도가 사회제도로서 자리잡아갈 즈음, 교육제도도 사회제도로서 정립되어 가기 시작했다. 그러나 교육제도는 다른 제도와는 다르게 제도의 영향을 받는 인원수가 매우 느리게 확대되었다. 처음에는 귀족들의 전유물로서 극소수의 사람들만 교육제도의 혜택을 보았고, 이후 아주 느린 속도로 일반 사회구성원들에게 교육제도의 혜택이 돌아가게 되었다. 한국 사회만 해도 여성들이 대학 이상의 고등교육을 광범위하게 받기 시작한 시기는 불과 수십 년 전에 불과할 정도이다. 그만큼 교육제도는 여타 제도와는 다르게 사회구성원들 모두가 참여하는 데 시간이 많이 걸린 특징이 있다.

이와 같이 사회제도는 원시융합 상태에서 세월이 흐름에 따라 한 가지씩 사회제도로 분화된 특성을 가지고 있으며, 그런 과정을 거치면서 사회제도는 점차 종류가 확대되었다.

2) 강제성

사회제도는 구성원들을 구속하는 강제성을 가지고 있다. 강제의 정도는 단순한 훈계차원도 있지만, 심한 경우 징벌차원에서 목숨을 빼앗는 경우도 있다. 한마디로 사회제도는 사회구성원의 행동 틀을 정해놓은 장치라고 할 수 있다.

사회제도의 강제성은 원칙적으로 사회구성원들 모두에게 똑같이 적용된다. 하지만 적용결과는 똑같은 것만은 아니다. 가령 기업인 A와 B가 회사 돈을 100억씩 횡령하여 회사 및 다른 사람에게 재산상의 피해를 주었다면 당연히 제도의 처벌을 받게 된다. 이 경우 두 사람이 똑같은 금액을 횡령했지만, 제도의 처벌결과는 같을 수도 다를 수도 있다. 그 이유는 제도의 적용을 경찰이나 검찰, 재판관이 각각 주관적 가치판단을 어느 정도 개입시키기 때문이다. 이것은 사회제도의 강제성을 명문화시킨다 해도 그 강제성을 어느 수준에서 적용할 것인가는 사람이 판단하기 때문이다.

사회제도의 강제성이 포괄적으로 수용되려면 강제성의 적용결과가 객관적이며 공정해야 한다. 공정성이 약하거나 사라진다면 사회구성원들은 제도의 강제성을 거부할 것이고, 사회는 혼돈 상태로 빠져들기 쉽다는 것을 인식해야 한다.

3) 침투성

사회제도는 한꺼번에 일시적으로 변화되는 것이 아니다. 어떤 일부제도가 변하면 다른 제도로 파급되어 변화가 일어난다. 이런 현상을 제도의 침투성이라고 한다. 예를 들면 인터넷의 보급과 스마트폰이 출현하면서 해킹이 사회적인 문제로 대두되고, 이어서 해킹방지제도가 등장한 것도 침투성의 일면이다. 또한 해킹방지는 사생활보호라는 제도적 장치를 강화하게 만든 것도 제도의 침투 및 연관성으로 해석할 수 있다.

제도의 침투성은 수평적으로만 이루어지는 것이 아니다. 상위제도의 변화는 하위제도의 변화를 가져오는 수직적 침투도 일어날 수 있다. 어떤 사건에 관한 대법원의 판결은 하급심인 고등법원과 지방법원의 판결에 영향을 주는데, 이러한 현상

그림 6-1 청소년들의 언어 변형 사례

자료: 대통령 소속 국민대통합위원회.

도 새로운 제도의 수직적 침투라고 할 수 있다.

또한 제도는 다른 분야에 영향을 주기도 하지만, 반대로 영향을 받기도 한다. 가령 스마트폰의 보급으로 인해 실시간 문자 대화기능이 활발해지다 보니까, 청소년들의 언어 활용에도 변화가 일어났다. 선생님을 '쌤'으로 부르거나 반가워요를 '방가'라고 소통하는 등 국어사전에는 없는 언어들이 공공연히 사용되고 있다.

이것이 지나치게 우리말을 왜곡하는 지경에 이르자 일각에서 우리말을 바르게 사용하자는 운동이 일어나며, 바른말 사용에 대한 제도마련을 촉구할 정도이다. 이렇듯 사회의 한 부분의 유행이나 관습의 변화가 새로운 제도출현 내지 기존 제도의 변화를 가져오게 할 수 있다. 이것은 제도가 사회유행 등으로부터 영향을 받는 측면인 것이다.

4) 지속성

사회제도는 사회구성원들의 내면화된 얼굴이라고 할 수 있다. 오랜 시간을 거쳐서 개개인의 내면에 파고들면서 제도가 형성되고 유지되기 때문이다. 그런 의미에서 제도는 한순간에 변화되거나 소멸하기가 쉽지 않다. 그러나 현대의 사회변화 속도는 매우 빠르기 때문에 어떤 제도도 영속할 것이라는 믿음은 곤란하다. 그 이유는 과거보다 제도의 유지기간이 점점 짧아지기 때문이다. 불과 수십 년 전만 해도 책을 만들 때 활자를 일일이 찍어서 만드는 식자기술이 전통으로 이어져 왔다. 그러나 워드프로세스가 출현하면서 순식간에 식자기술은 사라져버렸다. 그만큼 사회상황의 급변은 제도의 지속성을 단축시키는 요인이 되고 있다. 그럼에도 불구하고 사회제도는 여전히 지속성을 가지고 있으며, 분야에 따라 지속성이 오랜 기간 유지되기도 한다.

3. 사회제도 기능

사회제도는 기본적으로 사회를 유지하기 위한 기능을 수행한다. 이에 관해서 구체적인 기능을 살펴보면 다음과 같다.

첫째, 사회제도는 사회구성원 개인의 욕구달성에 관한 표준화된 유형을 담고 있다. 개인의 욕구달성에 관한 가이드라인이 없게 되면 개인은 저마다의 방법으로 욕구충족을 하려 할 것이고, 사회는 걷잡을 수 없는 혼란에 빠지게 될 것이다. 그런 이유로 사회제도는 욕구달성에 관한 표준화된 유형을 제공하게 된다. 연애의 방식은 대체로 어떻게 하는 것이라든지 돈을 버는 수단은 어떻게 해야 한다든지 등 많은 유형을 제공하고 있다. 그러나 사회제도가 제공하는 유형을 언제나 모든 사람이 따르는 것은 아니다. 때로는 합리적이면서도 파격적인 방법으로 욕구달성을 추구하는 경우도 있다. 예를 들면 결혼식을 하게 될 때, 대다수 사람들은 하객을 초청하고 주례를 세우지만, 소수의 사람들은 양가 가족만을 초대하고 주례를 생략한 채, 신랑 신부의 서약만으로 식을 올린다. 이렇듯 소수의 사람들의 일반화된 제도를 벗어나는 행위는 때때로 사회를 개조시키는 첨병역할도 하며, 그것이 오히려 사회를 바람직한 방향으로 인도하는 계기가 될 수 있다.

둘째, 사회제도는 사람들 사이의 사회적 상호관계를 설정해주고 조절한다. 이 틀 안에서 사람들은 서로의 관계를 형성하고 사회생활을 영위한다. 가령 학술연구대회라는 제도를 통하여 학회가 마련되어지고 교수나 연구자들은 학회라는 제도를 통해서 서로 의견을 주고받으며 관계를 형성할 수 있다. 이러한 관계는 건전한 상호비판을 행하면서 학문 발달을 촉진시키고 나아가 사회발전을 기할 수 있다. 그러므로 사회적 관계는 단순한 인간관계로 그치는 것이 아니라 사회발전의 기폭제가 될 수 있다.

셋째, 사회제도는 역할 수행의 범위를 제공한다. 사람들은 어느 분야에서든 각자의 역할이 주어져 있다. 그런데 이러한 역할을 소홀히 하거나 안한다면 사회 내의 조화로운 활동은 상당한 지장을 받게 된다. 따라서 사회제도는 개인으로 하여금 역할을 제대로 수행하게끔 통제하는 기능이 있다. 예를 들면 공무원이 자신의 역할을 공정하게 하지 않고 자의적 해석에 따라 업무를 수행하면 국가와 시민의 불이익을 초래할 것이다. 사회제도는 이런 식으로 업무를 수행하는 공무원에게 징계를 가함으로써, 다른 공무원에게도 예방적 효과를 가져오도록 유도한다. 이런 의미에서 사회제도는 개인의 역할을 통제하는 기능을 가지고 있다.

넷째, 사회제도는 예측 가능한 행동을 하도록 도와준다. 가령 운전을 할 때 중앙선인 노란선은 절대로 넘어서는 안 될 선으로 제도화되어 있다. 만약 누군가가 이를 어기고 중앙선을 침범한다면 그야말로 대형 교통사고가 날 것이다. 하지만 많은 차들이 아무 장애물 없는 도로를 단지 노란 선 하나만 믿고 주행하고 있다. 이것은 사회제도로 굳어진 중앙선 지키기의 예측 가능한 행동 덕분이다. 사회제도로 굳어진 중앙선을 서로 침범하지 않을 것이라는 믿음, 즉, 예측 가능한 행동 때문에 서로 안심하고 운전할 수 있다. 따라서 이러한 예측 가능한 행동이 쌓이고 쌓여서 일반화된 행동유형이 나타나게 된다. 일반화된 행동유형은 사회생활의 통상적인 유형을 가져오고, 그 유형 안에서 사람들의 행동이 이루어지게 된다.

다섯째, 사회제도는 외형적인 행동지침뿐만 아니라 내면의 의식까지도 영향을 미친다. 사회제도가 외면적인 행동양식에 관여하여 개인들의 행동양식이 서로 불편하지 않도록 이끌어준다. 그런데 사회제도는 개인 내면의 의식까지도 영향을 주어 개인의 정서나 인식을 어떤 유형의 틀로 유도한다. 예를 들면 조선시대의 상투를 튼 행동은, 어느덧 내면의 인식 속에 부모로부터 물려받은 신체의 일부라도 훼손해서는 안 된다는 굳은 신념을 갖도록 만들었다. 그러나 여기에는 앞뒤가 맞지 않는 면이 있다. 즉, 부모로부터 물려받은 신체는 조금이라도 훼손하면 안 된다는 의식이 있다면, 왜 손톱과 발톱은 깎아서 버리며, 몸에 낀 때는 왜 벗겨내느냐 하는 의문에 봉착한다. 결국 사회제도를 통한 내면의 의식도 그 당시의 사회유지를 위해서 필요한 도구일 수 있다. 그것은 일종의 어떤 행동에 관한 자기합리화일 수 있고, 내면의 의식도 행동을 정당화시켜 주는 수단일 수 있다.

여섯째, 사회제도는 보수층의 이익을 강화시켜 주는 면이 있다. 사회제도는 사회구성원들의 행동을 유형화하고 통제하며 일정한 방향으로 몰아가는 기능을 한다. 그런데 이 과정에서 기득권층이 생겨나고, 이들은 제도의 혜택을 입어 부와 권력을 추구한다. 시간이 흐름에 따라 이런 현상은 더욱 강화되고 어느덧 사회제도는 기득권층의 이익을 대변하는 보수적인 상태가 된다. 예를 들어 국가가 소득세와 법인세 감면을 통한 경기부양책을 시도한다면, 이것은 경기부양을 위해 어쩔 수 없다고 하지만, 조세를 완화함으로써 부유층에 이득이 늘어나고 결과적으로 빈부격차를 심화시킬 수도 있다. 이러한 제도가 장기화되어 부익부 빈익빈 현상을 고착화시킨다면 기득권 또는 부자들에게만 유리한 제도라고 생각되어 반발을 불러올 수 있다. 그러다보면 기득권층에 반발하는 새로운 그룹은 사회제도를 혁신하려 든다. 왜냐하면 기득권층 이익이 그릇된 사회제도를 통해 축적되어 간다고 생각하기 때문이다. 이러한 사고는 사회제도의 혁신이야말로 기득권층 이익을 감소시키고 새로운 그룹의 이익을 신장시킬 수 있는 계기가 될 것으로 믿는다. 따라서 사회제도의 보수성이 강하면 강할수록 제도에 대한 반발은 더욱 심해질 수밖에 없으며, 선거 등 어떤 정상적인 절차에 의해 제도 혁신이 이루어지지 않으면, 종국에는 혁명 등의 물리적인 방법도 등장하게 된다.

제2절 가족제도

1. 가족의 개념

사회제도 중에서 가족제도는 그 기원이 다른 제도보다 가장 오래되었으며, 오늘날도 우리 삶에 커다란 영향을 주는 제도이다. 가족제도의 근간이 되는 가족의 개념을 살펴보면, 시대의 흐름에 따라 그 개념도 변화되고 있음을 알 수 있다. 과거 전통적인 사회에서는 가족은 혈연과 결혼으로 연결된 그야말로 혈족 중심의 가족개념이었다. 그러나 오늘날은 가족개념이 많이 변화되고 있다. 그것은 결혼관의 변화, 가족을 구성하는 방식의 다양성 등이 원인으로 지적된다.

사회학 또는 인류학적 관점에서 볼 때, 가족은 혈연이나 결혼으로 이루어진 집단을 의미한다. 그러나 이러한 가족개념은 지나치게 협소하여 오늘날에는 통하지 않는다. 오늘날은 다양한 형태의 가족이 이루어지고 있으며, 앞으로 그러한 흐름은 가속화될 것으로 예상된다.

가족개념을 정립할 때, 단지 성인 남녀가 만나 성적 관계로 아이를 생산한 가족이 아니라 보다 포괄적인 관점의 가족개념이 필요하다. 가령 성적인 관계를 맺지 않아도 자식은 둘 수 있고 가족으로 편입할 수 있다. 즉, 법률적인 관계로 가족이 구성될 수 있다. 이것은 전통사회에서도 존재하였다. 오래전부터 환관은 자식을 둘 수 없었지만, 다른 집 아이를 양자로 들여 자식으로 편입하였다. 이것은 성적인 관계도 혈연적인 관계도 아닌 법률적인 관계로 구성된 가족관계였다.

법률적으로 가족구성원이 되었다 해도 그 구속력은 혈연관계 못지않게 강할 수 있고, 유대감도 강한 사례가 많았다. 이것은 꼭 혈연관계가 아니어도 법률적으로도 얼마든지 결속력 있는 가족관계가 형성될 수 있음을 알려주고 있다. 그런데 오늘날은 법률적 관계가 아니라도 가족이라는 의식을 가지며 한 가정처럼 지내는 경우도 많다. 따라서 가족개념은 혈연관계를 넘어서 법률적 관계 등을 통한 집단형성이라고 할 수 있으며, 오늘날은 점차 가족의 범위가 넓어져 가는 추세라고 할 수 있다.

2. 가족 형태

가족형태는 과거에서부터 다양한 형태를 띠어 오고 있었다. 한 남자와 한 여자가 결혼하여 구성하는 이른바, 단혼제(monogamy)가 정석인 듯 하지만, 실상은 한 사람이 다수의 이성과 결혼하는 복혼제(polygamy)도 많았다. 가족형태는 이뿐만 아니라 다양한 형태로 구분할 수 있으며, 이를 살펴보면 다음과 같다.

1) 일부일처제, 일부다처제, 일처다부제

오늘날 산업사회에서 가장 보편화된 가족형태는 일부일처제이다. 한 남자와 한 여자가 만나서 결혼하고 아이를 생산하여 구성되는 가족형태이다. 만약 부부 사이에 이혼을 하고 재혼을 한다 해도 역시 일부일처제를 지켜야 한다. 재혼할 경우도 한 남자와 한 여자만의 결혼을 인정하는 것이다. 일부일처제는 부모와 자녀 간의 혈연관계, 재산 상속 등 여러 가지 관계가 명쾌한 면이 있으나, 자유분방한 성문화 사회에서는 오랜 기간 가족관계 유지가 쉽지 않다는 단점도 있다.

일부다처제는 한 남자와 여러 여자와 결혼하는 관계이다. 산업사회에서 일부일처제가 정착되어 왔지만, 여전히 일부다처제는 많은 사회에서 채택하고 있다. 일부다처제는 그 기원이 모호하지만, 일반적으로 원거리 무역을 생업으로 한 부족이나 척박한 환경에서 살아가는 부족에서 시작된 것으로 추측된다. 원거리 무역을 할 경우, 수십 명 또는 그 이상의 숫자로 구성된 무역상 행렬이 수개 월 이상 장거리 여행을 하다보면 풍토병으로 사망하거나 다른 부족의 습격을 받아 사망하는 사람이 나타나게 된다. 이렇게 사망한 사람에게 남겨진 아내와 자녀들은 생계가 막막하게 되고, 결국 재력과 능력 있는 남자에게 생계를 의지할 수밖에 없는 처지에 이르게 된다. 이런 연유로 일부다처제가 생성되었을 것으로 짐작되는 것이다.

그러나 단순히 돈이 많거나 권력을 쥔 남자의 성욕에 의해 일부다처제가 행해지는 일도 많았다. 조선시대까지만 해도 권력과 재력을 가진 남자가 여러 명의 아내를 두는 것은 은근한 자랑거리였을 정도였고, 이런 현상은 동서양을 막론하고 일반화된 현상이었다. 또한 일부다처제는 이슬람 문화권에서만 유행한 것으로 알고 있지만, 과거에는 기독교 문화권에서도 많이 이루어진 형태였다. 그런 의미에서 일부다처제가 종교적 교리에 따라 이루어진 것이라기보다는 종교를 빙자해서 여전히 그 제도를 유지하고자 하는 관행 탓으로 보는 것이 타당하다.

일처다부제는 한 여자와 여러 남자가 결혼하는 관계이다. 일처다부제는 극히 소수의 사회에서만 시행되었고, 지금은 그 흔적이 히말라야 고산지대의 일부 지역에서 잔존하고 있는 것으로 알려진다. 일처다부제는 남자들이 다른 지역으로 유목을 나가게 될 때, 한두 달 이상씩 집을 비우게 되고, 집에 남은 여자는 다른 남자들의 도움을 받아 집안일을 수행하며 자연스럽게 부부관계를 맺는 것에서 시작된 것으로 보인다. 그러나 일처다부제는 남녀성비에서 여자의 숫자가 상당히 적은 경우를 제외하고는 남성중심의 문화적 전통에 의해 보편화되기에는 한계가 있었다.

2) 부계제와 모계제

부계제(partrilineal: 父系制)와 모계제(matrilineal: 母系制)를 구분하는 기준은 상속에 의해 구분된다. 상속은 재산상의 상속뿐 아니라 아버지와 어머니 중 누구의 성씨(姓氏)를 따르고 이어가느냐를 의미한다. 부계제에서는 아버지의 성을 따라 자손들이 이어지고, 모계제에서는 어머니의 성을 따라 자손들이 이어진다.

부계제에서는 여자가 결혼을 하면 출가외인이라는 명분하에 남편의 가족으로 흡수된다. 시집을 간 여자는 남편의 가계를 이어주는 역할자로서 기능하며, 때로는 남편 집의 텃세나 권위주의 문화로 자신의 권리를 제대로 찾지 못하는 경우도 있다. 나아가 재산 상속에서도 여자를 제외하는 것이 일반적이었다.

모계제에서는 남자가 상속집단에서 무조건 제외되지는 않는다. 어머니의 아들들은 상속집단의 일원으로서 어머니로부터 상속을 받을 수 있다. 즉, 어머니의 남자 형제와 자매, 어머니의 아들과 딸들로 상속집단이 형성된다. 하지만 모계제에서는 아버지는 상속집단에서 제외된다. 그런 이유로 자식들은 어머니에게 소속되고 아버지에게 소속되지 않는다.[1]

1 현승일, 2012, p. 127.

한국 사회는 여전히 부계제가 대세이고, 성씨도 아버지의 성을 따라 자손들이 이어지고 있다. 그러나 오늘날은 일방적으로 아버지의 성을 따르는 것에 반대하여 아버지와 어머니의 성을 합해서 사용하는 경우도 간혹 있다.

과거 한국 사회도 조선시대 전기까지는 모계사회의 전통이 많이 남아 있었으며, 재산 상속도 아들과 딸에게 균등하게 배분되었다. 심지어 여자가 시집을 간 후로도 자신 몫의 재산을 그대로 소유할 수 있었다. 그러다가 조선시대 중기 이후 성리학이 유행하면서 강력한 부계중심의 상속문화가 형성되었고, 이후 여자는 재산상속에서 배제되는 등 여성의 권한이 급격히 축소되었다.[2] 이러한 관습이 아직도 한국 사회 일부 가족에 남아 있는 탓에 재산상속 시, 아들보다 딸에게 보다 적은 액수의 재산을 넘겨주는 경우가 많다. 물론 법적으로는 아들과 딸 모두에게 동등한 분량의 재산을 상속하도록 정하고 있지만, 가족 내에서 이것이 완전하게 시행되고 있지 않는 것이 현실이다.

3) 확대가족과 핵가족

부모와 결혼한 자녀가 함께 사는 가족을 확대가족이라고 하며, 부모와 결혼하지 않은 자녀가 함께 사는 가족을 핵가족이라고 한다. 과거 농경사회나 산업화 초기에는 확대가족이 주류를 이루었으며, 그 이유는 생업을 위한 노동력이 많이 필요했기 때문이다. 그러나 산업화가 진전됨에 따라 도시화가 진행되고, 도심지나 주변의 지가(地價)가 비싸지게 되었다. 이러한 현상은 자연적으로 생활공간인 주거비용이 비쌀 수밖에 없었고, 많은 수의 식구들이 살아갈 공간이 여의치 않게 되었다. 상황이 이렇다보니까 식구들의 숫자를 줄이는 핵가족이 보편화되기에 이르렀고, 산업화가 발달한 사회일수록 핵가족이 주류를 이루게 되었다.

확대가족은 가족 단위의 경제생활을 할 때, 노동력을 집중시키는 장점이 있다. 가족 내의 가장 웃어른을 중심으로 노동의 분배가 이루어졌으며, 적정한 노동 분배 시스템은 생산의 효율성을 높이는 수단이었다. 확대가족은 생산력 집중뿐만 아니라 가족 내의 갈등조정 차원에서도 유용한 면이 있었다. 가령 부부간의 갈등이 야기될 때, 웃어른의 조정은 갈등 완화에 많은 효과가 있었다. 또한 확대가족은 가족구성원이 많은 까닭에 상호 역할을 인지하고 이타적으로 돕는 관계가 가능하며, 정적인

---

2 김윤태, 사회학의 발견, 새로운 사람들, 2007, p. 183.

우애형성이 가능했다. 반면에 확대가족은 가부장적으로 운영되고, 때로는 비민주적인 면이 있으며, 개인의 의견 개진이 자유롭지 못하다는 단점도 가지고 있었다.

핵가족은 산업화시대에 직장을 찾아 신속하게 주거지를 이동할 수 있으며, 가정 외부의 사회 환경 변화에도 유연하게 대처할 수 있는 장점이 있다. 그러나 가족 내의 갈등, 특히 부부간의 갈등이 심할 경우에는 마땅한 중재자가 부재한 탓에 이혼이나 별거 등의 극단적인 선택을 하게 된다. 이러한 예는 산업화 시대에 여성의 권리 신장도 한몫하지만, 내막을 들여다보면 가족 내의 웃어른 부재도 한몫하고 있다.

그런데 오늘날 확대가족이 미약하나마 다시 부활하는 조짐도 있다. 아파트와 같은 공동주택은 복층으로 구성된 집을 지어 3세대 이상이 살 수 있도록 하는 경우도 있다. 사회가 급변하고 인정이 메말라 가는 시기에 다시 여러 세대가 모여 사는 정적인 가족형태를 찾는 것이다. 그렇지만 확대가족이 대세로 자리 잡을 가능성은 높지 않다. 여전히 사회 환경은 급변하고, 빈번한 이동이 필요한 상황이기 때문에 핵가족을 선택할 수밖에 없기 때문이다.

4) 가부장제와 가모장제

가부장제(patriarchy)[3]는 사회적, 정치적, 경제적 제도와 문화 등을 통해 남성이 여성을 지배하는 체제를 의미한다. 넓은 의미의 가부장제는 남성이 권력을 갖고 지배하는 사회 지배체제를 의미하고, 좁은 의미의 가부장제는 남성 가장(家長)이 가족 성원에 대해 강력한 권한을 가지고 지배·통솔하는 가족구조를 의미한다.

가부장제 가족형태에서는 일반적으로 장남이 세습적으로 가장의 지위와 재산을 승계하여 가족을 통솔하며 외부적으로 가족을 대표한다. 간혹 장남이 아닌 차남 이하 다른 아들이 지명되어 장남의 역할을 하는 경우도 있지만, 이때는 구성원의 묵시적 동의가 있든지, 아니면 지명된 자의 강한 힘이 있어야 한다. 그렇지 않을 경우 장남 및 다른 아들이 반발하여 집안의 화목이 깨지는 경우도 나타난다.

가모장제(matriarchy)는 인류 역사상 그다지 많이 존재하지 않았다. 단지 문명사학자들의 추정으로 볼 때, 신석기 시대에는 모계중심사회가 형성되었던 것으로 보

3 가부장제는 다른 말로 부권제(父權制)라고도 한다. 부권제는 가족이나 씨족 내에서 정치·사회·경제 등 각 방면의 지배권을 남성이 가지는 제도를 뜻하며 가부장제와 유사한 의미로 사용되고 있다.

고 있지만 이 또한 명확하다고 할 수 없다. 어쨌든 가모장제는 모계사회(matrilineage)를 중심으로 가족 내의 중요한 의사결정을 어머니 위치의 여성이 행하는 체제를 의미한다. 이때 가족이나 씨족 내의 모든 여성이 남성보다 더 대우받고 우월적 입장에 놓여 있었는가는 불분명하다. 즉, 가족을 이끌고 중요한 의사결정을 하는 사람이 여성이라는 것이 여성 모두가 남성보다 상위의 위치에서 지배하는 것과 일치한다고 볼 수는 없다. 따라서 인류 역사상 전반적으로 여성이 남성보다 우월적 위치에 있는 시기는 거의 없었다고 보는 것이 타당하다.

오늘날은 여성 인권이 점차 강화되고 있다. 그래서 가부장제 또는 가모장제의 논의는 그다지 의미가 없다. 더구나 핵가족을 중심으로 한 가족체제에서는 더욱 의미가 없다. 핵가족하에서는 부부가 상의하여 중요한 의사결정을 하거나 가족구성원 모두가 참여하여 결정하는 것이 일반적이다. 이것은 단지 가족체제의 영향뿐 아니라 사회적인 민주성과 합리성의 영향이기도 하다. 사회가 민주적이고 합리적인 것을 추구할수록 가족 내에서도 민주적이며 합리적인 의사결정을 할 확률이 높아질 수 있다. 따라서 향후에는 남녀가 동등한 지위에서 서로 합력하여 의사결정과 집행을 행하는 남녀동권제(equalitarianism: 男女同權制)가 대세일 것으로 전망된다.

3. 가족제도 기능

가족제도는 인간의 자립성장 기간이 오래 소요되기 때문에 인간이 충분히 자립할 때까지 보금자리 역할을 한다. 대부분의 동물은 태어나자마자 일어나서 걷고 뛰면서 자립할 수 있지만, 인간은 포유동물 중에서 가장 오랜 기간을 지내야만 자립할 수 있다. 가족제도는 이러한 인간의 약한 부분을 극복하기 위한 지혜로운 제도라고 할 수 있다.

가족제도의 기능은 시대변화에 따라 약간씩 달라져 왔다. 그러나 일반적인 가족제도의 기능은 여전히 존재하고 있으며, 그중 몇 가지 기능을 살펴보면 다음과 같다.

첫째, 가족제도는 배타적인 성적 관계를 통해 자녀 생산과 양육기능을 수행한다. 대다수의 인간은 여타 동물처럼 이성과 성관계를 하고 싶어 하는 본능을 가지고 있다. 그런데 본능대로 성관계를 하면서 자녀를 생산한다면 자녀의 소속과 양육비용 등 여러 가지 문제가 뒤따른다. 이런 이유로 가족제도의 틀 안에서 합법적인 성관계와 자녀의 생산이 필요하다. 그래야만 자녀의 소속도 확실해지고 양육문제의 책임도 분명해진다. 여기에는 일부일처제만이 아니라 일부다처제든 일처다부제든 아니면 비혈연관계든 간에 일단 가족제도의 틀이 중요하다. 가족제도의 틀이 있어야만 가족 내의 각종 의무와 권리를 수행할 수 있기 때문이다.

둘째, 가족제도를 통해 사회적 재생산을 수행한다. 사회적 재생산은 아이의 출산을 의미한다. 사회유지에 있어서 가장 중요한 요인은 인구이다. 인구가 적정 규모로 유지되어야 규모의 경제를 달성할 수 있고, 은퇴 이후의 세대를 봉양할 수 있는 경제활동인구를 확보할 수 있다. 그러나 오늘날 산업화 성숙과 함께 일자리가 부족해진 사회상황은 가족의 사회적 재생산을 주저하게 만들고 있다. 해마다 출산 아동 숫자가 줄어들고 초등학교는 물론 중·고등학교 학생 수도 점차 줄어들고 있다.

셋째, 가족제도는 어린이의 양육과 정서적 지지를 도와준다. 가족은 태어난 아이를 양육하는 일차적인 책임이 있다. 과거에는 전적으로 가족이 알아서 어린이를 양육했지만, 오늘날은 이차적으로 사회의 책임도 인정되고 있다. 이에 따라 국가도 어린이를 양육하는 데 필요한 경비를 일부 지원하면서 양육수당 등 여러 가지 지원을 하고 있다. 또한 가족은 어린이에 대한 정서적 지지의 보금자리이다. 어린이를 가장 가까운 곳에서 사랑의 정을 나누어야 하는 곳이 가족이다. 만약 가족 내의 불화로 어린이가 사랑받지 못한다면 정상적인 사회화가 어려우며, 성인이 된 후에도 심한 트라우마에 시달리게 된다.

넷째, 개인은 가족제도를 통해 귀속적 지위와 사회적 정체를 얻게 된다. 아이가 태어나면서 이미 어느 집의 몇 째 딸 또는 몇 째 아들 식의 귀속적 지위를 얻는 곳이 가족이다. 또한 가족은 아이에게 붙여지는 이름도 결정하고, 장차 아이의 성장 방향에 대한 기본적인 배경을 설정해 주는 곳도 가족이다. 가족이 아이를 따뜻하게 보살피면 아이는 주변을 신뢰하면서 긍정적인 인성을 함양하게 되고, 자신의 꿈을 펼치는 데 있어서 가족은 훌륭한 조력자가 될 수 있다. 이런 상황일수록 아이의 정체성은 분명해진다. 다시 말해 아이가 자라면서 '나는 어떤 사람이고, 무엇을 할 수 있으며, 미래에 어떤 일을 성취할 것인가' 등에 관한 분명한 의지와 목표를 가질 수 있다. 자신의 정체성이 명확해지면 보다 지속적이고 효과성 있는 인생의 진로를 찾는데 훨씬 용이해진다.

다섯째, 가족은 종합교육 기능을 가지고 있다. 가족의 교육 기능은 무한대라고 할 수 있다. 성인이 되어 가면서 필요한 윤리교육에서부터 각종 종교관, 정치관 등 수많은 교육적 요인을 습득하는 곳이 가족이다. 아이가 자라면서 부지불식간에 부모와 형제의 사고방식을 닮고 배워간다. 이 과정에서 아이의 사회를 바라보는 시각이 어느 정도 형성되고, 인생에서 필요한 것이 무엇인가를 알게 된다. 또한 정치, 경제, 종교, 인간관계, 직업의 선별 등 많은 분야에 관해 영향을 받으며 사고를 정립하게 된다. 만약 부모가 인생에서 돈이 가장 중요하다고 교육한다면 아이는 인생에서 돈이 최고라는 의식을 가지게 된다. 그러나 이러한 교육적 기능은 아이가 자라면서 부닥치는 환경적 요인과 자신의 판단에 따라 변형되어질 수 있다. 따라서 가족의 교육적 기능은 절대적인 것이 아니라 상황에 의해 변화 가능한 기능이다.

4. 가족제도 위기와 전망

1) 가족제도 위기의 원인

오늘날 가족은 핵가족제도가 중심이다. 그런데 시간이 흐를수록 핵가족제도의 존립기반이 흔들리고 있음은 부인할 수 없다. 핵가족제가 흔들리는 것은 다른 가족제도의 등장과 함께 사람들의 가족에 대한 인식도 달라지고 있음을 반증하는 것이다.

핵가족제도가 위기에 처한 이유는 여러 가지가 있으며, 그중 몇 가지를 살펴보면 다음과 같다.

첫째, 이혼율의 증가를 들 수 있다. 이혼은 부부가 성격이 맞지 않는다든가, 외도를 한다든가, 경제적인 이유로 이혼하는 등 사유가 다양하다. 그런데 기본적으로 이혼율이 증가하는 것은 부부가 이혼 후, 혼자 벌어서 먹고 살 수 있다는 경제적 자신감도 한몫하고 있다. 다시 말해, 최악의 경우 막노동을 해서라도 먹고 살 수 있는 산업화 시대의 분위기가 한 요인이 되고 있다. 과거 농경사회는 가족을 떠나서 먹고 살 수 있는 기회가 드물었기 때문에 웬만한 것은 참고 견디며 가족을 떠나지 않았다. 가족을 떠난다는 것은 거의 굶어 죽는다는 위기의식이 있었던 것이다. 그러나 오늘날은 가족을 떠나도 먹고 살 수 있다는 자신감이 이혼율을 증가시키는 한 원인이 되고 있다.

그림 6-2 한국의 이혼율 추이

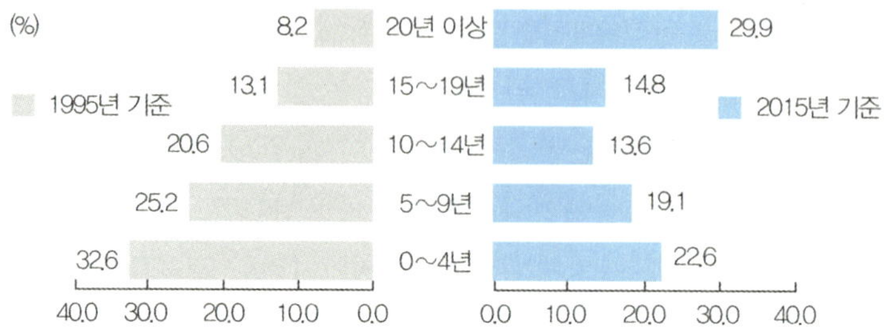

자료: 통계청, 2016.

둘째, 가족기능 축소로 인한 가정의 절대적 필요성의 감소이다. 과거에도 그렇듯이 오늘날에도 가족은 복합적인 기능을 담당한다. 하지만 가족 기능은 시간이 흐를수록 약해지고 있다. 과거에는 아이가 태어나면 집안에서 양육하는 것이 유일한 대안이었다. 그러나 오늘날은 어린이집, 유치원을 중심으로 각종 학원 등에서 양육 및 교육기능을 분담하고 있다. 중학교 이상 진학하고 나면 가족의 교육기능은 확연히 떨어지게 된다. 정치기능도 인터넷 등의 보급으로 가족 내에서보다 외부 세계에 의한 학습이 더 강하다. 가족 내의 경제기능은 가장 축소된 기능이라고 할 수 있다. 오늘날 가족은 경제적 재화를 취득할 자급자족 기능을 거의 상실해 가고 있다. 경제적 재화획득은 대부분 가족 밖에서 이루어지는 것이 현실이다.

셋째, 아이의 양육부담 등으로 인해 출산율의 저하이다. 아이를 낳지 않으면 다음 세대의 인구수가 빈곤해지고 국가는 노쇠해진다. 그러나 한국 같은 경우 획기적인 출산대책이 마련되지 않는 한, 출산율 저하는 지속되고, 이는 핵가족 위기를 심화시킬 것으로 예측된다. 특히 부부가 함께 돈을 벌어도 아이를 키워 줄 사람이 없거나 노부모 봉양, 또는 사교육비의 부담, 직장생활의 지속성 곤란 등 여러 가지 이유로 아이를 출산하지 않는 가족이 많다. 아이 대신 애완동물을 키우는 사례도 늘고 있다.

이 외에도 현대 가족의 위기 원인은 여러 가지가 지적될 수 있다. 문제는 이러한 위기 원인이 복합적으로 시작되었고, 향후 해결대안을 모색함에 있어서 총체적인 접근이 필요하다는 것을 인식해야 한다.

2) 가족제도 전망

향후 가족제도는 다른 어떤 분야보다도 많은 변화가 예상된다. 과거의 전통적인 확대가족은 거의 자취를 감추어가고 있고, 산업사회의 대표적인 핵가족 형태도 서서히 변화가 일어나고 있다. 부모와 자녀 중심의 핵가족은 산업화 시대의 대표적인 가족제도로서 자리 잡았지만, 이혼율 증가와 여성의 인권 향상, 결혼 기피 풍조 등 여러 가지 원인이 복합적으로 작용하여 핵가족의 위상이 흔들리고 있다.

최근에는 여성이든 남성이든 혼자 사는 싱글족이 많아지고 있으며, 부부와 이혼 또는 사별한 후 홀로 사는 독신자도 늘고 있는 추세이다. 여기에 혈연관계를 벗어난 동성애 가족, 입양 가족 등 비혈연관계의 가족도 증가하는 추세이다. 상황이 이렇다보니까 한국의 각 지방자치단체에서는 결혼을 장려하고 자녀를 많이 낳아줄 것을 호소하며, 출산장려금과 같은 각종 인센티브를 제공하고 있다.4

그러나 이와 같은 출산 장려금 지원에도 불구하고 자녀 출산율은 점점 하락하고 있다. 이것은 아이를 양육하는 데 소요되는 노력, 경제적 비용뿐만 아니라 자녀가 성인이 된 후 안정적인 직업을 소유하는 일이 점차 어려워진 것도 한몫한다.

향후 가족제도는 출산율 저하와 결혼 기피 풍조로 인해 부부와 자녀 중심의 핵가족도 줄어들 것으로 전망된다. 그 대신 결혼은 해도 자녀를 낳지 않고 맞벌이부부로 사는 딩크족(DINK: Double Income No Kids), 맞벌이가 아닌 외벌이 부부가 아이를 갖지 않는 싱크족(SINK: Single Income No Kids), 결혼 자체를 하지 않고 사는 싱글족, 노년 이후 홀로 사는 독립적 노년세대의 통크족(Two Only No Kid), 혈연과 상관없이 한 지붕 아래에서 동거하는 가족 등 더욱 다양한 형태의 가족이 확대될 것이다. 또한 이성 간의 결합이 아닌 가족형태도 늘어날 것으로 전망된다. 동성끼리 가족을

4 중앙일보가 전국 229개 시군구(226개 기초지자체와 세종시·제주시·서귀포시 포함)의 다자녀 혜택을 분석한 결과, 둘째 아이에게 출생시 수당을 주는 지자체가 191곳(83.4%)으로 나타났다. 셋째 이상 자녀 출산시 축하금 주는 곳은 212곳이었다. 참고로 전국에서 첫째·둘째 아이에게 가장 많은 금액의 다자녀 수당을 주는 지역은 경북 봉화군이다. 봉화군은 첫째 600만원, 둘째 900만원, 셋째 1,500만원, 넷째 이상은 1,800만원을 준다. 셋째 아이 출산 시에 가장 많은 수당을 주는 곳은 경북 의성군이다. 첫째는 340만원, 둘째는 460만원을 주지만 셋째는 1,500만원을 준다. 금액만을 따졌을 때 가장 많이 주는 지역은 인천 연수구와 충남 보령시다. 둘 다 다섯째 아이 출산 시에 3,000만원의 수당을 준다. 자료: Copyright©중앙일보 All Rights Reserved. 2018. 12. 11.

이루며 살게 되는 동성애가족, 또는 동성끼리 집단으로 거주하는 가족도 증가할 것이다. 소수이지만 이성끼리 집단으로 동거하는 가족형태도 나타날 것으로 예측된다.

이러한 다양한 가족 형태는 사회, 경제, 문화적 배경과 성의식의 변화 등이 배경으로 해석되고 있다. 그럼에도 불구하고 가족제도는 완전히 해체되어 소멸될 것으로 보이지 않는다. 일반적으로 사람은 근본적으로 외로움을 기피하려는 속성이 있기 때문에 이성이든 동성이든 함께 생활하고자 하는 욕구가 있다. 면대면의 욕구가 그것이다. 따라서 가족제도는 기존의 혈연 중심의 형태를 벗어나, 한 집에서 동거하는, 이른바 공동체 관계로서의 가족개념이 점차 확산될 것으로 보인다. 이에 따라 사람들의 가족 관련 의식구조도 혈연중심에서 점차 동거인 중심으로 전환될 것으로 예상된다.

제3절 종교제도

1. 종교의 특성

사회제도 중에서 종교제도는 매우 오래된 역사를 가지고 있다. 원시사회에서부터 사람들과 가장 친밀했던 제도가 종교제도였을 것으로 보인다. 그것은 인간은 근본적으로 한계가 있으면서 자신의 한계를 자각하는 지능을 갖고 있기 때문에 공포심도 느낄 수 있다. 공포심을 극복하기 위해서는 어떤 수단이 필요했고, 종교는 그에 맞는 수단이 되었다.

대체로 종교가 발생한 곳의 지역적 특성을 보면, 사람이 살기에는 척박하고 힘든 공포의 삶의 현장에서 많이 발생하고 있다. 기독교의 발원지인 유대민족의 거주지였던 팔레스타인[5] 지역은 유럽과 아시아의 교통지에 위치함으로써 유럽이든 아시

5 팔레스타인은 성경에 나오는 7족속과 블레셋이라는 사람들이 살던 곳으로, 이 지역에 히브리민족(물을 건너온 민족이라는 의미로 유대인을 말함)이 홍해를 건너와 이들을 물리치고 정착을 하였는데, 이들이 바로 이스라엘이었다. 히브리민족이 정착한 후, 이스라엘은 앗수르, 바벨론, 헬라 등에게 점령을 당하고 예수 탄생 당시에는 로마의 지배를 받았다. 그 후 유대인들은 로마에 대해 1차 반란(AD66~70)을 일으켰고, 이어서 2차 반란((AD132~135)을 일으키자, 로마는 모든 유대인들을 다시

아든 어느 한쪽이 상대방을 공격할 때, 타의적으로 피해를 입을 뿐만 아니라, 로마 시대를 비롯하여 오랜 기간 식민 지배를 받아온 지역이었다. 자연적으로 지역 사람들의 삶은 피폐해지고 신의 구원을 열망할 수밖에 없었다. 기독교는 이러한 시대적, 지역적인 배경으로 출현한 종교였다. 불교 또한 인도의 고온다습한 지역에서 발원하였다. 이 지역은 많은 병원균이 살기에 안성마춤이었고, 이로 인해 사람들은 말라리아 등 수많은 질병을 앓다가 사망하는 매우 척박한 곳이었다. 무슬림에 의해 발생된 마호메트교도 중동지역의 척박한 땅에서 시작되었다. 이 지역은 수십 도 이상의 엄청난 더위가 사람들을 괴롭히는가 하면, 먹고 살기 위해 먼 곳으로 무역을 하는 과정에서 풍토병으로 목숨을 잃거나 부족 간 전투로 사망하는 등 힘겨운 삶을 살아가야 했다. 이러한 종교발생의 배경을 보면, 대체로 척박한 지역의 힘겨운 삶의 고통을 덜어줄 수 있는 신의 출현을 열망하게 되면서 종교가 발생한 것으로 해석되고 있다.

한편, 종교는 내세관을 특성으로 하고 있다. 현세의 삶의 고통을 현실적으로 해결할 수 없다면 장차 미래에서라도 해결하고 싶은 욕구가 생긴다. 그것이 비록 죽은 이후라 해도 적어도 현세의 고통을 보상받고 싶은 것이다. 사실 죽음 이후의 세계를 경험해 본 사람은 없지만, 사람들은 자신의 영혼이 영원히 존재한다고 믿으며, 영혼이라도 자유롭고 평안하게 존재하기를 염원하였다. 그러한 바람이 내세관을 가져왔으며, 최소한 자신의 영혼만이라도 신의 구원 속에서 안주하기를 갈구하

는 유대 땅에 살지 못하도록 완전히 내쫓아버리고, 지명(地名)을 팔레스타인으로 변경하였다. 팔레스타인이라는 뜻은 '블레셋 사람들의 땅'이라는 의미로서 최근에도 이 지역을 팔레스타인이라고 부르게 되었다. 이후 이 지역은 로마 통치에 이어 비잔틴 제국(313~636)의 지배를 받았고, 다음으로 아랍의 지배(636~1099)를 받게 되는데, 아랍이 지배할 당시 팔레스타인지역에 살던 아랍계 원주민들은 모두 무슬림이 되었다. 이후 1948년 5월 14일, 이스라엘이 국제 사회의 승인을 얻어서 팔레스타인 지역 한 모퉁이에 나라를 세워서 독립을 하게 되었는데, 이 지역이 지금의 이스라엘 국가이다.

그런데 이스라엘과 아랍계의 끊임없는 분쟁은 성경에 나오는 아브라함으로까지 거슬러 올라간다. 본래 이스라엘 민족과 아랍민족은 둘 다 자신들의 조상을 아브라함으로 보고 있다. 아브라함에게는 두 아들이 있었는데, 첫째 아들은 아브라함이 하녀와 관계를 가져서 낳게 된 아들로서 이스마엘이라는 이름의 아들이었다. 둘째 아들은 하느님이 아브라함에게 약속을 하여 태어난 자식이라고 알려진 이삭이라는 이름의 아들이었다. 이 두 아들의 출생에는 서로 다른 시각이 존재하였다. 이스마엘은 인간적인 욕정으로 태어난 육체의 아들이고, 이삭은 하느님이 주신 성령으로 태어난 거룩한 아들이라는 것이다. 두 아들 중, 이스마엘은 지금의 중동 사람들의 조상이고, 이삭은 이스라엘 사람들의 조상이라는 것이다. 이 두 민족은 처음에는 같은 조상을 두었지만, 지금은 사상과 신념까지 충돌하면서 오늘날도 비극적인 다툼을 지속하고 있다. 즉, 육신으로 태어난 자의 후손과 약속의 성령으로 태어난 자의 후손이 끊임없이 다투는 셈이다(참조: 창세기 21:9, 갈라디아서 4:29. 로마서 9:7~8 등).

였다. 이렇듯 현실의 고통을 희망으로 승화시킬 수 있는 수단이 영혼의 구원이었고, 사후세계에 대한 막연한 두려움을 극복하며 반대로 희망을 갖게 만드는 내세관이 나타나게 되었다.

종교는 같은 신을 믿는다 해도 신에 대한 경배방식, 또는 자신들이 채택한 교리에 따라 종파가 갈라지는 특성이 있다. 하느님을 신으로 모시는 기독교도 가톨릭과 개신교, 유대교 등으로 나누어지고, 불교도 소승불교와 대승불교를 비롯하여 많은 종파로 나누어지는 것을 볼 수 있다. 이와 같이 종교는 발생배경, 내세관의 시각, 신에 대한 경배방식 등 여러 가지 요인에 따라 각각의 특성을 가지고 있다.

2. 종교의 기능

종교의 기능은 매우 다양하다. 종교는 긍정적인 기능을 하면서도, 부정적인 기능을 한다. 긍정적인 기능은,

첫째, 인간다운 삶의 자세와 이타적인 삶을 강조한다는 점이다. 어떤 종교든 사람을 선으로 이끌면서 타인을 사랑하고 존중하며 서로가 이해를 하도록 권유하고 있다.

둘째, 인간 삶의 과정에서 부닥치는 각종 재앙이나 고난에 대해 극복할 수 있는 의지를 갖게 하며 이에 따른 마음의 안정을 갖도록 만든다. 원시사회에서는 샤머니즘 중심으로 달이나 해, 산 등 두려움의 대상을 숭배하며 기복적 신앙을 가졌다. 그러다가 인간의 지혜와 지식이 증가하면서 창조주 의식이 더해지고, 이에 대한 정통성을 부각하기 위해 성경 또는 경전을 만들게 되었다. 즉, 보다 정교하게 재앙에 대한 원인과 대응 방안들을 만들어 재앙이나 고난에도 항상 신이 존재한다는 교리로써 사람들을 두려움에서 벗어날 수 있게 하였다.

셋째, 죽음 이후의 막연한 두려움을 내세관을 통하여 극복할 수 있게 하며, 영혼의 영생을 위해 현세의 삶을 착하고 성실하게 살아야 한다는 지침을 제공하고 있다. 또한 내세의 영생을 믿음으로써 현세의 각종 고난을 극복할 수 있는 힘을 주기도 한다.

이 외에도 종교의 긍정적 기능은 여러 가지가 있다. 종교의 힘을 빌어서 병을 치유했다든지, 사업이 번창했다든지, 좋은 학교에 입학했다든지 등 많은 영향을 주

고 있다. 반대로 종교의 부정적 기능도 여러 가지가 있다.

첫째, 자신이 믿는 종교를 잘 활용하면 삶의 지혜를 얻게 되지만 지나치게 맹신으로 흐르면 광신도가 되고 사회적 유대감에도 부정적인 영향을 줄 수 있다.

둘째, 특정 종교를 중심으로 집단 이기주의가 나타날 수 있다. 자신이 믿는 종교만이 최고의 가치로 여기고, 같은 종교 구성원들끼리 뭉쳐서 집단의 힘을 과시하고 사회문제를 좌지우지하려는 태도가 나올 수 있다. 이런 상태가 되면 종교가 사회를 지배하는 비민주적인 행태가 형성될 수 있다.

셋째, 타 종교와 사상 갈등으로 종교전쟁이 일어나기도 하고, 이로 인한 피해가 막심할 수 있다. 오늘날에도 세계 곳곳에서 벌어지는 종교 갈등으로 인한 전쟁 때문에 무고한 민간인이 희생되고 난민이 속출하는 등 부작용이 크다.

이 외에도 성직계층의 부패로 인한 본연의 종교기능 훼손, 각종 재정적 부담으로 인한 신도계층의 재정적 피해와 가정파탄 등 많은 부정적 기능도 존재하는 실정이다.

결국 종교의 긍정적 기능은 종교를 가진 사람의 건전한 판단과 절제가 있어야만 종교의 좋은 면을 활용하여 보다 풍요롭고 안정된 정신적 삶을 추구할 수 있다. 광신도에 가까운 종교생활은 가족 및 사회에 부정적인 영향을 줄 수 있음을 인식해야 한다.

3. 종교발달과 미래

1) 종교의 발달

종교발달은 여러 가지 형태로 이루어졌고, 연구자마다 대동소이하게 종교발달 과정을 제시하고 있다. 그중 왈라스(A. Wallace)는 종교의 발달 유형을 네 가지로 분석하여 제시하였는데, 그 내용은 다음과 같다.[6]

첫째, 샤먼적 종교(shamanic religions)로서 개별주의적이고 샤먼적 숭배제도만을 포함하고 있다. 이 숭배제도는 주로 수렵채취 사회에 퍼져 있던 것으로 여기에서 이루어지는 종교적 활동은 특정 의례의 개별적 수행과 특정한 금기들의 개별적 회

6 Anthony F.C. Wallace, *Religion: An Anthropological View*, N.Y.: Random House., 1966, pp. 75~87.

피이다.

둘째, 공공적 종교(communial religions)로서 개별주의적, 샤먼적 그리고 공공적 숭배제도를 포함하고 있다. 이 종교제도는 원예문명사회에서 발달된 종교제도이며, 종교의례들은 자연의 주기, 계절의 순환과 연계되어 있는 것이 특징이다. 북미 인디언 사회, 북아프리카를 제외한 일부 아프리카사회에서 발견되고 있다.

셋째, 올림픽적 종교(olympian religions)로서 개별주의적, 샤먼적, 공공적 숭배제도에 상위 신들의 다신교적 숭배제도를 가지고 있다. 이 제도는 집약적 원예문명사회와 초기 농경사회에서 확산되었다. 마야문명, 아즈텍문명, 잉카문명 등이 이에 속한다.

넷째, 유일신교적 종교(monotheistic)로서 개별주의적, 샤먼적, 공공적 숭배제도를 포함하면서 단 하나의 상위 신을 중심으로 조직된 교회적 숭배제도를 갖고 있다. 유대교, 기독교, 이슬람교, 힌두교, 불교 같은 종교들은 유일신적 종교이다. 이러한 종교들은 복합적인 농경사회에서 출현하였으며 오늘날 산업사회까지 깊숙이 침투하여 존속하고 있다. 이들 종교들은 여러 가지 차이점에도 불구하고, 경외하고 복종해야 할 단 하나의 상위 신에 대한 관념을 공유하고 있는 것이 특징이다.

이 외에도 종교발전에 관한 연구는 여러 가지가 있다. 그러나 일반적으로 종교의식 및 기능이 종교 외적인 사회문화 변화에 따라 함께 변화해온 것을 알 수 있다. 또한 사회가 정치적, 경제적으로 복합적일수록 유일신과 같은 고등 수준의 신에 대한 신앙을 가질 가능성이 커진다. 산업이 발달하고 경제적 정치적으로 복잡해져갈수록 유일신교들이 확장되어 온 것도 이와 같은 맥락이다. 다시 말해 종교 발전은 종교 자체의 진화뿐만 아니라 종교 외적인 변수들의 작용에 의해 이루어진 것으로 볼 수 있다.

2) 종교의 미래

인류와 종교는 불가분의 관계로 오랫동안 함께 해왔다. 인간의 약한 본성은 자연스럽게 종교를 만들고, 그에 의지하여 삶의 고난과 공포를 이겨내려 하였다. 그런데 종교가 인간 삶에 긍정적인 작용만 하는 것이 아니라 부정적인 작용을 할 경우도 많았다. 가령 종교 갈등에 따른 편가르기와 상호 비방, 적대적 감정과 자세, 나아가 종교전쟁 등은 오히려 종교가 인간 삶을 피폐하게 만든 면이다. 그러면서 종교는 점점 세속화되어가고 있으며 많은 사람들이 종교의 미래를 걱정하기도 한다.

어떤 사람은 과학기술 발달로 신의 존재가 허상임이 밝혀져 종교는 결국 소멸할 것으로 예상하기도 한다. 반대로 아무리 과학기술이 발달해도 인간 삶과 죽음 등의 궁극적인 해답을 줄 수 없기 때문에 종교는 영속할 것으로 보기도 한다.[7]

어쨌든 오늘날 종교의 세속화는 우려할 수준인 것은 분명하다. 과거에는 종교가 사회의 타락을 걱정했지만, 이제는 사회가 종교의 타락을 걱정하는 수준이다. 종교가 이 지경에 이르게 된 것은 무엇보다 종교 지도자 및 신도들의 흠결이 크다고 할 수 있다. 기성 종교의 세속화가 극에 달할수록 소위 사이비종교가 활개칠 것으로 예측된다. 사람들이 기성 종교에서 기대할 것이 없다고 느끼는 순간 새로운 신앙대상을 찾게 되고, 이 틈을 이용하여 사이비종교가 늘어나게 될 것이다. 따라서 앞으로는 종교의 세속화를 방지하고 새로이 본연의 모습으로 돌아가는 종교로 거듭나야 할 것이며, 이를 위해 종교지도층의 엄청난 각성이 필요하다고 본다. 아울러 종교가 진정으로 사회의 빛과 소금의 역할을 하며, 봉사와 희생, 건강한 사회로의 유도 등 본연의 기능을 수행하도록 비종교인도 동참하고 노력해야 한다.

향후 종교는 세속화의 길로 더욱 빠져들 것이냐, 아니면 건강한 종교로 거듭나느냐에 따라 종교적 명암이 갈라질 것으로 보인다. 종교가 계속하여 세속화로 치달으면 각종 신흥 종교가 득세할 것이고, 사람들은 정신적 위안처를 찾아 방황하거나 종교에 대한 냉소주의로 흐를 가능성이 높다.

제4절 정치제도

1. 정치제도 특성

정치만큼 인류에게 희망과 고통을 주는 양면성이 강한 제도도 없을 것이다. 인간이 다른 인간에게 지배받고 때로는 착취당하는 부정적인 면에서부터 서로 협동하고 좋은 결실을 가져오는 공동체 생활에 필수불가결한 것이 정치라는 이중생물체라

7 J. Milton Yinger, 1960.

고 할 수 있다. 정치제도는 잘 운용하면 사회공동체의 행복을 가져오지만, 반대로 악용하면 마녀보다 무서운 존재가 된다.

중국 춘추시대에 공자가 제자들과 길을 가는 도중, 한 여인이 소복을 입은 채로 무덤 앞에서 흐느끼는 것을 보았다. 공자가 여인에게 다가가 흐느끼는 연유를 물어 보았다. 여인이 대답하기를, "전에 시아버지가 호랑이에게 물려가서 죽었는데, 그 다음에는 남편이 호랑이에게 물려 죽었고, 이번에는 아들이 호랑이에게 물려 죽었습니다" 하면서 통곡을 하였다. 공자가 여인에게 "그렇다면 왜 다른 나라로 이주해 가서 살지 않았는가?"라고 묻자, 여인이 대답하기를, "그래도 이 나라에는 악한 정치가 없습니다" 하였다. 이에 공자가 제자들을 돌아보며 하는 말, "보아라. 악한 정치는 호랑이보다 더 무서운 존재이니라" 하였다고 한다.

사실 인간이 이성적으로 선하게 살면서 서로 돕는 사회가 되면 정치는 거의 필요 없을 것이다. 정치라는 것은 우리 생활에 있는 듯 없는 듯 그 존재가 드러나지 않아야 진정한 정치라고 할 수 있다. 그럼에도 불구하고 동서고금을 막론하고 정치하는 사람들은 국민생활에 온갖 스트레스를 주면서 입으로는 국민행복을 외치지만 속으로는 자신들의 기득권과 축재를 일삼는 경우가 허다하다. '정치무용론'이 등장하는 것도 정치의 과도한 '존재 드러내기'에 지친 사람들이 정치에 대해 피로감을 느끼기 때문이다.

어쨌든 정치제도는 긍정적인 것과 부정적인 것을 동시에 가지면서 인간생활의 중요한 요소가 되고 있다. 이것은 정치제도의 특성과 연관이 깊다. 다시 말해, 정치제도는 사회의 결속력을 강화하여 사회문제를 해결하며 구성원의 궁극적인 행복을 추구하는 긍정적인 특성이 있다. 반면에 정치권력을 이용하여 특권층의 지배력과 이익을 지속하기 위한 도구로서 정치제도가 악용되는 부정적인 특성이 있다.

정치제도는 권력이라는 요소와 불가분의 관계이기 때문에 '소수의 다수에 대한 지배'현상이 나타난다. 어차피 권력의 자리는 극소수이기 때문에 그 자리를 차지하는 소수의 사람이 그렇지 못한 다수의 사람들을 권력을 통하여 지배할 수밖에 없다. 이런 이유로 정치는 '타인에 대한 지배'라는 요소와 '집단의 단결을 유도하여 시너지효과 창출'이라는 양면적 특성을 가지고 있다.

2. 정치제도 유형

인류 역사에 등장하는 정치제도는 의외로 다양하게 나타난다. 왕의 일인 지배체제의 왕정, 소수 귀족들이 지배하는 귀족정, 국민 모두의 합의에 의해 운영하는 공화정, 직접 시민들이 정치에 참여하는 직접민주제, 시민의 대표기관을 통한 대의제, 당 중심의 전체주의 독재제도 등 여러 가지의 형태가 존재하였다.

여기서는 현대에 들어서면서 자주 등장했던 정치제도를 중심으로 살펴보도록 한다.

1) 전체주의 독재제

현대사회에서 자주 등장한 전체주의는 독일, 이탈리아, 러시아 등지에서 발생하였다. 전체주의 독재는 대중들을 동원하면서 그들을 기반으로 한 독재이다. 우리에게 많이 알려진 파시즘(fascism)은 전체주의 독재의 전형이라고 할 수 있다.

1930년대 유럽 전역에서 파시스트 세력이 이끄는 극우 정치운동이 확산되었다. 이 시기에 파시즘은 무솔리니 파시스트당과 독일 히틀러의 나치당을 중심으로 확산되었는데, 중간계급과 룸펜 프롤레타리아트의 대중적 동원을 통한 정치체제의 성격이 강하였다. 여기에서 독일은 반유대주의를 표방하며 인종주의와 혼합되어 나치즘으로 전개되었으며, 스페인의 프랑코 정권과 포르투갈의 살라자르 정권도 파시스트 정권의 한 유형이었다.[8]

러시아는 1917년 볼셰비키혁명으로 기존의 억압적인 농노제를 타파하고 새로운 정치체제 도입을 시도하였다. 그 당시 유럽에서는 봉건제도였던 농노제를 타파하고 상업주의와 자본주의가 산업발달을 활발하게 진행하고 있었다. 그러나 러시아에서는 제정체제(帝政體制) 속에서 기존의 농노제를 오히려 더 강화하여 농민계급의 불만이 증폭하였다. 여기에 도시 지역의 산업자본주의 시작과 더불어 열악한 상황의 도시 노동자들의 불만도 쌓여갔다. 이렇게 농민계급과 도시노동자들의 불만이 혼합되어 폭발한 것이 볼셰비키 혁명으로 이어졌다.

그런데 러시아의 혁명이 성공한 후, 마땅한 정치체제를 형성할 만한 계급이 없었다. 본래 볼셰비키 혁명은 자본주의 체제에 항거한 것이 아니라 대지주들과 한

8 김윤태, 2007, p. 323.

통속이었던 절대왕정에 대한 항거였던 것이다.[9] 절대왕정을 무너뜨리고 난 후, 혁명 이후의 새로운 체제를 이끌만한 자본가도 없었고, 제대로 된 자본주의도 형성되지 않았던 것이다.

결국 러시아는 국가가 경제를 독점하고 정치도 당에 집중하는 소위, 국가가 모든 것을 관리하는 시스템을 도입하게 되었다. 이것이 전체주의적 일당독재의 정치체제를 가져온 것이다. 그 후, 당이 주도하여 산업화를 이끌었고 정치권력도 당에 집중시키는 중앙독재가 시행되었다. 만약 당의 정책에 반대하는 자가 있다면 온갖 탄압을 하여, 모두가 당과 소수의 권력자에게 복종하도록 강요하였다. 이를 두고 질라스(M. Djilas)는 '사상 유례없는 만인 위에 군림하는 권력을 가진 새로운 계급이 사회 전반의 모든 활동을 지배하였다'[10]고 갈파하였다.

오늘날에도 일부 국가에서는 전체주의적 독재가 여전히 행해지고 있다. 그러나 정치적으로는 독재체제를 유지하고 있지만, 경제적으로는 산업화에 따른 자본주의적 요소를 일부 도입하고 있다. 한마디로 정치체제는 기존의 것을 유지하면서도 경제적으로는 국가 이익과 관련하여 조금씩 수정해가고 있다.

2) 대의민주제

대의민주제는 국민이 직접 국가의 의사를 형성하지 않고, 그 대표자를 통하여 간접적으로 의사결정과정에 참여하고 그에 구속되는 국가의사결정체제이다. 그런 이유로 대의민주제를 간접민주제 또는 대표민주제라고도 한다. 대의민주제는 직접민주제와는 반대 개념이며, 13세기를 전후로 영국에서 최초의 대표기구가 등장한 것을 대의민주제의 유래라고 볼 수 있다. 이후 본격적인 대의민주제가 시행되었던 계기는 17세기 중엽 영국에서 발발한 시민전쟁이었다.

영국은 시민전쟁(1642~1648) 발발 이전까지 국왕과 의회의 갈등이 계속되어 왔다. 국왕 입장에서는 다른 나라와의 영토전쟁에 필요한 자금 및 왕실경비를 충당할 만한 자금이 절실하였다. 이에 국왕은 세금을 보다 많이 거두려고 지주들을 압박하였고, 농업자본가가 많은 지주들은 국왕의 증세문제에 직격탄을 맞을 수밖에 없었

9 P. Anderson, *Lineages of the Absolutist State*, London: New Left Books, 1974.

10 Milovan Djilas, *The New Class An Analysis of the Communist System*, N.Y.: Praeger, 1957.

다. 세금을 둘러싼 끊임없는 국왕과 지주들의 갈등, 이 와중에 의회는 지주들의 대변자 역할을 하였고, 결국 국왕과 의회의 갈등은 전쟁으로까지 치달았다. 시민전쟁의 결과 의회가 승리를 하게 되었고, 국왕중심의 절대군주제가 몰락의 길로 접어들게 되었다. 어쨌든 시민전쟁 이후 의회중심의 대의민주제가 확실한 기반을 다지기 시작했고, 이후 프랑스나 스페인, 독일, 이탈리아 등으로 전파되었으며, 르네상스와 계몽주의를 기점으로 통치권은 피통치자의 동의에서 나와야 한다는 대표이론이 힘을 얻게 되었다.[11]

본래 대의민주제는 넓은 영토와 많은 인구가 한꺼번에 직접민주주의를 실행할 수 없는 한계 때문에 대안으로 출현한 것이었다. 오늘날 많은 국가들이 약간씩 차이는 있지만 대의민주제를 채택하는 것도 이러한 이유에서이다.

그러나 대의민주제도 태생적 한계를 가지고 있다. 즉, 대의민주제는 국민이 투표에 의하여 권력을 신탁하는 방식이기 때문에, 만약 국민이 대표자들의 행동 속에서 자기의 의사를 찾아낼 수 없으면 양자 사이의 신뢰관계는 깨지고 만다. 국회의원이 선거 때만 되면 공복이 될 것처럼 하지만, 막상 국회의원에 당선되면 국민 위에 군림하고 사적인 이익을 추구하는 태도가 이런 경우이다. 대의민주제는 국민과 대표자 두 개의 인격을 하나의 의사로 동일시하려는 데서 처음부터 무리가 있었다. 물론 이 제도가 출현했던 초기에는 선거제도가 일정한 재산 소유자인 시민계급에 한정되어 있었기 때문에 양자의 동질성이 어느 정도는 확보되어 있었다. 그러나 19세기 후반부터 대중들의 참정권 획득, 정당의 권력화와 과두화 등으로 인해 대표자와 선거인들 사이에 존재했던 동질성은 훼손되기 시작하였고, 양자 사이에는 점점 신뢰를 저버리는 이질적인 태도가 빈번하였다. 이러한 현상은 오늘날 현실 정치에서 점차 강도가 강해지고 있고, 이런 이유로 대의민주제의 위기를 우려하는 목소리도 힘을 얻고 있다.

3) 군부독재 및 관료적 권위주의

2차 세계대전 이후 많은 국가에서는 군부독재가 실시되었다. 특히 제3세계에서 현대적인 국가가 성립한 후 다양한 사회집단 가운데 군부가 상대적인 우월성을

11 통치권은 피치자들의 동의에서 나와야 한다는 이른바 '대표이론'은 영국의 정치인이자 철학자인 에드먼드 버크(Edmund Burke, 1729~1797)가 주장한 것으로 대의민주제의 이론적 기반을 제공하였다.

가지고 있으며, 이러한 군부는 쿠데타를 일으켜 정권을 장악한다. 1950년대 이집트, 1960년대 페루, 이라크, 한국, 베트남, 브라질, 인도네시아, 1970년대 아르헨티나, 칠레 등 많은 나라가 군부독재에 시달려왔는데, 그 이유는 이들 나라에서 대중의 정치참여가 제한적이기 때문에 군사정권이 들어설 수 있었다.[12] 한국의 경우 1980년대 중반까지 군사정권이 유지되고 있었는데, 군부가 직접 통치하는 것보다는 민간정부와 유사하게 정부를 운영해 왔다. 그 결과 군부독재가 존재하면서도 보수적인 관료집단과 연합하여 국가를 운영하는 민간정부 시스템을 지향하였다.

관료적 권위주의는 정치체제라기보다는 통치수단이라고 할 수 있는데, 대체로 군부독재와 궤를 같이하고 있다. 군부독재로서 정치권력을 장악하였지만, 경제력을 키우기 위해서는 기술적 관료주의가 필요하였다. 이에 따라 군부독재가 행해지는 나라일수록 관료적 기술주의를 채택하였던 것이다. 그러나 정치적 민주화가 진행되면서 관료적 권위주의도 함께 막을 내리고 그에 관련된 이론도 설득력을 잃게 되었다.

제5절 경제제도

1. 경제제도 특성

경제제도는 인간생활에 필요한 물품을 생산하고, 분배하며, 소비하는 것과 관련한 인간의 총체적인 가치관, 신념, 활동 등을 포괄하는 제도라고 할 수 있다. 경제제도의 특성을 살펴보면 다음과 같다.

첫째, 경제제도는 생산형태와 많은 관련이 있다. 공산주의는 국가에서 계획경제를 통하여 생산량을 조절하는 것이 큰 특징이다. 국가에서 생산량을 결정하려는 이유는, 수요에 비해 많은 공급을 하게 되면 잉여공급이 되고, 이는 낭비로 연결될 수 있기 때문이다. 따라서 낭비요인을 없애고 인민들에게 꼭 필요한 양을 공급함으로써 다른 부분에 투자를 할 수 있다는 논리를 내세우고 있다. 반면에 자본주의는

12 김영명, 제3세계 군부통치와 정치경제, 한울, 1984.

개인이나 사기업이 자유로이 생산을 하도록 함으로써 시장에서 수요와 공급이 상호 조절을 하게 되고, 이를 통해 가격이 결정되는 시장경제시스템[13]을 지향한다. 이런 시스템에서는 공급과잉이 일어나기도 하지만, 사기업의 투자가 활성화되어 일자리가 늘어나고 경제 전반에 긍정적인 영향을 미친다는 논리이다. 이렇듯 경제제도와 생산방식은 밀접한 관련이 있고, 어떤 생산시스템을 채택하느냐에 따라 경제제도의 특성이 나타난다.

둘째, 경제제도로 인해 유리한 집단과 불리한 집단이 동시에 출현한다. 다시 말해, 자본주의 제도를 채택하면 자본가는 이득을 많이 볼 수 있지만, 프롤레타리아 계급은 착취를 당할 수 있다. 공산주의 제도 역시 인민 노동자들은 어느 정도 이득을 볼 수 있지만, 기존 자본가들은 많은 피해를 볼 수 있다. 한마디로 어느 계급을 막론하고 만족할 만한 완벽한 경제제도를 갖추기는 어렵다.

셋째, 경제제도의 변화에 따른 파급력은 타 제도에 비해 월등하다. 경제제도는 국가의 정체성을 결정할 만큼 중대한 사안이다. 고려시대에서 조선시대로 넘어오는 과정도 따지고 보면 토지개혁이라는 경제제도의 변화가 골자였다. 자본주의나 공산주의 또는 사회주의도 경제제도의 특징에 따라 결정지어진다. 만약 강제로 경제제도를 변화시키려 한다면 필연적으로 기득권의 저항이 강력해지고, 자칫 사회혼란으로 이어질 수 있다. 그래서 경제제도의 변화는 여간해서는 일어나지 않으며, 사회적 불만이 고조에 다다랐을 때 일어나는 것이 대부분이다.

이 외에도 경제제도의 특성은 사회집단 간의 이해관계 조정의 산물 등 여러 가지가 있다. 한 가지 분명한 것은 경제제도는 다른 어떤 제도보다 인간 삶과 관련이 깊고 파급력 또한 넓은 것이 특징이다.

2. 경제제도 유형

역사적으로 볼 때, 경제제도의 유형은 가족이나 씨족사회 중심의 원시공동경제,

13 시장경제는 경제학상의 용어는 아니나 일반적으로 사회주의 경제를 계획경제(計畫經濟)라고 부르는 데 대한 자본주의의 경제를 시장경제라고 부른다. 시장경제 하에서는 가격(價格)이라는 메커니즘이 시장에서의 상품매매를 성사시키고, 이것을 근거로 생산과 소비를 조정할 수 있도록 하였다. 시장경제제도는 장기적으로 가격의 자유로운 흐름에 따라 자원의 합리적 분배가 이루어질 수 있다는 믿음에서 출발하고 있다. 참고로 시장경제라는 용어는 제2차 세계대전 후부터는 사회주의국가에서도 사용되기 시작하였고, 따라서 중앙집권적 사회주의 계획경제에도 부분적으로 적용되어 오고 있다.

중세 봉건경제제도, 자본주의 경제제도, 사회주의 경제제도 등으로 전개되어 왔다.

원시공동경제는 말 그대로 생산과 분배 및 소비가 한 집안에서 이루어지는 융해상태의 경제체제였다. 봉건경제제도는 소수의 지주가 다수의 농노, 즉, 소작인들을 이용하여 생산물을 취득하고 분배하는 형태를 취한 제도이다. 자본주의 경제제도는 산업혁명과 더불어 산업시설을 보유한 소수의 자본가가 다수의 임금노동자를 고용하여 상품을 생산하고 시장에 내다 팔며, 그 과정에서 생긴 이익을 분배하는 형태이다. 사회주의 경제제도는 국가가 전 인민을 위해 생산되는 물품을 독점적으로 관리하고 분배하며 소비시키는 계획경제가 핵심이다.

서구사회를 중심으로 자본주의 경제제도는 나름 성과를 내며 확산되었고, 그 효과성에 자신감도 갖기 시작했다. 그러나 1920년대 후반 발발한 세계경제대공황으로 자본주의경제체제 국가들은 여러 가지 정책수단을 강구하였지만, 독점자본에 의한 생산물 과잉 공급과 소비자들의 낮은 구매력이라는 한계에 부닥치고 말았다. 즉, 풍요 속의 빈곤이라는 모순을 맞이한 것이었다. 이에 영국의 경제학자인 케인즈(J. M. Keynes, 1883~1946)를 중심으로 새로운 발상의 경제적 시각이 나타났다. 그는 민간자율 시장기구의 자동조절장치의 한계를 주장하면서, 정부 역할의 필요성을 강조하였다. 그의 건의에 따라 채택된 대표적인 경기대책이 미국의 루즈벨트 대통령에 의해서 실천된 뉴딜정책(new deal policy)이었다. 뉴딜정책 등에 힘입어 경제대공황이 진정되고 제2차 세계대전이 끝난 이후, 세계는 자본주의경제체제와 사회주의계획경제체제 양 체제로 나뉘어져 소위 냉전시대를 겪게 되었다.

그러나 1990년대 들어 소련을 비롯한 동유럽 사회주의국가진영이 붕괴되면서 사회주의체제에 시장경제원리를 도입하기 시작했다. 마찬가지로 자본주의체제 국가들도 시장실패요소를 정부역할로 보완하려는 수정자본주의체제로의 전환이 시작되었다.

이와 같이 경제제도 사이의 경계는 시대흐름에 따라 많이 허물어져 가고 있다. 다시 말해, 사회주의 경제제도는 자본주의 요소를 도입하여 개인으로 하여금 생산활동의욕을 불러일으키고 있으며, 자본주의 경제제도는 국가 계획경제 요소를 도입하여 어느 정도 국가통제를 가하고 있다. 따라서 오늘날 경제제도는 각국의 처한 여건에 따라 경제제도를 운영하기 때문에 어느 특정한 경제제도에 온전히 얽매이는 경우는 드물다고 하겠다.

제6절 교육제도

1. 교육제도 특성

교육은 지식과 기능을 전수하고 학습해가는 사회적 활동이다. 그러나 실제는 이보다 더 넓게 사회적 가치와 규범 등을 체계적으로 교육하여 정상적인 사회성원으로 육성하는 기능도 담당하고 있다. 여기에서 현대 교육제도의 중요한 특성을 살펴보면 다음과 같다.

첫째, 오늘날의 교육제도는 단계별 교육이 실시되고 있다. 유치원에서부터 초등학교, 중·고등학교, 대학교, 대학원 등 여러 단계를 거쳐 교육하고 있다. 그 이유는 단계별 교육중점 방향이 다르기 때문이기도 하고, 산업사회에 필요한 인력을 수준별로 생산하기 위한 것으로 볼 수 있다. 그러나 단계별 교육과정은 교육이수의 차이에 따른 사회 내의 계층화 또는 직장 내 차별대우 등 부작용도 적지 않게 나타나고 있다.

둘째, 점차 실용차원의 교육이 강조되고 있다. 실제 인문사회계열의 경우 대학졸업생 취업률이 하락하는 반면, 이공계열의 경우 대학졸업생 취업률이 상대적으로 높은 것을 볼 수 있다. 이것은 산업현장에서 실무 위주의 인력을 원하기 때문이다. 그러나 국가대계를 위해서는 인간의 사상적 측면을 강화시켜 주는 인문학 분야 교육도 소홀히 취급해서는 안 될 것이다.

셋째, 전반적으로 학력수준이 향상되고 있다. 이것은 개인의 경제적 여유와 함께 민주화와 인간평등 등 여러 가지 요인이 작용하고 있다. 과거에는 경제적 곤란, 사회적 남녀차별 풍조 등의 이유로 여성이 학업을 지속한다는 것이 쉽지 않았다. 하지만 오늘날은 많은 국가에서 여성의 학업욕구를 금지하지 않으며, 적어도 교육분야에서의 남녀차별은 점차 사라지고 있다.

그런데 오늘날 학력수준 향상과 취업과의 관련성이 지나치게 높다는 것이 문제이다. 즉, 높은 단계의 학업을 성취해야 좋은 직업을 갖는다는 관념이 너도나도 상향식 교육과정에 휩쓸리게 만들고 있다. 이는 학력 거품현상이 나타나게 될 뿐 아니라 질 낮은 교육내용을 양산할 수 있는 위험성도 있다. 이런 현상은 특히 대학

교육에서 극명하게 드러나고 있다. 한국의 경우, 고등학교 졸업생 수보다 대학입학 정원이 더 많은 기현상이 예측되는데, 이것은 자칫 대학교육의 부실로까지 이어질 가능성이 높다.

〈표 6-1〉에서 보면 고등학교 졸업생이 2011년을 정점으로 이후 감소추세에 있음을 알 수 있다. 이것은 초등학교와 중학교 학생 수 감소와 직결된 것이다.

이러한 현상이 지속될 때, 2018학년도부터 대학입학 정원이 고등학교 졸업생 수를 초과하고, 2023학년도는 초과 인원이 16만여 명에 달해 입학정원을 채우지 못하는 대학이 속출할 것으로 전망된다. 또한 2023학년도부터 폐교 위기에 몰릴 수 있는 대학은 4년제 대학 231개 중 78개, 전문대학 167개 중 67개 등 합계 145개 대학이 폐교 위기에 처할 수 있다.[14] 이런 상황은 대학들로 하여금 마구잡이로 입학

표 6-1 연도별 학교급별(초 · 중 · 고) 졸업률(2005년~2015년)

(단위: 명, %)

	초등학교			중학교			고등학교		
	6년 전 입학자	졸업자	졸업률	3년 전 입학자	졸업자	졸업률	3년 전 입학자	졸업자	졸업률
2005	709,399	707,126	99.7	626,455	616,499	98.4	600,245	569,272	94.9
2006	669,609	691,774	103.3	623,842	612,936	98.3	593,922	568,055	95.6
2007	687,047	682,911	99.4	689,414	677,547	98.3	597,120	571,357	95.7
2008	686,315	680,804	99.2	703,800	690,438	98.1	611,396	581,921	95.2
2009	663,100	657,402	99.1	690,037	674,864	97.8	608,457	576,298	94.7
2010	656,972	647,572	98.6	679,762	668,575	98.4	669,850	633,539	94.6
2011	624,511	617,533	98.9	675,779	668,224	98.9	681,444	648,468	95.2
2012	607,902	597,426	98.3	652,115	645,975	99.1	670,486	636,724	95.0
2013	610,769	602,343	98.6	644,140	635,827	98.7	663,457	631,197	95.1
2014	540,799	530,819	98.2	622,095	606,494	97.5	665,423	632,983	95.1
2015	469,592	464,835	99.0	596,671	587,834	98.5	645,268	615,462	95.4

주: 졸업률=졸업자 수/3(6)년 전 입학자 수×100

출처: 한국교육개발원 교육통계DB, 2016.

14 감사원, 대학 교육역량 강화시책 추진실태 보고서, 2014. 4.

생 유치를 하도록 만들며, 교육과정의 내실화도 어렵게 만드는 요인으로 작용할 것이다. 왜냐하면 대학존립을 위한 운영에 관심을 쏟게 되고, 그에 따라 학생 유치에만 관심을 가질 것이 불을 보듯 자명하기 때문이다. 이러한 상황에 대비한 대학개혁과 교육과정 내실화 방안이 시급하다고 할 수 있다.

2. 교육제도 유형과 기능

교육제도의 유형으로는, 기술교육, 지위집단교육, 관변교육 등 여러 가지가 있다. 기술교육은 주로 회사에서 필요한 실업교육을 주로 실시하며, 지위집단교육은 지배층의 특권을 강화할 수단으로 의례를 중심으로 시행되며, 관변교육은 일정 기준을 정하여 선발, 교육시키는 것을 의미한다. 오늘날 교육 형태는 주로 관변교육이 중심을 이루고 있으며, 출석과 성적, 등급 등을 강조하는 학교 교육이나 회사원, 공무원 선발을 위한 교육 등이 이에 속한다고 할 수 있다.

교육제도의 기능은 긍정적인 면과 부정적인 면을 동시에 가지고 있다. 긍정적인 면으로는, 사회문화를 전수하여 정상적인 사회인으로 만들어주며, 사회통합을 가져오는 기능, 각종 기초지식을 교육하여 많은 문학과 과학기술, 나아가 우주과학 등 다양한 분야의 혁신을 가져오게 하는 기능, 직업교육을 통해 노동력을 양성하는 기능 등이 이에 속한다. 부정적인 면으로는, 교육을 이용하여 사회의 각 지위의 위치를 공고히 하여 영속화시키며, 특히 특권층의 권력과 부를 세습시키는 수단으로 이용될 수 있다.

한국은 학생이든 부모든 해가 거듭될수록 대학 진학에 대한 집착을 버리지 못하고 있다. 이런 상황은 대학졸업을 이용하여 좋은 직업을 갖고 싶어서가 자신의 소질과 능력 개발보다 앞서 나타난 조사결과에도 고스란히 담겨 있다. 〈그림 6-4〉에 나타났듯이 통계청의 2014년도 사회조사 결과에 의하면, 대학에 진학하는 이유로 '좋은 직업을 얻기 위해서'라는 응답이 46.7%로 가장 많았고, '자신의 능력과 소질 개발'(37.5%), '학력을 차별하는 분위기 때문'(10.8%) 등의 순이었다. 부모의 높은 교육열도 고학력 현상에 영향을 미치고 있다. 통계청의 같은 조사에서 부모가 기대하는 자녀의 교육 수준은 대학 졸업(전문대 포함)이 78.4%, 석사 이상 20.6% 등 대학 졸업 이상의 학력을 원하는 부모가 무려 99%에 달하고 있다. 1973년 조사에서는 자녀의

그림 6-4 OECD회원국 고등교육 이수율

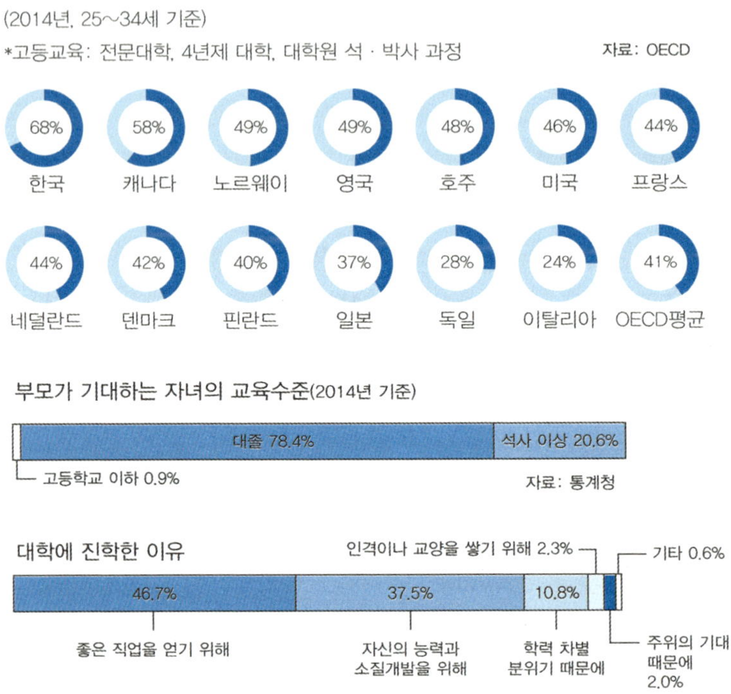

자료: 통계청, 사회조사결과, 2014.

대졸 및 석사 이상을 기대하는 부모가 50%에 불과했고, 1987년에는 77.5%, 1990년에는 81%, 2014년에는 거의 백 퍼센트에 가까울 정도로 기대치가 높아져왔다.

이러한 대학진학 열망은 국제간 비교에도 반영되고 있다. 경제협력개발기구(OECD)가 발표한 2015년 교육지표(Education at a Glance 2015)를 보면, 한국 대학진학률(2014년, 25~34세 기준)은 무려 68%로 OECD 회원국 중 가장 높다. OECD 평균인 41%를 훌쩍 뛰어넘을 뿐 아니라 2위인 캐나다(58%)와도 10%포인트나 차이가 날 정도로 압도적이다. 한국은 7년째 이 부문에서 1위를 차지하고 있다. 하지만 OECD 1위인 대학진학률과 달리 대졸자(전문대 졸, 대학원 석·박사 포함)의 취업률은 거꾸로 최하위권이다. 한국 고등교육과정 이수자(2014년, 25~34세 기준)의 취업률은 76%로 OECD

평균 82%에 미치지 못할 뿐 아니라, 한국보다 취업률이 낮은 OECD 회원국은 이탈리아(62%), 그리스(63%), 스페인(74%), 슬로바키아(75%) 등 4개국에 그치고 있다.

이렇듯 대학을 졸업해도 취업과 성공으로 연결되는 것이 아님에도 한국 학벌지상주의가 여전한 이유는 다음과 같다.

첫째, 취업시장에 대졸 이상 고학력자들이 넘치는 상황에서 고졸 학력으로 가질 수 있는 직업이 점점 줄어들고 있기 때문이다.

둘째, 전통적으로 교육은 좋은 직업이나 관직을 얻는 수단이라고 생각해 온 문화에 기인한다. 그동안 한국 문화에서 교육 아닌 다른 방식의 신분 상승 수단이 거의 없었던 탓도 있다.

셋째, 양적인 측면에서 대학이 지나치게 많아진 것도 원인이다. 1995년 제1차 교육개혁 당시 대학설립·정원 및 학사운영이 자율화되면서 당시 131개교였던 교육대와 산업대를 제외한 일반대학이 20년이 지난 2015년 기준, 189개교로 44% 증가할 만큼 절대적인 대학 숫자가 많다 보니까 너도나도 대학진학이 쉬워졌고 진학률도 높아진 것이다.

넷째, 대학졸업이 곧 취업이나 성공과 직결된다는 인식, 또 대학을 나오지 않으면 사회적으로 인정을 받지 못한다는 인식이 여전한 것도 한 원인이다.

그러나 오늘날은 '개천에서 용난다'라는 속담이 점차 통하지 않고 있다. 그것은 하류층에서 상류층으로 도약하는 데 있어서 교육이 큰 몫을 차지하는 것은 분명하지만, 오늘날 교육내용과 수단은 날로 복잡하고 첨단화된 까닭에 개인 혼자 공부하여 터득하기가 쉽지 않다. 개인 혼자서 학습하기가 쉽지 않을 경우는 돈을 들여서 보다 나은 학원이나 전문가를 물색해서 공부해야 한다. 하지만 돈이 부족한 하류층에서는 그럴 엄두가 나지 않고, 자연스럽게 고급교육은 상류층의 전유물이 되어 간다. 따라서 오늘날 교육은 일반적인 공부와 전문적인 공부가 이분화되어 있는 모습을 가지고 있으며, 전문화된 공부를 할 수 있는 자금과 집안배경이 있느냐 없느냐가 더 중요한 상황이 되어가고 있다. 이런 상황은 개인의 능력보다 개인 주변의 환경적 능력이 더 중요한 변수로 작용하는 불합리한 면이 있다. 그런데도 개인 주변 여건이 어떠한가에 따라서 고급교육을 받느냐 마느냐가 결정되고, 소위 출세라는 것도 이에 크게 영향을 받는 상황이 되고 있다. 이것은 현대 교육제도의 심각한 결함이며, 향후 교육기능에 관한 근본적인 성찰이 필요한 대목이다.

제7장 SOCIOLOGY

집단과 조직

- 제1절 집 단
- 제2절 공식조직
- 제3절 비공식조직

7

집단과 조직

제1절 집 단

1. 인간과 집단

인간은 집단을 떠나서 살 수는 있지만 정상적인 삶을 영위하기가 매우 어렵다. 인간은 본능적으로 서로 의지하고 도우며 희노애락을 공유한다. 그런 의미에서 인간과 집단의 관계는 마치 물고기와 물의 관계로 비유할 수 있다. 집단은 두 명 이상의 인간이 모여 만들어지며, 인간들이 모여 서로 사회관계를 맺고 공유된 행동과 의식을 나누는 결합체라고 할 수 있다. 또한 집단 속의 개인은 조직의 일부로서 어떤 사건이나 상황에 유사한 방식으로 반응하도록 만든다. 다시 말해 집단에 의지하여 서로 공유된 감정을 나누고 상호 의존하며, 인간 본연의 나약함을 극복하려는 수단으로 집단의 의의가 존재한다.

인간의 나약함은 태어날 때부터 이미 정해져 있는 숙명이다. 갓 태어난 아기는 식구들의 보살핌이 있어야만 생존할 수 있으며, 그 기간도 다른 동물에 비해 매우 길다. 가족이라는 집단의 보살핌이 있어야만 생존할 수 있는 인간은 보다 고차원의 사회생활을 위해서 다른 차원의 집단형성이 필요하다. 또래집단이나 학교, 직장, 동호회 등 많은 집단은 가족을 벗어난 사회집단이라고 할 수 있다.

인간은 집단 내에서 소속감을 느끼며 안정을 찾는다. 외진 길을 혼자 걷다가 해질녘이 되면 황급히 마을과 같은 집단을 찾으려고 바빠질 것이다. 그것은 인간이 혼자 있을 때 느끼는 공포와 외로움 때문이다. 이처럼 집단은 인간이 혼자 있을 때 나타나는 여러 가지 약점을 보강해주는 중요한 삶의 수단이다. 즉, 집단은 인간의 나약함을 극복하기 위한 절대적인 수단이며, 정상적인 사회인으로서 생활할 수 있는 삶의 근거지라고 할 수 있다.

한편, 집단(group)이라는 용어는 집합(aggregate) 또는 범주(category) 등과 혼동하는 면이 있다. 일반적으로 집합은 동일한 시간에 동일한 장소에 모인 사람들을 의미하지만 그들 간의 공유의식이나 특별한 상호작용은 없다. 교통사고 현장이나 불이 난 현장에 모여든 구경꾼들 정도를 의미한다. 범주는 공유된 속성을 가지고 있지만 일정한 장소에 모여들지는 않는다. 가령 65세 이상 연령층, 청년층, 중산층 등 연령이나 소득, 성별 등에 의해 구별된 사람들을 의미한다.[1] 집단과 유사한 용어로 조직이 있다. 사실 집단과 조직의 의미는 중첩된 면이 많아 구별의 경계가 모호할 때가 있다. 그러나 일반적으로 볼 때, 조직이 집단보다 구체적이고 체계적인 형태를 가진 것으로 이해되고 있다. 즉, 집단은 개인이 모여 이룬 집합체 성격이 강한 반면, 조직은 공동 목적 달성을 위해 개인이 유기적으로 결합된 집합체로서 위계구조 및 업무 분담 등 전문적 성격을 갖고 있다.

2. 집단 기능

인간의 집합체는 대부분 사회집단의 형태를 띠고 있다. 집단 내의 구성원들 사이에는 상호간의 분명한 기능적 의존관계가 성립되어 있으며, 구성원 간의 역할관계가 존재하고 있다. 집단은 인간생활과 밀접하게 존재하면서 인간의 심리적, 행태적인 면에 많은 영향을 주고 있다.[2] 여기서는 집단과 인간의 심리적, 행태적인 관계를 중심으로 집단기능을 살펴보기로 한다.

첫째, 집단은 개인에게 여러 가지 규범을 제시하고, 개인은 이를 따르면서 상

1 이호성, 현대 사회학의 이해, 보성, 2008, pp. 161~162.

2 두산대백과사전, 참조.

호간에 유사한 행동을 하게 된다. 이는 사회질서를 확립하고 규범적 생활과 예측가능성을 높여준다.

둘째, 개인이 집단 속에 너무 깊이 몰입되는 경우, 개인 스스로 독립적인 주체가 아닌 하나의 부분으로 여기는 수가 있다. 이때는 개인의 인권이나 의사가 무시되는 부작용도 나타날 수 있다.

셋째, 때때로 국가와 같은 거대 집단은 개인으로 하여금 익명성을 부여하기도 한다. 익명성이 확보될수록 개인의 정체성 확인이 어렵기 때문에 타인의 평가나 비판 또는 처벌에서 자유로울 수 있다. 익명성은 꼭 공격적이거나 부정적인 형태로만 나타나는 것이 아니라 우정이나 친밀감을 강화시키기도 한다. 가령 사이버상에서 익명으로 댓글을 공유하며 의견을 나누기도 하며, 이 과정에서 친밀감을 쌓는 경우가 이에 속한다.

넷째, 집단은 개인의 책임감을 완화시켜 준다. 개인이 어떤 인간집합체의 일부분이 되면 자신의 책임감을 덜 느끼게 되고 타인을 의지하는 마음이 생긴다. 이는 개인이 부담하는 책임감을 분산시켜 공포감이나 심리적 압박을 줄이는 효과가 있다.

다섯째, 개인이 집단에 속하면서 오히려 개인 자신만의 특징을 드러내려는 욕구를 갖는 경우도 있다. 그것은 자신의 존재를 드러냄으로써 집단 내 다른 사람과 구별되려는 욕구이다. 이와 같이 집단은 일부 개인의 소위 '튀려는 사람'의 욕구를 자극하는 면이 있다.

3. 집단 유형

집단은 인간들이 모여 이루어지는데, 사실 집단마다 경계선이 분명한 것이 아니다. 그 이유는 한 개인이 여러 집단에 동시에 소속해 있기 때문이다. 가정에서는 아버지나 어머니이고 직장에서는 과장이나 부장이며, 국가에서는 한 국민으로서 의무와 권리를 행사하는 등, 한 사람이 복수의 집단에 속하며 복수의 위치를 가지고 있다. 집단 간의 경계가 비교적 뚜렷한 기준으로는 가정과 같은 1차 집단, 직장과 같은 2차 집단, 그리고 국가라는 집단도 존재한다. 여기서는 이들을 중심으로 집단 유형을 살펴보기로 한다.

1) 1차 집단

1차 집단은 원초집단(primary group)이라고 하며, 가정이나 또래집단과 같이 순수하게 자연적이고 인간적인 정으로 형성된 결합체이다. 원초집단은 이해관계에 거의 얽매여 있지 않으며, 결혼과 출생을 바탕으로 한 가정, 또는 아이들의 순수한 인간관계를 기초로 한 또래집단 등이 이에 속한다.

상징적 상호작용이론을 갈파한 쿨리는 원초집단을 "인간본질의 온상(nursery of human nature)"이라고 평하기도 하였다.[3] 쿨리의 말처럼 원초집단은 인간이 정상적인 사회화를 거치기 위한 첫 단계의 집단이라고 할 수 있다. 즉, 가정과 같은 원초집단에서 인간 본성을 어떻게 시작하고 다듬느냐에 따라 정상적인 사회인으로 나아가느냐 마느냐가 결정된다고 볼 수 있다.

그런데 원초집단에 관한 오해가 여전히 상존하고 있다. 그것은 원초집단이 인간의 의지와 상관없이 자연의 의지(natural will)로만 형성된 것이라는 잘못된 믿음이다. 물론 대다수의 원초집단은 결혼과 출산 등의 혈연적 관계인 자연적 의지로 이루어진다고 할 수 있다. 그러나 오늘날 가족은 입양이나 재혼, 동거 등의 여러 가지 방법을 통한 인위적 형성이 적지 않다. 그렇다고 해서 혈연으로 이루어진 가족보다 정적인 면이 떨어진다고 단정할 수도 없다. 비록 혈연관계로 성립된 가족이라 해도 인간본연의 인성양육과 정적인 관계의 부족은 점차 늘어가고 있다. 오늘날 친자식을 굶겨 죽이고 때려죽이는 사건이 언론에 자주 등장하는 것을 보면, 과연 혈연관계로 이루어진 원초집단이 만능일까 하는 의구심마저 들 정도이다.[4]

3 Charles Horton Cooley, 1922, p. 23.

4 지난달 15일 입학 한 달 후 학교도 오지 않고 모습을 감춘 초등학생이 4년 만에 냉동된 주검으로 발견됐다. 경기 부천원미경찰서는 장기결석 아동이 있다는 한 초등학교 교사의 신고를 받고 수사를 진행하던 중 아버지 최모(33) 씨와 어머니 한모(33) 씨를 아동복지법 위반 혐의로 체포했다. 최 씨는 지난 2012년 10월 초 평소 목욕을 싫어하던 최 군을 목욕시키기 위해 욕실로 끌고 들어가는 과정에서 최 군이 앞으로 넘어지면서 의식을 잃었고 한 달 동안 방치했다고 경찰에 진술했다. 이어 최 씨가 아들의 사체를 훼손하는 동안 한 씨는 훼손된 사체 일부를 비닐봉지에 담아 부천시 원미구 시민운동장의 공중 여자화장실에 유기하고 나머지 사체 일부를 냉동실에 계속 보관한 사실도 드러났다. 경찰에 따르면 최 씨의 폭행은 아들이 5세 때부터 어린이집에서 문제를 일으키는 등 단체생활에 적응을 하지 못한다는 이유로 시작돼 시간이 지나면서 폭행 강도가 세지고 횟수도 늘어났다. 특히 아들이 숨을 거두기 전날인 2012년 11월 7일에는 술에 취한 상태로 2시간여 동안 아들을 폭행하고 숨진 당일인 2012년 11월 8일에도 폭행을 지속했다. 90kg이 넘는 아버지 최 씨는 16kg밖에 안 되는 아들을 샌드백 두드리듯 2시간여 동안 무차별 폭행을 가했다. 또한 이들 부부는 아들의 시체를 옆에 두고 태

원초집단이 자연의 의지로만 형성된 것이라는 생각은 잘못된 것이며, 인간의 의지로 얼마든지 원초집단이 형성되고 해체될 수 있음을 알아야 한다. 나아가 원초집단이 자연의지로 형성되느냐 아니냐의 논의보다는, 어떻게 해야만 원초집단이 정상적인 인간본성 양육기능을 수행할 수 있는가에 문제의식을 갖고 관심을 더 집중해야 할 것이다.

2) 2차 집단

2차 집단은 회사나 학교 등과 같이 인간의 인위적인 의지(artificial will)로 결성된 인간집합체이다. 2차 집단은 결성의 목적이 분명하다. 교육을 위해서 학교라는 집단이 결성되고, 이익을 위해서 회사라는 집단이 결성된다. 목적을 달성하기 위한 구성원 모집도 뒤따른다. 교육을 위한 학생이 모집되고, 이익창출을 위한 회사직원이 모집된다.

2차 집단은 구성원들을 잘 통제하고 목적 달성을 위해 체계적인 조직구조가 필요하다. 이러한 조직구조는 관료제적 성격이 강하며, 대체로 위계질서를 강조하는 면이 많다. 위계질서의 조직구조를 통해서 일사불란한 행동 통일을 기할 수 있고, 능률적이고 효과적인 목적 달성을 기할 수 있다. 만약 이러한 질서를 거부하거나 훼손하면 조직이 정한 규율에 근거하여 징계를 받게 되며, 이는 개인 경력에 상당한 손상을 줄 수 있다. 가령 학교 규칙을 위배할 시, 정학 또는 퇴학을 당하게 되고 학생의 인생경력에 적지 않은 손실을 가져올 수 있다. 회사원도 회사규칙을 위반할 경우, 감봉이나 퇴사 등의 징계를 당하는데, 이러한 징계는 장차 승진 또는 타회사 입사에도 부정적인 영향을 주게 된다.

2차 집단에 속하느냐 마느냐의 의사결정은 개인의 의지이지만, 때로는 사회적 강요에 의해 속하는 경우도 있다. 학교에 입학하거나 군대에 입대하는 것 등은 사회적 강요가 작용된 결과이다. 학교나 군대와 같은 집단은 사회적 강요를 적용해서라도 유지되어야 할 필요성이 있다. 학교나 군대는 사회를 존립하게 하는 중요한 자원이 되기 때문이다. 특히 학교는 여러 가지 교육과정을 통한 정상적인 사회인 양성을 목적으로 하는 까닭에 개인의 의무감을 매우 강조한다. 반면에 군대는 국가

연히 치킨을 배달시켜 먹기도 하고 함께 아들의 사체를 토막 내는 일을 자행하였다. 서울, 포커스뉴스, 2016. 2. 9. 참조.

의 부(富)가 축적되는 경우, 사회적 강요보다는 자발적인 모병제로 전환되어 개인의사에 의한 집단형성이 가능할 수 있다.

3) 국 가

국가도 실제로는 2차 집단과 성격이 유사하다고 할 수 있다. 국가도 2차 집단과 마찬가지로 분명한 목적을 가지고 있으며, 목적 달성을 위해 구성원인 국민을 강제하는 면이 많다.

국가는 본원적으로 체제유지를 목적으로 하며, 체제 안에서 국민의 삶의 안녕과 복리를 추구하고 있다. 이러한 목적을 달성하지 못할 경우, 국가도 일반조직과 마찬가지로 손실을 입거나 와해될 수 있다. 예를 들면 국가경제를 잘못 운영하여 국가부도를 맞게 되면 국가의 재산상 손실뿐만 아니라 국민 개인의 재산손실도 막대하다. 나아가 국가 간의 전쟁에서 패할 경우, 아예 기존의 국가체제 자체가 없어지는 경우도 있다. 이와 같이 국가도 존립의 목적이 분명하며, 구성원인 국민에 대한 세금, 국방, 교육 등 여러 가지 면에서 의무를 지우며 구속하기도 한다.

과거에는 국가의 일원이 되는 것이 어쩔 수 없는 자연적 현상이었다. 즉, 개인이 특정한 국가에서 태어난 것만으로도 이미 국민이 되고 각종 의무에 종속되었다.

표 7-1 1차 집단, 2차 집단, 국가의 특징 비교

구 분	1차 집단	2차 집단	국 가
결속	전인격적 결속	부분적 결속	강요된 결속
목적	집단 자체	이익 등 외부목적	국가유지와 발전
충원	자연적+인위적	인위적	자연적+인위적
규범	상호정서 지지	효율성	사회질서
통제	비공식적	규정, 리더십	권력에 의한 강제
의사소통	자기 개방적	피상적, 부분적	간접적
사회적 거리	최소 또는 없음	명시적	인정하지 않음
물질적 조건	공유	보상의 수단	중요(국가의 부)
관계	인간지향적	목표지향적	체제유지적

자료: 현승일, 전게서, p. 172 참조.

그러나 오늘날은 본인 의지로 국가를 선택할 수 있다. 이민을 가거나 결혼과 출산 등의 방법으로 이중국적을 취득하여 국가를 선택할 수 있게 되었다. 과거에는 한 번 태어난 국가에 평생토록 종속되어 선택의 여지가 거의 없었지만, 오늘날은 교통 발달, 정보매체의 발달 등 기술진보에 의해 개인이 국가를 선택하는 경향이 강해지고 있다. 이런 흐름으로 볼 때, 앞으로는 개인이 국가를 선택하는 일이 더욱 빈번해질 것으로 전망되고 있다.

집단의 유형은 이 외에도 여러 가지 기준으로 분류할 수 있다. 예를 들면, 독일의 사회학자 퇴니스(F. Toennis)는 집단의 유형을 게마인샤프트(Gemeinschaft)와 게젤샤프트(Gesellschaft)로 구분하였다. 그는 게마인샤프트를 정의의 사회라고 정의하며 원초집단적인 관계를 통해 이루어진 공동체라고 하였다. 게마인샤프트에서는 사람들이 여러 세대에 걸쳐 비공식적인 수단으로 결합되어 있음을 강조하였다. 이어서 게젤샤프트를 이익의 사회로 정의하며 어떤 목적을 위해 결합되고, 이해타산에 입각하여 제한된 사회관계로 이루어진다고 하였다.[5] 퇴니스의 분류기준에 의하면, 사회가 산업화되고 도시화되어 갈수록 사회의 중심이 게마인샤프트에서 게젤샤프트로 이동해 가는 것을 알 수 있다.

섬너(W. Sumner)는 집단의 유형을 내집단(in group)과 외집단(out group)으로 구분하였다.[6] 내집단은 나(I)와 우리(We)의 개념을 하나로 묶은 집단이고, 외집단은 나(I)와 그들(They)로 개념을 분리한 것이다. 내집단에서 개인은 구성원들과 강한 동료의식을 가지며 집단에 대해 애착심이 강하다. 이런 상황에서는 '우리'라는 의식이 작용하며 공유된 의식과 행태를 보인다. 외집단은 우리와 별개의 '그들'집단의 존재를 의식하며, 상호 경쟁 또는 적대감을 갖게 된다. 외집단과 내집단의 경계는 항상 긴장감이 감돌며, 갈등과 투쟁으로 이어질 수 있다. 작게는 내가 좋아하고 응원하는 야구팀은 내집단에 속하고, 내가 싫어하고 경쟁심을 갖는 다른 야구팀은 외집단에 속한다. 크게는 우리 민족은 내집단이고 다른 민족은 외집단이다. 국가도 마찬가지이다. 우리국가는 내집단이고 다른 국가는 외집단이다.

그런데 내집단과 외집단 간의 경계는 유동적이다. 즉, 내가 응원하는 야구팀과

5 Ferdinand Toennis, *Community and Society*, 1st ed., East Lansing: Michigan State University Press, 1959.

6 William G. Sumner, *Folkways, A Study of Sociological Importance of Usages, Manners, Customs, Mores, and Morals*, Boston: Ginn and Co., 1940.

대결하는 다른 야구팀은 외집단이지만, 국가 대항전이 벌어지면 내가 응원하지 않았던 야구팀도 내집단에 편입된다. 이것은 국가 간에도 적용될 수 있다. 예를 들면 한국 축구대표팀과 중국 축구대표팀이 대결하면 중국대표팀은 외집단이 된다. 그러나 중국팀이 아시아대륙의 대표로서 유럽대륙의 대표팀과 대결한다면, 이때는 중국팀이 내집단으로 편입될 수 있다. 이와 같이 내집단과 외집단 사이의 경계는 상황에 따라서 변할 수 있다는 것을 알아야 한다.

하이만(H. Hyman)은 준거집단(reference group)이라는 독특한 유형을 제시하였다.[7] 그가 제시한 준거집단은 자신이 속한 실제 집단과 같을 수도 있고 다를 수도 있다. 자신이 항상 마음속에 기준으로 삼는 집단이 준거집단이며, 어떤 결정을 내리거나 마음속의 의지를 다질 때 준거집단이 모델로 작용한다. 가령 자신이 현재 무주택 서민이라 할지라도 항상 아담한 주택을 꿈꾼다면 그의 준거집단은 아담한 주택에 사는 사람들일 것이다. 또는 취업을 못한 상태에 있는 졸업생이 항상 공무원이 되는 것을 동경하며 공부하고 있다면, 그의 준거집단은 공무원집단이 된다. 이와 같이 준거집단은 현재 속하고 있는 집단이 아닐지라도 자신의 판단과 생각 속에 자리 잡고 있는 집단이다. 준거집단은 자신의 행위와 판단에 깊숙이 관여하며 어떤 의사결정을 할 때 많은 영향을 준다. 예를 들면, 공무원을 동경하는 미취업생이 여름철에 친구들과 함께 놀러가고 싶은 마음은 간절하지만, 장차 공무원집단에 속할 것을 생각하며 자제하는 것과 같은 경우이다.

그런데 준거집단이라고 해서 반드시 실제 속한 집단보다 상위에 있는 집단만은 아니다. 즉 대기업 간부가 자신은 평사원에 불과하다고 생각한다면 그의 준거집단은 평사원집단이 된다. 그런 의미에서 준거집단은 실제 속한 집단과는 다른 자신의 마음속에 존재하는 집단이며 평소의 생각을 지배하는 집단이라고 할 수 있다.

어떤 사람이 실제 속한 집단보다 지나치게 높은 집단을 동경한다면 상대적 박탈감(relative deprivation)이 클 수밖에 없다. 반대로 실제 속한 집단과 준거집단이 동일하거나 양자 간의 격차가 크지 않다면 상대적 박탈감은 적게 나타날 것이다. 예를 들어 기업체의 간부가 자신은 하위직 사원에 적당하다고 생각한다면 그의 준거집단은 실제집단보다 하위에 있으므로 상대적 박탈감은 거의 없다. 또는 자신이 속한 집단이 평소에 동경하던 집단이라면 역시 상대적 박탈감은 거의 나타나지 않을 것이다.

7 Herbert H. Hyman, "The Psychology of Status", *Archives of Psychology*, Vol.37, 1942.

준거집단과 실제집단 간의 격차는 삶의 만족과 행복에 많은 영향을 미친다. 백억의 재산을 가진 사람이 수백억 재산을 가진 사람을 동경하며 언제나 부족하고 힘들다고 느낀다면 그의 삶은 불행에 빠질 것이다. 반대로 월세방에 살면서도 노숙자들의 힘겨움을 생각하며 자신의 상황에 행복을 느낀다면 그의 삶은 행복으로 나아갈 것이다. 그런 의미에서 무조건 상위 집단을 동경하며 현재의 상황을 비관하는 것은 쓸모없는 인생 낭비이다. 준거집단은 어디까지나 자신을 분발하게 만드는 기폭제 역할에 그쳐야 한다. 자신의 현재 상황에서 도달할 수 있을 만한 집단을 준거집단으로 삼고 노력하는 자세가 진정한 준거집단의 존재 이유가 될 것이다.

4. 집단과 일탈

1) 일탈의 의미

집단은 기본적으로 구성원들의 동일한 사상이나 행동을 기초로 유지된다. 사회나 국가처럼 집단규모가 클수록 구성원들은 상호 동조가 기대되고, 그 기대에 맞추어 사고하고 행동한다. 그래야만 집단이 정상적으로 유지될 수 있다. 만약 구성원 중 누군가가 집단이 만들어 놓은 규범이나 질서를 무너뜨린다면 집단유지는 어려울 수 있다.

기존 규범이나 질서에 순응하는 것은 동조이고, 순응하지 않은 것은 일탈이다. 일탈은 그 형태가 어떤 것이든 간에 기존의 집단상식에 벗어난 것이다. 그러나 똑같은 일탈이라 해도 집단유지에 별다른 지장을 주지 않고, 어느 정도 구성원들의 허용범위에 해당하는 일탈은 문제되지 않는다. 구성원들이 허용하는 범위, 일종의 '관용의 한계(tolerance limit)' 내에 있는 일탈은 때때로 긍정적일 수 있다. 가령 회의가 지루하게 진행되고 있을 때, 누군가가 갑자기 방귀를 뀐다면 순식간에 회의장은 웃음바다가 되고 분위기가 반전될 수 있다. 문제는 집단의 관용의 한계를 벗어난 일탈이다. 관용의 한계를 벗어난 일탈이 심각하면 자칫 집단유지가 불가능할 수 있다. 살인, 강도, 방화, 강간 등은 심각한 일탈행위이다. 이러한 범죄 일탈이 많아지게 되면 집단유지는 불가능하게 될 것이다.

따라서 일탈은 집단규범이나 질서를 벗어난 행위로서, 집단유지에 긍정적인 면과 부정적인 면을 동시에 내포하는 행동이라고 할 수 있다.

2) 일탈에 관한 이론적 접근

일탈에 관한 이론적 접근 중, 몇 가지를 보면 다음과 같다. 첫째, 생물학적 접근으로서, 일탈자와 정상인 사이에는 특수한 생물학적 차이가 있다는 견해이다. 일탈자는 두개골의 모양, 팔의 길이, 귀의 크기 등 신체적 특성이나 유전인자 등에서 정상인과 차이가 있다고 주장한다. 그러나 이러한 생물학적 요인으로 일탈을 설명하는 것은 근거가 희박하다는 의견이 대부분이다.

둘째, 심리학적 접근으로서, 사회화과정에서 개인의 퍼스낼리티가 비정상적으로 발달한 사람이 일탈자가 된다는 이론이다. 예를 들면, 어린 시절 학대를 받거나 심각한 트라우마를 가진 사람이 자아 속의 이드를 억제하지 못하고 분노와 폭력을 표출한다는 것이다. 그러나 개인의 심리적인 요인으로만 일탈의 원인을 찾으려는 것은, 사회구조 문제 등에 의한 일탈행위를 간과하는 우를 범하게 된다. 따라서 심리학적 접근에 의한 일탈원인 규명도 한계가 있다고 할 것이다.

셋째, 가치기회적 접근으로서, 돈, 권력, 명예 등 여러 가지 사회가치를 획득할 수 있는 기회가 박탈될 때 일탈행위가 일어난다는 이론이다.[8] 개인이 이러한 가치를 얻으려면, 부모 도움을 받거나 좋은 학교에 입학하는 등 수단이 구비되어야 하는데, 이런 수단을 얻지 못하고 끝내 사회가치를 획득하지 못하게 될 때 일탈이 일어난다는 것이다. 이런 상황은 사회에 반감을 갖게 되고, 비정상적인 수단을 동원하여 가치를 취득하려고 한다. 자포자기해서 알코올 중독자가 되거나 남에게 사기를 친다든지 아니면 사회에 반역을 꾀하는 등의 일탈행위가 나타난다고 한다.

넷째, 사회생태적 접근으로서, 개인이 살고 있는 거주지 생태계가 어떠하냐에 따라 일탈이 발생한다는 이론이다.[9] 동식물이 일정한 지역에서 동종끼리 서식하듯 인간도 유유상종하는 식으로 모여 살게 되고 자연스럽게 영향을 받는다는 것이다. 만약 우범자가 많은 지역에 살면 그 영향을 받아 우범자가 되기 쉽다는 논지이다. 그러나 우범지역에 산다고 해서 모두 범죄자가 되는 것이 아닌 만큼, 이러한 접근도 일부사례를 일반화하는 오류를 범하고 있다.

다섯째, 낙인이론으로서, 집단규범을 만들어 놓고 이를 위반하면 일탈자가 되

8 R.K. Merton, *Social Theory and Social Structure*, Glencoe, Free Press, 1957.

9 E.H. Sutherland and D.R. Cressey, *Criminology*, 8th ed., Philadelphia: Lippincott, 1970.

도록 낙인을 찍는다. 일반적으로 사회 내 힘이 강한 자들이 집단규범을 만든 다음, 이를 어길 경우 일탈자라는 낙인을 찍는 것이다.[10] 만약 기존의 힘이 약한 그룹이 새로운 강자로 떠오르게 될 경우, 규범은 달라질 것이고 일탈자의 양상도 달라질 것이다. 그만큼 사회 내 세력관계에 따라 일탈내용과 일탈자가 달라진다. 결국 어느 사회든 간에 힘이 약한 그룹이 낙인찍힐 확률이 높고 일탈자로 취급받을 수밖에 없다. 이와 같이 낙인이론은 일탈자를 힘이 강한 자에게 힘이 약한 자가 희생당한 결과라는 인식에서 출발하고 있다. 그러나 집단규범준수가 곧 집단유지를 위한 것인 만큼, 일탈을 세력의 역학관계로만 파악하는 것은 한계가 있다고 볼 수 있다.

3) 일탈과 통제

집단유지를 위해서는 일탈에 대한 통제가 불가피하다. 그러나 통제가 지나치면 건전한 사회변화를 억압하고 또 다른 일탈을 발생시킬 수 있다. 또한 통제를 독재 권력 유지로 악용하는 면도 없지 않다. 따라서 일탈에 대한 통제는 집단 안위에 손해가 되는 기준에서 적용되어야 한다. 통제를 가하기 전에 자율성을 강화하여 일탈을 최소화시켜야 하며, 가급적 일탈자를 양산하는 낙인성 규범을 지양해야 한다. 일탈자를 양산하는 규범의 남발은 구성원의 반발을 불러일으킬 수 있으며, 집단 내 새로운 갈등상황이 연출될 수 있다.

또한 일탈이 무조건 부정적인 것만은 아니며, 때때로 일탈자에 의해 사회가 변혁되고 신기술이 출현하는 등의 긍정적인 면도 있다. 다시 말해 집단은 관용의 한계를 융통성 있게 적용해야 하고, 구성원은 집단규범의 내면화를 통해 보다 성숙된 자율적 인간모습을 갖추어야 한다. 그럼으로써 집단유지에 필요한 최소한의 통제만 허락되어야 하며, 사소한 일탈행위로 인한 범죄자 취급은 억제되어야 한다. 일탈과 통제는 동전의 양면과 같다. 보기에 따라서는 앞면이 될 수도 있고 뒷면이 될 수도 있다. 그만큼 일탈에 대한 통제는 적정선을 찾아 적용할 때 집단유지에 도움이 된다.

---

10 H.S. Becker, and E. M. Lemert, *Human Deviance, Social Problems and Social Control*, Englewood Cliffs, N.J.: Prentice-Hall, 1967.

제2절 공식조직

1. 공식조직 의의

공식조직은 말 그대로 공식적으로 외부에 드러난 인간결합체이다. 어떤 조직이든 나름의 목표를 가지고 있는데, 이 목표를 달성하기 위해서는 공식조직이 필요하다. 가령 관공서 안에 들어가 보면, 각 부서마다 부서 인력의 사진과 담당업무를 게시해 놓은 것을 볼 수 있다. 각 부서마다 개별 인원의 담당업무를 게시해 놓은 이유는 공식조직의 목표를 달성하기 위한 인력배치를 공개하는 것이고, 이들이 모여 전체 조직의 목표를 달성한다는 것이다.

공식조직은 조직도표에 나타난 업무분장을 수행하게 되며 이것은 분업의 형태로 지속된다. 분업의 과정에서 상호 정보교류와 업무협조 등이 원활하게 수행되면 공식조직의 의미를 살리는 것이다. 반면에 상호 갈등이 내재되고 업무협조가 불편하면 공식조직은 그야말로 보여주기 위한 것에 불과하고 어떤 형태로든 메스가 가해져야 한다.

공식조직은 항구적인 서비스 업무를 수행하는 장기적 공식조직(permanent formal group)과 어떤 특수한 업무를 수행하기 위해 일시적으로 조성된 단기적 공식조직(temporary formal group)으로 나눌 수 있다. 전자는 조직체의 이사회, 각 부서 및 팀, 상설위원회 등이 해당되며, 후자는 태스크포스, 임시위원회 등이 해당된다.

공식조직은 기본적으로 합리성에 기초하고 있다. 과거에는 많은 조직이 관습이나 전통적인 권위에 의존하여 조직을 운영하였다. 가령 봉건시대의 관료조직은 합리성을 추구한 면도 있지만 실제는 왕의 뜻에 의해 좌지우지되는 면이 많았다. 역시 독재국가의 관료조직도 비합리적이고 지도자의 의지에 따라 조직이 운영되곤 하였다. 그러나 현대의 공식조직은 합리적인 운영을 핵심으로 하고 있다. 분명한 규칙과 절차, 법적, 제도적 테두리 안에서의 조직운영 등이 당연시되고 있다. 이것은 특정인의 뜻에 따라 움직이는 비합리적인 운영을 벗어나 조직 목표를 위한 합리적 판단과 참여가 중시되는 경향을 의미한다. 따라서 오늘날의 공식조직은 목표설정에서부터 과정 및 결과까지 합리적인 절차에 의해 운영된다고 볼 수 있다.

2. 공식조직 기능

공식조직은 조직의 뼈대, 기둥과 같은 존재이며, 조직 목적을 달성하기 위한 여러 가지 기능을 수행한다. 먼저, 조직도표에 일목요연하게 나타난 인력배치는 조직 내의 상호관계와 업무분장을 보여주는 기능을 한다. 또한 분업에 따른 권한과 책임을 부여하며, 이를 관장하는 계층구조를 형성하고 있다.

다음으로 공식조직은 명문화된 인간관계를 제시하고 있으며, 공식적인 의사소통 통로를 안내해줄 뿐 아니라, 조직 내의 규칙, 직제 등을 제시하여 더욱 명확한 인력구조를 보여주는 기능을 수행한다.

공식체계의 명확함이 없는 조직은 오합지졸에 불과하며, 자칫 '무질서한 패거리 집단'으로 전락할 수 있다. 따라서 공식조직구조는 조직을 지탱하고, 조직의 성격을 대변해 주며, 조직 목표 달성에 결정적인 지원을 하고 있다.

베버(M. Weber)는 공식 조직체의 기능을 다음과 같이 설명하고 있다.[11] 공식조직은 작업과정에서의 분업과 통합을 가능하게 하며, 작업수행에 관한 절차와 규칙을 분명하게 명시하고, 임용과 승진에 있어서 실적주의를 채택하며, 시장과 고객을 분류하고 범주화하여 관리하며, 외부환경 변화에 대비한 전문가를 배치하여 대비하는 등의 기능을 수행한다고 설명하고 있다.

베버가 말한 분업과 통합은 삼각형 형태, 즉, 피라미드 구조를 통한 위계질서 속에 하위부서는 상위부서의 감독을 받으면서 업무에 관한 책임을 지고, 또 상위부서는 그보다 더 상위부서의 감독을 받으면서 업무에 관해 책임지는 형태로 분업과 통합이 연속되어진다. 작업수행에 관한 절차와 규칙은 개인이 담당하는 업무내용, 방법, 수행절차 등을 규정하는 것으로서, 매뉴얼 또는 규정집[12]이라고 일컬어진다.

---

11 Max Weber, "Bureaucracy", in *Economy and Society: An Outline of Interpretive Sociology*, Translated by E. Fischoff and others, G. Roth and C. Wittich(eds.), Vol. 3, N.Y.: Bedminster Press, 1968.

12 과거 유럽 회사들은 구성원들이 담당하는 작업내용, 방법 등을 기록한 규정집을 붉은 끈으로 묶어 걸어 두었다는 의미로 'red tape'이라고 하였다. 오늘날은 매년 증가하는 절차와 규정이 오히려 업무수행에 방해될 수 있다는 부정적인 의미로 'red tape'현상이라고 일컫는다. 너무 많은 규정과 절차로 인해 업무 본질이 흐려지고 절차에만 얽매인다는 비판적인 의미이다.

실적에 의한 승진과 임용은 학연, 지연, 혈연 등을 앞세운 정실주의를 배격한다는 의미이고, 시장과 고객의 분류 및 범주화를 통한 관리는 고객의 기호변화나 원자재 공급의 변화 등 외부시장 상황을 미리 체크하여 대응한다는 의미이다. 외부환경변화에 대한 전문가의 배치는 국제금융시장의 변동이나 각종 제도 및 법률 등의 변화에 따른 조직대응력 강화를 위한 것이다.

3. 공식조직 한계

공식조직은 우리 삶에 가장 활동적인 시간을 보내는 곳이다. 회사에 취업하고 공무원이 되고 사회단체 등 각종 조직체에서 일을 수행하여 수입을 얻으며 생계를 이어간다. 이렇듯 공식조직은 우리 삶과 밀접하다. 그렇지만 공식조직이 외부에 드러나고 체계화된 만큼 조직체 나름의 부담감 및 한계성도 나타나고 있다.

첫째, 외부환경 변화에 대응하는 구조적인 유연성의 부족이다. 일단 공식조직은 제도적이고 성문화되어 있으며, 가시적인 형태를 띤 인위적인 생산물이다. 밖으로 드러난 구조인 만큼 어떤 외부환경 변화에 손쉽게 대응하기가 곤란하다. 만약 공식적인 구조를 획기적으로 변경하려 들면 구성원의 반발이 일어날 수 있다. 공식구조를 변경한다는 것은 구성원의 기득권이나 안정성을 저해할 수 있다는 불안감으로 작용하기 때문이다. 예를 들면, 공기업을 민영화시켜 조직의 운영방향을 경쟁체제로 전환시킬 때, 공기업 직원들의 불안감과 저항이 잇따르는 것도 이러한 요인에 기인한다.

둘째, 권위적인 면이 강해 피상적인 협조를 가져올 수 있다. 공식구조는 위계질서를 강조하기 때문에 상사는 권위를 인정받고 싶어 하고 부하는 권위적인 것을 싫어하면서도 추종해야 한다. 간혹 전문가로서 권위를 인정받는 경우도 있지만, 대부분은 계층제에 의한 상사와 부하의 관계에서 어쩔 수 없이 권위에 순종해야 한다. 이런 상황에서는 업무에 대한 집단적 협조가 진심으로 이루어지기가 쉽지 않다. 보수와 같은 금전적인 이득이나 승진 등의 유인책으로 협조를 이끌어낼 수밖에 없다. 한마디로 마음이 아닌 물질적인 조건 등에 의해 단합하는 모습이 대부분이다.

셋째, 구성원의 소외로 인한 비인간적인 면의 노정이다. 공식조직체는 능률과 효율성이 어느 정도 달성 가능하지만, 그 안에는 인간의 주관적 감정이나 판단보다는 오로지 매뉴얼(규정)에 의해 움직이는 기계화된 인간만이 있게 된다. 한 예로 햄버거를 만들어 파는 맥도날드 회사의 운영방식은 식자재의 준비, 햄버거에 넣는 케찹의 양, 승차중판매(drive in pick up)창구부터 포장방법까지 모든 과정을 규정화하고 있어 개인의 주관적 판단은 전무하다. 이런 현상은 하나의 햄버거 회사에 국한된 것이 아니라 대부분의 공식조직체가 가지고 있는 특징이다. 이와 같은 현상을 오직 매뉴얼에 따라 움직이는 이른바, '맥도날드화(化)'[13]라고 할 수 있으며, 공식조직 내의 개인의 존재감은 현저히 떨어질 수밖에 없다. 공식조직체 내의 개인은 스스로의 존재감보다는 공식조직 내 매뉴얼대로 움직이는 부속품화 현상을 경험하면서 소외감을 느끼게 된다. 결국 공식조직체의 개인은 시간이 흐를수록 소외[14]감은 더욱 짙어질 수 있다.

넷째, 규정과 절차에 얽매인 나머지 비감정적이고 삭막한 인간형이 될 수 있다. 공식적 구조는 규정과 절차에 따라 움직이다 보니까 개인의 재량권이나 융통성이 사라지고 감정이 없는 인간형으로 변모할 수 있다. 나아가 외부환경 변화에 즉각 대응하지 못하는 '훈련된 무능력자'(trained incompetent)[15]를 양산할 수 있다. 그러나 오늘날은 공식적 구조에서도 민주화 바람이 불기 때문에 이런 한계점은 어느 정도 완화되어 가고 있으며, 구성원들의 아이디어 제안제도를 활성화시키는 조직도 늘어가고 있다.

다섯째, 계층화로 인한 정보전달의 왜곡현상이 나타난다. 일선에서 근무하는 사람들의 의견이 최상위층으로 그대로 전달되어야 하는데, 공식적 구조와 같은 계층제는 이것이 용이하지 않다. 일선의 의견이 위로 올라갈수록 보고자에게 유리한 방향으로 정보가 왜곡되고 결국 최상위층으로 전달될 때는 많은 부분 왜곡된 정보가 전달 될 수 있다. 그러나 오늘날은 인터넷이나 TV 등 많은 매스미디어를 통한 정보전달이 실시간으로 이루어지기 때문에 최상위층에서도 제대로 된 정보를 얻을

13 George Ritzer, 2003.

14 소외에 관한 개념은 마르크스에 의해 제시되었다. 그는 자본주의 생산체제에서 노동자가 어떤 상품을 만들었다고 해도 그 상품에 대해 소유권을 주장할 수 없을 뿐만 아니라 상품과 별개의 존재로 취급받는다고 한다. 가령 홍길동이라는 노동자가 버터칩 과자를 만들었다고 해서 그가 편의점에 진열되어 있는 버터칩 과자를 자기 것이라고 주장할 수 없는 것처럼, 상품과 상품을 만든 사람 간의 소외현상이 나타나는 것이다. 마르크스는 이러한 자본주의 생산양식이 소외의 원인이라고 지적하였다.

15 Torstein Veblen, *The Place of Science in Modern Civilization*, N.Y.: W.B. Huebuch, 1919. p. 106.

가능성이 높다. 그만큼 일선의 의견이 왜곡될 가능성이 줄어든 셈이다.

여섯째, 소수의 사람만이 조직을 운영하는 '과두화의 철칙'(the Iron Law of Oligarchy)[16]이 나타난다. 어떤 조직이든 실질적으로 조직을 운영하는 사람은 상층부의 몇몇 사람들이다. 이것은 공식조직이든 비공식조직이든 일반화된 현상이다. 문제는 이런 현상이 소수의 이익만을 대변하는 방향으로 조직을 운영할 수 있고, 이로 인해 다수 구성원들의 이익이 침해될 뿐 아니라 권위적인 조직으로서 비민주적인 요소가 강해질 수 있다.

이상에서 지적한 것 외에도 학자마다 제시된 공식조직의 한계점은 여러 가지가 있다.[17] 그럼에도 불구하고 1차 집단적인 성격을 가진 조직체 외에 오늘날 대부분의 조직은 공식조직체를 형성하고 있다. 그것은 현대의 공식조직체를 대체할 만한 이상적인 조직구조가 등장하지 않았고, 관료제 성격을 띤 공식조직체가 목표달성의 효율성 및 조직운영의 합리성 면에서 나름대로 인정받았기 때문이다.

제3절 비공식조직

1. 비공식조직 의의

비공식조직은 공식조직 내의 사람들이 자발적으로 모여 만들어진 자생적 조직이다. 비공식조직의 결성에는 공식조직이 영향을 줄 수도 있고 그렇지 않을 수도 있다. 다시 말해, 공식조직에서 같은 부서로 배치된 사람들 중 일부가 비공식조직을 결성했다면 공식조직의 영향을 받은 셈이다. 반대로 공식조직의 배치나 이동과 상관없이 비공식조직을 결성했다면 공식조직의 영향을 받지 않은 것이다. 우연히 같

16 Robert Michaels, *Political Parties: A Sociological Study of the Oligarchical Tendencies of Modern Democracy*, translated by Eden and Cedar Paul, N.Y.: Collier, 1962.

17 파킨슨은 공식조직의 한계로서 할당시간까지의 작업지연 관행을 들고 있다. 업무량은 많지 않지만, 일부러 업무를 지연시켜 할당받은 시간까지 끌어간다는 것이다. Cyril Northcote Parkinson, *Parkinson's Law: The Pursuit of Progress*, London: John Murray, 1958. p. 2. 하지만 오늘날 많은 공식조직이 개인별, 팀별 성과급제도의 도입 등으로 이러한 행위를 차단하고 있다. 다시 말해 과거의 공식조직에서는 그러한 관행이 빈번했을지라도 오늘날은 거의 사라지는 추세라고 할 수 있다.

은 부서에 근무했던 인연으로 비공식조직을 결성한 것은 전자의 예이고, 공식조직의 부서와 상관없이 학연이나 지연 등으로 비공식조직을 결성한 것은 후자의 예라고 할 수 있다.

비공식조직은 공식조직이 있는 곳이면 대부분 존재한다고 볼 수 있다. 그것은 업무에 대한 상호 심경을 토로하고 위로할 수 있는 심리적 지지대가 필요하거나, 아니면 상호 취미가 같아서 형성된 것일 수도 있다.[18] 이와 같이 비공식조직의 성립에는 다양한 이유가 존재하고 있다.

그런데 비공식조직은 단순히 끼리끼리 모여든 집단에 불과한 것일까? 이러한 의문에는 여러 가지 해석이 가능하다. 일반적인 비공식조직은 단순한 사람들의 모임수준이라고 할 수 있다. 그러나 비공식조직 중에는 구체적이고 위계적인 조직도 있다. 가령 군대조직의 쿠데타 세력들의 조직 또는 회사 경영진에 대응하여 근로자 이익을 보호하려는 노조설립을 추진하는 비공식조직은 위계적인 조직이며 구체적인 업무분장도 구비된 조직이다. 따라서 비공식조직이라 해서 모두 비체계적이며 단순한 몇몇 사람들의 모임이라고 단정해서는 안 된다.

2. 비공식조직 기능

비공식조직은 공식조직에 도움이 되는 순기능적인 면과 공식조직에 부정적인 영향을 미치는 역기능적인 면을 가지고 있다.

먼저 순기능적인 면을 본다면, 조직 구성원들이 심리적 귀속감, 안정감 등을 가질 수 있으며, 이는 안정감 있는 업무수행을 하도록 만든다. 또한 구성원끼리 의사소통이 자유롭고 활발하여 정보나 경험을 공유함으로써 업무능력 향상에 도움을 준다. 나아가 구성원 간의 정서적 유대를 통한 업무협조는 물론, 상호간의 건전한 경쟁으로 자기혁신을 꾀할 수 있다. 만약 공식적 조직의 상사 지시나 업무체계가 불합리할 경우, 이를 보완하는 역할도 가능하다.

반면에 역기능적인 면을 본다면, 비공식조직의 한 개인이 공식적 조직에 불만

---

18 스나이더 교수는 비공식조직이 생기는 이유를 "톱니바퀴에 불과한 개인들이 본인의 불만이나 외로움을 덜고, 우정과 놀이를 함께 하면서 본인들의 이익을 추구하려는 동기에서 비롯된다"고 주장하였다. E.V. Schneider, *Industrial Sociology: The Social Relations of Industry and the Community*, N.Y.: McGraw-Hill, 1957. p. 156.

을 갖게 될 경우, 이를 다른 사람들에게 전염시켜 대항세력으로 키울 수 있으며 자칫 공식조직 목표달성에 방해요소가 될 수 있다. 또한 공식조직 전체의 이익보다는 소수그룹의 이익을 우선할 수 있으며 파벌도 조장될 수 있다.[19] 나아가 비공식조직 구성원 간의 그릇된 정실주의, 즉 '상호 봐주기' 행태가 공식조직을 흔들어 정상적인 기능수행을 방해할 수 있다.

3. 비공식조직 한계

비공식조직이 공식조직에 도움이 되느냐의 여부는 매우 민감한 사안이다. 비공식조직이 건전한 기능을 수행하면 공식조직의 퇴보를 막을 수 있고, 공식조직과 합심하여 시너지 효과를 창출할 수 있다. 반대로 비공식조직이 부정적 기능을 수행하면 공식조직에 치명타를 입힐 수도 있다. 비공식조직의 한계는, 곧 공식조직과의 협조 여부와 밀접한 관련이 있다.

첫째, 비공식조직은 대표성에 한계가 있다. 소수 이해관계를 함께하거나 기호가 유사한 사람들의 자생적 모임이기 때문에 대외적인 대표위상을 가질 수 없다. 이런 면에서 비공식조직은 밖으로 드러내기보다는 안으로 음성적인 위치에 설 수밖에 없다.

둘째, 비공식조직의 구성원 간의 심리적인 결속은 강할 수도 있지만, 반대로 공식적인 구속력이 약하기 때문에 언제든지 와해될 가능성이 상존한다. 공식구조는 체계적이고 외부적인 인원배치와 업무분장이 이루어지고 상하계층이 있으므로 법적, 제도적인 구속력이 강하다. 그러나 비공식조직은 공식구조와 같은 법적, 제도적인 구속력을 기대할 수 없는 한계가 있다.

셋째, 비공식조직의 자금이나 전문 인력 확충 등이 공식조직과는 비교가 안 될 정도로 미약한 수준이다. 따라서 비공식조직이 공식조직과 경쟁적인 관계에 돌입하기에는 미흡한 면이 많으며, 그런 이유로 공식조직을 능가하는 업무효율성을 기대하기가 쉽지 않다.

19 역사적으로 공식조직 내의 비공식조직이 파벌을 형성하여 결국 공식조직을 황폐화시키거나 무너뜨리는 예는 수없이 많다. 한 예로 조선시대 당파싸움이 임진왜란 등 국난대처를 제대로 못하게 하였고, 조선 후기까지 끝없는 파벌싸움이 결국 나라를 망하게 하는 큰 원인이 되었음은 잘 알려진 사실이다. 그만큼 비공식조직이 자신들 소수 이익만을 추구하는 행태는 전체 조직에 엄청난 부정적 결과를 가져온다.

그러나 비공식조직은 공식조직과 불가분의 관계에 있다. 대부분의 비공식조직은 공식조직 내에 존재하고, 공식조직과 협조 또는 대립, 아니면 무관심의 관계를 형성하고 있다. 따라서 공식조직은 비공식조직과의 관계를 바람직한 방향으로 설정하는 것이 중요하다. 만약 양자 간의 바람직한 관계가 설정된다면, 공식조직의 자금지원에 의한 비공식조직 모임 활성화 및 창의적 활동 증가 등을 기대할 수 있다. 경우에 따라서는 공식조직이 비공식조직의 후원자가 될 수 있으며, 나아가 양자 간의 협조를 통한 시너지효과가 증폭될 수 있다.

4. 집단과 조직의 관계

이상에서 집단과 조직에 관한 여러 가지를 살펴보았는데, 이해하기 쉽도록 양자 간의 상호 관계를 설명하면 〈그림 7－1〉과 같다.

집단과 조직의 관계는 상호 범위에서 집단이 조직보다 포괄적이고, 조직은 집단 내의 범주로서 그 안에 공식적인 형태와 비공식적인 형태를 가지고 있다. 다시 말해, 집단은 가장 포괄적인 범위로서, 인간들이 모여 소속감과 공동체 의식을 가지고 지속적으로 상호 작용하는 집합체이다. 집단에는 구성원의 충원방식과 소속형태에 따라 1차집단, 2차집단, 국가로 구분할 수 있다. 또한 내가 속한 집단인 내집단과 외부 존재인 외집단으로도 구별할 수 있다. 조직은 집단보다 범위가 좁은 영역

그림 7-1 집단과 조직의 관계

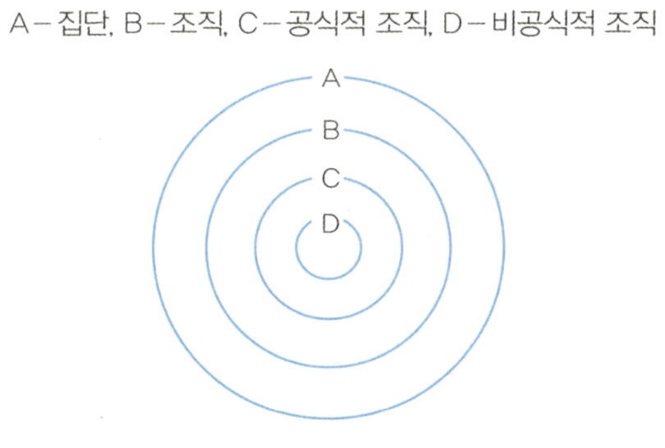

으로서, 어떤 목적달성과 이에 따른 업무 수행을 위해 각종 규범과 절차를 갖춘 집합체라고 할 수 있다. 조직은 공식조직과 비공식조직으로 구분할 수 있는데, 공식조직이 비공식조직보다 범위가 넓다.

공식조직은 회사나 정당, 학교 등과 같이 명확한 지위 및 책임이 규정되어 있고, 특정한 목적달성을 위해 존재하는 조직이다. 비공식조직은 가장 범위가 좁은 영역으로 주로 공식조직 내에 동호회 형태 등으로 존재하며, 구성원들끼리의 유대감이 강하고, 상호 정서적 지지와 함께 동질감을 높여준다. 비공식조직은 공식조직 업무의 효율성을 증진시킬 수도 있고 감소시킬 수도 있다. 공식조직과 비공식조직이 상호 협조적이면 많은 시너지 효과를 가져오지만, 상호 비협조적이면 마이너스 효과를 일으킨다. 따라서 공식조직에 대한 비공식조직의 활동방향은, 공식조직이 그들의 욕구수준을 얼마나 충족시켜 주느냐의 여부와 밀접한 관련이 있다.

제8장 SOCIOLOGY

집합행동과 사회운동

- 제1절 집합 유형
- 제2절 집합행동
- 제3절 사회운동

8

집합행동과 사회운동

제1절 집합 유형

집합행동에 동참하는 사람들의 목표, 성격, 상호관계 등에 따라 집합의 형태, 즉, 집합의 유형이 구별될 수 있다. 여기서는 집합의 유형을 군중, 공중, 대중으로 분류하여 살펴보기로 한다.

1. 군 중

군중(crowds)이란 공통의 관심이나 대상을 가지고 있는 사람들이 순간적으로 모여든 불특정다수의 집단을 말한다. 이들은 구조화되어 있지 않은 상태로서 구성원들 간의 상호작용은 미약하다. 블루머(H. Blumer)는 군중들의 동기와 관심, 감정에 기초하여 군중을 4가지 유형으로 나누고 있다.[1]

첫째, 우발적 군중(casual crowds)으로서, 교통사고나 화재사고 현장에 모여든 사람들의 경우이다. 이들은 단순한 호기심이나 사고를 당한 사람들에 대한 안타까

1 Herbert Blumer, "Collective Behavior", in *Principles of Sociology*, 2nd ed., A.M. Lee and H. Blumer(eds.), N.Y.: Bames & Noble, 1960.

운 감정 정도로만 모여든다. 따라서 어떤 조직적이고 체계적인 면은 거의 없고, 행동 또한 물을 날라다 주거나 사고자에 대한 간단한 조력 정도에 그친다. 우발적 군중은 구성원 간의 상호작용도 거의 없는 집합으로서 사회학의 주요 관심대상에도 미치지 못한다.

둘째, 인습적 군중(conventional crowds)으로서, 운동경기나 영화를 관람하기 위해 모여든 사람들의 경우이다. 이들 군중은 자신들이 참여하는 곳에서 어떤 행동을 해야 할지를 사전에 알고 있다. 즉, 운동경기장에서는 소리 높여 응원하며 박수를 치고, 극장에서는 비교적 조용히 관람하며 눈물을 흘리거나 웃음을 짓는 등 행동양식이 인습적으로 구조화되어 있다. 인습적 군중은 규제된 방식에 의해 행동한다는 것을 제외하고는 우발적 군중과 비슷한 면이 많다.

셋째, 표출적 군중(expressive crowds)으로서, 행사에 참여하여 자신들의 감정을 적절하게 표현하는 사람들을 의미한다. 예를 들면, 음악 콘서트나 축제행사, 종교집단의 행사참여 등을 통해 웃거나 울거나 춤을 추는 것과 같은 감정표출을 하는 군중이다. 이들은 어떤 목표달성을 위한 것보다는 표출행동을 통해 긴장을 완화시키는데 의미를 두고 있다. 그런데 표출적 군중의 감정 표현은 무한정 허용되는 것이 아니라, 군중들이 용인할 수 있는 수준에서 표현을 해야 한다. 가령 음악회 콘서트에서 지나치게 흥에 겨워 혼자서 무대를 휩쓸고 다닌다면 타인들의 용인수준을 넘는 것이다. 종교집단의 행사에도 혼자 은혜 받았다고 주장하며 여기저기 휘젓고 다닌다면 그 또한 타인들의 용인수준을 넘는 것이다. 따라서 표출적 군중의 표현 정도는 타인들의 용인수준에서 적절하게 이루어져야 한다.

넷째, 능동적 군중(acting crowds)으로서, 어떤 사건을 계기로 공동의 목표를 가지고 움직이는 사람들을 의미한다. 능동적 군중은 처음부터 목표의식이 있을 수도 있고, 그렇지 않을 수도 있다. 이를테면 장시간 대규모 단전사태가 일어날 때, 하나 둘 모여드는 군중은 처음부터 무슨 목표의식이 있었던 것은 아니다. 그러나 시간이 흐르면서 전기 공급 회사의 늑장대응이 원인이었다는 것을 알게 된 후, 사람들이 소송이나 데모 등 집단행동에 나서게 된 경우는 목표의식이 분명한 상태이다. 이와는 반대로 반정부적인 인사가 갑자기 살해된 사건이 발생하였을 때, 그 사건의 배후가 정부의 비밀 공권력이라는 것이 밝혀졌다면 대규모 군중이 정권타도 데모와 같은 행동에 돌입한다. 이런 경우는 처음부터 목표의식이 분명한 것이 된다.

이상에서 언급한 군중 유형 중에서 능동적 군중이 가장 행동화될 가능성이 높다. 물론 다른 유형의 군중도 일정한 조건과 계기가 주어지면 행동으로 전환될 수 있다. 한마디로 군중은 언제든지 어떤 사건에 의한 자극을 받게 되면 군중행동으로 옮겨갈 수 있는 개연성을 갖고 있다.

그렇다면 군중이 행동으로 옮길 만한 조건은 무엇인가? 먼저, 현재 사회상황의 불합리한 점이 있어야 한다. 즉, 스멜즈(N.J. Smelser)의 말처럼 '구조적 긴장'(structural strain)[2]이 있어야 하며, 여기에는 사회적 차별대우, 빈곤 및 억압과 같은 요인으로 인해 불만과 좌절감이 깔려 있어야 한다. 다음으로, 사회상황의 불합리에 관한 공감대가 확산되며, 군중 사이에 분노의 감정이 고조됨과 동시에 이를 폭발시킬 사건이 있어야 한다. 단순히 공감대만 확산되어서는 행동전환이 약할 수 있고, 경찰의 총기 발사로 인한 사망사고 발생 등과 같은 더 강력한 촉발요인이 따라야 한다. 이와 같은 조건이 충족되면서 군중행동은 시간이 흐를수록 그 파급력이 강해져 간다.

2. 대 중

대중(mass)은 일정한 장소에 모이지는 않고, 공간적으로 널리 확산되어 있는 상태의 사람들을 의미한다. 이들은 각자의 사회계층도 다르고 생활양식이나 가치관도 조금씩 다르고 이질적이다. 그런데도 TV, 라디오, 인터넷 등 다양한 매체를 통해 간접적인 상호작용을 한다. 대중은 익명의 개인들로 구성되어 있으며, 대중매체를 통해 어떤 사건에 대한 각각의 반응을 보인다.

현대사회에서 대중은 강력한 힘을 발휘하기도 하고, 때로는 무기력하게 조작당하여 끌려 다니기도 한다. 전자는 사회의 부조리에 대해 공통의 관심사를 나누면서 하나로 결집된 힘을 발휘하여, 제도의 개선 내지 사회구조의 개혁 등을 관철하는 강한 힘을 보여준다. 후자는 상업적 상술에 현혹당하여 그것이 좋은 문화가 아닌 줄 알면서도 끌려 다니는 대중의 모습이다. 가령 밸런타인데이나 빼빼로데이의 과도한 선물 주고받기, 결혼식장의 과시문화 일종인 화환진열과 같은 것도 이에 해당

2 Neil J. Smelser, *The Theory of Collective Behavior*, N.Y.: Free Press of Glencoe, 1963. p. 17.

할 것이다.

3. 공 중

공중(public)은 어떤 특정한 사건에 관한 의견이 비교적 뚜렷하고, 동조적이거나 비판적이며, 이로 인해 상호간 대립된 견해를 보이는 사람들을 의미한다. 공중은 같은 장소와 같은 시간대에 모이지는 않지만, 특정 주제에 대해서 동의 또는 반대의 반응을 보인다. 특정 주제는 주로 사회적 이슈가 되는 것들인데, 정치적 사건, 경제적 문제, 사회적 문제, 영화나 TV프로그램 등이 이에 해당한다.

공중은 상호간 직접적인 작용은 하지 않아도 매스미디어를 통한 작용을 한다. 인터넷을 통한 수많은 댓글 표현 등이 이에 해당한다. 매스미디어를 통한 간접 상호작용 속에서 각자의 의견을 표현하고, 이들의 의견이 어떤 방향성을 갖게 되면, 여론이 형성되거나 유행이 발생한다.

공중은 사회적 이슈가 있어야만 존재하고, 각각의 이슈에는 많든 적든 공중이 형성된다. 현대사회는 다양한 이슈들이 존재하므로 다양한 형태의 공중이 존재한다. 어떤 공중은 남북관계 이슈에 관심이 있고, 어떤 공중은 주식시세 이슈에 관심이 있으며, 또 다른 공중은 지역문제 이슈에 관심을 가지는 등, 매우 많은 이슈와 공중이 있다.

그런데 공중의 의견은 사회 전체적으로 볼 때, 긍정적인 면과 부정적인 면을 동시에 가지고 있다. 예를 들면, 전자의 경우는 저소득층 복지 확대, 무상급식 실현 등과 같은 긍정적인 결과를 가져오지만, 후자의 경우는 자신들이 사는 지역에 혐오시설을 들여오지 못하도록 하는 여론몰이로 사회 전체적인 부정적 영향을 가져올 수 있다. 이와 같이 민주사회에서는 공중의 의견은 정책결정에 다양한 영향을 준다. 특히 공중의 수가 많을수록 그 영향력은 증대되며, 그들이 제기하는 이슈문제가 해결되는 경우도 적지 않다. 그런 의미에서 공중의 역할은 민주주의의 성숙과 정착을 위한 방향으로 진행되어야 할 것이다.

제2절 집합행동

1. 집합행동 의미

집합행동 자체가 다양하고 광범위한 면을 가지고 있기 때문에 집합행동을 명확하게 정의한다는 것은 쉽지 않다. 그런데도 집합행동을 많은 사람들의 행동이라는 점에 착안하여 나름대로 정의해보면 다음과 같다. 즉, '집합행동은 상대적으로 비조직적이고 비체계적인 상태의 불특정 다수의 사람들이 어떤 사건이나 상황에 대해 유사한 방식으로 반응하는 행동을 의미'하는 것으로 정의할 수 있다.

여기에서 상대적으로 비조직적이고 비체계적이라 한 것은, 기존의 공식조직처럼 조직적이고 체계적이지 않다는 의미이다. 공식조직에 비해서 그렇다는 것이며, 무조건 집합행동은 무질서와 무규범이라는 의미는 아니다. 불특정 다수의 사람들이라 한 것도, 일반적으로 서로 안면이 많지 않은 사람들의 집합이라는 의미이며, 언제나 서로 잘 모르는 사람들의 집합이라는 뜻은 아니다. 다시 말해, 평소 서로 잘 아는 사람들이 집합행동을 하는 경우도 있으므로, 집합행동에 참여하는 사람들은 서로 잘 모르는 상태일 것이라고 단정하는 것은 잘못된 것이다.

집합행동은 평상시 별다른 이벤트가 없을 때는 성립되지 않는다. 집합행동은 특정한 사건이 발생하거나 특정한 상황이 전개되어야만 성립되는 것이 일반적이다. 그래서 집합행동과 특정한 사건 및 상황은 서로 밀접하게 연결되어 있으며, 특정 사건과 상황은 집합행동의 전제조건이 된다.

한편, 집합행동은 평상시의 일상적인 행동과는 확연히 다르며, 나름대로의 여러 가지 특징을 가지고 있다.

첫째, 집합행동은 자연발생적인 성격이 강하며, 기존의 규범과 통제를 벗어나 다수의 사람들에 의해 일어난 행동이다. 집합행동은 지금까지의 사회 환경에 대한 불만이 고조에 다다랐을 때, 더 이상 참을 수 없다는 결론에 이르게 되고, 다수의 사람들이 감정적 행동을 행하는 것이다. 이러한 행동은 작게는 사회제도의 일부를 수정하는 데 기여하며, 크게는 사회체제를 바꾸는 사회변동까지도 이끌어낸다.

둘째, 집합행동은 사전에 계획된 조직화된 행동이 아니라 어떤 사건에 의해 우발적으로 일어난 행동성격이 강하다. 역사적으로 잘 알려진 1960년 4.19혁명, 1980년 5.18광주민중항쟁, 1987년 6월 시민항쟁 등은 각각 부정선거, 군사쿠데타, 군사정권의 독재연장 등 특정사건과 상황이 원인이 되었다. 집합행동의 원인으로 말미암아 처음에는 소수의 사람들이 행동개시를 시작하지만, 공감대를 형성한 다수의 사람들이 동참하면서 본격적인 집합행동이 나타나게 된다. 그런 의미에서 집합행동은 '눈덩이를 뭉치는 일'에 비유될 수 있다. 처음에는 주먹만한 크기의 눈덩이로 눈을 뭉치기 시작하지만, 시간이 흐를수록 점점 눈덩이가 커지는 현상이 마치 집합행동의 확대와 유사하다고 볼 수 있다.

셋째, 집합행동에 참여하는 구성원들의 상호작용은 대부분 일시적이다. 어떤 계기로 집합행동이 발생했다 해도, 그것이 영속화되는 것은 쉽지 않다. 그 이유는 집합행동의 원인에 관해 적절한 조치를 취하거나, 집합행동을 물리적으로 제압하여 해산시키면 집합행동은 소멸하기 때문이다. 앞서 말한 4.19혁명은 이승만 대통령의 하야로, 6월 시민항쟁은 국민에 의한 대통령 직접선거 도입발표로 집합행동은 막을 내렸다. 그러나 광주민중항쟁은 군사정권의 물리적 진압으로 많은 사상자를 내고 강제 해산되었다.

일반적으로 집합행동은 기존 사회규범이나 사회체제, 가치관 등에 불만이 증폭될 때 발생하며, 집합행동에 참여하는 사람들의 수가 많으면 많을수록 그 위력이 강해지는 특징이 있다. 또한 집합행동은 군중이 행하는 행동과 공중이 행하는 행동으로 구분할 수 있다. 넓게 보면 군중이나 공중은 인간의 집합체이고 이들 행동을 모두 집합행동으로 볼 수 있다. 또한 이들의 행동 유형은 매우 다양한 형태로 나타난다. 여기서는 이들 행동 유형 중 특징적인 몇 가지를 살펴보기로 한다.

2. 군중행동

군중행동과 관련된 행동은 단기간이며 우발적인 성격이 강하다. 외부로 표출되는 것이 특징이지만 뚜렷한 목적의식은 상대적으로 약한 편이다. 유언비어, 집단히스테리, 공황, 폭동 등이 이에 속한다고 할 수 있다.

1) 유언비어(rumor)

흔히 말하는 루머가 유언비어에 해당한다. 인터넷 등이 활발하게 보급된 정보화 사회에서는 유언비어의 확산속도가 매우 빠르고 광범위하다. 특히 유언비어는 익명성을 담보로 미확인된 정보가 많기 때문에 억울한 피해자를 양산할 수 있다.[3]

루머는 전파과정에서 여러 가지 성격을 가지고 있다. 먼저 사람들이 쉽게 이해될 수 있도록 내용이 간결하고, 내용에 담긴 사실이 한두 가지로 축소되며, 루머를 전달하는 사람들의 정서에 부합하는 내용으로 왜곡되어 퍼져나간다.[4]

따라서 유언비어는 진위를 판별하기 전에 이미 유언비어를 전달하는 사람들이 원하는 방향으로 왜곡되어질 확률이 높다. 그런 의미에서 유언비어는 정상적인 의사소통과는 다른 사회 또는 개인의 불안감과 왜곡된 시각을 표현하는 방법이라고 할 수 있다. 하지만 유언비어라고 해서 모두 거짓이나 사실무근인 것만은 아니다. 유언비어 중 많은 부분이 사실과 다를 수 있지만, 때로는 사실인 것으로 판명나기도 한다. 사실인 내용이 유언비어로 취급되어 전달되는 것은, 기존 언론매체에서 정확한 정보전달 기능을 제대로 수행하지 못할 때 발생한다. 예를 들어 제도권 언론이 독재정권의 억압과 회유에 못 이겨 정상적인 언론 기능을 하지 못할 경우, 유언비어 형태로 사실적 내용이 전파되기도 한다.

2) 집단히스테리(mass hysteria)

집단히스테리는 사람들이 어떤 사건에 관해 지나치게 놀라거나 두려워하는 반응을 보이며 감정을 제어하지 못하고 격앙된 행동을 하는 것을 의미한다.

북한의 김일성 주석이 1994년 7월 8일 새벽에 급성 심장병으로 사망한 일이 있었다. 이 때 평양 시민들은 길거리에 나와 목적지도 없이 여기저기 마구 집단으

3 기어코 일이 터졌다. 또 하나의 생명이 스스로 목숨을 끊었다. 유명 여성 탤런트 최진실 씨가 자택에서 목을 매어 숨졌다. 최 씨의 자살 동기는 평소 절친한 친구였던 정선희 씨 남편인 탤런트 안재환 씨가 얼마 전 거액의 빚 부담을 못 이겨 자살한 후, 세간에 떠돌았던 루머가 직접적인 원인으로 밝혀졌다. 루머의 내용은 최 씨가 위장 사채업자로 변신하여 고 안재환 씨에게 수십억 원의 거액을 빌려 준 것을 비롯해 최 씨에 관한 좋지 않은 내용들이었다. 이 루머의 진원지는 20대 증권사 여직원으로 밝혀졌으나, 이미 루머에 극심한 스트레스를 받던 최 씨는 저세상 사람이 된 후였다(스포츠조선, 2008. 10. 2 참조).

4 G.W. Allport & I.J. Postmand, *The Psychology of Rumor*, N.Y.: Russell & Russell, 1965.

로 돌아다녔다. 이 모습을 보도한 당시 CNN TV뉴스 앵커는 평양시민들의 '집단 히스테리'라고 표현하였다. 당시 북한 인민들은 어버이로 추앙받는 김일성이 설마 죽으리라고는 상상하지 못하였다. 최소한 자신들의 어버이가 보통 사람처럼 허망하게 죽는 것을 용납할 수 없었던 모양이다. 그런데 어느 날 갑자기 심장마비로 사망했다는 소식은 청천벽력과도 같았다. 전혀 예상하지 못한 사건이 터지자 평양사람들은 김일성이 죽고 난후의 세계에 대한 두려움과 공포로 감정을 억제하지 못하고 집단히스테리 현상을 보인 것이었다.

2001년 9월 11일 미국에서 벌어진 항공기 납치 동시다발 자살테러로 뉴욕의 세계무역센터 쌍둥이 빌딩이 무너지고 수천 명의 사상자가 발생하였다. 911테러로 잘 알려진 이 일은 전 세계를 충격에 빠뜨린 사건이었다. 이 사건 이후 미국 정보수사당국은 사건의 배후를 조사하기 시작했다. 그런데 테러사건의 공포가 채 가시기도 전에 미국 내 주요 기관과 인물들에게 백색의 탄저균 소포가 배달된 사건이 터졌다. 이후 많은 미국인들은 우편물 받는 것조차 두려워하였고, 밀가루와 같은 백색가루만 보아도 공포심에 떨어야 했다. 이러한 일련의 사건으로 인한 사람들의 공포심도 집단히스테리의 일종이라고 할 수 있다.

3) 공황(panic)

공황은 갑작스런 극한의 공포심에서 나타나는 비합리적인 자기파괴적인 행동을 말한다. 가령 불타는 건물이나 침몰하는 배에 갇혀 있을 때, 이성을 잃고 먼저 탈출하려고 출구 쪽으로 뒤엉켜 넘어지며 아수라장이 되는 것이 이에 해당한다. 일반적으로 공황은 다수의 사람들이 일시에 사로잡히는 경우는 드물고, 어느 한 사람 또는 소수의 사람들이 공포에 사로잡히면, 이것이 순식간에 다수 사람들에게 전파되는 특징이 있다.

흔히 알고 있는 공황장애도 극도의 공포심과 불안 증상이 원인이 되어 발작을 일으키는 질환이다. 이때의 신체적 증상은 숨이 차고 땀이 나며, 가슴이 답답하고 호흡곤란과 함께 어지럼증과 손발이 떨리는 지경까지 이르게 된다. 사회학적인 공황과 의학적인 공황장애는 다르겠지만, 두 가지 모두 공포와 불안감에서 비롯된다는 점은 유사하다. 어쨌든 공황은 공포와 불안의 전파속도와 전파범위에 의해 그 위력이 달라질 수 있다.

4) 폭동(riot)

폭동은 폭력을 휘두르는 사람들, 즉, 폭도(mob)에 의해 발생하는 군중행동이다. 가끔 TV 등에서 폭동의 모습을 보여주는 경우가 있는데, 방화를 하거나 건물을 파괴하고 다른 사람들을 폭행 및 살인까지 자행하는 모습이 대부분이다. 폭도들은 어떤 표적을 설정하면 그곳에 집중적인 폭동행위를 자행한다. 한 예로, 1992년 발생한 미국 로스앤젤레스 폭동[5] 때, 흑인 폭도들이 한국인과 아시아인이 운영하는 상가를 표적으로 삼아 집중적인 폭동행위를 한 경우가 이에 해당한다.

폭동은 언제든지 다양한 원인과 상황이 주어지면 발생할 수 있는 잠재적 위협요인이다. 즉, 폭동은 인종 간의 갈등, 경제적 빈부격차, 종교적 갈등 등 여러 가지 이유로 발생할 수 있으며, 군중은 자신의 불만감정을 폭력수단에 의지하여 표출하려고 한다.

---

5 미국인뿐 아니라 많은 한국인이 기억하는 폭동 중에 1992년 4월 29일부터 5월 4일까지 발생한 미국 로스앤젤레스 폭동(1992 Los Angeles Riots)이 있다. 이 폭동은 약탈, 폭행, 방화 및 살인까지 저질렀으며, 사망자 53명, 부상자 2,000여 명, 체포구금 11,000여 명이나 되는 대규모 폭동으로 미국과 한국 사회에 큰 파장을 불러왔다. 이 사건은 4명의 로스앤젤레스 경찰관이 흑인 운전수 로드니 킹(Rodney King)을 폭행하는 모습이 TV로 공개되면서 시작되었다. 이 장면이 보도되자 인종차별이라고 여긴 흑인 청년들이 거리로 쏟아져 나와 약탈, 방화, 폭행, 살인을 저지르면서 폭동이 시작되었다.

그런데 이 폭동으로 인해 로스앤젤레스 코리아타운의 90%가 파괴되는 충격적인 일이 벌어졌다. 그 이유는 한국인과 흑인 사이의 갈등이 원인이었다. 좀 더 깊이 들어가 보면, 일부 미국 언론의 보도내용이 문제였다. 언론은 폭동이 시작되자마자 1991년 3월 16일 흑인 빈민 지역인 남부 로스앤젤레스에서 발생한 이른바 '두순자 사건'을 집중 보도함으로써, 한국인과 흑인 사이의 인종 갈등을 부추겼다. 두순자 사건의 내막은 이렇다. 3월 16일 당일 상점을 운영하던 49세의 두순자 씨는, 오렌지 주스를 훔쳐가던 15세 흑인 소녀 라타샤 할린스와 말싸움, 그리고 이어진 난투극 끝에, 두 씨를 때려눕히고 나가던 할린스에게 총을 쏘아 숨지게 한 사건이었다. 이 사건은 고스란히 감시 비디오에 기록되었고, 1년 후에 LA폭동이 일어난 직후, 미국 언론에 의해 크게 보도됨으로써, 마침 로드니 킹 사건으로 불만에 가득 차 있던 흑인들을 자극하였다. 이는 곧 한국인, 그리고 타 아시아인이 운영하는 상점에 대한 흑인들의 불매 시위와 보복 행위를 야기했다.

이후 폭동은 주로 한국인과 기타 아시아인을 향해 진행되었다. 폭동으로 인한 로스앤젤레스시 전체의 피해액(약 7억 1천만 달러) 중 절반이 넘는 금액이 한국인 피해액(약 3억 5천만 달러)이었다. 어처구니없게도 미국 내 경찰과 흑인 간의 갈등이 언론플레이로 말미암아 한국인과 흑인들 간의 갈등으로 비화된 것이다. LA폭동은 역사 속의 한 사건이었지만, 그 상처는 미국인뿐 아니라 재미교포 한국인들에게도 오래도록 남아 있다. http://www.naver.com 등 참조.

3. 공중행동

공중과 관련된 행동은 장소적 개념보다는 동시간대의 시간적 개념이 작용한다. 공중은 특정한 장소에 모인 것이 아닌 공간적 분산이 특징이므로, 동시간대에 반응을 하게 된다. 공동의 이슈에 대한 사람들의 유사한 반응이 공중행동이며, 여기에는 유행이나 여론 등이 있다.

1) 유행(fashion)

유행은 말 그대로 사람들 사이에 확산되어 있는 말, 옷차림, 행동 등을 의미한다. 일반적으로 유행은 선도하는 그룹이 존재한다. 선도하는 그룹이 유명인일수록 유행의 파급력은 커지는 경향이 있다. 예를 들면, 어떤 유명 여가수가 긴치마를 입고 다니는 보수적인 사회에 갑자기 미니스커트를 입고 나타나면 사람들이 받는 충격은 대단하다.[6] 그런데 사람들은 충격과 동시에 동경을 하게 되며 서서히 한두 명씩 따라하게 되고, 급기야 많은 사람들이 따라하면서 유행이 된다.

일반적인 유행은 비교적 오랜 시간 지속성이 있는데, 상대적으로 짧은 기간 동안만 열광적인 유행을 보이는 것도 있다. 짧은 기간에 반짝 열광하는 유행을 패드(fad)라고 하는데, 가령 어떤 라면이나 소주 등의 신제품이 반짝 유행하다가 사라지는 현상과 같은 것이다. 2002년 한일 월드컵 경기 중에 붉은 악마 응원단이 입은 붉은 티셔츠가 한국 사회에 열풍을 불러일으켰다가 월드컵 기간이 끝난 후 사라진 것도 이에 해당한다.

2) 여론(public opinion)

여론은 사회 공중이 공통으로 제시하는 의견을 말한다. 흔히 듣는 국민여론, 비난여론, 빗발치는 여론 등은 여러 가지 공중의 의견을 표현하는 용어의 일부이다.

여론은 일반적으로 중요하다고 인식되는 이슈에 관해 공중의 의견이 어느 한

6 한국의 1960~70년대에 유명 여가수로 활약했던 윤복희 씨. 그녀가 1967년 가수로서 첫 독집음반 '윤복희 스테레오 제1집'을 발표했는데, 이 음반에 미니스커트를 입은 그녀의 아찔한 포즈가 등장하였다. 첫 독집에 실린 이 문제의 사진은 당시 서울 서소문 고가도로 위에서 찍은 것으로 음반에 앞서 언론에 보도되자마자 사회 각계에 큰 논란을 불러일으켰고, 그 뒤 한국 사회에 미니스커트 유행을 불러일으키는 계기가 되었다. http://cafe.daum.net/sheou 참조.

방향 또는 태도를 형성하는 것[7]을 의미한다. 그런데 여론은 상당부분 의도적인 선전(propaganda)에 의해 조작될 위험성도 있다. 조작이라고 해서 꼭 부정적인 것만은 아니지만, 최소한 의도적인 목적을 갖고 있는 그룹에게 이용당할 수도 있다. 많은 부분 여론은 어느 날 갑자기 우연하게 형성된 것이 아닌, 일부 의도된 목적을 갖는 그룹에 의해 형성되고 통제된다.

현대사회는 정보화 사회이기 때문에 인터넷 등 발달된 컴퓨터 매체를 통하여 유사한 사고를 가진 사람들이 공중을 형성하고 있다. 이들은 각자의 생각을 온라인 상에 개진하고 토론하며, 그 과정에서 여론을 만들어간다. 정보화 사회에서는 공중이 만들어내는 여론이 강력한 힘을 발휘하는 경우가 많아지고 있다.

제3절 사회운동

1. 사회운동 의미

사회운동은 집합행동 중에서 상대적으로 조직적이고 체계적으로 이루어진 대중운동이라고 할 수 있다. 터너(R. Turner)는 사회운동에 대해, "사회나 특정 집단의 변화를 유도하거나 또는 이들 변화에 대항하기 위해 상당한 지속성을 갖고 비교적 조직적이고 체계적으로 움직이는 다중에 의한 운동"[8]이라고 정의하고 있다. 사회운동은 우연히 발생하는 것이 아니고, 어떤 사회적 상황조건이 있을 때 발생한다. 사회운동은 현재 생활에 대한 사회적 불만이 누적되어 가며, 그러한 불만을 해소하기 위해 노력했는데도 성과가 별로 없을 때, 사회성원들끼리 집단을 형성하여 조직적으로 저항하면서 일어난다.

그런데 사회운동이라고 해서 언제나 변화를 가져오려는 것만은 아니다. 반대로 어떤 변화에 위협을 느끼고 이를 저지하려는 목적의 사회운동도 있다. 전자처럼 변

7 Bernard Hennessey, *Public Opinion*, North Scituate, Mass: Duxbury, 1975, p. 5.

8 Ralph Turner and I.M. Killian, *Collective Behavior*, 3rd ed., Englewood Cliffs, N.J.: Prentice-Hall, 1987, p. 7.

화를 추구하는 것을 변동 지향적(proactive) 사회운동이라 하고, 후자처럼 변화에 저항하는 것을 반동적(reactive) 사회운동이라 한다.9

사회운동은 사회적 불만이 있다고 해서 곧바로 일어나지 않는다. 참을 때까지 참다가 더 이상 기존 제도권에서 개선의 희망이 사라질 때 사회운동이 발생한다. 그런 의미에서 사회운동은 '인내의 한계를 넘어설 때 발생하는 집단저항'이라고 할 수 있다.

사회가 복잡해질수록 사회운동이 발생할 요인이 많아진다. 이를테면 고용문제, 도시환경문제, 주택문제, 복지문제, 소비자보호문제, 방사능오염문제 등 과거 사회에서는 그다지 문제되지 않았던 것들이 현대사회에서는 문제가 되고 불만이 폭발할 수 있는 것들이다. 이러한 문제들은 시간이 흐를수록 더 복잡해지고 이해관계가 얽힌 사람들이 늘어나게 만든다. 그만큼 현대사회는 사회운동이 발생할 이슈들이 늘어가고 있다.

한편, 사회운동은 나름대로의 몇 가지 특징 및 성공요건을 갖고 있다.10

첫째, 사회운동은 뚜렷한 목표를 갖고 있는데, 그것은 목표 없는 사회운동이 존재할 수 없기 때문이다. 일반적으로 사회운동은 사회변동을 일으키고자 하는 목적 지향적 특성을 갖고 있다.

둘째, 사회운동은 참여자들 사이에 역할분화가 이루어진 조직형태와 일정한 의식행위로 상호 의사소통을 한다. 특히 사회운동 참여자들은 슬로건이나 노래 등 비교적 단순한 의식행위로 참여를 독려하고 결속하려고 한다.

셋째, 사회운동은 목표달성을 위해 사회적으로 수용되고 있지 않은 수단, 즉, 데모나 혁명 등을 이용하기도 한다. 물론 이러한 급진적인 수단이 아닌 제도권과 유사한 프로그램을 이용하여 점진적인 사회변혁을 가져오기도 한다.11

넷째, 사회운동은 지속적이고 반복적으로 이루어진 후, 제도화 단계에 편입되는 면도 있다. 여성인권과 권익향상을 위한 사회운동을 지속적으로 펼친 결과, 고위

9 J.M. Henslin, *Sociology: A Down-to-Earth Approach*, Boston: Allyn and Bacon, 1995. p. 598.

10 Ritzer et al., *Sociology*, Boston: Allyn and Bacon, 1979, pp. 553~554; A. Giddens, *Sociology*, Cambridge: Polity Press, 1992, p. 624.

11 소비자고발을 통한 소비자권익향상 운동, 환경오염의 심각성을 고발하여 환경문제를 해결하는 환경운동, 성적 차별이나 장애인, 재소자 등의 인권차별을 해소하기 위한 인권운동 등은 데모나 혁명과는 다르게 상대적으로 온건한 방법을 통한 사회변혁을 가져오는 운동이다.

직 공무원이나 위원회 등에 여성할당제를 도입한 것도 이에 해당한다. 부모의 재산 상속에서 아들과 딸이 동등한 분량의 상속을 받게 한 제도 성립도 남녀불평등을 타파하기 위한 사회운동의 결과물이다.

이 외에도 사회운동의 특징과 성공요건은 여러 가지가 있지만, 일반적으로 사회운동의 성패는 참여하는 사람의 수에 달려 있다고 해도 과언이 아니다. 참여자의 수가 많을수록 사회운동이 성공할 가능성이 높고, 그러기 위해서는 이데올로기가 비교적 뚜렷해야 하며, 목표달성을 위한 구체적인 프로그램을 구비하고 있어야 한다.

2. 사회운동 유형

사회운동 유형에 관해서는 연구자마다 다양한 분류기준에 의해 그 종류와 내용을 설명하고 있다. 예를 들면, 사회운동을 사회 현상유지와 변동의 이념에 의한

표 8-1 사회운동 분류기준과 유형

분류기준	유 형
현상유지와 변동의 이념	• 복고주의(전통으로 복귀운동: 개신교의 오순절 운동, 단군사상 고취운동 등) • 보수주의(현상유지운동: 보수당의 정책 등) • 개혁주의(점진적 변화: 여성인권운동, 흑인인권운동 등) • 급진적 혁명(민주화 혁명, 공산주의 혁명 등)
변화대상과 강도	• 개선적(새마을운동 등) • 구원적(종교 복음운동 등) • 개혁적(교육개혁 등) • 변혁적(혁명, 종교개혁 등)
지향하는 목표	• 가치지향적(여성운동, 독립운동 등) • 권력지향적(쿠데타, 분리주의운동 등) • 참여지향적(표출적 운동 등)
체계성과 계획성 정도	• 데모 • 개혁운동(소비자운동 등) • 혁명

자료: 김경동, 현대의 사회학, p. 449 참조.

분류, 변화대상과 강도에 의한 분류, 또는 지향하는 목표에 의한 분류, 체계성과 계획성 정도에 의한 분류 등의 방식으로 다양하게 유형화하고 있다.

1) 현상유지와 변동이념에 의한 분류

현상유지와 변동 이념에 따른 사회운동은, 복고주의(revitalistic), 보수주의(conservative), 개혁주의(reformative), 급진적 혁명(radical revolutionary)으로 분류할 수 있다.[12]

복고주의 사회운동은 현 사회상황에 대한 문제점과 불만으로 과거의 사회문화로 되돌아가자는 운동이다. 대체로 급격한 사회변화에 따른 가치관과 사회관계의 혼란이 커질 때 발생하는 유형이다. 예를 들어, 물질만능주의 사회변화에 의한 종교의 세속화가 심해질 때, 종교 탄생 초창기의 순수 신앙을 되찾자는 운동이 이에 해당한다.

보수주의 사회운동은 변화에 대해 반대함과 동시에 현상유지를 고수하려는 운동이다. 주로 기존의 사회제도에 의해 이익을 얻는 집단이 보수주의를 강하게 추종한다. 이들은 기존 제도와 질서를 무너뜨리는 것 자체를 싫어한다. 따라서 현 상황의 변화를 초래하는 것이 복고적이든, 진보적이든 간에 상관없이 모두 거부하는 특성을 갖고 있다.

개혁주의 사회운동은 현재 시행하고 있는 사회제도들을 개혁 또는 수정하는 것을 목표로 이루어지는 운동이다. 예를 들면, 소비자권익보호운동, 여성에 대한 임금차별철폐운동 등이 이에 해당한다. 개혁주의 사회운동은 기존 질서를 송두리째 바꾸려는 것이 아니라. 현 제도가 자신들에게 부족하거나 기만적이라는 생각을 갖고서 이를 시정하려는 차원에서 행해진다. 즉, '제한적 사회변화'를 추구하는 운동이라고 할 수 있다.

급진적 혁명은 현 사회구조 전체를 송두리째 바꾸거나 대체하려는 운동이다. 사회학적 의미의 혁명은 산업혁명이나 조직혁명과는 다른 의미로서, 정치권력을 장악한 사회구조 변혁운동을 말한다. 영국의 명예혁명, 프랑스 대혁명 등은 자국 내의 사회구조를 변혁시켰을 뿐 아니라 인류역사의 흐름을 바꾸는 계기가 되었다.

12 R. Federico, *Sociology*, Reading, Mass.: Addison-Wesley, 1975, p. 643.

2) 변화대상과 강도에 의한 분류

변화의 대상과 강도에 의한 사회운동은, 개선적(alternative), 구원적(redemptive), 개혁적(reformative), 변혁적(transformative) 운동으로 분류할 수 있다.[13]

개선적 사회운동은 구성원 개개인의 사고와 행동의 일부를 바꾸려는 운동이며, 부분적인 개선을 시도하고 있다. 가령 알코올중독이나 과다흡연을 개선하려는 운동이 이에 해당한다.

구원적 사회운동은 구성원 개개인의 사고와 행동을 총체적으로 바꾸려는 운동이며, 개인 인격을 근본적으로 변화시켜 구원하려는 시도를 한다. 가령 종교집단에서 개인의 인간성을 통째로 개조시켜 부패한 생활에서 구원하려는 행위 등이 이에 해당한다.

개혁적 사회운동은 사회 전체를 변화시키는 것이 아니라, 사회 일부를 변화시키려는 의도이다. 대학입시제도의 개혁과 같은 것이 이에 해당한다.

변혁적 사회운동은 사회 전체를 포괄적으로 바꾸려는 시도이다. 이 운동은 사회의 재구조화를 포함한 급진적인 사회운동이라고 할 수 있다.

3) 지향하는 목표에 의한 분류

어떤 목표를 지향하며 목표의 초점은 무엇인가에 따른 사회운동은, 가치지향적(value oriented), 권력지향적(power oriented), 참여지향적(participation oriented) 운동으로 분류할 수 있다.[14]

가치지향적 사회운동은 사회 구성원의 일부 또는 특정 집단에 이익을 주는 변화를 추구하고 있다. 사회 내의 여성들이 편견과 차별을 받고 있다면 이를 바로잡기 위한 여성인권운동 등이 이에 해당한다. 가치지향적 운동은 정당한 수단을 사용하여 목적달성을 추구하며, 운동이 지향하는 변화목표는 사회 내의 일반화된 가치와 연관성이 높아야 성공확률이 높다.

권력지향적 사회운동은 쿠데타와 같이 정치권력을 장악하려는 소수집단의 행동이다. 권력지향적 운동은 소수그룹의 이익을 강하게 추구한 나머지 뚜렷한 이념

13 Giddens,1992, p. 625; Henslin,1995, pp. 598~599.

14 R.H. Turner and L.M. Killian, 1987.

이 부족하다. 상황에 따라서는 이념조차 자신들의 행동을 정당화하는 수단으로 활용하기도 한다. 전형적인 쿠데타뿐 아니라 분리주의 운동, 게릴라식 폭력활동, 미국 남부에서 흑인탄압을 자행한 큐클락스 클랜(Ku Klux Klan)운동[15] 등이 이에 해당한다.

참여지향적 사회운동은 표출적 운동의 일종으로서, 운동 자체에 참여하는 것만으로도 만족감을 얻는다. 이 운동은 어떤 사회질서 변화나 권력획득과 같은 구체적인 목표가 있는 것이 아니다. 운동 참여자들은 자신들이 겪는 현실적 고통을 스스로 이겨낼 힘은 없지만, 누군가 자신들을 구원해 줄 것이라는 믿음 내지 환상을 가지고 있다. 참여지향적 사회운동은 주로 종교적 의식과 행동에서 많이 나타나는데, 메시아의 출현 또는 위대한 신의 출현을 갈망하는 내세중심의 운동이다. 한 예로, 미국 인디언족의 '유령무도'(ghost dance)와 같은 의식 참여행위는 언젠가 위대한 유령이 나타나 백인들을 완전히 삼켜버릴 것이라는 믿음과 환상에 의지한 운동이다.[16] 이는 인디언족 스스로 백인들을 어떻게 할 수 없다는 현실적 한계를, 환상세계의 신의 힘으로 한풀이를 하고 싶은 소망에서 비롯된 것이다.

4) 체계성과 계획성에 의한 분류

체계성과 계획성에 의한 분류는 기존 연구에는 없지만, 여기서는 구체적인 사회운동 중 비교적 체계적이며 계획적인 요소가 강한 사회운동을 중심으로 분류해 보기로 한다. 사회운동 중 데모와 개혁운동, 혁명 순으로 체계성과 계획성이 강화된 것으로 볼 수 있으며, 이들을 구체적으로 살펴보면 다음과 같다.

데모는 사전에 계획된 것이지만 조직력에 있어서는 엉성한 편이다. 데모를 이끄는 핵심그룹은 자신들의 주장을 가능한 많은 사람에게 알리고자 한다. 데모의 성패는 참여자의 수에 달려 있으며, 참가자 수가 많을수록 자신들의 주장이 정당성을

15 큐클락스 클랜(Ku Klux Klan)운동은 미국 남북전쟁 직후에 설립되어 1870년대까지 계속된 조직과 1915년에 창단되어 현재까지 지속되고 있는 조직을 의미한다. KKK는 원래 남부 연합 참전용사들의 친목단체였다가 남부 백인들의 지하 저항조직이 되어 흑인들을 겨냥한 협박과 폭력으로 백인 우월주의를 확립하려 했다. 20세기의 KKK는 미국의 이민배척주의 전통에 두고 있으며, 애국심과 옛 남부에 대한 향수를 바탕으로 하였다. 이들은 흑인은 물론이고, 유대인들, 외국인들, 조직화된 노동자들에 대해서도 편견을 가지고 있었다. 1960년대 민권운동이 활발할 당시 KKK는 폭탄 테러, 총격사건 등을 일으키기도 했다. 20세기 말까지도 일부 비밀활동을 계속했으나, 폭력사건은 줄어들었고, 회원은 수천 명으로 감소했다. 자료: Daum백과사전 참조.

16 Henslin, 1995, p. 599; 김경동, 현대사회학, 2007, p. 453.

획득하게 된다. 아무리 훌륭한 주장일지라도 참여자 수가 적고 대중의 호응을 얻지 못하면 실패한 데모가 된다.

개혁운동은 지속적이며 점진적 개선을 목표로 한다. 여성인권향상을 위한 여성단체 운동, 소비자권익 보호를 위한 소비자단체 운동, 경제정의를 실현하기 위한 관련단체의 운동 등이 이에 해당한다. 이와 같은 개혁운동은 사회 전체를 개조하기보다는 일부라도 조금씩 개선하여 궁극적으로 완전한 개선을 목표로 한다. 1950년대부터 불기 시작한 미국 내 흑인민권운동도 이와 같은 경우이다.[17]

혁명은 사회일부를 개선하려는 개혁운동과는 다른 기존 사회체제를 전면적으로 부정하고 새로운 사회체제를 설립하려는 운동이다. 혁명은 사회구성원들의 봉기에 의해 이루어지기 때문에, 소수 집단이 무력으로 정권을 빼앗는 쿠데타와는 성격이 다르다.

혁명 발생 원인에 대해서는 다양한 의견이 많지만, 몇 가지로 정리하면 다음과 같다. 혁명은 사회계층의 양극화가 심화되거나 사회적 이동의 기회가 제약될 때, 이로 인한 상대적 박탈감이 팽배할 경우 발생한다. 또한 기존지배계급 리더십에 대한 신뢰감이 무너지고, 지배계층 내의 갈등이 격화될 때, 정부의 무능과 비효율성 및 재정적 파탄등도 혁명발생의 소지를 제공할 수 있다.[18]

혁명의 과정을 보면 대략 다음과 같은 순서를 거친다.[19]

① 최초의 정치적 소외 발생

② 혁명적 조직체 발생

③ 혁명세력의 대중 호소와 지성인들의 혁명 동조

---

17 1950년대 미국사회는 백인과 흑인의 구분이 뚜렷하여 버스나 벤치와 같은 공공장소에서 백인과 흑인의 전용 칸이 따로 존재했다. 그런데 1955년 12월, 알라바마주 몽고메리 시의 흑인 여성 로자 파크스가 버스 안의 흑인칸이 만석이 되어 백인 전용 칸에 앉았다. 버스 기사는 그녀에게 흑인 전용 칸으로 옮겨가라고 하였으나 흑인 전용 칸은 만석이었기에 그녀는 옮겨가지 않았다. 그 결과 그녀는 '흑백인종분리법' 위반으로 체포되었다. 이에 흑인지도자들은 시내 모든 버스에 대한 승차거부와 백인이 운영하는 상점 이용을 거부하였다. 이 사건은 연방 지방 법원과 미합중국 대법원에 의해 위헌판결이 내려졌고, 흑인민권운동은 새로운 국면을 맞이하였다. 즉, 이 사건을 계기로 흑인들은 그들의 인권과 자유를 되찾기 위해 조직적인 대중시위를 펼치게 되었다. 이후 지속적으로 많은 흑인민권운동을 시도한 끝에 1964년 미국 민권법(Civll Rights Art) 제정이라는 결실을 맺게 되었으며, 이후 흑인민권보호는 더욱 강화되었다. 위키백과, 우리들의 백과사전 참조.

18 H.M. Hodges, Jr., *Conflict and Consensus*, N.Y.: Harper and Row, 1974, pp. 432~435; J.V. Baldridge, *Sociology*, N.Y.: Wiley, 1975, pp. 329~330.

19 Hodges, 1974, p. 435; Baldridge, 1975, pp. 330~333.

④ 혁명세력들 간 연대형성

⑤ 비폭력적인 혁명시도

⑥ 폭력적인 혁명의 발발과 혁명성공

⑦ 혁명세력 내 온건파의 통치

⑧ 혁명세력 내 극단론 또는 급진파의 권력 장악

⑨ 공포정치 시작

혁명이 성공한 후에는 혁명세력 내의 온건파가 권력구조를 조직하고 급한 현안처리부터 실시한다. 하지만 온건파의 정치는 이내 강경파의 반발에 직면하게 된다. 강경파 입장에서는 온건한 정책들이 혁명의 정신을 제대로 이어가지 못한다는 불만을 갖게 된다. 온건파와 강경파의 대결은 대부분 강경파의 승리로 끝난다. 그것은 강경파의 논리가 더 먹혀들기 때문이다. 대부분 혁명은 온화한 것보다는 과격한 면이 강하므로 강경파의 논리가 호소력을 더 갖게 되고 온건파와의 대결에서도 유리한 위치에 있다.

여하튼 혁명의 성공으로 기존체제가 무너졌다 해서 모든 것이 끝난 것이 아니다. 혁명 이후가 더 혼란스럽고 문제가 많을 수 있기 때문이다. 혁명 후 온건파와 강경파의 대결, 강경파에 의한 공포정치 실시 등 혁명 이후 과정이 순탄하지 않는 것이 보통이다.

일반적으로 혁명이 성공한 후에는 잠시 동안 온건파가 집권을 하다가 강경파와 대결을 벌이게 되고, 온건파를 누른 강경파가 집권을 한다. 그러나 강경파의 집권은 숙청과 공포, 테러로 얼룩져 사람들의 원망을 사게 되며, 혁명세력 내에서조차 갈등과 분열이 극심한 혼란의 도가니 속으로 빠져든다.[20] 이러한 혼란상황을 수습하고자 새로운 강력한 세력과 인물이 등장하는데, 이것이 강경파에서 마지막 전체주의적인 강자(强者)의 손으로 넘어가는 과정이다.

프랑스 대혁명 이후 사회혼란을 틈타 정권을 잡은 나폴레옹이나 러시아 볼셰

20 프랑스 혁명기간 중 1793년 9월 5일부터 1794년 7월 27일까지 실시되었던 강경파의 독재정치가 로베스피에르(Robespierre)에 의해 실시되었다. 그의 공포정치 기간 동안 파리에서는 처형사태가 물결처럼 번졌으며, 경제적으로는 물가통제 일환으로 최고가격제를 실시했고, 종교적으로는 비(非)그리스도교화 운동이 일어났다. 그의 공포정치 기간 동안, 약 30만 명이 체포되었고, 17,000명이 처형당했으며, 많은 사람들이 감옥에서 죽거나 재판도 못 받고 즉결 처분으로 처형되었다. 그러나 로베스피에르의 공포정치에 두려움을 느낀 반대파의 계획에 의해 그는 실각하고 단두대에서 처형당했다. 이를 가리켜 '테르미도르의 반동'이라 부르는데, 프랑스 달력에 7월을 테르미도르라고 한데서 유래된 것이다.

비키 혁명 이후 사회혼란 과정에서 정권을 잡은 스탈린 등이 예이다. 한마디로 '혁명을 왜 했을까?' 할 정도로 혁명 전보다는 혁명 후가 더 혼란을 가져올 수 있다. 어쨌든 강자에 의한 정권획득 시점에는 혁명의 열기는 식고, 혁명세력 내의 강경파들이 밀려나고 다시 온건파와 일부 과거 전통이 복구된다. 이때는 오랜 만에 다시 평화와 균형이 찾아오는 듯 보인다. 그렇지만 혁명 이전의 사회로 회귀하지는 않는다.

결과적으로 혁명이 일어날 정도가 되면 구체제의 모순이 매우 극에 달했다는 증거이다. 대부분의 부조리나 사회적 모순은 온건적이며 점진적인 개혁운동으로 개선하려고 한다. 그러나 이마저도 도저히 이루어질 가망성이 없고, 기존체제로는 사회문제를 해결할 기미도 안보이고 능력도 없다고 판단될 때, 시민들은 열화와 같이 봉기에 참여하게 된다. 다시 말해 혁명은 사람들이 참다못해 일어나는 마지막 '생존의 몸부림'이라고 할 수 있다.

3. 사회운동 과정

사회운동은 나름대로의 생애주기(life cycle)를 갖고 있다. 처음부터 목표가 뚜렷하고 조직적인 것은 아니며, 철학자 호퍼(E. Hoffer)의 말대로 일부 참신자(true believer)[21]에 의해 주도되는 다소 엉성한 상태에서 출발한다. 그러다가 점차 조직적이고 체계적인 방법으로 대중들에게 운동의 이념이 스며들기 시작하며 성장하는 과정을 거친다.

여기서는 사회운동의 과정을 초기단계, 대중화단계, 공식화단계, 제도화단계로 구분[22]하여 살펴보도록 한다.

초기단계(preliminary stage)는 사회상황에 대해 불만 있는 사람들이 하나 둘씩 늘어가는 단계이다. 마치 큰 눈사람을 만들기 전의 작은 눈덩이가 뭉쳐지는 단계와 같다고 할 수 있다. 사람들은 사회문제에 대해 문제를 인식하고 혼돈 속으로 빠져들지만, 어떤 방향으로 어떻게 행동할 것인지는 정하지 못한다. 이때는 유언비어도

21 호퍼는 사회운동에 민감한 사람들을 참신자라고 지칭하였다. 이들은 어떤 이념적, 사상적 이유보다는 다분히 감정적, 심리적인 이유, 즉, 현실의 무의미함과 소외를 벗어나서 도피처를 찾고 싶은 마음에서 사회운동에 참여한다. E. Hoffer, *The True Believer*, N.Y.: New American Library, 1958; 김경동, 2007, p. 459.

22 Henslin, 1995, pp. 606~607.

점차 늘어가며 개인들의 고립감도 증폭된다. 일부 선동가들은 이 상황을 놓치지 않고 사람들을 선동, 자극하여 의식화에 앞장선다. 그러나 선동가들조차 아직은 뚜렷한 이데올로기나 행동지침을 제공하지 못하는 단계이며, 구체적인 조직이나 체계성도 부족하다. 초기단계는 조직구조에 의한 인간관계가 아닌 감정적인 유대로 연결되어 있으며, 상호 헌신적인 면이 강하다.

대중화단계(popular stage)는 사회상황에 대한 불만이 자신뿐 아니라 다른 사람들도 불만이 있다는 것을 알고, 서로 공유된 의식으로 묶이는 단계이다. 대중화단계에서는 사람들이 사회문제를 느끼고 쟁점사항을 토론하며 친목을 다진다. 동시에 집단의 정체성도 생기기 시작하고 내집단과 외집단, 즉, 우리와 그들의 구별도 뚜렷해지기 시작한다. 이 단계의 리더 역할은 주로 카리스마적인 지도자가 많은 역할을 수행하며, 향후 비전을 소개하고 대중들을 감동시키며 문제해결방안을 간략하면서도 현실성 있게 제시한다. 그런 과정을 통하여 운동의 목표가 점점 또렷해지고 조직체계도 조금씩 자리 잡아 간다. 그러나 여전히 완전한 공식화단계에는 이르지 못하고 다소 느슨한 상태로 유지되어 간다.

공식화단계(formal stage)는 대중화 단계의 흥분과 열정을 가라앉히고 보다 구체적인 프로그램과 목표달성 수단을 강구하는 단계이다. 운동 지도부는 열띤 토론을 거쳐 이데올로기를 정립하고, 향후 운동방향을 정하며, 성원들의 결속을 위한 분명한 가치를 만들어간다. 조직체계도 정비하여 서열과 분업체계를 구축하고 규칙과 절차도 만들어가는 등 세련된 운동단계를 보인다. 이 단계의 리더는 지식이 풍부한 사람뿐 아니라 정치적 수완이 있는 사람도 필요하다. 지식이 풍부한 사람은 구성원들의 사상을 정립해주고, 정치적 수완이 있는 사람은 외부로부터 각종 자원, 즉, 자금이나 인력 등을 유치해 오는 일을 한다.

제도화단계(institutional stage)는 운동이 성공하여 운동 목표들이 사회 내에 수용되는 단계이다. 예를 들어 소수의 뜻있는 사람들이 소비자보호를 위한 운동을 시작하여 점차 대중들의 호응을 얻고, 나아가 제도권에 흡수되어 공식적으로 소비자보호 기관이 설립된 것이 이에 해당한다. 제도화단계는 운동 초기의 감정과 열정보다는 객관적인 제도를 기반으로 기존질서의 한 부분으로 편입된다.

이와 같이 사회운동은 생애주기를 가지면서 성공하기도 하고, 실패하기도 한다. 실패한 사회운동을 보면, 각 단계마다 실패할 요인이 복병처럼 깔려 있다. 가령 초기단계와 대중단계는 지도자 스스로 열정이 식는다든지, 기존제도의 지배층으로부터 핍박과 압력을 당한 끝에 소멸할 수 있다. 공식화단계와 제도화단계는 운동의 리더들이 기존제도권 지배세력의 회유나 협박에 의해 흡수당하는 경우와 운동권 내부의 분열로 와해되는 경우이다. 특히 공식화나 제도화단계는 운동권 내부의 세력다툼, 파벌조성, 불만 등이 많아지는 시기이다. 실패한 사회운동의 많은 부분이 운동권 핵심그룹 내의 파벌과 분열에 기인한다는 것은 익히 알려진 사실이다.

사회운동에 대한 기존질서 지배세력의 대응방법은 흡수와 억압을 사용한다. 흡수(co-optation)는 운동의 핵심세력을 제도권 내로 끌어들이는 것이며, 여기에는 설득이나 협박, 매수 등의 수단이 동원된다. 또는 운동의 이념을 수용하여 적극적으로 제도화시키는 방법도 동원되는데, 이 경우가 비교적 이상적인 운동 목표 달성에 해당한다. 억압(repression)은 운동 자체를 탄압하여 소멸시키려는 것으로, 악평을 통한 반대여론 조성, 핵심그룹 수사, 자금줄 차단 등의 수단이 동원된다. 악평을 통한 억압방법은, 운동이 공공이익에 해로운 것이거나 민주질서를 파괴하려는 불순분자들의 사악한 행위라는 등의 낙인을 찍어 반대여론을 조성하고 운동의 힘을 약화시키려는 방법이다. 사회운동은 제도화단계에 진입할 때 성공한 것으로 간주되며 기존질서의 일부분에 편입된다. 그러나 다른 의미로 보면, 제도화단계 진입은 더 이상 사회운동이 진행될 명분이 사라지기 때문에 사회운동의 무덤에 비유할 수 있다.

제9장 SOCIOLOGY

사회계층과 이동

9

사회계층과 이동

제1절 사회계층 의의

1. 계층발생 원인

사회구성원끼리 평화롭게 공동체 생활을 하며 잘난 사람도 못난 사람도 없이, 누구나 똑같은 위치에서 똑같은 분량을 가지고 살아간다면 지극히 이상적인 사회라고 할 수 있다. 그러나 불행하게도 사회는 어떤 기준으로든 우위에 있는 사람과 그렇지 못한 사람으로 나누고자 한다. 이른바 사회계층이 발생한다. 이것은 인간이 공동생활을 시작하면서부터 이미 태동하고 있었다 해도 과언이 아니다.

무엇이 사회계층을 만들었는가에 대한 의견은 분분하다. 계층발생의 원인을 제시하라고 하면, 사람마다 수십 수백 가지가 넘을 수도 있다. 가령 태어날 때부터 체격이나 생김새가 다른 것이 원인일 수 있고, 후천적인 연령의 차이, 건강의 차이도 원인일 수 있다. 또는 수직적 분업의 조직구조가 계층발생의 원인일 수 있고, 적은 수의 권력 자리가 원인일 수 있으며, 돈이 많고 적음도 계층발생의 원인이 될 수 있다. 이와 같이 계층 발생의 원인은 매우 많다.

그런데 한 가지 분명한 것은, 갈등 있는 곳에 계층이 발생한다는 것이다. 예를 들면, 권력 자리를 두고 서로 차지하기 위해 갈등하다가 권력 자리를 차지한 자와 그렇지 못한 자 간의 계층이 발생한다. 돈을 서로 많이 벌려고 갈등한 끝에 돈이 많은 자와 그렇지 못한 자 간의 계층이 발생한다. 이렇듯 갈등이 존재하는 곳에서 계층도 발생하며, 계층 발생은 갈등의 결과물이라고 할 수 있다. 그 이유는 갈등과정을 통해 얻고자 하는 것을 얻은 자와 그렇지 못한 자 간의 계층이 형성되기 때문이다.

갈등은 풍부하거나 개인의 몫이 확실히 보장된 곳에서는 일어나지 않는다. 즉, 우리가 일상생활을 하면서 공기를 서로 먼저 흡입하려고 다투지 않는다. 그것은 공기가 풍부하기 때문이다. 학교에서 책상을 먼저 차지하려고 다투지 않는다. 그것은 학생 개인마다 한 개씩의 책상이 보장되기 때문이다. 이런 논리로 볼 때, 계층 발생은 풍부한 대상이나 개인 몫을 보장하는 곳에서는 발생하지 않으며, 갈등 없는 곳에 계층이 발생할 확률은 거의 없다는 것을 알 수 있다.

그렇다면 갈등은 왜 발생하는가에 대한 의문이 든다. 이에 대해서는 '희소가치(scarce value)의 존재'가 원인이라고 할 수 있다.[1] 인간의 욕구는 무한대인데 가질 수 있는 재화나 권력 등은 소수에 불과하다. 이렇듯 풍부하지 못한 상황은 필연적으로 갈등을 야기할 수밖에 없고, 결국 희소가치를 차지하거나 또는 더 많이 차지한 사람과 그렇지 못한 사람 간의 계층이 발생하는 것이다.

계층을 형성하는 요소는 사회마다 다를 수 있다. 어떤 사회에서는 고급주택을 소유한 사람과 그렇지 못한 사람간의 계층이 발생하지만, 다같이 원시사회 형태로 집을 짓고 사는 사회에서는 주택으로 인한 계층 발생은 거의 일어나지 않는다. 초원에서 목축을 생업으로 하는 사회에서는 양이나 말의 숫자가 계층을 결정짓지만, 공업지역사회에서는 양이나 말의 숫자로 계층이 발생하지 않는다. 이와 같이 계층 현상의 원인이 되는 요소도 사회 또는 지역마다 다르게 작용한다.

결국 사회계층 현상은 희소자원을 둘러싼 갈등과정의 산물이며, 사회적 불평등을 표면적으로 보여주는 것이라고 할 수 있다.

1 Ralf Dahrendorf, "Out of Utopia: Toward a Reorientation of Sociological Analysis", *American Journal of Sociology*, Vol. 64, 1958.

2. 계층의 영향

사회계층은 개인 및 사회에 많은 영향을 준다. 계층이 없으면 개인 간의 우열도 사라져서 이상적일 수 있다. 하지만 현실은 어느 사회든 간에 계층이 존재한다. 이러한 계층현상이 개인과 사회에 어떻게 영향을 미칠 것인가를 살펴보기로 한다.

첫째, 계층현상은 개인으로 하여금 '노력의 동기'를 부여한다. 내가 처한 위치가 하위에 머물러 있으면 공부든 돈이든 어떤 수단을 통해서라도 상위계층에 올라가기 위한 노력을 하도록 만든다. 계층 없는 세상에는 특별한 인센티브가 부족하기 때문에 노력에 대한 동기부여가 적을 수밖에 없다. 하지만 계층구조하에서는 상위계층이 주는 매력으로 인해 자신을 더욱 채찍질한다. 공무원집단에서 상위계급으로 승진하기 위한 노력, 기업체에서 상위직위로 승진하기 위한 노력 등이 이에 해당한다.

둘째, 계층현상은 소위 '끼리끼리 문화'를 형성하도록 한다. 상위계층은 그들만의 독특한 문화를 형성하고, 하위계층 또한 그들만의 문화를 형성한다. 조직이나 집단 내에서도 계층에 따라 문화가 형성되는 경우도 있다. 가령 기업체 사장들끼리는 그들만의 문화가 형성될 수 있다. 즉, 그들만의 은어, 제스처, 애용하는 운동, 특정한 만남의 장소 등이 존재할 수 있다. 반면에 기업체 직원들은 사장들과는 다른 문화가 형성될 수 있다. 이것은 다른 조직에서도 마찬가지다. 다시 말해 계층에 따른 문화형성은 동급계층의 결속을 다지며, 구성원 간의 의사소통 방식, 가치관의 공유 등을 촉진시키는 역할을 한다.

셋째, 계층현상은 계층 간의 '사고와 행동지향의 차이'를 가져올 수 있다. 계층현상으로 인한 끼리끼리 문화가 형성된 후에는 그들만의 빈번한 접촉과 의사소통이 어느덧 개인의 사고방식과 행동 방향에도 영향을 미친다. 시간이 흐르면서 그들만의 유사한 사고방식이 형성되고 행동방식도 유사해져 간다. 정치적인 이슈나 사회문제에 관해서도 점점 유사한 사고와 행동양식을 보이고 많은 면에서 공유된 감정도 갖는다. 이런 상태가 지속되면 계층별로 사고방식과 행동양식의 차이를 수반하게 된다. 문제는 계층별 사고와 행동의 차이가 오래 지속되면 서로 이해하지 못하는 영역이 많아지고, 자칫 계층 간 갈등으로 비화될 소지가 다분하다. 따라서 지나친 계층현상의 고착으로 말미암아 계층 간 갈등관계가 오래 지속되지 않도록 중간마다 처방을 해야 한다. 그렇지 않으면 계층갈등으로 말미암아 사회는 불안정으로 빠져들 위험성이 크다.

넷째, 계층현상은 개인의 '삶의 기회'에 영향을 미친다.[2] 삶의 기회에는 인간의 수명, 학업, 결혼, 사회적 대우 등 다양한 요소가 포함된다. 이것들을 포착할 기회가 곧 삶의 기회이다.

그런데 삶의 기회는 공평하게 분배되는 것이 아니고, 사회계층에 따라서 기회가 달라진다. 즉, 상위계층 사람들은 몸에 좋은 음식을 자주 먹을 수 있는 기회가 많고, 적절한 운동을 할 수 있는 시간적 여유도 있기 때문에 하위계층 사람들보다 더 오래 살 확률이 높다. 물론 절대적으로 상위계층 사람들이 더 오래 산다는 것을 말하는 것이 아니라, 그럴 가능성과 기회가 더 주어진다는 의미이다. 학업에서도 마찬가지이다. 상위계층 사람들은 돈이 많으므로 자식에게 과목마다 전문 강사를 배치해서 과외를 시킬 수 있다. 그 결과 사람들이 선호하는 대학에 입학할 수 있고, 졸업 후 대우가 좋은 직장에 취직할 가능성이 높아진다. 결혼에서도 상위계층 사람들은 자기들끼리 조건을 맞추어 가며 결혼할 수 있고, 대대로 부를 물려받으며 평생 돈 걱정 없이 살아갈 확률이 높다. 사회적 대우는 말할 것도 없다. 아무리 민주적인 사회라 할지라도 상위계층 사람들은 돈과 권력을 쥘 가능성이 높고, 그만큼 사회적 대우를 받아가며 살아간다.

소위 출세하는 사람들 중 상위계층 사람들이 많은 것은, 그들이 삶의 기회를 잡을 가능성이 높기 때문이다. 돈 없고 권력도 없고 집안도 허약한 사람들은 일단 학업이나 결혼, 부의 축적 수단 등에서 상위계층에 현격하게 밀릴 수밖에 없다. 간혹 하위계층 사람 중에 출세하는 사람이 나타나면, '개천에서 용이 났다'라는 표현을 쓰는 것은, 그만큼 하위계층에서 상위계층으로 올라가기가 힘들다는 의미이다. 그마저도 요즘은 부의 세습으로 말미암아 개천에서 용이 나는 확률이 점점 줄어든다는 자조 섞인 푸념도 많아지고 있다.

다섯째, 계층현상이 심화될수록 사회적 불평등도 심해질 수 있다. 인간사회에서 계층은 어쩔 수 없이 존재하는 필요악이지만, 그 정도가 심하면 사회에 독이 될 수 있다. 계층 간의 진입장벽이 너무 두꺼우면 하위계층 사람들은 심한 좌절감을

2 삶의 기회라는 용어는 베버가 처음 사용한 용어로서, 한 인간의 생애에서 일어날 수 있는 여러 가지 기회의 가능성을 말한다. 현승일, 2012, p. 197.

맛보게 되고, 나아가 사회적 대우까지 격차가 벌어지면 폭력을 사용해서라도 계층의 해악을 타파하려고 든다. 이런 상태가 되면 사회는 폭력으로 얼룩진 혼란의 도가니로 빠져들고, 새로운 체제가 등장하는 동안 희생의 상처가 깊어질 수 있다.

따라서 사회계층의 격차가 심해질수록 사회적 불평등도 심해진다는 것을 인식해야 하며, 국가는 이러한 불평등을 최소화시키도록 노력해야 한다. 각종 복지제도의 강화, 소외계층의 취업알선 등은 사회적 불평등을 어느 정도 해소하는 정책이다. 이런 정책들의 시행과 함께 실질적인 부의 분배를 가져올 수 있는 조세정책과 고용대책 등을 면밀하게 살펴 실시해야 한다. 또한 사회통합을 위해서 계층의식보다는 공동체의식을 강화하며, 개개인의 가치관을 나눔과 배려에 기초한 상호존중에 두도록 계몽해야 한다.

사회적 불평등도 해소해야 할 과제이지만, 불평등 속에 숨어 있는 분배의 불만도 해소해야 한다. 불평등한 사회라 할지라도 분배가 공정하면 사회통합이 유지될 수 있다. 가령 부자들과 가난한 사람들이 서로 적대적이지 않고 서로를 인정한다면 공동체가 유지될 수 있다. 가난한 사람은 부자들을 향해 그들의 노력만큼의 대가로 부자가 되었다는 생각을 갖게 되면 불만이 별로 없다. 마찬가지로 부자들도 가난한 사람들이 게으르거나 무식해서 가난한 것이 아니라 운이 따르지 않아서 그런 것이라고 생각한다면 가난한 사람들을 무시하지 않을 것이다.

그런데 부자들과 가난한 사람들이 서로 인정하며 공동체의 일원으로 살아가기 위해서는 분배의 공정성이 전제되어야 한다. 부를 축적할 때는 정당한 경로와 수단으로 이루어지도록 하는 시스템이 분배의 공정성이다. 만약 권력과 결탁하거나 불법, 탈세 등을 통해서 부를 축적한다면, 이는 분배의 공정성이 결여된 것이다. 분배의 공정성은 사회적 시스템이 공정하게 돌아간다는 것을 의미하며, 이런 수준에 다다르면 사람들은 계층 간의 불평등을 용인하면서 자신의 능력향상을 통한 계층상승이동을 소망하며 노력할 것이다.

3. 계층의 분류

사회계층을 분류하는 기준은 연구자마다 다르게 나타난다. 또한 사회적 기준이 아니라 개인의 주관적 판단에 의해서도 계층분류가 이루어진다. 여기서는 많이 알려진 몇 가지 기준에 입각해서 사회계층을 살펴보도록 한다.

1) 마르크스(K. Marx)의 분류

마르크스는 계층 개념보다는 계급이라는 개념을 사용하여 사회 불평등을 파악하였다. 그의 계급론은 경제적 요인만을 중심으로 전개되므로 계층분류기준이 단순하다는 평을 듣기도 한다. 하지만 마르크스는 정치권력이나 이념적 요인으로 인한 불평등도 경제적 불평등의 토대 위에서 이루어진 것으로 간주했기 때문에 경제적 기준에 의한 계층분류를 시도하였다.

그는 자본주의의 속성을 분석한 후, 생산수단을 소유한 자본가계급과 생산수단을 소유하지 못한 노동자계급, 즉, 부르주아지와 프롤레타리아 계급으로 구분하였다. 여기서 생산수단은 자본, 토지, 공장설비와 같은 것을 말한다. 자본가는 자본을 통해 이자를 얻고, 토지를 통해 임대료를 얻으며, 공장 설비를 통해 이윤을 얻는다. 마르크스는 이와 같은 이자, 임대료, 이윤을 잉여가치(surplus value)라고 규정하고, 이러한 잉여가치는 본래 노동자에게 돌아가야 할 몫이라고 보았다. 그런데도 잉여가치가 노동자에게 돌아가지 않고 자본가의 손에 들어감으로써, 자본가는 노동자의 몫을 착취하는 결과를 가져왔다고 주장하였다. 이러한 자본가의 노동자에 대한 착취가 심화될수록 계급 간 불평등은 심화된다는 것이다.

그런데 객관적으로 누가 자본가계급에 속하고, 누가 노동자계급에 속한가를 구분하기가 쉽지 않다. 이에 대해 마르크스는 외관상 보이는 계급 자체만으로는 진정한 의미의 계급이 아니며, 진정한 계급은 계급의식(class consciousness)을 갖출 때 비로소 형성된다고 주장하였다.[3] 다시 말해, 객관적으로 노동자계급에 속한 사람이라 해도 본인 스스로 노동자계급이라는 의식을 갖고, 자본가계급에 대해 적대적이어야만 진정한 노동자계급에 속한다고 한다. 한마디로 몸만 노동자계급에 속하는 것이 아니라 정신도 속해야 진정한 노동자계급의 일원이라는 것이다. 이와 같이 마르크스는 사회계급을 경제적 생산수단 소유 여부를 기준으로 자본가계급과 노동자계급으로 분류하여 설명하였다.

3 Karl Marx, 1956, 1969.

2) 베버(M. Weber)의 분류

베버는 사회적 계층현상의 발생이 단순히 경제적인 이유 이상의 것이라고 주장하였다. 그는 사회계층은 재산, 위광, 권력이라는 세 가지 요소가 상호작용하는 것이며, 이들 차원에서 계층을 이해해야 한다고 강조하였다.[4]

재산(property)은 주어진 경제 질서 내에서 수입을 얻기 위해 재화와 용역을 처분할 수 있는 능력으로서 가장 단순하고 객관적인 계층 차원이다. 즉, 비슷한 수입 정도의 경제력을 가진 사람들은 같은 계급에 속한다. 이와 같이 경제적 조건이 비슷한 사람들이 계급을 형성하지만, 이들이 꼭 조직화된 집단을 이루는 것은 아니다.

위광(prestige)은 특정한 사회적 존경이나 위신에 의해 결정된다. 어떤 사람의 인품, 생활방식, 업적 등을 보고 사람들은 그를 존경하며 기대감을 갖게 된다. 이때 존경받는 사람은 비록 재산이나 정치권력이 없다 해도 존경과 위신에 의해 권위가 존중된다. 베버는 이 점을 착안하여 계층분류에 위광이라는 요소를 포함시켰던 것이다. 예수, 석가, 소크라테스, 테레사 수녀 등이 이에 해당한다고 할 수 있다.

권력(power)은 타인에게 자신의 뜻을 관철시킬 수 있는 힘으로서, 이러한 힘을 소유했는지의 여부와 얼마만한 크기의 힘을 소유했는가에 따라 계층이 나누어진다고 하였다.

이와 같은 베버의 분류를 '계층의 3P'라고 하는데, 이는 재산, 위광, 권력의 앞 글자가 모두 P로 표기된 까닭이다. 그런데 위 세 가지 요소가 상호 연관되어 있기는 하지만, 세 가지 요소의 위치가 비슷하게 나타나는 경우는 쉽지 않다. 만약 어떤 사람이 세 가지 요소를 비슷한 정도로 모두 갖추고 있다면, 그 사람은 '지위 일관성'의 사람이라고 할 수 있다. 즉, 재산, 위광, 권력 모두 보통 수준인 사람은 지위가 일관된다고 간주하는 것이다. 반면에 어떤 사람이 세 가지 요소 중, 어떤 요소는 매우 높고 다른 요소는 낮은 위치에 있다면, 그 사람은 '지위 비일관성'의 사람이라고 할 수 있다.

지위가 일관적인 사람보다 지위가 비일관적인 사람이 사회적 불만이 높을 가능성이 크다. 특히 수입은 많지만 학력이 낮은 사람과, 반대로 학력은 높지만 수입이 낮은 사람을 놓고 볼 때, 둘 다 지위가 비일관적이지만, 일반적으로 전자보다 후

4 Max Weber, 1958, pp. 181~194.

자가 불만이 더 크다. 요즘은 학업을 수행할 야간대학, 사이버교육 등 여러 가지 교육시스템이 구비되어 있기 때문에 학력을 충족할 수 있는 기회가 많다. 반면에 돈을 많이 벌 수 있는 기회는 한정되어 있어 쉽게 접근하기가 어렵다. 이런 이유 등으로 똑같은 지위 비일관적인 사람이라도 학력은 높지만 수입이 낮은 사람의 스트레스가 더 크게 나타난다.

3) 주관적 분류

주관적 분류방법은 말 그대로 응답자 본인이 스스로 어느 계층에 속한다고 생각하는가를 알아보는 방법이다. 이것은 일종의 자기평가 방식이다. 이 방법은 계층분류가 쉽고 사람들의 계층 또는 계급의식을 파악하는 데 유용하다.

주관적 분류방법은 쉽게 사용할 수 있는 반면, '자기 관대화'에 빠질 수 있으므로 신뢰도에 유의해야 한다. 자기 관대화란 스스로의 위치를 객관적이고 엄정하게 평가하는 것이 아니라, 중간 정도의 계층에 넣는 경향을 말한다. 자신이 비록 최상위 또는 최하위의 위치에 속한다 할지라도 막상 계층에 관해 응답할 때는 두루뭉술하게 중간 정도를 택하고 만다. 가령, 어떤 사람이 상상(上上)위치에 있음에도 상중(上中) 정도에 체크하고, 반대로 어떤 사람이 하하(下下)위치에 있음에도 하중(下中) 정도에 체크하는 경향을 의미한다. 이런 태도에 관한 뚜렷한 이유를 제시한 연구는 없지만, 일반적으로 자기 자신을 적나라하게 드러내는 것에 대한 부끄러움 내지 사적영역의 보호본능으로 추측된다.

4) 평가적 분류

평가적 분류는 주관적 평가방법의 일종이지만, 평가 대상이 자기 자신이 아니라 지역사회 내의 다른 사람이다. 예를 들면, 어떤 지역사회에 거주하는 사람들을 대상으로 비공식적인 지도자가 누구인가, 가장 부자로 살고 있는 사람이 누구인가 등을 파악하는 방법이다. 이 방법은 타인들이 나를 평가하는 방식이다. 이 방법은 주로 지역사회 내의 권력구조를 연구한다든가, 정치적 선거운동에 필요한 인물을 포섭한다든가 하는 목적으로 많이 쓰인다.

그러나 평가적 분류는 넓은 지역사회에 적용하기에는 부담이 따른다. 인구가 많고 지역이 넓은 곳은 주민 상호간 의사소통에 한계가 있고, 지역 내 유력인사가 누구인지를 모르는 경우도 많다. 따라서 이 방법은 주민 간 소통이 원활한 소규모 지역사회에 적용하는 것이 바람직하다.

5) 객관적 분류

객관적 분류는 앞서 언급한 주관적 분류와 평가적 분류의 한계를 보완하기 위한 방법이다. 주관적 분류는 자신의 위치를 과장하거나 또는 낮게 응답하는 면이 있어 신뢰도가 낮다.[5] 평가적 분류는 지역주민들이 피평가자에 대한 정보가 충분하지 않거나 잘못된 정보에 기초해서 평가할 때는 신빙성이 낮을 수 있다. 객관적 분류는 주관적 편견이나 정보한계와 같은 제약을 극복하고, 측정요소를 대입하여 사회계층을 결정하는 방법이다.

객관적 분류방법에 사용되는 주요 측정요소는 소득, 학력, 직업이고, 보조적으로 재산, 가재용품 등이 사용된다. 즉, 어떤 사람을 평가할 때, 소득, 학력, 직업을 종합하여 계층의 서열을 정하는 방법이며, 이를 '사회경제적 지위'(socioeconomic status: SES) 측정이라고 한다.

이 방법은 많은 사람을 대상으로 조사가 가능하고 계층을 객관적으로 분류할 수 있기 때문에 현대 사회학연구에서 많이 사용되고 있다. 그러나 이 방법도 한계점이 있다. 예를 들면, 학력을 평가함에 있어서 30년 전에 대학 졸업자와 올해 졸업한 자를 동급의 점수로 매기는 것이다. 하지만 30년 전의 대학졸업 희소성과 올해 대학졸업의 비희소성을 고려할 때, 이는 불공평한 평가점수일 수 있다. 직업의 등급별 점수도 애매한 면이 있으며, 다분히 주관적 판단이 개입할 여지가 있다. 즉, 어떤 직업을 상위에 놓고, 어떤 직업을 하위에 놓을 것인가에 대한 명확한 기준이 쉽지 않다. 이러한 한계점이 부각되자, 사회학연구자들은 직업과 소득을 연계하여 계층분류를 시도하는 등 여러 가지 보완기법을 제시하였다.

현대 사회학 연구에서는 이와 같은 계층분류 중에서 주관적, 평가적, 객관적 분류방법을 많이 사용하고 있으며, 특히 객관적 분류방법은 주관적 편견과 정보제약의 한계를 보완하는 것으로 인식되고 있다.

---

5 흥미로운 것은, 상류층으로 갈수록 자기평가를 낮게 하고, 하류층으로 내려갈수록 자기지위를 높여서 평가한다는 점이다. 김경동, 2007, p. 303.

제2절 계층이론

1. 계층구조 변화

인류 초기의 사회계층은 매우 단순하였다. 이 시기는 수렵과 채취를 주로 하는 원시공동사회였다. 남자와 여자, 어린이 정도로 분화되고, 이들을 인도하고 관리하는 족장이나 추장 정도만 계층을 형성하고 있었다. 계층 상하간의 폭이 좁아 계층간 격차 문제는 거의 일어나지 않았다. 경제적인 생산수단도 별다른 게 없고, 맨손으로 열악한 도구를 사용하여 사냥을 하거나 열매를 채취하는 수준이었다.

초기농경사회는 다소 복합적인 분업이 일어났으며, 도구를 만들어 사용하는 방법도 출현하였다. 쟁기나 삽과 같은 도구를 만들어 농경에 사용하고 생산물도 증가하기 시작했다. 계층분화도 왕, 관리, 군인, 상인, 작은 공장의 장인, 농민, 노예까지 다양한 분포를 이루고 있었다.

후기농경사회는 동물의 사육과 사용, 수레바퀴의 발명까지 이루어져 농업생산이 비약적으로 증가하는 시기였다. 이 시기는 도시공동체도 출현하였고 분업도 더욱 복잡해져 인류역사상 가장 계층분화가 극심하였다. 왕이나 최고 통치자, 귀족을 중심으로 한 지배계급은 신분 세습으로 인해 더욱 특권이 공고해졌고, 중간계층으로 가신과 사제, 상인, 장인 등이 분포되어 있었다. 사회구성원의 많은 수를 차지한 농민들, 그 밑으로 천민, 맨 밑바닥에는 노예가 분포되고, 이들이 하위계층을 차지하고 있었다. 후기농경사회는 역사상 가장 불평등한 계층구조를 지니고 있었으며, 하층민들에 대한 수탈과 탄압이 가혹하였다.

초기산업사회는 산업화 시작단계로서 생산동력이 기계로 바뀌었다. 기계화로 인해 도시에 공장이 들어서고, 농촌 또한 기계 도입으로 농경방식이 바뀌기 시작했다. 그런데 농촌의 기계화 시작은 농민들의 일자리 상실을 가져왔다. 특히 소작인들이 그 대상이었다. 결국 농촌에서 일자리를 잃은 농민들은 도시로 몰려들었고, 기존 도시민들과 함께 치열한 일자리 경쟁을 벌여야 했다. 일부는 일자리를 구했지만 그렇지 못한 농민들은 도시의 부랑인이 되었고, 그야말로 도시는 노동자와 빈민, 부랑인들로 넘쳐났고, 이들은 사회 하류층을 형성하였다. 반면에 유산을 많이 물려받은 전통적 부자와 상업 활동으로 부를 축적한 신흥부자가 속출하였다. 이들은 도시 상류층에 포진하며, 소위 부르주아지계급을 형성하였다. 이 시기는 사회계층구조가 더욱 복잡해졌고, 부유층의 부르주아계급과 노동자의 프롤레타리아트계급이 광범위하게 나타나고 있었다.

산업발전기사회는 전기와 자동화기계시스템이 생산력의 주축을 이루었고 기술수준도 한층 높아졌다. 또한 조직내 구조도 이를테면 사장, 전무, 상무, 부장, 과장, 대리, 사원 등의 상하계층이 복잡해져 전문 조직관리 기술이 요구되었다. 상층부는 매우 좁고, 공장노동자가 많은 탓에 하층부는 넓은 피라미드 조직형태를 구성하였고, 이는 관료제 조직형태와 유사한 모습이었다.

산업성숙기사회는 전반적인 작업 활동이 자동기계화에 의해 이루어졌고, 하층노동자의 일자리가 줄어든 상황이었다. 자동화된 기계시스템으로 인해 단순 노동업무의 일자리가 줄어든 것이다. 전문 기술이나 숙련된 노동자만이 계속 일자리를 지키게 되고, 결과적으로 과거보다 하층부의 숫자가 줄어든 조직구조를 띠게 되었다. 하층부가 줄어든 대신에 중간층의 범위는 넓어졌다. 전문기술가, 엔지니어, 중간관리자, 고급서비스업 종사자 등 다양한 직업인들이 중간층을 구성하게 되었다. 상층부와 하층부보다 중간층이 넓어지는 일종의 다이아몬드 형태의 조직구조가 된 것이다. 이로써 계층 간의 간격은 다소 좁혀지고 상대적 박탈감에 따른 갈등도 줄어들었다. 그러나 일부 독과점기업과 글로벌화된 다국적기업의 비대한 성장으로 인해 기업 간 격차가 현격해지고, 기업에 따라 종업원의 임금격차도 심해지는 부작용이 나타나고 있다. 이것은 새로운 계층갈등으로 이어지며, 계층의 양극화를 심화시키는 원인이 되고 있다.

이상에서 시대별로 계층구조의 변화를 살펴보았는데, 계층구조의 변화는 각 시대의 생산수단이 어떤 것이었는가가 중요한 변화 동력임을 알 수 있다. 생산수단이 손이나 단순한 도구였을 때는 원시공동사회, 쟁기나 삽 등 야금술을 이용한 도구일 때는 초기농경사회, 가축과 바퀴를 사용할 때는 후기농경사회, 단순한 기계화로 생산할 때는 초기산업사회, 보다 발달된 기계로 생산할 때는 산업발전기, 고도의 자동화시스템으로 생산할 때는 산업성숙기로 이어졌다. 이렇듯 생산수단의 변화는 사회계층구조의 변화와 매우 밀접한 관계였던 것이다.

2. 기능주의적 계층이론

인류가 집단생활을 한 이래로 계층이 존재한다는 사실은 어쩔 수 없는 것일까?라는 의문이 든다. 인간만이 계층을 형성하는 것도 아니고 원숭이, 사자, 늑대 등 수많은 동물들도 계층을 형성하고 있다. 그러고 보면 대부분의 움직이는 생명체는 본능적으로 계층을 이루고 있다. 이것은 타고난 본능인가, 아니면 각자의 능력 차이의 표현인가 등 많은 의문이 생긴다. 사회학적 입장에서도 이런 의문에 많은 연구가 이루어졌다. 그런데도 확실한 계층형성의 원인을 제시한 연구결과는 없다. 다만 계층은 사회유지에 필요한 존재이다, 아니다라는 갑론을박식의 연구가 이어져 오고 있다. 기능주의적 계층이론은 사회내의 계층은 필요한 것이라는 입장을 갖고 있다.

데이비스(K. Davis)와 무어(W. Moore)는 기능주의 계층이론의 대표적인 연구자이다.[6] 이들은 사회가 효율적으로 유지되기 위해서는 꼭 필요한 일이 있으며, 그 일을 사회성원 중 누군가는 반드시 행해야 한다고 주장하였다. 이를테면 병을 고치는 일, 이익을 창출하는 회사를 세우는 일, 국가방위를 위한 작전수립과 군을 관리하는 일 등은 사회유지에 꼭 필요한 일이다. 그런데 이런 일들은 일반적인 능력이나 정열을 갖고서는 이루기가 힘들다. 병원의 수위실 근무자가 되는 것보다 의사가 되는 과정이 더 힘들고, 회사직원으로 연봉을 받는 일보다 회사 자체를 세우고 이끄는 오너(사장)되기가 더 힘들며, 군 복무하는 병사보다 군인 관리자(장교)가 되는 것이 더 힘들다. 의사, 사장, 장교는 업무의 난이도도 높지만, 무엇보다 그 자리까지 올라가는 과정이 상대적으로 힘들다. 그리고 사회에서는 이들의 존재가 꼭 필요하며, 이들이 있어야만 지속적인 사회유지가 가능해진다.

계층현상에 관한 기능주의 관점은 사회 내의 필요한 임무를 수행하는 사람은 그만한 대가를 보상해주여야 한다는 입장이다. 보상의 차등화는 개인으로 하여금 동기유발을 시켜주고, 나아가 사회 전체에 이익을 가져다준다고 주장한다. 누군가가 암을 정복하는 신약을 개발했다면, 사회는 그 사람에게 표창장과 많은 금전적 보상을 해주고, 그 신약을 통해 사회구성원들은 암을 치유할 수 있어서 일석이조의 효과를 거둘 수 있다. 나아가 사회 전체의 삶의 질에도 긍정적인 영향을 준다. 전투

6 Kinsley Davis & Wilbert Moore, 1945.

에서도 마찬가지다. 어떤 장교가 적국과의 전투에서 승리를 거두었다면, 사회는 그 장교에게 훈장과 진급 등 보상을 해줌으로써, 다른 군인에게도 사기앙양과 동기부여를 시켜준다. 군인들의 사기향상은 국가방위에 긍정적인 영향을 미친다. 이와 같이 계층현상에 관한 기능주의적 입장은, 계층이야말로 개인들의 의욕을 불러일으키고 나아가 사회 전체에 이익을 가져다주는 선순환을 한다고 강조한다.

3. 갈등론적 계층이론

계층에 관한 갈등론적 관점은 기능주의 관점과 견해를 달리한다. 마르크스로부터 시작된 갈등론은 사회 내에 이미 계급이 형성된 것과 함께 계급의 영속성을 꾀하려는 꼼수 내지 음모로 계층을 옹호한다는 입장이다. 투먼(M. Tumon) 등은 대표적인 갈등론자로서 계층의 기능론에 대해 반박하였다. 그는 계층은 사유재산을 많이 소유하고 있는 지배계급의 힘에 의해 유지되는 것에 불과하다고 주장하였다.

인간은 지배계급에 편입되어 온갖 특권을 누리다보면 그것을 영속화시키려는 욕망이 생긴다. 흔히 볼 수 있는 권력욕, 회사 세습, 심지어 종교시설 세습까지 자신들이 좋다고 생각하는 것을 세대를 이어 지속시키려고 한다. 이러한 욕구는 자신들의 힘을 이용해서 하류층이 신분상승이동하는 것을 봉쇄하고 자신들만의 특권을 유지하려고 애쓴다. 이 과정에서 계층간 불평등이 생겨나고 각종 제도의 불합리한 면이 나타난다. 이것이 심화될수록 사회계층간 갈등은 강해지며, 갈등이 극에 달할 때는 혁명이나 폭력사태가 발생하기도 한다.

계층현상에 관한 갈등론자들은 이와 같은 지배계급의 영속화에 반대하며, 결국 계층은 소수의 특권을 연장하는 도구에 불과할 뿐이라고 주장한다. 특히 기능론자들이 주장하는 직업별 차이를 인정할 수 없다고 한다. 기능론자들은 사회유지에 꼭 필요한 직업이 있다고 주장하는데, 사회유지에 필요치 않는 직업이 존재할 수 없다는 것이 갈등론자들의 입장이다. 다시 말해 사회 속에 존재하는 직업은 더 중요하고 덜 중요한 것의 차이가 있는 것이 아니며, 어떤 직업이든 사회유지를 위해 필요하다는 것이다. 사회유지에 필요치 않은 직업이라면 처음부터 존재하지 않았을 것이라는 주장이다. 또한 어떤 직업이든 사회에서 필요로 하는 일이라면 그 중요성은 다 같을 것이라는 견해이다.

갈등론자들은 인간의 보상유기체 속성, 즉, 뛰어난 업적을 달성한 사람에게 더 많은 보상을 주어야만 다른 사람들에게 동기부여된다는 주장에 반대한다. 차별적인 보상을 받아야만 분발하고 노력한다는 기능론자들의 주장은 사회화 과정에서 학습된 결과물이라고 지적한다. 만약, 사회화 과정에서 불평등한 보상을 위한 경쟁보다는 상호 협력적 공동체 의식을 교육한다면, 서로 협동적이고 보완적인 인간과 사회가 될 것이라고 주장한다.

앞서 기능론자들은 사회에 꼭 필요한 중요한 일을 감당할 만한 인재가 적은 탓에 이들에 대한 차별적 보상이 필요하다는 견해였다. 그러나 갈등론자들은 중요한 일을 감당할 만한 인재 부족은, 선천적인 좋은 자질의 사람이 적어서가 아니라, 불평등한 사회구조적 환경으로 인해 인재가 부족하다는 입장이다. 가령 의사가 부족한 것은 의사가 되기 위한 조건을 까다롭게 설정한 환경이 원인이며, 만약 의사가 되기 위한 조건을 완화시킨다면 인재는 훨씬 더 많이 출현할 것이라고 주장한다.

이와 같이 갈등론자들의 견해는 사회계층은 지배계급 특권의 영속화를 위한 수단이며, 계급 간 격차를 가속화시키는 원인으로 보고 있다. 또한 업적성취에 따른 차별적 보상을 함으로써 동기부여한다는 주장도 인간 본성을 이기적인 것으로만 보는 편견이라고 지적한다. 이런 의미에서 갈등론자들은 인간의 본성을 성선설[7] 입장에서 파악하고 있으며, 사회 내의 어떤 직업도 동일하게 중요하다는 생각을 갖고 있다.

7 성선설은 인간의 본성이 선하다는 입장이다. 그러나 인간의 본성이 선하다고 해서 다 선한 행동을 하는 것은 아니다. 그것은 인간이 본성 외에 본능도 가지고 있기 때문이다. 성선설을 주장한 대표학자는 맹자이다. 그는 인간은 누구나 인의예지(仁義禮智)라는 사덕(四德)을 가지고 있으며, 사덕은 직접 보거나 체험할 수 있는 것이 아니라고 한다. 인간이 체험할 수 있는 것은 사덕의 단서인 사단(四端)으로서, 사단은 측은지심(惻隱之心), 수오지심(羞惡之心), 사양지심(辭讓之心), 시비지심(是非之心) 네 가지를 의미한다. 여기에서 본성인 사덕은 체험할 수 없지만, 감정이 포함된 사단은 체험할 수 있다. 사덕이 인간의 육체적 감정이 포함되지 않은 순수한 것이라면, 사단은 인간의 육체적 감정까지 포함된 것으로서, 사단이 어떠한가에 따라 그 사람의 본성을 짐작할 수 있다. 따라서 착하게 살고 남을 위해 봉사하고 양보하고 겸손하라고 교육하는 것도 사단을 바르게 세우려는 것이다. 사단이 바르면 사덕도 바르게 형성될 수 있다는 의미이다.

표 9-1 사회계층에 대한 기능주의와 갈등주의 비교

기능주의	갈등주의
• 계층은 보편적이고 필연적이며 불가피하다.	• 계층은 보편적이지만 필연적이거나 불가피하지는 않다.
• 사회조직이 계층체계를 형성해 준다.	• 사회계층체계가 사회조직을 형성해준다.
• 계층은 통합, 조정, 결속 등의 사회체계의 필요에서 연유한다.	• 계층은 집단간 정복, 경쟁, 갈등에서 연유한다.
• 계층은 사회와 개인의 최적기능에 기여한다.	• 계층은 사회와 개인의 최적한 기능을 저해한다.
• 계층은 공유하는 사회적 가치관의 표현이다.	• 계층은 권력집단의 가치관 표현이다.
• 권력 배분은 대체로 사회적으로 정당화된다.	• 권력 배분은 대체로 정당화되지 않은 채로 되어 있다.
• 일과 보상은 평등하게 할당되어 있다.	• 일과 보상은 불평등하게 할당되어 있다.
• 경제적 차원은 사회의 다른 차원에 종속적이어야 한다.	• 경제적 차원은 사회에서 최상의 것이다.
• 계층체계는 대개 진화과정을 거쳐 변한다.	• 계층체계는 대개 혁명적 과정으로 변한다.

자료: Perrucci et al., 1977, p. 345; 김경동, 2007, p. 311.

4. 기능론과 갈등론의 조정

사실 계층에 관한 기능론이나 갈등론은 각각 문제점을 안고 있다. 본래 사회현상을 연구하는 사회학 자체가 완벽한 이론을 내세우기가 불가능하지만, 그렇다 해도 두 이론은 뚜렷한 한계점을 갖고 있다.

먼저 기능론적 입장에서 주장하는 계층차이가 동기부여 등 긍정적인 의미가 크다고 하지만, 부모로부터 물려받은 재산을 기초로 상층에 속한 사람들마저 긍정적인 의미로 받아들이기에는 곤란하다. 유산을 많이 받은 상류층 사람들도 사회적으로 인정받는다면, 오히려 하류층 사람들의 의지를 꺾는 계기가 될 것이다. 이에 대해 기능론자인 렌스키(G. Lenski) 교수는 계층차이의 긍정적인 면을 인정하지만, 귀속적으로 얻어진 계층차이는 사회에 도움이 되지 않는다고 주장하며 귀속적 지위의 폐지를 위한 사회개혁운동을 제안하고 있다.[8] 그렇지만 그의 주장도 현실화되기가 쉽지 않다. 귀속적 지위를 완전히 없애기도 어려운 일이고, 또 귀속적 지위를 없애

8 Gerhard Lenski, *Power and Privilege A thery of Social Stratification*. N.Y.: McGraw-Hill, 1966.

면 사람들의 성취의지를 꺾을 수 있다. 사람은 자식에게 많은 재산이나 권력을 물려줄 욕심으로 열심히 일을 하는 속성이 있으며, 이런 욕심이 성취의욕을 더욱 불태운다. 그런데 자신의 재산이나 성과를 자식에게 이전하는 것을 인정하지 않는다면 훨씬 동기부여가 약화될 것이다.

한편 갈등론자들의 주장에도 한계가 있다. 계급 없는 사회를 유토피아로 묘사하면서 계층현상을 부정적으로 몰아가는데, 이것도 현실적 문제가 있다. 계급 없는 사회를 표방하면서 보다 많은 업적을 성취한 사람이나 그렇지 못한 사람에게 똑같은 보상을 해준다면, 이 또한 성취의지를 꺾는 일이 될 수 있다. 열심히 일해도 보상이 특별할 게 없다면 누가 의욕적으로 일하겠는가의 반문이 나올 수 있다. 또한 갈등론에서 주장한 사회 내 모든 직업은 사회유지를 위해 필요한 것이라는 직업관에도 문제점이 있다. 만약 모든 직업이 사회유지에 필요한 것이라면, 마약재배, 청부살인, 기획부동산 등 부정적인 업무도 사회유지를 위해 필요하다는 모순이 발생한다. 따라서 계층현상에 대한 기능론이나 갈등론 모두 이론적 한계가 있다. 이에 대해 양 이론을 조정하는 의견이 대두되었다.

두 이론의 조정은 렌스키와 오솝스키(S. Ossowski)에 의해 시도되었다. 렌스키는 앞서 말한 것처럼, 계층의 존재로부터 얻어지는 긍정적인 면을 인정하면서도 부모로부터 받은 유산 등에 의한 귀속적 지위는 인정할 수 없다고 주장하였다.

오솝스키는 마르크스의 계급 없는 사회에 대해 재해석을 하였다. 즉, 마르크스가 말한 계급 없는 사회는 계층이 없는 사회를 말하는 것이 아니라 경제적 계급이 없는 사회를 의미하는 것으로 해석하였다. 나아가 계급 없는 사회란 개인 능력에 의해 상하이동이 가능한 사회, 즉, 기회가 평등한 사회를 뜻하는 것이라고 하였다.9 그는 계급 없는 사회란 생산수단의 사유화가 없는 사회를 의미하는 것이지, 성취에 대한 차등적 보상마저 없는 것은 아니라고 하였다.

이 두 사람의 주장과 함께 기능론과 갈등론의 조정은 상호 수렴하는 차원에서 이루어지고 있다. 즉, 세습에 의한 귀속적 지위는 인정할 수 없지만, 개인 노력에 의한 성취지위와 계층현상은 인정한다는 것이다. 성취지위에 따른 보상의 차이는

---

9 Stanislaw Ossowski, "Different Conceptualizations in Social Class", in *Class, States and Power: Social Straitfication in Comparative Perspective*, Reinhard Bendix and S.M, Lipset(eds.), N.Y.: Free Press, 1966.

오히려 사회 역동성을 위해 바람직하다는 것이다. 그렇지만 계층 간의 차이는 인정하되, 계층 간의 차이가 적으면 적을수록 이상적인 사회모습이라고 주장하였다.

5. 성계층론

성계층은 남성과 여성 사이의 차별적인 구조를 말한다. 남성과 여성은 똑같은 인간이면서도 성별이 다르고, 육체적 근력이나 활동하는 범위, 역할 등에 있어서 차별적인 요인으로 인해 성계층이 나타났다. 오늘날 많은 정부정책이나 사회분위기가 성계층을 타파하거나 최소화하려는 노력이 이어지고 있다. 그러나 여전히 사회 곳곳에는 성차별을 내포하는 성계층이 사라지지 않고 있다. 여기서는 성계층에 관한 이론 등을 살펴보고, 미래의 성계층에 대한 논의를 하도록 한다.

1) 사회생물학적 이론

성역할에 관한 사회생물학적 이론은 반덴버그(P.L. van den Berghe)를 중심으로 전개되었다. 그들은 현대사회의 성역할이 인류 조상들로부터 유전받은 바이오그램(biogram)을 반영한 결과라고 주장한다. 바이오그램은 남성은 사냥, 전쟁, 집단보호 등의 성향을 갖게 하고, 여성들은 양육하는 경향성을 갖게 한다는 것이다. 이는 남성들의 여성들에 대한 정치적 지배의 보편성의 기초가 된다고 한다.[10]

이러한 견해는 어느 정도 일리가 있다. 남성은 여성에 비해 대체로 신체가 크고 힘이 강한 탓으로 사냥이나 농경 등의 일을 담당하고 여성은 출산과 육아를 담당해 왔다. 그러다 보니까 남성은 본성적인 성향이 육체노동을 수행하고 정치를 지배하는 것이며, 여성은 자녀양육의 역할을 선호하는 경향이 있다고 한다.

그러나 이 이론은 남성지배의 보편성만을 설명하는 것이며, 각 사회마다 다른 성역할의 차이에 대해서는 어떤 것도 설명하지 못하는 한계가 있다. 가령 특정 사회에서 남성이 육아를 담당하고 여성이 경제활동을 하는 상황을 설명할 논거가 부족하다는 것이다.

10 Pierre L. van den Berghe, *Age and Sex in Human Societies: A Biosocial Perspective*, Belmont, Calif.: Wadsworth, 1973.

2) 유물론적 이론

성계층에 대해 유물론적 이론을 전개한 사람은 엥겔스(F. Engels)로서, 그는 마르크스 사상을 지지하였다.[11] 그에 의하면, 초기 인간사회의 형태는 자급자족 경제로 가정은 본질적으로 공동체적이었고, 대부분의 일들은 가정을 위해 이루어졌다. 이에 여성들은 집단의 일에 동등하게 참여하였으며 경제적 생산에도 중요한 기여를 하였다.

그런데 사유재산 형태의 발전과 더불어 이 모든 것이 사라지고 말았다. 사유재산의 소유자로서 남성들은 정치적 지배도 하게 되었다. 여성들은 집단 전체를 위해서보다는 남편을 위해서 생산에 참여하게 되었다. 따라서 엥겔스에 의하면 여성 종속의 기본적인 원인은 사유재산의 진전과 함께 이에 대한 남성들의 통제에 있다.

그러나 이 이론은 국가가 성립되기 이전 사회 또는 계급형성이 되어 있지 않은 사회에서도 여성종속의 형태가 존재하였다는 점을 간과하고 있다. 즉, 여성종속이 사유재산제도 발전 이전부터 이미 있어 왔고, 반대로 종속적인 계급에 속하지 않는 여성들조차도 열등한 지위에 놓여 있는 경우를 설명하는 데 한계가 있다.[12]

3) 정치적 이론

정치적 이론을 바탕으로 성계층을 설명한 사람은 디베일(W.T. Divale)과 해리스(M. Harris)가 대표적이다.[13] 이들은 원시부족사회의 남성우월적인 사회제도로부터 성계층이 출현하였다고 하면서, 출현 이유는 전쟁이라고 주장하였다. 전쟁은 부족한 자원으로 인해 인구증가를 억제하는 수단으로 이용되었고, 때때로 신생여아를 살해(female infanticide)하기도 함으로써 인구 억제를 추구하였다. 이렇듯 전쟁과 여아살해 모두 남성우월적인 제도 유지에 기여하였으며, 전쟁은 남성들을 공격적이고 전투적으로 만들었고, 여성들은 전쟁에서 승리한 남성들을 위한 보상으로 전락하여 순종

11 Frederick Engels, *The Origin of the Family, Private Property and the Sate*, Edited by Eleanor Burke Leacock, N.Y.: International Publishers(Originally Published, 1884), 1970.

12 예를 들면, 결혼하지 않은 여성은 자유로운 경제활동과 재산형성 능력을 갖고 있음에도 불구하고 여전히 열등한 대우를 받고 있다면, 이에 대한 원인을 단순히 계급현상 탓이라고 돌리기에는 미흡한 면이 있다.

13 William Tulio Divale and Marvin Harris, "Population, warfare, and the male supremacist complex" *American Anthro-pologist* 78, 1976, pp. 521~538.

적이 되도록 하였다는 것이다. 한마디로 전쟁이 남성지배 상태를 강화하는 중요한 요인이라고 본 것이다.

그러나 이 이론은 남성지배가 강하지만 전쟁을 경험하지 않거나 전쟁이 있다 해도 여성들의 역할이 상당한 중요성을 가진 사회를 설명하기에는 미흡한 면이 있다. 또한 전쟁이 남성지배의 최우선적인 결정요인이라고 단정 지을 만한 증거도 충분하지 않다.

4) 페미니스트 이론

페미니스트 이론은 가부장제가 성계층의 원인이라고 보고 있다. 일반적으로 사회 경제구조가 여성들의 지위를 결정하는 데 중요 요인이라고 가정하지만 실상은 가부장제가 더 큰 요인이라는 것이다. 즉, 가부장제는 남성들로 하여금 여성에 대한 남성 지배를 주장하게끔 하는 일련의 행동과 이데올로기적 특성을 갖고 있다고 한다.

파이어스톤(S. Firestone)은 여성들의 종속은 무엇보다도 남성들의 권력심리(power psychology)의 결과라고 주장하며,[14] 이것은 남성에 비해 여성이 임신과 출산을 한다는 생물학적 차이에 근거한다고 하였다. 이러한 사실은 여성들에게 생물학적인 부담을 지우게 하고, 남성들은 자신의 이익을 위해 이를 이용한다.

페미니스트 이론은 여성들의 종속이 단순한 경제적 이유만이 아니라 가부장적 남성 지배심리에 기인하는 것으로 확장시킨 점에서 의미가 있다. 그러나 이 이론은 사회생활에서 남성과 여성의 분리 자체의 특성을 완전히 무시하고, 또한 가부장제의 기원 또는 정의에도 모호한 면을 갖고 있는 등의 한계를 보이고 있다.[15]

이와 같은 성계층에 관한 이론들의 주요 특성과 평가를 정리하면 〈표 9－2〉와 같다.

---

14 Shulamith Firestone, *The Dialectic of Sex: The Case for Feminist Revolution*, N.Y.: Morrow, 1970.

15 가부장제의 정의에 있어서 남성지배의 심리를 의미하기도 하고, 또는 생물학적인 차이로 인식하는 등의 모호함과 함께, 남성과 여성의 가부장적인 관계가 정확히 어디로부터 연유하였는가라는 질문에 있어서도 모호한 면이 있다. Stephen K. Sanderson, 1995. 서용석 외 역, 1999, p. 472.

표 9-2 성계층(성불평등)에 관한 이론

이 론	주요 특성	평 가
사회생물학적 이론	보편적인 성불평등에 초점을 맞추고 정치나 전쟁에 대한 남성독점과 이들의 높은 지위는 수백만 년간 내려온 유전에 기인한다. 여성들의 모성적 경향도 생물학적인 것에 기인한다고 주장한다.	사회생물학의 주장에 타당성이 어느 정도 있다는 증거들이 많이 축적되었다. 그러나 성불평등의 보편성을 설명하는 데에만 적용되고 중요한 다양성은 설명하지 못한다.
유물론적 이론	여성종속을 이해하는 데 계급분리와 경제적 착취를 강조한다. 장기적인 진화론적 견해는 여성지위의 점진적인 하락을 강조하고, 이를 사유재산, 교환생산, 계급화의 결과로 본다. 현대자본주의에 초점을 맞추는 시각은 여성종속을 자본주의의 노동력 착취 욕구의 결과에서 기인한 것으로 본다.	경제적 생산양식과 여성의 지위를 관련시키는 것은 옳으나, 계층과 계급투쟁을 관련시키는 것은 잘못된 견해이다.
정치적 이론	남성 지배를 전쟁과 군사주의의 부산물로 본다. 전쟁과 군사조직이 뚜렷한 사회에서는 남성들을 공격적으로 훈련하는 것이 중요하고, 이는 남성성과 이에 따른 여성 비하를 과장하여 강조한다.	성불평등의 일반적인 설명으로 부적당하나, 남성지배의 극단적인 모습을 설명하는 데 있어 유물론적 이론을 보완할 수 있다.
페미니스트 이론	가부장제라는 보편적인 상황이 세계의 여성종속의 기초라고 주장한다.	도움이 되는 이론이나 가부장제의 개념이 불분명하고, 소위 가부장제의 기원이 일관되고 설득력 있게 정의되지 못한다.

자료: Stephen K. Sanderson, *Macrosociology, An Introduction to Human Societies* (3rd ed), Harper Collins College Publishers, 1995. 서용석 외 역, 사회학 – 인간사회의 구조와 변동 –, 그린, 1999, pp. 473~474.

이와 같은 여러 가지 성계층 이론을 기초로 성계층 형성의 원인은, 기본적으로 남녀간 생물학적 차이의 결과로 볼 수 있다. 여기에 전쟁이나 군사주의가 중요한 남성 우위의 요인이 되어 왔고, 사회에 따라서 환경적, 기술적, 경제적 차이가 부가적인 요인으로 설명될 수 있다.

그러나 미래에는 남성과 여성의 성역할과 차별이 점차 감소할 것으로 보인다.

그 이유는 미래의 기술발전과 경제적 변화는 여성들을 보다 많은 생산과정에 참여하게 하고 더불어 여성 지위도 상승하기 때문이다. 과거 농경사회보다 산업사회에서의 여성 지위상승이 있어 왔고, 후기산업사회인 정보사회에서의 여성 지위가 더욱 상승한 것은 이러한 예측을 가능하게 한다. 그렇지만 여성의 임신과 출산역할이 지속되는 한, 남녀 간의 생물학적 차이를 완벽하게 극복할 수는 없을 것이다. 따라서 성계층 현상은 점차 약화되겠지만 완전히 사라지는 데는 여전히 많은 시간이 필요할 것으로 전망된다.

제3절 사회이동

1. 사회이동 의미

사회이동은 좁은 의미로는 개인의 유산, 재산, 수입 등으로 인해 다른 경제적 지위로 이동하는 것을 의미하고, 넓은 의미로는 경제, 교육, 승진 및 강등, 직업 등을 포함한 여러 가지 차원의 이동을 의미한다.

오늘날 사회는 대부분 개방적인 관계로 사회이동이 보편적으로 일어나고 있다. 그러나 사회이동이 가능한 폭과 정도는 사회마다 다르게 나타나고 있다. 예를 들어 신분계급의식이 잔존하는 사회나 인종차별의식이 남아 있는 사회에서는 사회이동 폭과 정도가 크지 않을 수 있다.

사회이동은 특히 사회구조에 의해 영향을 받는다. 개인 노력의 성취지위를 강조하는 개방사회에서는 업적에 따른 사회이동이 활발하게 나타난다. 하지만 출생에 의해 계층과 직업군이 결정되는 폐쇄사회에서는 개인노력에 따른 사회이동이 쉽지 않다.

사회구조가 분화되었느냐의 여부도 사회이동에 영향을 미친다. 사회구조가 분화된 사회일수록 다양한 직업과 직종이 존재하므로 사회이동이 용이하지만, 미분화된 사회에서는 이동할 곳이 적은 탓에 이동하기가 쉽지 않다.

또한 남녀 성차별이 없는 사회가 사회이동을 보다 활발하게 만든다. 남녀 성차별이 없어야 여성의 사회진출도 활발해지고 그만큼 사회이동도 활발해지며 사회적 역동성도 증가할 수 있다.

결국, 사회이동은 계층 간 또는 계층 내 이동을 의미함과 동시에, 개방적이고 신분차별이 없는 다양한 사회구조에서 더욱 활발하게 이루어지고 있다.

2. 사회이동 유형

사회이동은 계층 간 이동, 세대 간 이동, 구조적 이동 등으로 구분하여 살펴볼 수 있다.

첫째, 계층 간 이동은 수직적 이동과 수평적 이동이 있다. 수직적 이동은 하위계층에서 상위계층으로, 또는 상위계층에서 하위계층으로 이동하는 것을 의미한다. 수평적 이동은 동일 계층 내에서 다른 직업 또는 다른 직장으로 이동하거나, 동일 직장 내에서 다른 직책으로 이동하는 것까지를 포함한다.

둘째, 세대 간 이동은 부모의 계층에 비춰볼 때, 자식이 속한 계층이 높을 때는 상승이동이고, 자식이 속한 계층이 낮을 때는 하강이동이라고 한다. 세대 간 이동을 측정할 경우, 부모의 계층과 자식의 계층 비교시점을 잘 선택해야 한다. 일반적으로 부모의 계층이 정점에 다다랐을 때와 자식의 계층이 정점에 다다랐을 때를 비교하는 것이 보통이다. 그러나 세대 간 비교는 한계점이 있다. 부모가 아무리 고위관직을 가졌다 하더라도 말년에 노숙자가 되어 있다면, 일생 동안 굴곡 없이 중소기업에 다닌 자식과 비교할 때, 계층의 상승이동인지, 하강이동인지 구별하기가 쉽지 않다. 따라서 세대 간 이동은 계층비교 시점에 따라 달라진다는 난점이 있다.

일반적으로 산업화시기에는 세대 간 이동이 상승이동으로 많이 이루어졌다. 농경사회나 산업화 초기는 학력이나 재산형성이 쉽지 않은 탓에 자식이 부모보다 나은 지위를 갖기가 어려웠다. 하지만 산업화 성숙기는 자식이 부모보다 높은 지위를 갖기가 용이해지고 세대 간 이동은 상승 쪽으로 기울어졌다. 여기에 정보사회의 도래와 함께 정보수혜의 보편화, 고학력 인플레 등의 영향으로 부모세대와 자식세대 간 격차가 확대되었다.

셋째, 구조적 이동은 사회구조 변동에 따른 대규모 이동을 의미한다. 예를 들면, 정보화가 급속하게 전개되면서 새로운 직종과 직업이 많이 발생하고, 그에 따른 수요를 충족시키기 위해 많은 사람을 훈련시킨 후 취직시킨다. 이 때, 훈련받는 사람들은 기존의 블루칼라를 중심으로 간단한 정보화 내용을 숙지함으로써 사무직과 같은 새로운 직업으로 대거 이동하게 된다. 이런 현상을 사회구조 변화에 따른 이동이라고 한다. 간혹 전쟁이나 혁명을 겪은 후 발생하는 대규모 직업이동도 구조적 이동에 속한다고 할 수 있다. 오늘날 구조적 이동은 주로 산업체계 변화로 인한 것이 많다. 외환보유고 부족으로 촉발된 IMF나 석유자원을 둘러싼 원유값 폭등은 대표적인 외적요인으로서 사회구조적 원인에 해당한다.

그런데 똑같은 실직을 해도 회사 내부 실적 악화로 실직을 할 경우에는 사회구조적 이동에 해당하지 않는다. 그 이유는 개별기업의 실적악화는 언제나 있기 마련이고, 또한 실적악화가 통상적인 불경기에 원인이 있기 때문이다. 반면에 IMF와 같은 외부적인 사회변화로 실직을 하였다면 사회구조적 원인에 해당하며, 이는 구조적 이동이라고 할 수 있다.

3. 사회이동 요인

사회이동은 개인적인 노력에 의해 일어났느냐, 아니면 사회구조 변동에 의해 일어났느냐에 따라 개인적 요인과 사회구조적 요인으로 구분할 수 있다.

1) 사회이동의 개인적 요인

개인의 능력이 뛰어나면 상승적 사회이동 가능성은 높게 나타나고, 반대로 개인의 능력이 저조하면 하강적 사회이동 가능성이 높게 나타난다. 하지만 개인이 사회이동, 특히 상승이동하려면 개방적인 사회적 상황이 구비되어야 한다. 폐쇄성이 강한 신분형 사회는 귀속적 지위에 의해 사회이동이 좌우되며, 개인 능력에 따른 상승이동 가능성은 현저히 줄어든다. 가령 신라시대 골품제도[16]처럼 귀속적 지위가

16 신라시대의 골품(骨品)제도는 개인 혈통의 높고 낮음에 따라 정치권력, 결혼, 가옥 규모, 의복 색 등 생활 전반에 걸쳐 특권과 제약이 정해졌다. 인도의 카스트제도(Caste)와 비교될 정도이다. 이 제도는 신라가 연맹왕국(聯盟王國)에서 귀족국가로 바뀌던 시기에 정복 및 병합된 연맹왕국의 지배층을 중앙의 지배체제 속에 편입시키면서, 이들 세력의 등급·서열을 정하기 위한 목적으로 제정되었다. 골품제도는 성골(聖骨)과 진골(眞骨)이라는 두 개의 골품과 6두품으로부터 1두품에 이르는 6개의 두품을 포함해 모두 8개의 신분계급으로 나누어졌다. 이 중에서 성골은 김씨 왕족 가운데서도 왕이 될 수 있는 자격을 가진 최고의 신분이었는데, 진덕여왕을 끝으로 소멸되었다. 진골도 성골과 마찬가지로 왕족이

너무 강한 사회구조에서는 개인 능력에 따른 상승이동이 매우 어렵다. 따라서 개인 능력으로 인한 상승적 사회이동에는 개방적인 사회상황이 있어야 하며, 여기에 다음과 같은 개인적 조건이 뒤따라야 한다.

첫째, 개인 스스로 '욕구충족을 연기(deferred gratification)'할 줄 알아야 한다. 욕구충족의 연기란 자신이 세운 목표를 달성할 때까지는 목표와 관련이 적은 쾌락, 유희 등을 참을 줄 알아야 한다는 뜻이다. 사실 인간은 끊임없는 쾌락적 유혹에 시달린다. 그러나 이러한 유혹을 참아가며 학습에 열중한다든지, 아니면 자신이 추구하는 미술, 음악, 운동, 요리 등 수많은 목표를 달성할 때까지 참아내는 사람이 결국 성과를 얻는다. 욕구충족의 연기는 유혹을 참는 인내심을 의미하는 것이다.

둘째, 성취동기(achievement motivation)가 강할수록 상승이동 가능성이 높다. 어떤 목표를 세우고 그것을 달성하기 위한 성취의욕이 높은 사람이 그렇지 않는 사람보다 상승이동 확률이 높다. 성취동기는 스스로 원하는 일에 빠져들어 매진할 수 있고, 밤샘 작업을 해도 피곤하지 않을 만큼 열정적으로 만든다. 따라서 성취동기는 개인 상승이동의 중요 요소이다.

셋째, 가족배경도 상승이동의 한 요인이 될 수 있다. 부모의 수입이 많거나 또는 부모 지위가 높을 경우, 개인의 상승이동 가능성은 더욱 높게 나타난다. 부모를 중심으로 한 가정배경은 사회주의나 자본주의 국가 할 것 없이, 심지어 동서고금을 막론하고 자식의 사회이동에 많은 영향을 미쳐왔다. 개인 능력만으로 사회이동을 해야 하는 것이 원칙이지만, 가정배경의 영향력을 무시할 수 없다는 점이 현실적

었으나 원래 왕이 될 자격이 없었는데, 성골이 소멸되자 태종무열왕부터는 왕위에 올랐다. 그 뒤 신라가 멸망할 때까지 모든 왕은 진골 출신이었다.

진골 밑의 6개 신분계급은 크게 상하 두 계급으로 구별된다. 즉, 6두품·5두품·4두품은 관료가 될 수 있는 상위계급이었고, 3두품·2두품·1두품은 그것이 불가능한 하위계급으로 흔히 평인·백성이라고 불렸다. 6두품은 본래 신라국을 구성한 여러 씨족장의 후손과 신라에 정복된 작은 나라들의 지배층 후손들이었다. 이들은 주요 관청의 장관이나 주요 군부대의 지휘관이 될 수 없었다. 그래서 이들 중 관리나 군인이 되는 것을 포기하고, 학자, 종교가 또는 사상가가 되는 길을 택하는 사람이 많았다. 원효와 최치원 등은 모두 6두품 출신이었다. 5두품과 4두품은 6두품에 비하여 보다 낮은 관직을 얻는 데 그쳤으며, 평민에 속하는 3두품·2두품·1두품은 시간이 흐를수록 등급 구분의 의미가 없어졌고, 노예들은 골품제도에 포함되지 않았다. 신라의 17등 관등제도는 골품제도와의 상관관계가 명확하다. 진골은 최고관등인 이벌찬(伊伐湌)까지 승진할 수 있으나, 6두품은 제6관등인 아찬(阿湌)까지, 5두품은 제10관등인 대나마(大奈麻)까지, 4두품은 제12관등인 대사(大舍)까지로 승진의 한계가 정해져 있었다. 이와 같은 관등의 신분계급적인 네 구분은 자(紫)·비(緋)·청(靑)·황(黃)의 네 가지 복색의 구분과 일치하고 있다. 이와 같이 신라의 골품제는 아무리 자신이 능력이 뛰어나도 사회구조의 폐쇄성 때문에 상승이동이 쉽지 않았다. http://cafe.daum.net/SUPchungblue 참조.

실체이다.

넷째, 결혼, 지능수준도 사회이동에 한몫하고 있다. 자신의 위치보다 더 좋은 조건의 가정배경의 이성과 결혼함으로써 소위 출세하는 사람이 간혹 있다. 또한 개인 지능수준이 높거나 낮은 경우에도 사회이동에 영향을 미친다. 하지만 결혼이나 지능으로 인해 사회이동에 영향을 받는 경우는 많지 않다. 특별히 결혼을 잘하거나 못하는 경우, 또는 지능이 아주 높거나 낮은 경우를 제외하고는 이 두 가지 원인으로 사회이동이 결정되는 일은 많지 않다.

다섯째, 개인의 운도 사회이동에 영향을 줄 수 있다. 운이 좋은 경우, 자신의 능력보다 많은 결과를 얻을 수 있지만, 운이 나쁠 때는 노력보다 훨씬 적은 결과를 얻고 만다. 그러나 운은 개인의 능력과 통제 범위 밖이기 때문에 사회이동에 절대적인 요인으로 간주할 수는 없다.

이 외에도 개인의 사회이동에 영향을 주는 변수는 매우 많다. 그렇지만 어떤 환경이든 목표를 분명하게 세우고 꾸준히 노력하는 자세야말로 상승이동의 첩경이다. 아무리 좋은 가족배경과 운이라 해도 자신의 의지와 노력이 수반되지 않으면 사상누각에 불과하다. 설령 운 좋게 가족배경이나 결혼, 운에 의해 목표달성을 했다 해도 스스로 느끼는 만족감, 자부심은 약할 것이다.

블라우(P. Blau)는 미국인의 사회이동 배경에는 '아메리칸 드림'이 작용했다고 주장하였다.[17] 아메리칸 드림은 귀속적 지위보다는 개인 노력에 의한 성취적 지위를 중시하였고, 이것이 개인들을 분발시켜 상승적 사회이동의 원동력이 되었다는 것이다. 아메리칸 드림처럼 개인의 외부조건보다는 스스로의 노력으로 상승이동하겠다는 꿈과 의지가 더 중요한 것이다.

2) 사회이동의 구조적 요인

사회이동의 구조적 요인은, 사회구조의 성격에 따라 개인의 이동이 영향 받는 것을 의미한다. 즉, 사회계층의 성격, 산업화 정도, 사회변동의 정도 등에 따라 개인의 사회이동이 좌우되는 측면을 말하는 것이다.

첫째, 사회계층의 성격은 그 사회계층이 얼마만큼 사회이동을 허용하느냐에 따라 규정되어진다. 예를 들면, 인도의 카스트형(型) 사회(caste societies)에서는 원칙적

17 Peter Blau, *Exchange and Power in Social Life*, N.Y.: John Wiley & Sons, 1968.

으로 수직이동은 허용되지 않고 수평이동만 가능하다.

중세 서양이나 조선시대의 신분형(型)사회(estate societies)는 사람들의 신분이 거의 고정되어 있어서 중류층 이상에서만 최소한의 수직이동이 가능하였다. 이 사회는 하층민이나 천민층의 상승이동은 거의 불가능하였다. 다만 중류층과 상류층은 상하이동이 가능하였다. 양반이나 귀족이 몰락하여 중류층 이하로 하강하거나, 중류층이 나라에 공헌을 하는 등의 이유로 상류층에 편입된 경우가 이에 해당한다.

오늘날은 대부분 계급형(型) 사회(class societies)가 주를 이루고 있다. 계급형 사회는 계층 사이에 장벽이 없으며, 상하이동이 가능하다. 상류층에 속해 있던 부자가 어느 날 회사부도로 하류층으로 전락할 수 있고, 반대로 하류층에 속한 사람이 많은 돈이나 권력장악 등을 통해 상류층에 진입할 수 있다. 앞서 설명한 카스트형 사회나 신분형 사회는 귀속적 지위에 따라 계층이 정해지는 폐쇄적인 사회이다. 이에 반해 계급형 사회는 개인의 성취와 업적을 기준으로 이동이 좌우되는 개방형 사회이다. 그러나 많은 사회가 외형적으로는 개방형 사회이지만, 내부적으로는 상당부분 폐쇄적인 면이 있다. 가령 사회주의 국가들도 개방형 사회를 표방하지만, 내부적으로는 배타적인 상류층을 형성하고 있고, 미국, 영국, 일본 등과 같은 선진국들조차도 내부적으로 신분제도가 많이 작용하고 있다.[18]

한국도 사회이동의 유연성이 점차 떨어지고 있음을 알 수 있다. 각종 조사에 의하면, 기성세대는 본인보다 자식 세대의 상승 이동가능성을 높게 보지만, 현재 청소년들은 계층 상승 기대감이 낮게 나타나고 있다. 특히 스스로 하류층으로 자신을 규정한 고등학생은 자신의 자녀도 여전히 하류층에 머물고, 반대로 상류층으로 자신을 규정한 고등학생은 자녀가 더 높은 위치로 상승이동할 가능성을 높게 보고 있다.[19] 이것은 하류층은 자녀가 여전히 하류층을 못 벗어날 것이라는 비관이, 상류층은 자녀가 지속적으로 상류층에 머물 것이라는 낙관이 강하다는 것을 반증한다. 그만큼 한국 사회도 상하이동이 쉽지 않고, 계층현상이 고착화되어 가고 있다는 것을 알 수 있다.

---

18 미국의 경우, 부시 대통령 가문은 아버지와 아들이 모두 대통령에 당선되었을 정도로 명문집안으로 꼽힌다. 케네디 가문, 포드 가문, 클린턴 가문 등 명문가문이 세대를 이어 부와 권력, 명성을 쥐고 있다. 다시 말해, 개방형 민주국가라고 하지만, 때때로 소수 상류층이 국가를 좌우할 만큼 그들만의 신분계층을 두텁게 형성하고 있다.

19 동그라미재단, '기회불평등 2016: 생애 주기별 경험과 인식 조사' 연구 참조.

하류층으로 인식하는 계층이 상승이동 가능성을 낮게 보는 이유는, 경제적 수입의 정체 내지 미미한 증가, 계층 간 장벽강화, 부익부 빈익빈의 양극화 등 여러 가지를 유추해 볼 수 있다. 이와 같은 흐름이 지속된다면 한국 사회도 점차 상하이동이 경색되어 가며, 선진국과 같은 신분형 사회로 접어들고 있음을 알 수 있다.

둘째, 산업화는 대량의 사회이동을 발생시킨다. 산업화는 기계화와 공업화를 앞당겼고, 농촌의 일자리 감소와 도시 내 공장 설립 등으로 인구가 도시로 몰려들었다. 농업인구가 도시의 공장노동자로 대거 이동한 것으로, 대규모 인구가 농업에서 비농업으로 수평적인 사회이동을 한 것이었다. 이 과정에서 부를 축적한 사람은 수직적 상승이동을 하는 경우도 있었고, 반대로 부랑인으로 전락하는 경우도 있었다.

산업화가 진전되면서 사회 내의 일자리는 더욱 늘어났고, 그만큼 사회이동도 활발해졌다. 이것은 사회 경제규모가 커질수록 사회이동의 기회도 늘어난다는 사실을 입증한 셈이다. 또한 산업화로 인해 개인의 업적이나 능력에 의해 사회이동 기회가 늘어난 것도 주목할 만한 일이다. 산업화 이전까지는 가정환경, 성별 등 귀속적 지위가 사회이동에 많은 영향을 주었다. 그러나 산업화 이후 전문성과 효과성이 중시되었고, 이것은 개인의 능력을 중요시하는 계기가 되었다. 따라서 산업화시대는 후천적인 성취적 지위가 더욱 중시되고, 사회이동의 주원인으로 자리매김하였다.

셋째, 급격한 사회변동 또한 대규모의 사회이동을 발생시킨다. 전쟁이나 혁명 등이 발발하면 수평적, 수직적 사회이동이 많아지고 이동의 폭도 넓을 수 있다.

한 예로 한국의 6.25전쟁은 많은 사회이동을 발생시켰다. 북한 지역에서 상류층 부자로 살다가 남한으로 피난 온 상당수 사람들이 하류층으로 전락하기도 했다. 하지만 이들 중 열심히 생업에 힘써 다시 상류층으로 발돋움한 경우도 적지 않았다. 처음부터 남한 지역에 하류층으로 살던 사람이 전쟁 통에 장사나 작은 제조업을 하여 많은 부를 축적한 사례도 적지 않았다. 이렇듯 전쟁은 상하이동 사회변동을 많이 가져오며, 수평적 이동도 많이 가져온다. 가령 농업에 종사하던 사람들이 도시 공장노동자로 대거 이동하고, 제조업에 종사하던 사람들이 상업으로 이동하였다. 따라서 전쟁이나 혁명과 같은 사회격변 사태는 수직적, 수평적 사회이동을 대량으로 유발시키는 요인 중 하나이다.

제10장 SOCIOLOGY

저출산과 인구

- 제1절 저출산 현황
- 제2절 저출산 원인
- 제3절 저출산과 인구감소 효과
- 제4절 저출산과 인구감소 완화 방안

10 저출산과 인구

제1절 저출산 현황

1. 글로벌화된 저출산

세계적으로 저출산은 피할 수 없는 흐름이 되어가고 있다. 유럽 등 선진국에서 이미 경험했던 저출산 문제가 아시아로 옮겨지고 있다. 한국, 일본, 중국 등이 대표적이다. 이들 국가는 2차 세계대전 후 인구가 폭발적으로 증가한 국가들이며, 증가하는 인구를 줄이기 위해 각종 산아제한 정책을 실시하기도 하였다.

예를 들면, 중국은 1자녀 갖기 운동을 강력하게 시행할 만큼 인구증가에 골머리를 앓았던 나라였다. 그런데 지금은 상황이 완전히 달라졌다. 정부에서는 어떻게든 출산율 하락을 막으려 애쓰고 있다. 중국은 수십 년간 강력한 산아제한 정책을 실시하였지만, 지금은 저출산 문제로 긴장하고 있다. 오죽하면 아이 두 명을 낳지 않으면 세금을 물려야 한다는 정책 제안까지 나올 지경이다. 여기에 2024년에는 세계 최대 인구국 지위를 인도에 넘겨줄 것이라는 예측도 나오고 있다. 중국 인구는 2017년 말, 13억 9천만 명에서 2029년 14억 4천만 명으로 정점을 찍은 뒤 이후 감소세로 돌아설 것이라는 전망이다. 세계 최대 인구국인 중국도 출산율 하락에 따른 인구감소가 경제적 위기를 초래할 것이라는 우려가 커지고 있다.

일본도 예외가 아니다. 저출산 문제가 심각하게 다가오고 있다. 저출산으로 인해 부부와 자녀로 구성된 일반적 가정 형태는 점차 줄고 있다. 일본 공영 TV인 NHK는 내각부 발표 등을 인용, 1990년 37%였던 부부자녀 가정은 2015년 27%로 줄었다고 발표하였다. 반면, 고령화에 따른 독거 노인이 늘면서 빈곤과 고독사 문제가 불거지고 있다. 일본 국립사회보장·인구문제 연구소가 발표한 '2017 출생·사망 중위 추계'에 따르면, 2015년 한 해 동안 고독사한 사람이 약 129만 명에 이르고 있다. 연구소에 의하면 고독사는 매년 증가할 것이고, 2020년 141만 명, 2030년 160만 명, 2040년 168만 명이 고독사할 것으로 전망했다. 한편 '1인 생활자·1인 가족'은 1990년 23%에서 2015년 35%까지 늘면서 일본 가족 형태의 주류가 되었다. 일본에서 지금 가장 보편적인 가족 형태는 혼자 사는 형태이다.

오늘날 경제적으로 후진국이나 일부 국가를 제외하고는 많은 나라에서 저출산 문제를 경험하고 있다.[1] 최근 저출산 문제에 직면한 국가들의 출산율 하락 속도는 서유럽이 경험했던 것보다 훨씬 속도가 빠르다는 특징이 있다. 중국, 일본, 한국 등 동아시아 국가의 감소 속도가 대표적이다.

저출산은 특정 국가만의 문제가 아니며, 많은 나라에서 저출산 문제를 고민하고 있다. 글로벌화된 이슈가 된 것이다. 이제는 '고출산·고사망'에서 '저출산·저사망'으로 변하고 있다. 저출산·저사망 원인은 의학기술 발달에 따른 수명 연장, 노동 자원으로서의 사람의 중요성 하락, 다자녀 양육에 따른 경제적 부담 등 다양한 이유가 얽힌 결과이다.

2. 한국 저출산 현황

그동안 한국 인구는 꾸준히 증가하였다. 백여 년 전 남북한 합쳐서 2천만 명 선이던 인구가 2018년 말 현재, 7천만 명을 훌쩍 넘어섰다. 조선 시대 말부터 근대

1 2016년 기준, 전 세계 224개국 대상으로 조사한 주요국 합계출산율을 보면, 니제르(1위, 6.62명), 이스라엘(OECD 1위, 2.66명), 한국(OECD 최하위, 1.25명), 북한(125위, 1.96명), 미국(142위, 1.87명), 중국(182위, 1.60명), 일본(210위, 1.41명), 싱가포르(224위, 0.82명) 등으로 나타났다. 여기에서 합계출산율이란 여성 한 명이 평생 낳을 것으로 예상되는 평균 자녀 수를 말한다.

의료체계 도입, 위생 시설 확충, 토지 생산성 향상 등에 힘입어 인구가 급속히 증가했다. 여기에 해방 후 재외동포 귀환, 6·25 전쟁 후 1960년대까지 이어진 베이비붐을 맞아 인구증가는 가속화하였다.

정부는 1960년대 들어 지나친 인구증가를 우려한 나머지 산아제한정책을 실시하였다. '딸아들 구별 말고 둘만 낳아 잘 기르자' '덮어놓고 낳다 보면 거지꼴 못 면한다' '하나만 낳아도 삼천리는 초만원' 등은 이 시기에 유행한 슬로건이었다.

그러나 작금 상황은 완전히 달라졌다. 2018년 말 현재, 결혼 부부의 출산율이 1.0명을 하회한 0.9명대 수준으로 떨어지고 있다. 한국 통계청에 의하면, 신생아 수는 1971년 102만 명으로 정점을 찍은 뒤 줄곧 하락세를 기록하였다. 1988년 63만 명을 기록하여 60만 명대를 유지하더니, 2002년 50만 명 선 붕괴, 2017년 40만 명 선이 붕괴되었다. 그런데 30만 명 선의 붕괴는 불과 3년 만인 2020년에 이루어질 것으로 전망하였다. 신생아 감소 속도가 매우 빠르다는 것을 알 수 있다. 전체적인 인구감소도 시간이 흐를수록 가속화될 것은 자명한 일이다.

심각성은 인구 구조에서도 잘 드러나고 있다. 저출산·고령화가 심화될수록 인구 수 못지않게 중요해지는 것이 인구 연령구조이다. 연령별 구분은 국제 공통으로 0~14세 유소년, 15~64세 생산가능인구, 65세 이상 고령인구로 나눈다. 생산가능인구 100명당 부양할 유소년인구, 고령인구 수를 각각 유소년부양비, 노인부양비라 하고 이를 합한 수를 총부양비라 한다.

〈그림 10－1〉을 보면, 유소년층은 1960년 전체 인구의 42.3%에서 2010년 16.1%로 감소하고, 반대로 노년층은 2.9%에서 11.1%로 증가하였다. 유소년층이 반 이상 줄어든 반면 노년층은 세 배 이상 늘어난 것이다. 이것은 인구 하부구조가 약해지고 있다는 것을 보여주고 있다. 생산가능 인구인 15세 이상 64세 이하 청장년층은 1960년 54.8%에서 2010년 72.8%로 정점을 찍은 후 감소추세로 돌아섰다. 2060년에는 10명 중 1명이 유소년, 노년층 4명, 청장년층 5명의 분포를 보일 것으로 전망된다. 한마디로 유소년층 인구는 현격하게 줄어들고 노년층 인구는 폭발적으로 늘어나는 역피라미드 형태가 전개되고 있다.

총부양비도 2017년 36.8명(유소년 18.0명, 노인 18.8명)인데, 2065년엔 108.7명(유소년 20.1명, 노인 88.6명)으로 급증할 것으로 보인다. 중위연령(총인구를 연령순으로 나열할 때 한가운데 있는 사람의 연령)도 2017년 42.0세에서 2065년엔 58.7세까지 급상승할 것으로

그림 10-1 한국 인구구성 비율

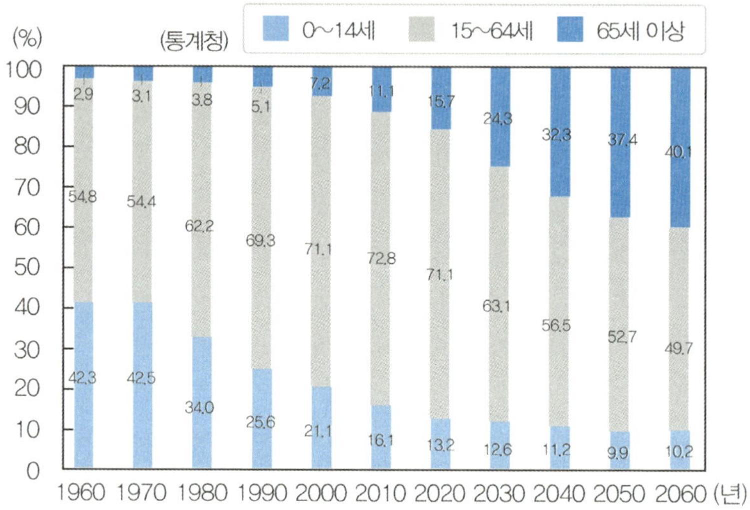

자료: 통계청, 2011.

전망되고 있다.

이와 같은 인구 구조는 노년 평균 수명 연장, 여성의 사회 진출 확대, 자녀 양육비 부담, 자녀에 대한 가치관 변화 등 다양한 원인이 맞물려 있다. 장기적으로 출생아 수 감소는 아동관련 의료서비스 수요 감소, 각급 학교 구조조정, 군대 병력 부족, 산업근로자 부족 등 도미노식 충격을 가져올 것이다. 또한 장래 일할 수 있는 사람 부족과 돌봐야 할 노인 수 증가로 국가재정부담이 증가하며, 부양 부담에 따른 세대 갈등이 증폭될 수 있다.

제2절 저출산 원인

1. 출산과 결혼 인식변화

한국보건사회연구원이 20세~44세 미혼 인구를 대상으로 조사한 '2018년 전국 출산력 및 가족보건·복지 실태조사'에 의하면, '자녀가 없어도 무관하다'고 생각하는 미혼 남녀 비율은 각각 28.9%, 48.0%로 나타났다. 같은 연령대를 대상으로 한 2015년 조사 결과는, '자녀가 없어도 된다'는 남녀 비율이 각각 17.5%, 29.5%에 그쳤다. 불과 3년 만에 무자녀에 대한 인식이 확 높아졌다.

인식변화 이유는, 남성은 '아이가 행복하게 살기 힘든 사회여서'(27.7%), '경제적으로 여유롭게 생활하기 위해서'(26.1%), '자녀가 있으면 자유롭지 못해서'(19.7%)로 나타났다. 여성은 '자신의 자유로움을 위한 것'(32.0%), '아이가 행복하게 살기 힘든 사회여서'(28.6%)였다.[2]

결혼에 대한 인식변화도 출산율 저하의 원인이 되고 있다. 한국 통계청이 발표한 '2018년 사회조사' 결과에 의하면, 국민 2명 중 1명이 '결혼은 선택'이라고 인식하는 것으로 조사되었다. 결혼을 앞둔 20대 젊은 층은 10명 중 7명이 결혼보다는 동거를 더 선호하는 것으로 나타났다.[3]

결혼에 대한 인식조사는 1998년부터 2년마다 실시하고 있는데, 결혼이 필요하다고 보는 비율은 갈수록 낮아지고 있다. 첫 조사가 이루어진 1998년에는 '결혼을 해야 한다'가 73.5%에 이르렀지만, 2008년에는 68.0%로 다소 낮아졌다. 그러나 10년 후인 2018년에는 이 비율이 48.1%로 크게 하락하였다.

이러한 조사 결과는 결혼인식변화 원인에 대한 단편적인 생각을 뛰어넘는다. 다시 말해 1998년은 IMF 경제위기가 있었고, 2008년은 미국발 세계금융위기가 있었다. 이 기간의 조사에서 결혼인식변화는 경제적 이유가 주원인이라고 할 수 있었다. 그러나 경제위기가 크게 작용하지 않았던 2018년의 조사결과는 시사하는 바가 크다. 결혼에 대한 인식변화가 경제적 이유가 아닌 근본적인 의식 변화에 기인한

2 한국보건사회연구원, 2018년 전국 출산력 및 가족보건복지 실태조사.

3 통계청, 2018년 사회조사.

것임을 추론할 수 있다. 일시적인 외부요인에 의한 변화가 아닌, 의식 자체가 바뀌고 있다는 의미이다.

일시적 외부요인에 의한 변화는 상황이 개선되면 다시 회귀할 수 있다. 그러나 내면의 근본적 변화는 외부상황 개선으로 회귀하기가 쉽지 않다. 간혹 외부상황 개선으로 일시적 변화는 있을 수 있지만 큰 흐름은 바뀌기 어렵다.

오늘날 출산과 결혼에 대한 인식변화는 일시적 외부요인에 의한 상황이 아니라 근본적인 인간 내적 변화라고 할 수 있다. 따라서 '출산은 꼭 해야 한다', '결혼은 꼭 해야 한다'는 인식은 앞으로도 지속적 하락을 보일 것으로 예측된다. 물론 국가의 출산 및 결혼장려 정책 등 여러 가지 유인책으로 인해 일시적 상승이 있을 수 있지만, 장기적으로는 쉽게 회복되지 않을 것으로 보인다.

그렇다고 출산과 결혼 자체가 완전히 소멸하지는 않을 것이다. 출산 기피나 비결혼도 어느 정도 하락선에 다다르면 멈출 것이다. 남녀결합 자체가 인간본능과 인류 생존의 근원으로 작용하고, 여기에 국가가 출산 및 결혼장려에 관한 적극적 정책을 실시하여 인구감소를 저지할 것이기 때문이다.

2. 결혼격차 심화

결혼에 대한 인식변화만큼이나 결혼격차 문제도 출산율 감소의 한 원인이 되고 있다. 결혼격차란 경제적 격차에 따른 결혼 빈도의 격차를 의미한다. 경제적 지위가 높을수록 결혼 빈도가 많아지고 경제적 지위가 낮을수록 결혼 빈도가 적어지는 현상이다. 문제는 이러한 현상이 심화될수록 결혼을 기피하게 되고 출산율 감소는 가속화될 수 있다.

〈표 10－1〉은 한국의 임금계층별 기혼자 비율을 조사한 결과로서 결혼격차의 심각성을 잘 알려주고 있다. 통계에 따르면, 최하 소득그룹인 1분위 남성의 경우 결혼비율이 6.9%인 반면, 최상위 소득그룹인 10분위 남성의 경우 82.5%가 결혼을 하였다. 여성의 경우는 1분위 그룹의 42.1%가 결혼을 한 반면, 10분위 그룹은 76.7%가 결혼을 한 것으로 나타났다.

표 10-1 임금계층별 기혼자 비율(20~30대 임금노동자, 2016. 3. 기준) (단위: %)

구 분	남 성	여 성
1분위	6.9	42.1
2분위	15.2	43.3
3분위	20.2	30.8
4분위	20.3	28.1
5분위	32.3	32.6
6분위	39.0	35.5
7분위	49.0	38.9
8분위	67.3	46.4
9분위	75.7	68.1
10분위	82.5	76.7

자료: 통계청, 2017.

위 조사결과에 의하면 남성이 여성보다 결혼격차가 더 심각하게 나타나고 있다. 이것은 남성들이 결혼할 경우 경제적 책임이 더 크다는 전통관념에 기인한 것으로 보여진다. 한국 사회의 전통관념은 남자가 경제적으로 무능하면 결혼 및 가정유지에 큰 지장을 초래한다는 것이 강하다. 따라서 경제적 지위가 낮은 남성일수록 결혼 빈도가 낮을 수밖에 없는 상황이다. 여성의 경우는 남성보다 결혼격차가 덜한 편이다. 이 또한 경제적 책임이 남성에게 더 많이 지워지는 관념에 따른 것으로 해석된다.

출산율 감소는 결혼한 커플이 아이를 낳지 않아서라기보다는 아예 결혼 자체를 하지 않는 것이 더 큰 원인이다. 경제적 격차에 따른 결혼격차문제는 결혼 기피현상을 확산시키며 출산율 감소의 원인이 된다. 나아가 사회적 불평등을 심화시키고 양극화를 고착화하여 결국은 사회의 불안정 요소가 될 수 있다.

결혼격차 문제를 해소하기 위해서는 경제적 격차를 최대한 줄이는 노력이 필요하다. 경제적 격차는 임금소득뿐 아니라, 부동산 투기와 같은 불로소득의 격차도 함께 줄여야 한다. 한국의 토지가격은 일부 도시국가를 제외하고는 세계 최고 수준이다. 세계 최고 수준의 부동산 가격과 불로소득의 지속성이 유지된다면, 부의 편중은 심화될 것이고 경제적 격차와 함께 결혼 빈도는 줄어들고 말 것이다. 나아가 결혼은 중·상류층의 사치스런 의식으로 전락할 것이고, 이 외의 계층에서는 아예 꿈도 꾸지 못하는 이벤트가 될 것이다.

3. 정형화된 인생주기 탈피

인류사에 오랫동안 소위 틀에 박힌 '인생의 주기'라는 것이 존재해 왔다. 출생한 후, 어린이, 청소년 시기를 거쳐 결혼하고 아이를 낳아 양육하고, 다시 낳은 아이를 양육하고 학업시키고 결혼시키고, 그러다가 본인은 늙어가고 사망하는 주기를 반복해 왔다. 대부분 사람들은 이러한 인생 주기를 당연한 것으로 받아들이고, 심지어 인생이란 그런 식으로 사는 것이라고 인식하였다. 지금까지 이러한 인생주기는 많은 사람들의 정보 유전자와 사상에 뿌리 깊이 내재되어 왔다.

그러나 오늘날 젊은 층을 중심으로 이러한 인생주기가 과연 삶의 핵심인가?라는 의문점을 갖기 시작하였다. 결혼은 꼭 해야만 하는 것인가? 아이는 꼭 낳아야만 하는가? 등의 질문은 이러한 의문의 한 형태이다. 그러다보니까 오랫동안 자리 잡아온 인생주기에 대해서도 근본적인 회의를 갖기 시작하였다. 이미 일부 사람들은 정형화되어온 인생주기를 탈피하는 삶을 살고 있다. 오늘날 결혼기피와 출산감소는 이러한 인식변화가 한 원인으로 작용한 것이다.

인생주기에 대한 인식변화는 교육과 산업변화의 역할이 크다고 할 수 있다. 교육을 통해 사람들은 생각이 다변화되었고, 산업변화를 통해 삶의 적응력이 유연해졌다. 교육이 미약했던 과거에는 사람들의 의식구조가 한 방향으로 몰리는 경향이 있었다. 특히 사회 기득권층이 설정해 놓은 룰에 순응하는 삶이 옳다고 생각하였다. 교육확대는 이러한 삶의 형태에 반기를 들고, 새로운 형태의 삶을 모색하도록 만들었다. 근대시절 신교육을 받은 사람들이 다소 파격적인 삶의 형태를 보인 것도 이와 같다.

산업변화도 인식변화에 한몫하였다. 과거에는 지리적 상황에 의한 단순 산업, 이를테면 농경사회, 유목사회 등이 유일한 산업형태였다. 그러한 산업환경에서는 사람들의 의식도 고착화 될 수밖에 없었다. 그러나 기계화된 산업사회, 정보화사회를 거치면서 다양한 산업형태를 경험한 사람들은 삶의 적응력이 향상되었다. 적응력 향상은 자신의 삶에 대한 자신감 증가로 나타났다. 나아가 반드시 결혼하지 않는다 해도 잘 살아갈 수 있다는 자신감으로까지 이어졌다. 만약 과거의 농경사회처럼 단순한 경제상황이라면 이러한 자신감은 훨씬 적었을 것이다. 급속도로 변화된 산업환경은 신체적 적응력뿐 아니라 의식의 적응력도 유연하게 만들었다. 이것은 결혼에 대한 사고도 변화시키고 출산율 저하에도 영향을 주게 된 것이다.

4. 1인 가구 확산과 생활의 편리함

한국보다 인구변화 면에서 선행 행태를 보인 일본은 1인 가구가 이미 대세로 굳어진 지 오래다. 2018년 말, 일본 공영 TV인 NHK는 남편과 아내, 아이들로 구성된 표준적인 가족 개념이 무너지면서, 부부와 아이로 구성되는 가정은 이제 일본 가족의 '표준'이 아니라고 공언하였다. 반면 '1인 생활자·1인 가족'은 1990년 23%에서 2015년 35%까지 늘면서, 일본 가족 형태의 대세가 되었다. 오늘날 일본의 가장 보편적인 가족 형태는 1인 가구이며, 1인 가구 고착화는 일본 사회에 적잖은 변화를 주고 있다. 젊은 층을 중심으로 인구감소가 현실화되고 있으며, 1인 가구로 사는 노인 빈곤도 문제 되고 있다. 후행적으로 일본과 비슷한 모습을 보이는 한국도 머지않아 지금의 일본 모습과 닮을 것으로 예측된다.

통계청의 '한국 1인 가구 보고서'(2017)에 의하면, 2017년 현재 한국 1인 가구 수는 561만 8,677가구로 전국 가구의 28.6%를 기록하고 있다. '한국 1인 가구 보고서'(2017년)에 의하면, 20~40대 1인 가구의 걱정 요인은, 건강, 주거환경, 외로움 등으로 나타났다. 여성 1인 가구만으로 분류하면, 54.1%가 안전과 위험 요소를 가장 높은 고민으로 꼽았다. 남녀를 불문하고 1인 가구의 문제점이 상당하다는 것을 보여주고 있다.

그런데도 1인 가구가 확산되는 이유가 무엇일까? 그것은 혼자 사는 것에 따른 문제점을 상쇄할 만큼 편리함도 있기 때문이다. 만약 혼자 산다는 것이 불편하다면 부부동거가 강력하게 유지될 것이고, 자녀 생산 가능성도 증가할 것이다. 그러나 1인 가구로 사는 것이 점차 편리해지고 있다. 1인용 간편식, 나홀로 여행, 1인용 세탁기, 독립적 거주 공간의 확산 등 각종 상품 및 주거환경이 혼자 사는 것을 부담스럽지 않게 하고 있다. 이제는 혼자 살아가는 것에 약간의 불편함은 있을지라도 큰 장애물은 없는 시대이다. 혼자 산다는 것의 불편함 감소와 편리함 증가는 또 다른 측면에서 출생률 감소의 한 원인이 되고 있다.

5. 젊은 남성의 위기

출생률 감소 원인으로 젊은 남성의 위기를 드는 것이 생소할 수 있다. 하지만 내막을 보면 젊은 남성의 위기가 출생률 감소 원인의 한 축이 될 수 있다. 오늘날 젊은 남성의 위기는 취업, 지속성 약한 고용불안, 결혼 등 다양한 요소를 내포한다. 취업이나 고용불안 등은 젊은 여성과도 관련 있는데, 왜 유독 젊은 남성 위기가 될까? 그것은 과거의 남성 위치와 오늘날 위치가 너무 큰 차이가 나기 때문이다.

과거의 남성은 근력 있고 농업이나 제조업 등에서 힘을 쓰고, 약간의 정보력만 있어도 결혼하며 살아가는 데 큰 어려움이 없었다. 젊은 남성의 위기가 거의 없었던 것이다. 여기에는 아이러니하게도 여성의 희생이 있었기에 가능했다. 과거 여성들은 배우지 못하고 근력도 약하고 대인관계 폭도 좁았다. 이에 대부분 여성은 남성에 의존하고 남성보다 못한 위치에서 수동적일 수밖에 없었다. 특히 대가족과 농경 중심 사회에서는 여성의 지위 향상이 매우 어려웠다. 집안 경제력 등을 고려할 때 여성에게까지 교육 등 배려를 할 여력이 없었기 때문이다. 대부분 여성은 웬만한 남성보다 지위가 낮았고 남성들은 배우자를 얻는 데 수월했다. 당연히 결혼 빈도가 떨어질 이유가 없었다.

그러나 산업화 이후, 핵가족이 등장하고, 적은 수의 자녀를 낳게 되고, 그러다 보니 딸도 교육시키게 되었다. 자연스럽게 여성들의 자각(自覺)이 두드러지고 남녀평등이 강화되며, 여성 취업률도 높아지게 되었다. 여성들이 기득권 남성들에게 강력한 경쟁자로 등장하게 된 것이다. 시간이 흐를수록 남성과 여성의 경쟁에서 남성이 더 이상 우위를 독점할 수 없게 되었다.

이것은 인구론 측면에서 중요한 의미를 갖는다. 남성이 경쟁에서 밀린다는 것은 더 이상 사회경제적 지위를 독점할 수 없다는 얘기이다. 특히 필기시험 위주의 인력 선발 시, 학업 집중력 높은 일부 여성에게 양질의 직장을 넘겨줄 수밖에 없다. 소위 말하는 양질의 직장은 남녀 공동영역이 되고, 양질의 직장을 얻지 못한 남성이 늘게 된다. 학업에서 밀리고 취업시험에서 밀리면서 적지 않은 남성이 만족스럽지 않은 직장을 갖거나 실업자로 전락한다.

그런데 여성 입장에서 볼 때 이런 상황은 배우자 선택폭 축소로 이어진다. 즉, 배우자로 선택할 만한 남성이 줄어든다는 의미이다. 한국보건사회연구원 발표(2018년)에 의하면, 미혼 여성이 결혼하지 않는 첫 번째 이유가, '좋은 사람이 없어서'이다. 구체적으로 보면, 상대 남성의 조건이 마음에 들지 않는 경우(32.5%), 다음으로 경제적 문제(11.2%)로 나타났다. 그만큼 여성은 배우자 선택 시, 상대방의 사회경제적 지위를 상당히 고려하고 있다.

본래 여성은 생물학적으로 한정된 숫자의 난자를 갖고 있다. 본능적으로 자신보다 우수한 남성을 만나 아이를 낳고 싶어 한다. 물론 모든 여성들이 그렇다는 것은 아니다. 상대 남성의 사회경제적 지위를 고려하지 않고 결혼하는 여성도 있다. 그러나 전반적으로 배우자 선택폭 감소라는 현실 상황에 부딪히면 결혼감소로 나타나게 된다. 많은 여성들이 자신보다 사회경제적 지위가 낮은 남성을 배우자로 선택할 바에는 차라리 독신으로 살겠다는 의지를 보인다. 결국 젊은 남성의 위기가 결혼감소로 나타나고, 출산율 감소로 이어지고, 나아가 인구감소를 초래하는 한 원인이 된다.

6. 반려수단 확산

결혼을 왜 하느냐 질문하면 사람들은 외로움 해소와 노년 고독 방지를 많이 생각한다. 그러나 외로워서 결혼한다는 인식은 앞으로 많이 바뀔 것으로 보인다. 혼자 살아도 외롭지 않을 수단이 늘어나기 때문이다. 개나 고양이와 같은 반려동물이 그 예이다. 출산율 감소와 반려동물 확산을 연계하는 것이 다소 무리가 있을 수 있다. 하지만 결혼하는 이유 중 하나가 외로움 해소라면 상황은 다르다. 외로움을 어느 정도 해결해 줄 수 있는 장치가 구비된다면 무리해서 결혼할 필요성을 못 느낀다.

지금까지 반려수단이 동물 위주의 생명체였다면, 앞으로는 로봇도 한몫할 것으로 보인다. 인공지능 수준이 진화하면서 단순히 복종하는 로봇이 아니라 스스로 감정을 표현하는 로봇이 등장하고 있다. 사람 감정에 맞춰 대화가 가능한 로봇이 눈 모양, 동공 크기로 감정을 표현하고 어조도 바꿔가며 대화를 할 수 있다. 심지어 로봇 자신의 감정 상태가 짜증 나 있거나 안 좋은 상태면 사람의 명령을 거부하기도 한다. 한국 KAIST 인공지능연구소에 따르면, 멀지 않은 장래에 사람과 로봇 간의 대화와 감정교류가 가능할 것으로 보고 있다. 이미 일본에서는 애완로봇이 등장해 개나 고양이 같은 애완동물을 대신하고 있다.

애완동물, 애완로봇 등 다양한 반려수단의 확산은 인간 고독을 많이 상쇄할 수 있을 것이다. 또한 이런 상황은 혼자 사는 편리함을 배가시킬 수 있다. 자연스럽게 결혼을 꼭 해야 한다는 필요성이 감소할 수 있다. 반려수단의 다양화가 결혼빈도 하락과 인구감소의 한 요소가 되고 있다.

지금까지 살펴본 요인 외에도 매우 많은 저출산 요인이 산재해 있다. 오늘날과 같이 사회경제환경이 급변하는 때는 그 요인이 더욱 다양하다. 과거에는 환경적 요인이 급변하지 않았고 인간의식도 거의 정체되어 있었다. 결혼과 출산을 당연한 것으로 받아들였다. 그러나 현대는 환경적 변화속도가 빠르고 복잡하다. 환경변화에 인간의식이 바뀌고 적응하기 시작하면서 결혼과 출산도 하강 곡선을 그리기 시작했다. 미래에는 정부의 출산장려정책 등으로 일시적 인구증가는 가능하겠지만, 전반적인 저출산과 인구감소 흐름이 이어질 것으로 보인다.

제3절 저출산과 인구감소 효과

1. 부정적 효과

저출산에 따른 인구감소의 부정적 효과는 다양하다. 여기서는 이 중 중요한 몇 가지 부정적 효과를 살펴본다.

1) 지방도시 소멸위험 상승

저출산에 의한 인구감소는 전국적으로 동시에 모든 곳이 일률적으로 일어나지 않는다. 비도시지역일수록 인구감소 폭과 속도가 빠르고, 대도시일수록 감소 폭과 속도가 느리다. 이것은 정주기반시설의 차이에 기인한다. 교통과 교육여건, 취업여건, 각종 문화시설 등이 정주기반시설이다. 지방도시는 이러한 기반시설이 부족하다. 본래부터 인구가 적은 까닭에 재정적 투입이 적을 수밖에 없고, 분산된 정주 현상으로 시설설비 비용이 많이 든다. 그래서 젊은 층은 보다 나은 기반시설 지역으로 이동하고, 결국 노년층만 남게 되고 종래에는 도시가 쇠락 소멸한다. 현재 한국의 지방도시를 보면 이러한 징후가 나타나고 있다.

그림 10-2 한국 지방도시 소멸위험지수(2018년 말 기준)

전국 261개 시군구 소멸위험 수준

위험수준	개수	비율	
매우 낮음	17개	6.5%	
보통	63개	24%	
주의	89개	34%	
진입	79개	30%	• 부산시: 서·중·동구 • 인천시: 강화·옹진군 • 경기도: 연천·가평·양평군 • 강원도: 태백·삼척시 등
고위험	13개	4.9%	• 전남: 고흥·보성·신안군 • 경북: 군위·의성·청송·영양·영덕·청도·봉화군 • 경남: 남해·산청·합천군

주요 권역별 소멸 위험 지자체 비율(단위: %)

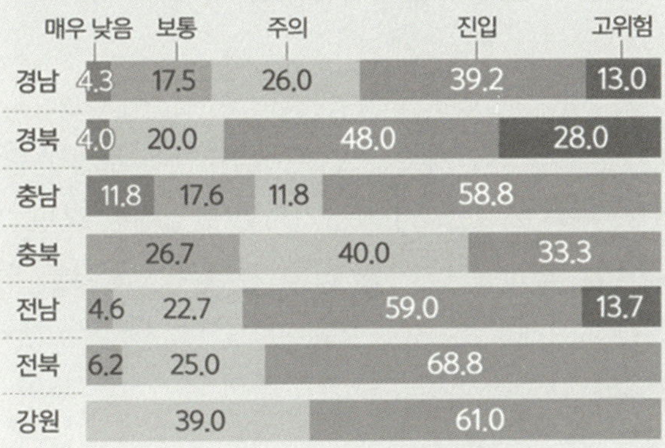

자료: 행정안전부, 세계일보, 2019. 1. 21.

〈그림 10－2〉는 빠르면 5년 늦어도 30년 안에 한국 지방 도시 소멸위험지수[4]를 보여주고 있다. 광역자치단체로는 전라남도가 위험진입단계에 들어섰고, 강원도, 경상북도, 전라북도가 위험진입으로 떨어질 가능성이 높아지고 있다. 조사 결과, 17개 광역자치단체 중 10개 자치단체가 소멸위험 주의단계에 포함되고 있다. 이것은 지역공동체 소멸위험뿐만 아니라 지역경기 냉각, 일자리 감소, 인구 유출로 이어져 인구감소가 가속화될 수 있다.

기초자치단체별로 보면 상황은 더 심각하다. 수도권을 향한 인구집중이 지속되면서 전국 기초자치단체 35%(92개)가 소멸위험단계로 진입하였다. 이 중 13개는 소멸 고위험 지역으로 분류되었고, 79개는 소멸위험 진입단계에 들어선 것으로 나타났다. 향후 5년에서 30년 안에 사라질 위험이 크다는 의미이다.

이러한 현상은 인구감소가 먼저가 아니라 지역 내 유인책 부족이 먼저이다. 지역 내 교육, 문화, 취업 등 유인시설이 부족한 것이 인구 유출 및 인구감소를 가져온 것이다. 따라서 지방 도시 소멸을 막을 대책을 수립하든지, 아니면 적은 인구를 한 곳에 집중시켜 다시 지역커뮤니티를 활성화시킬지 선택해야 한다. 후자의 안이 비용대비 효과가 클 것으로 전망된다. 이를 위해서는 구도심 재생과 신도심 창출을 동시에 하거나 어느 한 곳 위주로 재편하든지 해야 한다. 즉 규모의 경제를 실현할 수 있는 지역커뮤니티 활성화가 지방도시 소멸을 막는 방법이 될 수 있다. 또한 중앙정부와 지방자치단체가 협력하여 실효성 있는 구체적 대안이 마련되어야 한다.

2) 노인 인구 부양비 급증

저출산 현상은 단기적 관점에서 보면 유소년 인구 부양비를 낮추어 여유자금을 경제 발전에 활용할 수 있다. 그러나 장기적인 관점에서 보면 미래 생산 인구 감소와 소비 인구 감소를 초래한다. 이는 사회 전반적인 활력을 떨어뜨리며 생산성 하락과 소비시장 축소, 경제활동 위축 등을 가져온다. 나아가 사회적 부담 비용 증가로 복지 수준 향상에 걸림돌이 될 수 있다. 특히 증가하는 노인 인구 부양비가 급증하여 사회적인 부담이 가중된다.

4 소멸위험지수는 65세 이상 인구를 가임여성인구(20~39세)로 나눈 값이다. 일본 사회학자 마스다 히로야가 처음 개념화한 지수이다. 한국고용정보원이 이 지수를 활용하여 소멸위험 매우 낮음(1.5 이상), 안정(1.0 이상~1.5 이하), 주의(0.5 이상~1.0 미만), 소멸위험진입(0.2 이상~0.5 미만), 소멸 고위험(0.2 미만)으로 분류하였다.

그림 10-3 노년 및 유소년 인구 부양비

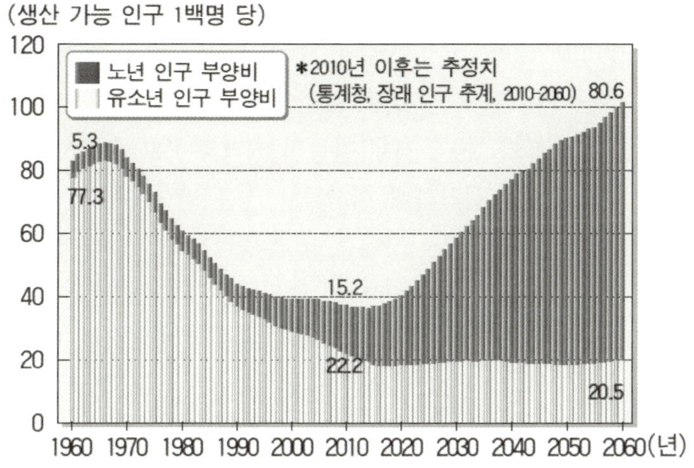

자료: 통계청, 장래인구추계, 2009.

〈그림 10－3〉은 생산가능 인구 1백 명당 노년 및 유소년 인구부양비의 추이를 보여주고 있다. 1960년대 총인구 부양비는 약 82.6이며, 노년 부양 인구비 5.3, 유·소년 인구 부양비 77.3으로 유소년 인구 부양비가 매우 높았다. 이후 경제 성장과 함께 생산가능 인구 증가로 총인구 부양비는 낮아지고 있다. 그러다가 2010년대에 유소년 인구 부양비는 22.2로 빠르게 감소하고 노년 인구 부양비는 15.2로 높아졌다.

2010년대 이후 출산율 감소로 유소년인구 부양비는 큰 변화가 없지만, 노년 인구 부양비는 급증하여 2060년대에는 80.6을 보일 것으로 전망된다. 여기에 유소년 인구 부양비까지 합치면 생산가능 인구 한 명이 나머지 한 명을 부양해야 한다. 다시 말해 한 명의 연봉으로 두 명이 나눠서 먹고 살아야 한다. 인구감소와 노인 인구증가가 가져올 심각한 상황이 아닐 수 없다.

3) 세대간 갈등 심화

저출산 고령화의 고착화, 양질의 일자리 부족, 청년층 취업난 심화가 겹치면 세대간 갈등이 깊어질 수 있다. 그 내면에는 노인연금과 일자리, 복지재정 배분 등 사회적 자원을 둘러싼 갈등이 존재한다.

〈그림 10－4〉는 세계일보와 온라인 설문조사업체 오픈서베이가 2019년 1월, 20~30대 청년 500명과 60대 이상 장년층 500명을 대상으로 조사한 결과이다. 조사결과를 보면, 청년층의 65.8%는 '한국 사회의 세대간 갈등이 심각하다'고 응답하였으며, 장년층 역시 56%가 '한국 사회 갈등이 심각하다'고 응답하였다. 나이 고하를 막론하고 세대간 갈등을 심각하게 인식하는 것을 알 수 있다.

세대간 갈등 원인에 대해서는, 장년층 10명 중 6명(56.2%)과 청년층 10명 중 4명(41.8%)은 노인복지 확대로 청년층 부담이 늘고 있기 때문이라고 응답하였다.[5] 단순히 가치관과 생활습관 차이만이 아니라 사회구조적 문제에서도 세대간 갈등 원인이 내재되어 있다. 즉, 인구구성의 변화가 근로 세대와 노인 세대간 갈등으로 이어지고 있는 것이다. 따라서 갈등에 따른 비용, 즉, '갈등비용'을 줄이기 위한 다각적

그림 10-4 한국 사회 세대 갈등 수준 (단위: %)

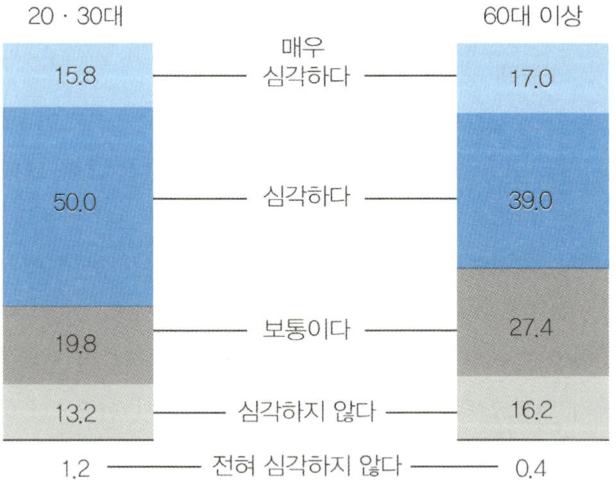

자료: 세계일보, 오픈서베이 설문조사.

5 세계일보. 2019. 1. 31.

인 대책이 시급히 마련되어야 할 것이다. 세대간 이해와 유대감을 도출하지 못하면 극심한 사회 혼란과 미래불안이 가중될 것이기 때문이다.

4) 국가 성장동력 약화

출생자가 사망자보다 적어지는 현상은 실질인구 감소이다. 실질인구 감소는 전체인구 감소를 의미하며, 사회는 희한한 풍경이 연출될 수 있다.

사람이 살지 않는 주택이 늘고, 자식은 부모가 살던 집의 세금부담으로 상속을 포기한다. 현재 살고 있는 집도 세금이 무서워서 야밤에 집을 버리고 어디론가 사라져 버린다. 지방자치단체는 이사 오는 사람들에게 빈 집을 무료로 나눠준다. 토지도 살 사람이 없어서 놀리는 일이 다반사다. 토지세금이 부담되어 혹시라도 구매자가 나타나면 아주 싸게 팔거나 웃돈을 주고 명의를 양도하는 일이 발생한다. 파는 사람이 되레 웃돈을 주는 일은 지금으로써는 웃을 일이다. 도심지는 낮에도 상가 문이 닫혀 있어 을씨년스럽고 걸어다니기가 은근 겁날 정도이다. 그런데 일본에서는 이런 현상이 나타나기 사작하고 있다. 머지않은 장래에 한국도 이런 희한한 풍경이 나타날 개연성이 있다. 이렇듯 인구감소는 사회적, 물리적 변화를 가져온다.

문제는 이것으로 그치지 않는다. 인구감소가 국가 성장동력을 서서히 거대하게 약화시킨다는 점이다. 인구감소는 산업현장 노동력을 부족하게 하고, 교육산업 등 수많은 산업의 근간을 뿌리째 뒤흔들 것이다. 많은 부분에서 성장 요인이 꺼진다는 의미이다. 식어가는 엔진처럼 국가 성장이 후퇴할 뿐 아니라 종래에는 국가 존립을 어렵게 할 것이다. 인구감소를 저지해야 하는 이유는 곧 국가 존립과 직결되는 핵심적인 요인이기 때문이다.

2. 긍정적 효과

저출산에 따른 인구감소가 부정적 효과 일색만은 아니다. 무슨 일이든 양면성이 있다. 저출산이 가져올 인구감소 또한 긍정적인 면이 있다. 몇 가지 긍정적 효과를 살펴보면 다음과 같다.

첫째, 노인 인구가 많아질수록 노인부양에 들어가는 국가 예산이 부담되지만 노인복지 정책의 확대[6] 및 다양화도 이루어질 수 있다. 노인빈곤 문제가 심각해지는 작금 상황에 비추어 볼 때, 여전히 노인복지는 미흡한 편이다. 이런 상황에 정치적인 선거와 투표행위에 큰 영향을 미치는 노인 인구는 정치권으로 하여금 노인복지를 소홀히 할 수 없게 만든다. 그런 면에서 노인인구 증가는 노인복지 신장을 가져오는 계기가 될 수 있다.

둘째, 저출산은 자연적으로 젊은 층의 인구감소를 발생시킨다. 그런데 젊은 층의 위상은 이전보다 높아질 것이 분명하다. 젊은 층 인구가 과다했을 때는 일자리 공급과 노동수요가 맞지 않는 불균형 상태가 지속된다. 당연히 젊은 층에게 불리한 상황이 된다. 산업사회가 막을 내리고 정보, 서비스 산업, 4차산업 중심의 사회일수록 더욱 그렇다. 이런 사회는 오랜 기간 고용을 보장하는 안정적인 일자리가 풍부하지 않고 전체적인 일자리도 많지 않다. 그러나 젊은 층의 인구 감소는 노동공급과 수요의 균형을 가져오고 취업난도 완화될 것이다. 약간의 전문성과 기술만 있어도 일자리 구하기가 어렵지 않은 상황이 전개될 수 있다. 이것은 마치 산업사회 확장기 때 젊은층 인구가 폭발적으로 증가했지만 취업난은 거의 없었던 상황과 유사하다.

셋째, 인구감소는 부동산 가격 안정화에도 한몫할 것이다. 인구 증가는 주택 등 부동산 가격을 상승시키는 촉매제이다. 인구증가 속도와 주택 공급 속도가 일치하지 않고, 특히 위치 가격이 다른 탓에 특정 지역의 주택가격 상승이 두드러지게 나타난다. 서울지역 내에서도 주택가격이 다른 이유는 위치 가격 때문이다. 인구가 증가하고 사람들의 왕래가 많은 지역은 그렇지 못한 지역보다 주택가격이 높다. 그런데 인구감소는 위치 가격에 따른 수요집중을 낮아지게 만든다. 인구가 줄면서 사람들의 왕래가 줄어들고, 자연스럽게 위치 가격도 하락하게 된다. 이런 상황은 특정 지역에 대한 주택 선호 집중 현상이 낮아지고 다른 지역으로도 확산시킨다. 결과적

6 예를 들면, 노인복지정책 중 중요한 비중을 차지하는 기초연금의 경우, 2019년 4월부터 저소득 노인에게 지급하는 기초연금액이 월 25만원에서 30만원으로 조기 인상된다. 정부는 기초연금법 개정안에 따라 65세 이상 노인 중 소득 하위 70%에게 지급하는 기초연금 수급액을 조기에 인상하도록 하였다. 당초 정부는 2018년 9월 최대 25만원으로 인상한 기초연금을 2021년까지 30만원으로 올릴 계획이었다. 그러나 노인가구 소득분배지표 악화 등을 고려해 기초연금 조기 인상을 결정했다. 이에 따라 2019년 4월부터 소득·재산 수준이 하위 20%에 속하는 65세 이상 기초연금 수급자 150만여 명의 수급액이 최대 월 30만원으로 인상되었다. 하위 40%는 2020년, 나머지 수급자는 2021년에 기초연금이 단계적으로 인상될 예정이다. 자료: limj@newsis.com

으로 인구감소는 소위 부동산 불패라는 신화에 종지부를 찍는 중요한 전환점이 될 수 있다.

넷째, 인구가 감소함에 따라 사람의 존재가치가 높아질 수 있다. 앞으로는 인구의 양이 아니라 질로 승부해야 할 것이다. 인구 규모가 국력과 연관되는 것은 사실이지만 절대적인 것은 아니다. 단지 인구 규모가 국력을 좌우한다면 인도는 거의 세계 최강국이 되어야 한다. 그러나 아무도 그렇게 생각하지 않는다. 따라서 인구의 질, 다시 말해, 한 명 한 명의 가치성을 높이는 데 주력해야 한다. 그것이 인구의 질을 높이는 것이며 국가 경쟁력이다. 경제력과 군사력만으로 국력을 따지는 시대는 한계가 있다. 이제는 한 차원 높은 경쟁력을 갖춰야 선진국 대열에 합류할 수 있다. 그 바탕에는 인간의 가치성 확보가 자리잡고 있다. 인구 감소는 과도한 인구가 극심한 경쟁을 벌이는 것에 대한 전환점을 가져올 수 있다. 한 명 한 명의 가치를 되돌아보는 사회, 이로 인해 한 단계 더 성숙할 수 있는 사회로 재탄생하는 것이 중요하다.

제4절 저출산과 인구감소 완화 방안

1. 결혼 정의(定意)의 확대

결혼을 꼭 법적인 혼인 관계로 한정 지을 필요는 없다. 2018년 통계청이 조사한 '2018년 사회조사 분석'에 의하면 20대 74.4%가 동거를 찬성하고 있다. 결혼은 필수가 아니라 선택이라는 정서가 퍼지면서 동거와 출산 인식도 바뀌고 있다. 결혼하지 않아도 동거할 수 있다는 비율도 전 연령대에서 56.4%에 이르렀다. 결혼 안하고 동거할 수 있다는 비율은, 2010년 40.5%, 2012년 45.9%, 2014년 46.6%, 2016년 48.0%로 꾸준히 증가하다가 마침내 50%를 넘어선 것이다. 이 중 20대만을 놓고 본다면 이 비율은 74.4%에 달한다.[7]

이와 같이 점차 강해지는 동거관념의 변화를 수용하여 결혼의 범위를 넓게 잡

7 통계청, 2018년 사회조사 분석.

아야 한다. 예식이나 법적인 절차를 통과해야만 결혼으로 인정하는 것을 바꿀 필요가 있다. 단순 동거 부부의 자녀출산도 각종 정책적 혜택을 동등하게 부여하고, 법적 부부에 비해 받는 차별을 해소해야 한다. 향후 미혼 상태에서 아이를 낳는 빈도가 높아질 것으로 예측되고 있다. 앞의 통계청 조사결과, 결혼하지 않아도 자녀를 가질 수 있다고 응답한 비율은 20대는 36.7%이고 30대는 38.3%였다. 이러한 비율은 경제협력개발기구(OECD) 27개국의 2014년 평균 비혼출산율 40.5%에 육박하는 수준이다. 아직은 한국 사회의 실제 비혼 출산이 높지 않지만, 향후 경제협력개발기구 국가들 수준에 이를 개연성은 크다. 따라서 비혼과 결혼을 구별하지 않고 출산 자체에 초점을 둔 정책이 강구되어야 한다. 나아가 결혼에 관한 정의를 확대하는 것도 어느 정도 출산율 감소를 해소할 수 있는 하나의 방안이다.

2. 종합복지제도 구비

출산을 주저하는 것은 양육비 등 경제적인 이유가 크다. 국가는 대학까지 무상교육을 실시하여 최소한 교육비 부담이라도 덜어주어야 한다. 영유아를 키울 때는 믿고 맡길 수 있는 보육시설을 대폭 확대해야 한다. 육아휴직 기간을 늘림과 동시에 비용지급도 확대해야 한다. 아울러 노인 기준연령의 상향과 함께 노년층을 산업현장에 더 머물도록 실버산업을 육성해야 한다. 이는 노인복지 비용증가에 따른 국가재정 완화를 가져올 수 있다. 현재 공공기관의 정년이 주로 60세 전후인 것을 노인기준 연령에 맞게 연장해야 한다. 기업체도 정년 연장을 추진하여 직장생활 연령과 노인복지 적용의 기간 공백이 없도록 제도적 장치가 필요하다. 이렇듯 종합복지제도가 구비되어야만 국민이 안심하고 생업에 종사하며 아이 출산과 양육을 기피하지 않을 것이다.

오늘날 논의되는 노인 기준 연령 상향에 따른 문제점도 해결해야 한다. 현행 65세 기준에서 70세로 상향하자는 의견이 강하다. 그렇게 되면 국민연금 등 연금수급시기가 70세로 늦춰지는 만큼 직장의 정년 연장도 필수적이다. 지금처럼 50대 중반 또는 60세 전후에 퇴직하는 시스템이라면 문제가 아닐 수 없다. 퇴직 후 70세까지 생활할 수 있는 소득조달이 어렵기 때문이다. 종합복지가 성공하려면 이런 딜레마를 해결해야 한다. 그것은 노인연령 도달 때까지 정년을 연장하거나 새로운 일자리 공급대책을 세워야 한다.

3. 가족 친화 정책 구현

가족이 존재하면 부양에 부담되는 것이 사실이다. 그러나 부양 부담 이상으로 플러스적인 면도 많다. 가족간 정서적 지지, 사회생활의 선행적 경험, 기본적인 사회화 에티켓 실습, 가족간 정보를 통한 이상과 목표 설정 등 많은 긍정적인 부분이 존재한다. 사회적으로 가족 가치를 재발견하고 출산에 따른 가족 성원 증가를 권장할 필요가 있다. 무턱대고 많은 자녀 출산을 권하는 것이 아니라, 가정 형편에 맞춘 출산 및 부모 자식간 교류 중요성, 가족간 행복 구현 등을 격려해야 한다.

정부는 가족친화적인 정책을 다양하게 실현해야 한다. 이를 위해서는 인구 정책 초점을 변화시켜야 한다. 한국의 경우, 과거에는 산아제한, 오늘날은 출산장려 행태를 보이는데, 이런 방식은 일방적이고 국민정서를 외면한 모습이다. 출산은 개인이 하는 것임에도 불구하고, 엉뚱하게도 나라가 망할 수 있다느니, 애국의 마음으로 출산을 해야 하다는 식의 집단 가치를 들고 나온다. 이것이야말로 집단이기주의에 기대어 개인 헌신 강요가 아닐 수 없다. 개인보다 집단을 앞세우는 출산장려 정책은 성공할 수 없다. 이미 개인은 국가보다 깨어있고 경험하였기 때문이다.

이제는 기존 인구통제에 의한 출산정책을 탈피하여 개인과 가족의 건강과 복지, 인권을 중시하는 방향으로 전환해야 한다. 위에서 아래로의 일방적이고 하향식 인구정책보다는 사회 성원들의 공감대 형성의 인구정책이 필요하다. 출산을 목표로 할 것이 아니라 개인 행복 증진과 출산을 연계해야 한다. '출산이 곧 나의 행복'이라는 등식이 성립할 수 있도록 방향 전환을 해야 한다.

4. 인구 외적인 면의 해결

어떤 문제를 해결하기 위해서는 꼭 그 문제가 아닌 다른 측면으로 접근하는 것이 유리할 때가 있다. 예를 들면 강둑이 범람할 때, 무너진 부분에 제방을 높게 쌓아야 할 것이다. 하지만 높게 쌓아도 또다시 무너진다면 강 윗부분으로 올라가서 새로운 물길을 내는 것이 효과적이다. 문제가 생긴 곳이 아닌 다른 곳을 해결하여 본래 문제를 해결하는 방법이다.

마찬가지로 저출산 문제도 다른 측면을 해결하면 쉽게 풀릴 수 있다. 자꾸 저출산 문제만 집중한다 해서 해결되지 않는다. 저출산은 결혼 기피나 개인 자유 추구에서 비롯된 것만은 아니다. 오히려 출산할 수 없게 만드는 환경이 더 문제다. 따라서 출산 환경을 개선하는 쪽으로 접근을 해야 한다. 환경 개선은 소득 양극화 문제, 청년실업 해결 등이다. 인구가 줄어든다 해도 노동생산성이 높으면 인구 감소는 큰 문제가 안된다. 청년층 인구가 줄어들어도 전원 취업이 된다면 결혼과 출산 환경은 양호한 상황이 된다. 결국 빈곤 문제, 주거 문제, 양극화 문제 등을 해결한다면 자녀 출산은 자연스럽게 증가할 것이다. 이들 환경을 개선하지 않고 오로지 출산율 증가 정책만 펼친다면 그 한계는 불을 보듯 뻔하다.

한마디로 살기 좋은 사회환경을 만들면 출산증가는 자연스럽게 이루어질 것이다. 아이를 양육하면서 느끼는 삶의 보람, 정서적 안정 등을 확보할 수 있도록 인구 외적인 면의 해결에 초점을 맞추어야 한다. 근본적으로 사회는 인구를 토대로 이루어지고 운영된다. 인구가 줄어든다는 것은 사회소멸을 의미한다. 따라서 공동체 사회가 유지되려면 이러한 출산환경부터 차근차근 개선하는 것이 중요하다.

제11장 SOCIOLOGY

복지사회

11

복지사회

제1절 복지사회 의의

1. 복지사회 이념과 목표

1) 복지사회 이념

복지사회는 기본적으로 인간 존중에서 출발한다. 복지사회는 인간의 존엄성을 실현하는 본질적인 가치를 지향하고 있다. 인간은 어떤 결함이나 성과달성 여부와 상관없이 개인으로서 누구든 존중받을 가치가 있다. 이러한 사상을 기반으로 인간 존중을 실천하는 사회가 복지사회라고 할 수 있다.

인간의 존엄성 실현은 최소한의 인간다운 생활을 영위하도록 도와주는 데서 출발한다. 세계인권선언에 의하면 인간다운 생활이란 인간의 존엄성에 상응하는 생활로 규정하고 있으며, UN은 상당한 생활조건을 가질 권리로 규정하고 있다.[1] 복지사회는 이와 같은 인간의 존엄성을 실현하기 위해 최소한의 인간다운 생활을 보장

1 Furniss & T. Tilton, *The Case for the Welfare State From Sacial Security to Social Equality*, Bloomington: Indiana University Press, 1979, p. 489.

하려는 인간존중을 이념으로 하고 있다.

복지사회는 개인 간의 불평등을 최소화하고 인간평등을 실현하고자 한다. 산업혁명과 개인의 자유로운 활동을 강조하는 자유주의와 개인주의가 팽배해지면서 개인 간 격차는 사회적 문제로 등장하게 되었다. 특히 자본주의 체제하에서 개인은 각자의 노력과 능력에 따라 부를 축적하고 생활의 편리함을 도모한다. 그러나 이 과정에서 계층이 발생하고 하위 계층에 속한 사람들은 빈곤에 허덕이게 된다. 빈곤은 인간의 기본적 생활을 침해하게 된다. 기본적인 생활은 최소한 인간으로서의 삶의 수준이며 생활권이라고 할 수 있다. 이러한 생활권을 인정하고 해결하는 것이 복지사회의 평등이념인 것이다.

복지사회는 근본적으로 사회적 노력에 의한 인간복지의 실현이다. 그런데 사회적 노력에 대한 주체는 당연히 국가가 되어야 한다. 국가가 나서서 인간존엄성과 평등 실현을 위한 복지사회를 추구해야 한다. 이것이 복지의 국가책임사상이며 또 하나의 복지사회 이념이다.

복지사회에 대한 국가책임을 최초로 인정한 것은 1601년 제정된 영국의 엘리자베스 구빈법이라고 할 수 있다. 이 법에서는 빈민구제를 체계화하고 지역사회의 보호와 함께 공적 책임을 제도화하고 있다.[2] 국가가 국민의 복지를 책임지게 되면 국민 개인은 국가에 대해 본인의 복지를 요구할 수 있는 복지권이 있다. 그래서 개인은 국가를 상대로 최소한의 복지권을 요구하고, 자신의 삶을 어느 정도 유지할 수 있는 권리가 있다. 이러한 복지권은 일종의 천부적인 권리(natural rights)라고 볼 수 있다.[3] 오늘날은 빈곤문제가 개인 문제뿐만 아니라 사회적인 문제로 인식하고 있다. 따라서 복지사회의 이념은 국가가 주도적으로 개인과 함께 실현해야 할 가치로 여기는 추세이다.

2) 복지사회 목표

복지사회의 목표는 매우 다양하고 포괄적이다. 그러나 기본적으로 해결해야 할 목표를 중심으로 본다면 몇 가지로 정리할 수 있다. 첫째, 사회정의의 실현을 추구

2 Skidmore & M.G. Thackeray, *Introduction to Social Work,* 3th ed., Englewood Cliffs, N.J.; Prentice-Hall, Inc., 1982, pp. 43~44.

3 J. Leiby, "Moral Foundations of Social Welfare and Social Work: A Historical View, *Social Work*, Vol. 30, No. 4. 1985, p. 325.

해야 한다. 사회정의의 실현상태는 사회 구성원들이 국가로부터의 혜택이나 부담이 공정하게 배분된 상태를 의미한다. 그런데 여기서는 무엇을 어떻게 배분해야 공정한 것인가의 문제가 제기될 수 있다.

일반적으로 배분해야 할 것은 사회의 기본적인 가치, 즉, 자유와 소득 및 부를 추구하는 기회의 평등, 인간적 존엄성 등을 말하며, 이러한 것들이 최소 수혜자에게 유리하도록 배분하는 것이 공정한 배분이라고 할 수 있다.[4] 하지만 이런 배분을 완벽히 실현하는 것은 쉬운 일이 아니며, 모든 사회구성원들로 하여금 불공평하다고 느끼지 않는 상태를 만든다는 것은 불가능에 가깝다. 따라서 국가가 중심이 되어 자유와 부, 기회균등, 권리 등의 재분배를 통해 공평하게 배분하는 노력을 경주해야 한다. 이것이 불평등을 완화시키고 사회정의를 실현할 수 있는 첩경이 될 것이다.

둘째, 인간다운 생활을 보장해야 한다. 복지사회는 궁극적으로 인간존엄성을 실현해야 한다. 한국 헌법 제 34조 제1항은, "모든 국민은 인간다운 생활을 할 권리가 있다"고 규정하고 있다. 이에 기초하여 국민기초생활보장법 제4조 제1항은, "이 법에 의한 급여의 기준은 건강하고 문화적인 최저생활을 유지할 수 있는 것이어야 한다"고 규정하며, 동법 제4조 제2항은 건강하고 문화적인 최저생활에 필요한 급여 기준은 매년 보건복지부장관이 정하도록 하고 있다. 이로써 인간다운 생활의 기준은 상황과 시대에 따라 다르게 나타날 수 있지만, 결국 복지사회는 인간다운 생활을 보장하는 목표를 뚜렷하게 갖고 있다.

셋째, 빈곤문제의 해결이다. 산업혁명으로 시작된 사회문제는 빈곤이었다. 농

표 11-1 각국 및 기관의 상대적 빈곤 기준

주요기관/국가	상대빈곤선 기준
OECD	중위소득의 40%, 50%, 60%
World Bank	개발도상국은 평균소득의 1/3, 선진국은 평균소득의 1/2
영국	평균소득의 50%
프랑스	중위소득의 50%
일본	평균소비지출의 68%

자료: 보건복지부.

4 박석돈 외, 사회복지개론, 양서원, 2015, p. 30.

촌의 기계화와 도시 공장의 취업이 맞물려 농민들이 도시로 몰려들어 대량실업이 발생하며 빈곤문제가 등장하게 되었다. 빈곤문제는 산업혁명이 시작된 영국뿐만 아니라 유럽 전역에 걸쳐 사회문제로 등장하였다.

빈곤은 절대적 빈곤과 상대적 빈곤으로 구분할 수 있다. 오늘날 절대적 빈곤은 최저생계를 영위할 수 있는 수입도 안 된 것을 의미한다. 국가는 기초생활보장제도와 같은 제도를 통해 최저생계를 유지할 수 있도록 하고 있다. 그래서 오늘날은 절대빈곤이 문제가 되는 사회는 점차 감소하고 있으며, 상대적 빈곤 증가가 사회문제로 등장하고 있다. 한국의 경우, 상대적 빈곤은 전체 인구를 소득 순으로 세웠을 때, 정확히 중간에 서게 되는 사람의 소득액인 중위소득에 50%에 못 미치는 소득 인구를 의미하고 있다.

일반적으로 소득이 적고 공공영역으로부터 지원받기가 힘들수록 상대적 빈곤율은 높아지고 소득 불평등도 심화된다. 한국 사회에서의 이런 현상은 노년층과 함께 미취업이 많은 청년층을 중심으로 1인 가구에서 많이 나타나고 있다.

향후 복지사회의 빈곤정책은 많은 부분 상대적 빈곤 해결에 주안점을 두어야 하며, 이는 사회공동체 유지와 함께 재분배를 통한 평등이념의 실현에도 기여할 것이다.

2. 복지정책형성 이론

복지정책은 복지목표를 달성하기 위한 수단이며 과정이다. 복지목표는 거시적이고 포괄적이라면 복지정책은 구체적이며 전문적이라고 할 수 있다. 복지사회는 수많은 복지정책을 시행하여 추구하는 복지목표를 달성한다. 그런 의미에서 복지정책은 복지사회의 핵심이며 복지 수준을 가늠할 수 있는 바로미터라고 할 수 있다.

복지정책 형성에 관한 이론은, 왜 복지정책을 수립하여 진행해야 하는가에 대한 논의이다. 다시 말해 복지정책이 어떤 이유로 탄생하게 되었는가를 논의하는 이론이며, 여기에는 연구자마다 다양한 의견이 제시되고 있다. 여기서는 그중 몇 가지 이론을 살펴보기로 한다.

1) 산업화론

산업화에 따른 각종 필요성 때문에 복지정책이 등장하게 되었다는 이론이다.

첫째, 산업화는 여러 가지 새로운 문제를 가져 왔다. 공장 일을 하다가 다치는 산업재해, 실업, 도시화로 인한 빈민주거지와 범죄, 빈부격차 등 많은 문제를 발생시켰다. 이런 문제는 개인 차원을 넘어서 사회적 위험성을 가중시켰고, 이를 최소화하기 위한 방안으로 등장한 것이 복지정책이었다.

둘째, 산업화의 진전에 따라 건강한 노동력의 지속적인 공급이 필요하였다. 그런데 실업과 빈곤의 확대로 건강한 삶을 영위하기가 쉽지 않았고, 저임금 노동과 공장에서의 각종 재해로 말미암아 건강이 약화되는 등 문제가 돌출하였다. 이에 국가산업의 지속적 발전을 위한 건강한 노동력 확보가 시급한 문제가 되면서 복지확충이라는 카드를 꺼낼 수밖에 없었다.

셋째, 자본주의 경제체제하에서 국가경제 안정을 위해 복지정책이 필요하게 되었다. 예를 들면, 경기 침체기에 복지예산의 지출은 국민들, 특히 저소득층의 구매력을 높여 경기하강을 방어할 수 있다. 1928년 발생한 세계경제대공황 때, 미국이 테네시강유역 개발사업과 대규모 사회보장정책을 시행함으로써 실업구제와 경기회복을 시도한 것은 대표적인 예이다.

이와 같이 산업화론은 산업화 진행에 따른 각종 문제를 해결하고, 지속적인 경제성장을 위해서 복지정책이 등장하였다는 입장이다.

2) 계급관계론

복지정책은 자본주의체제하의 노동자와 사용자 간의 계급대립의 산물이라고 주장하는 이론이다. 즉, 자본주의 생산관계에서는 일반적으로 노사 간 대립이 발생하게 되고 노동자들은 끊임없는 계급투쟁에 나서게 된다. 생산의 주축인 노동자들의 지속적인 투쟁은, 결국 정부와 사용자의 양보를 얻어내게 되고, 양보의 결과가 복지정책이라는 주장이다.

계급관계론은 크게 두 가지 논리를 내세우고 있다. 하나는 노동자계급의 정치적 투쟁이 복지정책 형성과 발전에 결정적인 역할을 했다고 주장하는 계급투쟁론이다. 다른 하나는 국가가 자본가의 이익과 기존 경제질서 유지를 위해 복지정책을 사용한다는 자본논리론이다.[5] 자본주의 발전은 실업을 가져오고, 실업이 장기화되면 불만 세력이 확산되어 자본주의 경제 질서를 위협할 수 있게 된다. 따라서 국가는 기존 경제질서 유지와 자본가 이익을 위해 복지정책이라는 수단을 사용하여 노사관계 안정을 도모한다는 논리이다.

결국 계급관계론은, 노동자계급의 투쟁과 기존 경제질서 유지의 필요성이 함께 작용하여 국가와 자본가에 의한 복지정책이 형성·발전했다고 보며, 노동자의 끊임없는 계급투쟁의 열매가 복지정책이라는 점을 강조한다.

3) 음모이론

복지정책에서 음모라는 표현은 좀 섬뜩하지만, 이것은 다른 숨겨진 의도를 달성하기 위해 위장방편으로 복지정책을 이용한다는 의미이다. 이 이론은 복지정책이 인도주의나 순수한 휴머니즘에 입각해서 형성된다는 것에 비판을 가한다. 하위계급에 대한 긍휼과 자비심의 발로가 아닌, 실상은 빈민을 규제하려는 음흉한 속셈이라는 것이다.

실제로 대량실업으로 인한 사회 무질서와 폭동 조짐이 보일 때 국가는 공적 복지정책을 확대한다. 반대로 고용이 확대되고 사회가 안정되면 복지정책을 축소 내지 현상유지하는 면이 있다. 이러한 일련의 정책형성과 집행과정은 상위 지배계급의 대응수단으로서, 실제적인 수혜는 하위계급이 아닌 상위 지배계급이라는 것이다. 음모이론이 현실적으로 맞는가의 여부는 차치하더라도, 각국 정부의 복지정책은 어느 정도 위와 같은 변동성을 보이고 있는 것이 사실이다.

4) 국가론

국가론은 국가의 존립 이유가 국민의 안녕과 보호에 있는 만큼, 복지정책 수립은 국가로서 당연히 해야 할 일이라고 보는 입장이다. 복지정책은 어디까지나 국가가 스스로 문제를 인식하고 해결책을 찾는 과정에서 나온 산물이라고 규정한다.

이 이론은 전문가의 역할확대를 주목하고 있다. 즉, 각종 사회문제는 날로 다양하고 복잡해지기 때문에, 비전문적인 정치집단이나 이익집단의 역할은 제한적인 반면, 상대적으로 전문화된 전문가와 행정 관료들의 역할은 확대될 것으로 보

5 O'Connor, 1983; 박석돈 외, 2015, p. 79.

고 있다.[6]

5) 조합주의론

조합주의론은 자본가와 노동자가 상호 적대적인 관계가 아니라 상생의 동반자 관계인 조합원이라고 보는 견해이다. 이 이론은 자본주의체제하에서의 개인주의도 배격하고, 사회주의체제하에서의 계급투쟁론도 배격한다. 다시 말해 자본주의나 사회주의 틀을 배격하고, 시민사회 내에서 개별영역이 자율적으로 작동하는 기능적 사회경제와 질서를 강조한다.[7]

조합주의에서 자본가와 노동자는 상호 존재와 가치를 인정하고 상호 공생하는 관계를 지향한다. 따라서 상호간 계급투쟁으로 공멸하는 길이 아니라, 현재 사회질서를 긍정하면서 조금씩 개선을 도모하는 방식을 취하고 있다.

독일의 사회적 시장경제제도, 오스트리아의 사회적 동반협력제도, 한국의 노사정협의체 등은 조합주의에 가까운 예라고 할 수 있다.

3. 복지사회 전개

1) 서구 복지사회 역사

역사적으로 서구 사회복지는 오늘날 복지사회 발전의 큰 줄기가 되어 왔다. 특히 영국의 1601년 집대성된 구빈법(the poor law)은 근대 복지사회 효시가 될 정도로 나름 체계적이었다. 이때의 구빈법은 이후 형태와 내용을 수정해 가면서 1948년 국가부조법이 나올 때까지 존속되었다. 구빈법의 주요 내용은 다음과 같다.

첫째, 빈민구제에 대한 국가책임을 인식하고, 국가행정단위로 구빈행정체계를 확립하였다.

둘째, 주민들의 구빈세(poor rate)를 가톨릭교회의 행정단위인 본당 단위로 징수하여 재원으로 사용하였다.

셋째, 노동 능력자와 노동 무능력자를 구분하여, 노동 능력 있는 빈민은 노역장에 강제 수용하여 노동을 시켰고, 노동 무능력자는 구빈원에 수용하여 보호하였다.

6 Baldwin, 1990; 박석돈 외, 2015, p. 80.

7 Panitch, 1980; 박석돈 외, 2015, pp. 80~81.

넷째, 고아와 빈민아동은 도제방식을 통하여 직업교육을 실시하였다.

이러한 내용을 골자로 구빈법이 시행되면서 일부 보완적인 입법들이 잇따라 등장하였다.

1662년 제정된 정주법(the settlement act)은 걸인들이 보다 서비스가 좋은 본당으로 옮겨 다니는 바람에 사회적인 문제가 되어 이를 제한하는 법이었다. 이 법으로 말미암아 부랑인들은 본인이 출생한 본당 구역에서만 서비스를 받을 수 있었다.

1696년 제정된 작업장법(the workhouse test act)은 노동이 가능한 빈민을 고용하여 구빈재정의 지출을 줄여보려는 노력이었다. 여러 본당이 연합체를 형성, 공동작업장을 마련하여 빈민들에게 노동을 시키고 임금을 지불하였다. 그러나 비숙련가인 빈민들이 생산한 제품은 질이 떨어질 수밖에 없었고, 판매도 부진하여 파산하는 작업장이 속출하였다. 여기에 수용된 노동자의 착취와 생활의 빈곤은 가중되고 말았다.

1782년 제정된 길버트법(the gilbert act)은 작업장에서의 빈민들의 비참한 생활과 착취를 개선할 목적으로 한 입법이었다. 빈민을 작업장에 수용하는 대신 거주지 인근의 작업장에 취업하도록 알선하는 원외구호(outdoor relief)를 인정하는 법이었다.

1795년 제정된 스핀햄랜드법(the speenhamland act)은 빈민에 대한 일종의 임금보조를 내용으로 한 법이었다. 즉, 최저생계비에 미달한 임금에 대해서 국가가 부족분을 보조해주는 내용이었다. 법 시행 초기에는 폭발적인 인기를 끌었으나, 점차 고용주는 노동자에게 저임금을 지급해도 부족한 임금은 국가가 노동자에게 대신 지급해주는 형태가 되어, 결과적으로 고용주에 대한 보조금이 되었다. 또한 노동자들도 부족분을 받을 수 있기 때문에 일을 열심히 하지 않았다. 한마디로 당초 취지와는 완전히 다른 방향으로 법이 악용되고 말았다. 그러나 이 법은 오늘날 가족수당이나 최저생계비 지원제도의 효시가 되었다.

1834년 개정된 신구빈법(the poor law reform)은 1601년 제정된 구빈법과 구분하여 신구빈법이라고 하였다. 이 법은 산업혁명 초창기에 자본가의 요구를 수용하여 오히려 빈민구제를 억압하는 방향으로 법을 개정하였다. 이 법은 구빈행정의 중앙집권화와 열등처우의 원칙을 내세웠다. 여기에서 열등처우의 원칙이란 구빈대상자의 구제수준이 자활노동자들의 생활수준보다 높지 않아야 한다는 원칙이다. 또한 병자나 노인, 모자가족 정도만 원외구호를 허용하고, 기타 빈민들은 노역장에 강제수용하여 노동을 시키고 구호를 하도록 하였다. 이뿐만 아니라 빈민들에 대한 선거권 제한, 보호청구권의 불인정, 자산조사(means test)실시 등을 규정하여, 마치 빈민을 범죄자 취급하다시피 하였다. 이런 이유 등으로 신빈민법은 사상 최악의 빈민 억압법으로 지탄받기도 하였다.

신구빈법으로 빈민구제에 소요되는 국가비용을 어느 정도 줄일 수 있었지만, 자본주의 발달과 함께 심각해져 가는 빈민 상황은 사회적인 문제로 대두되었다. 민간에서는 자선조직협회[8]와 인보관 운동[9]이 일어났고, 국가도 빈민법에 대한 재검토와 함께, 적극적이고 빈민에게 우호적인 공공부조제도의 시행, 국가부조법 제정 등 법적, 제도적 전환을 시도하였다.

이후 1930년대 불어 닥친 세계 대공황과 제2차 세계대전 등의 여파로 국가 주도의 복지정책과 프로그램이 발전하기 시작했다. 2차 대전이 끝난 후 국민의 안정된 삶을 보장하기 위한 고민이 늘어갔고, 그 결과물이 영국의 베버리지보고서(Beveridge Report)로 나타났다.

베버리지보고서는 2차 세계대전 후 영국의 복지국가를 건설하는 청사진이었지만, 영국에 국한되지 않고 프랑스, 독일, 스웨덴 등 서유럽 국가들로 확산되어 오늘날의 복지국가 틀을 만드는 데 중요한 역할을 하였다.

베버리지보고서의 주요 내용을 살펴보면 다음과 같다.[10]

---

8 세계최초 자선조직협회는 1869년 영국의 런던에 설립되었으며, 미국 최초 자선조직협회는 1877년 뉴욕 버팔로에 세워졌다. 자선조직협회가 중심이 된 자선조직화 운동은 시대 상황을 극복하고, 서비스의 효과적 제공을 촉진하기 위한 것이었다. 먼저 우애방문원에 의한 개별적 조사를 통해 개인적 처우로 실시되었으며, 정부의 구호행정과의 중복, 경쟁을 피하도록 여러 자선 활동을 조정하고, 기구와 기술을 발전시켜 나갔다. 영국에서는 1869년에 London 자선구제조직 및 결식박멸협회를 결성하였다가 London 자선조직협회로 개칭되었다.

협회의 주된 기능은 구제신청자에 대한 과학적이고 면밀한 조사, 구제중복을 피하고 효율적 구제활동을 전개하기 위한 구제등록제 실시, 여러 구제기능 간의 연락, 조정, 우애방문원이라는 자원봉사자의 활용에 있었다. 우애방문자는 주로 원조를 담당하였으며 이들은 문제의 근본을 빈곤자나 걸인 본인의 도덕성에 두고 접근내용도 도덕성을 고치는 데 초점을 두었다. 우애방문원에 의해 시작된 가정방문, 기록, 사례연구 등의 활동은 개별사회사업실천기술의 기초가 되었고, 사회복지조사 및 지역사회 실천 활동의 연원이 되었다.

9 자선조직협회와 더불어 새로운 사회운동으로 나타난 것이 인보관 운동(Settlement house movement)이었다. 이 운동은 지역사회문제를 해결하기 위해 지역사회의 빈민과 함께 거주하면서 환경 개선과 빈민의 도덕적 교화에 노력하였다. 인보관운동 참여자는 주택의 개선, 공중보건의 향상, 사용자에 의한 빈민 착취 방지 및 해결 등, 제반 사회문제에 대한 집합적 해결을 강조했으며, 그 외의 직업기술훈련, 환경개선 운동 등을 공동으로 전개함으로 빈민들이 자립할 수 있는 여건 형성을 실천하였다. 또한 지역사회 거주자들의 자립을 강화하기 위해 각종 교육도 병행 실시하였다.

10 박석돈 외, 2015, p. 55.

첫째, 일상생활을 영위하는 데 충분한 정도의 급여가 제공되어야 한다.

둘째, 급여와 갹출은 소득에 관계없이 동일급여, 동일갹출을 해야 한다.

셋째, 행정책임의 통합을 실시하여, 개인은 한번 통합된 갹출료를 납부하면 된다.

넷째, 위험 및 욕구의 포괄성으로, 사회부조나 사적 보험은 물론 사회보험을 포함한 각종 방법으로 기본적이고 예측 가능한 모든 욕구를 해결해야 한다.

다섯째, 복지대상을 분류하는 것으로, 국민을 피고용자, 자영인, 전업주부, 기타 노동인구, 취업 전 청소년, 노동 불능 고령자 등 6개 집단으로 나누어 이들 모든 인구층의 욕구를 보장한다.

이러한 베버리지보고서 이후 실업, 의료, 출산, 미망인 연금, 보호수당, 장제비 등을 규정한 국민보험법, 국가가 국민보건을 책임지고 의료서비스를 무상으로 제공하는 내용의 국민보건서비스법, 국민부조법, 아동법 등이 연이어 제정되었다. 이로써 영국 복지는 '요람에서 무덤까지'라는 별칭을 얻는 복지정책을 구비하게 되었다.

베버리지보고서를 기초로 오늘날 많은 국가에서 복지정책을 수립하고 있으며, 국가재정의 상황에 따라 다소 부침을 거듭하고 있지만, 보편적으로 복지사회 발달은 지속되고 있다.

2) 복지사회 단계별 변화

복지사회는 인간의 경제, 사회, 육체, 심리, 정신적인 면 등의 여러 가지 욕구를 기본적으로 충족시켜 주려는 사회이다. 시대와 지역마다 이러한 각 욕구는 다양하게 표출되고, 이 중 한 욕구가 더 돌출되기도 하고, 다른 욕구는 덜 관심받기도 한다.

복지사회의 시작은 빈곤을 중심으로 경제적인 욕구가 시작점이 되었다. 빈곤은 인간 생존에 가장 밀접하고 기초적인 사안이기 때문에 민감할 수밖에 없었고, 국가에서도 이를 외면할 수 없었다. 본래 빈곤에 대한 책임소재는 개인에게 있다는 사고였다. 그런데 사회구조가 산업혁명이나 기타 천재지변 등 개인의 의사와는 별개의 사회변화로 인해 빈곤에 빠지는 일이 많아졌다. 다시 말해 빈곤에 대한 책임을 개인에게만 물을 수 없는 상황이 된 것이다. 이로써 국가는 빈곤을 구제하기 위한 행동에 나서게 되었고, 이것이 본격화된 것은 근대 산업자본주의가 시작되면서부터라고 할 수 있다.

그런데 복지사회는 빈곤해결에만 머무는 것이 아니라, 인간의 다양한 욕구수준에 맞추어 각종 해결책을 모색해야 하는 숙명을 안고 있다. 그런 의미에서 시대흐름에 따라 복지사회의 역할과 범위도 확대되어 가고 있다. 그동안 복지사회의 변천이 면면이 이어져 온 것도 이와 같은 이유이다.

복지사회는 복지이데올로기 변화와 함께 복지 형태도 변화하였다. 이것을 단계별로 구분해서 살펴본다면, 제1단계는 인류역사가 시작된 이래 산업 혁명기를 거쳐 세계 2차 대전까지를 들 수 있다. 이 시기의 복지문제는 빈곤이었고, 서비스 내용은 시설수용이나 공공부조, 사회보험에 의해 빈곤퇴치를 위해 노력하였다. 또한 공공행정체계를 중심으로 민간시설이 보완적인 역할을 하였고, 보수주의 이데올로기가 득세하여 소위 우파 중심의 복지정책이 수립되었다.

제2단계는 베버리지보고서 이후 1970년대까지의 시기로서 복지국가 전성기라고 할 수 있다. 이 시기는 가족의 복지기능이 상실되어 가는 세태를 반영하여 국가와 지방자치단체를 중심으로 요보호자에게 전문적인 복지서비스를 제공하고자 하였다. 또한 자본주의체제의 모순을 극복하면서 사회주의적 평등이념을 복지에 도입하고자 하였다. 이를 바탕으로 사회보장제도를 더욱 강화하여 전문적이고 봉사적인 사회복지서비스가 활성화되었고, 이념적으로는 좌파 중심의 사회민주주의를 지향하였다.

제3단계는 1980년대 이후의 시기로서, 국가재정 긴축과 함께 복지재정 확대가 더 이상 어려워지면서 국가와 지방자치단체뿐만 아니라 민간법인, 공동모금 등을 통해 복지재정 수요를 감당하고자 한다. 이 시기는 빈곤문제를 넘어서 비인간적인 삶을 퇴치하고 온전한 인간적인 삶을 영위하도록 다양한 복지서비스 제공을 시도하고 있다. 또한 지역사회 중심의 복지서비스를 확대하고 주민들 스스로 공동체의 복지마인드를 기초로 자조(self-help)를 유도하고 있다. 이념적으로는 좌파나 우파에 치우치지 않는 중도좌파식의 신자유주의를 지향하는데, 다소 신보수주의 경향의 색채를 띠고 있다.

오늘날 복지사회 전개는 국가의 일방적인 서비스 제공을 벗어나 개인과 민간참여를 유도하는 신자유주의 경향으로 흐르고 있다. 세계경제의 성장이 답보상태에 있는 만큼, 과도한 복지재정 지출에 대해 반감을 가진 사람들이 늘기 시작했다. 이에 따라 공공기관만이 아닌 민간의 공동모금이나 자원봉사활동도 요구하며 공공과 민간 합동으로 복지수요를 감당하는 방향으로 선회하고 있다. 이 과정에서 자연스럽게 지역사회복지운동도 열기를 더해가는 추세이다. 향후 복지사회는 국가와 지방자치단체, 민간법인, 개인, 민간공동모금, 자원봉사 등이 복합적으로 어우러진 총화단결 방식을 통한 복지문제 해결을 모색할 것이다.

제2절 사회보장과 복지

사회보장기본법 제3조 제1호에 의하면, 사회보장은 "출산, 양육, 실업, 노령, 장애, 질병, 빈곤 및 사망 등의 사회적 위험으로부터 모든 국민을 보호하고 국민 삶의 질을 향상시키는 데 필요한 소득, 서비스를 보장하는 사회보험, 공공부조, 사회서비스를 말한다"고 규정하고 있다.

법의 내용에서 볼 수 있듯이, 사회보장은 복지사회의 수준을 알 수 있는 구체적인 복지실천영역이다. 사회보장은 주로 사회보험과 공공부조, 사회서비스를 포함하고 있는데, 복지가 잘 되고 있는지의 여부는 사회보장이 얼마나 완벽하게 구비되어 있는가를 보면 알 수 있다.

사회보장 중, 공공부조는 세금을 재원으로 생계곤란자에 대한 최저생활을 보장하며 자립을 도와주는 제도이다. 사회보험은 개인이 평소에 일정금액을 부담하여 적립된 재원을 기초로 건강한 물질적, 정신적 생활을 할 수 있도록 지원하는 제도이다. 사회서비스는 빈곤노인, 장애인, 영유아, 아동, 부녀자 등 경제적 사회적 취약계층에게 우선적으로 제공하는 원조 및 보호서비스를 의미한다. 여기서는 사회보장 기능과 함께 사회보험, 공공부조, 사회서비스를 살펴보기로 한다.[11]

11 사회보장의 개념을 광의로 해석하면 사회복지와 사회보장의 구분이 모호해진다. 한국 헌법 제34조 제2항에 의하면, "국가는 사회보장, 사회복지의 증진에 노력할 의무를 진다"고 규정하여 두 개념을 구분하고 있다. 그러나 사회보장기본법은 사회보장 범위를 사회보험, 공공부조, 사회서비스로 규정하고 있다. 이는 헌법에 규정된 사회복지와 사회보장이 다른 것인가?라는 의문이 생긴다. 그러나 2012년 1월 26일 전부 개정된 사회보장기본법 내용을 참고로 사회보장은 협의로 볼 때, 사회보험과 공공부조로 보는 것이 타당하고, 광의로 볼 때는 사회보험과 공공부조 외에 사회서비스를 추가하는 것이 타당할 것이다. 또한 그동안 사용되던 사회복지서비스는 사회서비스로 용어가 변경된 것으로 이전의 사회복지서비스관련제도는 사회서비스에 포함된다고 할 수 있다.

1. 사회보장 기능

1) 최저생계보장 기능

사회보장기본법 제2조는 "사회보장은 모든 국민이 인간다운 생활을 할 수 있도록 최저생활을 보장하고 국민 개개인이 생활의 수준을 향상시킬 수 있도록 제도와 여건을 조성하여, 그 시행에 있어 형평과 효율의 조화를 기함으로써 복지사회를 실현하는 것을 기본이념으로 한다"고 규정하고 있다. 법으로 명문화된 규정은 곧 사회보장이 국민의 최저생계를 보장하는 기능을 한다는 의미이다. 현재 한국에서 시행되고 있는 국민기초생활보장법에 의한 기초생계보호는 이에 관한 대표적인 예이다.

2) 소득재분배 기능

사회보장은 소득의 재분배를 통해 계층 간 격차를 완화하는 데 기여한다. 예를 들면 국민의 세금을 활용하여 기초생계비에 미달하는 소득자에게 무상 지원하는 공공부조, 건강보험료를 소득수준별로 차등부과하지만 실제 진료 혜택은 동일한 것 등은 소득재분배의 일종이다.

소득재분배는 수직적 재분배, 수평적 재분배, 세대간 재분배 등으로 구분된다. 수직적 재분배는 고소득자의 소득 일부를 세금 형태로 거두어 저소득자에게 복지정책 등을 통해 이전하는 것이다. 누진세나 사회보험료의 차등징수 등은 대표적인 예이다.

수평적 재분배는 동일계층 내 소득의 재분배를 의미한다. 예를 들어 노동을 하는 사람이 실직 등으로 수입이 없게 되었을 때 고용보험을 지급하거나, 사고를 당한 사람에게 지원을 하는 것, 또는 자녀가 많은 사람에게 보육료를 지원하는 것 등이 이에 해당한다.

세대 간 재분배는 현재 세대와 미래세대 또는 현재 노동을 하고 있는 세대와 노령세대 간의 소득 재분배를 의미한다. 예를 들어 기초노령연금법의 기초노령연금은 65세 이상 노년층은 징수부담을 갖지 않으면서도 노동세대가 부담하는 부담금에 의해 일정액의 급여를 받는데, 이것은 세대 간 재분배 일종이다.

소득재분배를 통해 사회적 낙오자 없이 공동체의 일원으로 함께 생존해간다는 것이 사회보장의 중요 기능이다.

3) 사회적 연대와 통합기능

자본주의가 발달할수록 빈부격차의 문제도 함께 증가하는 경향이 있다. 빈부격차는 개인의 자유로운 활동과 부의 축적을 중시하는 자본주의에 기인한 바 크다. 그렇다고 해서 개인의 자유로운 활동을 제한할 수는 없다. 그래서 사회보장이라는 복지제도로서 사회적 평등을 추구해야 한다. 완벽한 평등은 불가능하지만, 격차의 축소를 통한 어느 정도의 사회적 평등실현을 기해야 한다.

사회보장을 기초로 한 평등추구는 사회적 연대를 강화시키고 구성원 간의 통합을 기할 수 있다. 또한 빈부격차를 완화하여 계층 간 갈등을 해소하고, 사회를 한 단계 발전시킬 수 있는 촉매제가 될 수 있다. 그런 의미에서 개인의 자유로운 활동을 보장하면서도 실질적 평등을 실현하기 위한 사회보장은 구성원의 결속강화와 공동체 형성에 중요한 역할을 한다.

2. 사회보험

1) 사회보험 특성

사회보험의 특성은 흔히 알고 있는 민간회사 보험과 비교해 보면 더욱 명확해진다. 사회보험도 보험인 만큼 민간보험과 유사한 면도 있고, 다른 면도 있다.

사회보험과 민간보험의 유사한 점을 들면, 두 보험은 위험 이전에 기초하고 있으며, 위험의 광범위한 공동분담을 특징으로 한다. 대상 적용범위나 급여, 재정 등 조건은 구체적이고 완전하게 제공되며, 급여자격, 급여액 등은 엄격한 수리적 계산을 필요로 한다. 또한 프로그램 비용 충족에 충분한 기여금과 보험료 지불을 필요로 하며, 드러난 욕구에 기초하지 않고 사전에 결정된 급여를 제공한다.

사회보험과 민간보험의 차이점을 중심으로 사회보험의 특성을 보면 다음과 같다.[12]

첫째, 사회보험은 강제적용방식으로 최저한의 보장을 추구하지만, 민간보험은 가입자의 능력과 의사에 기초한 보험료 수준에 따라 보험급여수준이 결정된다.

둘째, 사회보험 조건은 법으로 규정되며 가입자는 보험급여에 대한 법적 권리

12 강희갑 외, 사회보장론, 양서원 2013, pp. 69~70.

를 가진다. 민간보험은 개별 사항에 의해 보험조건이 결정되며, 만약 보험사가 파산할 경우 가입자에 대한 경제적 보호가 어려울 수도 있다.

셋째, 사회보험은 모든 국민이 가입대상이 되는 데 반해, 민간보험은 특정 개인과의 보험계약에 의해 가입된다. 또한 사회보험은 완전기금 적립이 어렵지만, 민간기금은 완전적립이 가능하다는 점에서 차이가 있다.

넷째, 사회보험은 재원조달, 보험료와 급여 수준, 자격요건, 적용기간, 정부 역할 등에 대해 이해관계자의 다양한 의견이 나타날 수 있지만, 민간보험은 계약에 의해서만 목적 및 각종 조건이 형성된다.

다섯째, 사회보험은 물가 상승 등 인플레가 발생할 경우, 어느 정도 보험급여 보전이 가능하지만, 민간보험의 경우 보험급여 보전이 어려울 수 있다.

2) 사회보험 내용

사회보험은 주로 국민연금, 국민건강보험, 노인장기요양보험, 산업재해보상보험, 고용보험 등을 내용으로 하며, 일반적으로 전 국민을 대상으로 하고 있다.

가. 국민연금

국민연금은 노령, 장애, 사망 등으로 인한 소득 상실 또는 중단에 대비하여, 노동능력 있을 때 가입자가 낸 보험료를 재원으로 하여 연금 지급함으로써 생활을 유지할 수 있도록 하는 사회보험 일종이다. 한국의 국민연금은 1988년 본격 시행된 후, 점차 대상을 확대하여 1999년 4월부터 전 국민 연금시대를 열게 되었다.

국민연금 가입자는 직장생활자가 가입하는 사업장가입자, 자영업자들이 가입하는 지역가입자, 주부를 비롯해서 소득 없는 사람이 가입하는 임의가입자, 만 60세가 되어 가입자격이 상실되지만, 국민연금관리공단에 가입신청서를 제출하는 경우 만 65세까지 계속 가입할 수 있는 임의계속가입자 등으로 구분한다.

국민연금 급여는, 노령연금, 분할연금, 장애연금, 유족연금, 반환일시금, 사망일시금 등이 있다. 이를 연금종류와 수급권자, 수급요건으로 구분하여 정리하면 다음 〈표 11－2〉와 같다.

노령연금은 노령으로 인해 퇴직해서 소득이 없을 때, 장애연금은 장애로 인해 근로능력이 없을 때, 분할연금은 혼인기간이 5년 이상인 부부가 이혼했을 때, 유족연금은 연금가입자가 사망하고 유족이 있을 때, 반환일시금은 연금가입기간이 10년 미만일 때, 사망일시금은 연금가입자가 사망하고 유족이 없을 때 각각 법에 정한

표 11-2 국민연금 종류, 수급권자, 수급요건

<table>
<tr><th colspan="2">연금의 종류</th><th>수급권자</th><th>수급요건</th></tr>
<tr><td rowspan="4">노령연금</td><td>완전노령연금</td><td>본인</td><td>연금가입기간이 10년 이상 가입자, 가입 후 60세가 된 때로부터 생존하는 동안 수급</td></tr>
<tr><td>소득활동에 따른 노령연금</td><td>본인</td><td>노령연금 수급권자가 소득이 있는 업무에 종사하면 60세 이상 65세 미만 기간 동안 수급연령별로 50~90% 비율로 곱한 금액을 지급</td></tr>
<tr><td>조기노령연금</td><td>본인</td><td>10년 이상 연금가입하고 55세 이상인 자가 소득 있는 업무에 종사하지 않은 경우 본인이 희망한 때부터 지급</td></tr>
<tr><td>분할연금</td><td>배우자</td><td>배우자의 연금 가입기간 중의 혼인기간이 5년 이상인 자가 배우자와 이혼할 경우 혼인기간에 해당하는 연금액의 균등분할 지급</td></tr>
<tr><td colspan="2">장애연금</td><td>본인</td><td>연금가입 중 질병, 부상으로 인하여 장애가 발생한 경우 그 상해가 존속하는 동안 장애 정도에 따라 지급</td></tr>
<tr><td colspan="2">유족연금</td><td>유족</td><td>연금가입 기간이 1년 이상 가입자가 사망한 때, 연금가입기간이 10년 이상인 가입자가 사망한 때, 노령연금수급권자가 사망한 때, 장애등급 2급 이상의 장애연금수급권자가 사망한 때, 가입자의 가입기간에 따라 기본연금액의 40~60%에 부양가족연금액을 더한 금액 지급</td></tr>
<tr><td colspan="2">반환일시금</td><td>본인 또는 유족</td><td>연금가입기간이 10년 미만인 자가 60세가 된 때, 가입자 또는 가입자였던 자가 사망한 때, 유족연금이 지급되지 아니하는 경우에 지급 또는 가입자가 국적을 상실하거나 국외에 이주한 때 지급</td></tr>
<tr><td colspan="2">사망일시금</td><td>배우자, 자녀, 부모, 손자녀, 조부모, 형제자매, 사촌 이내 방계혈족</td><td>연금가입자 또는 가입자였던 자가 사망한 때, 반환일시금 및 유족연금의 수급요건에 해당되는 가족이 없는 때, 가입자의 반환일시금 상당 금액을 지급</td></tr>
</table>

자료: 국민연금공단, 2016.

수급권자에게 지급한다.

국민연금 재정은 가입자들이 납부함 보험료로 충당하며, 보험료는 사업장가입자는 가입자와 사용자가 각각 4.5%씩 부담하고, 지역가입자는 9%를 본인이 부담한다.

나. 건강보험

건강보험제도는 피보험자나 피부양자가 질병, 부상, 분만, 사망 등 사고가 발생할 때 받는 급여로서, 급여 종류는 법정급여와 부가급여, 현물급여와 현금급여로 구성된다.

한국의 건강보험제도는 요양기관으로 당연지정된 의료기관 등은 가입자에게 요양급여를 제공하고, 보험자는 요양급여비용을 요양기관에 제공해 기본적으로 현물급여 원칙에 입각하고 있다. 예외적으로 건강보험에서 가입자에게 현금을 직접 지급하는 경우가 있는데, 이를 현금급여라고 한다. 예를 들면 병원이나 조산소가 아닌 집 또는 차에서 출산할 경우 일정액의 현금급여를 보상받을 수 있다. 건강보험 가입자 또는 피부양자가 사망한 경우도 일정액의 장제비를 현금으로 받을 수 있다. 이와 같이 여러 가지 사유로 진료 또는 약품 서비스를 받지 못할 경우 대신 돈으로 보상하는 것이 현금급여이다.

법정급여는 법정급여란 법에 명시된 보험에서 보장이 가능한 급여로, 요양급여, 건강검진, 요양비, 장애인보장구급여비 등을 말한다. 부가급여는 법정급여 외의 부가적으로 급여 가능한 것으로, 요양급여 외에 대통령령으로 정하는 바에 따라 임신·출산 진료비, 장제비, 상병수당, 그 밖의 급여를 말한다.

이 중 상병수당이란 업무상 질병 이외에 일반적인 질병 및 부상으로 치료를 받는 동안 상실되는 소득 또는 임금을 현금수당으로 보전해 주는 급여를 의미한다. 국제노동기구(ILO)는 1952년 열린 국제 노동회의에서 '사회보장에의 최저기준에 관한 조약'(102조약)을 채택한 바 있다. 이 조약은 의료, 질병, 실업, 노령, 산업재해, 가족, 출산, 장애, 유족 등 9개 부문에 있어서 적용될 사고의 종류와 피보험자의 범위 등에 관한 최저기준을 정하고, 특히 '모든 질병에 대해 그 원인을 묻지 않고 급여를 지급하도록' 규정하고 있다.

한편 건강보험에는 본인부담액 상한제라는 것이 있는데, 이는 보험의 보장성을

표 11-3 본인부담 상한액과 기준보험료(2015년 기준)

기준보험료(2015)

구 분		기준보험료	
단계	분위	연평균 직장보험료 구간	연평균 지역보험료 구간
1단계 (121만원)	1분위	33,040원 이하	9,960원 이하
2단계 (151만원)	2분위	33,040 초과~39,450원 이하	9,960원 초과~16,020원 이하
	3분위	39,450 초과~48,110원 이하	16,020원 초과~24,740원 이하
3단계 (202만원)	4분위	48,110 초과~57,660원 이하	24,740원 초과~37,730원 이하
	5분위	57,660 초과~69,800원 이하	37,730원 초과~56,420원 이하
4단계 (253만원)	6분위	69,800 초과~85,570원 이하	56,420원 초과~80,720원 이하
	7분위	85,570 초과~106,220원 이하	80,720원 초과~108,400원 이하
5단계 (303만원)	8분위	106,220 초과~136,960원 이하	108,400원 초과~145,240원 이하
6단계 (405만원)	9분위	136,960 초과~185,880원 이하	145,240원 초과~196,510원 이하
7단계 (506만원)	10분위	185,880원 초과	196,510원 초과
기간		1년(1월 1일~12월 31일)	

주: 2016년은 1단계 121만원, 2단계 152만원, 3단계 203만원, 4단계 254만원, 5단계 305만원, 6단계 407만원, 7단계 509만원으로 인상됨.
자료: 국민건강보험공단, 2016.

강화하고, 고액이 소요되는 중증질환자의 과다 진료비 지출로 인한 가계 부담을 완화하기 위해 1년간 본인부담금 상한액을 초과한 경우, 초과금액을 가입자에게 환급해주는 제도이다.

과거에는 상한액을 고정금액으로 정해 놓고 이를 초과할 경우, 그 초과금액을 공단에서 부담하였지만, 현재는 전국 소비자물가상승률과 가입자의 소득수준에 따른 건강보험료 납부 등을 고려하여 매년 탄력적으로 상한액을 유지하고 있다.

다. 노인장기요양보험

한국의 노인 인구는 2000년 339만 명으로 전 인구의 7.2%를 차지하여 고령화

사회로 진입했고, 2018년 707만 명으로 전 인구의 14.3%를 차지하여 고령사회로 진입할 것으로 전망되고 있다. 2026년에는 1,022만 명으로 전 인구의 20.8%를 차지하여 초고령사회로 진입할 것으로 예측되고 있다.

노인장기요양보험은 빠르게 진행하고 있는 노인인구 증가와 함께 노인질환도 증가하는 추세에 대응한 제도이다. 즉, 급격한 고령화에 따른 노인성 치매, 중풍 등과 같은 중증질환은 본인뿐만 아니라 가족들도 고통 받게 된다. 특히 경제적으로 가족 전체가 고통 받고, 자칫 가족해체현상까지 나타날 수 있다.

노인장기요양보험은 노인의 간병, 장기요양문제를 사회적 연대원리에 기초하여 중앙정부와 지방자치단체의 재정, 가입자의 보험료, 수급자 본인의 일부 부담으로 공동 해결하는 제도이다. 이로써 노인의 노후생활 안정을 가져오고, 가족들의 부양부담을 완화시켜 주며, 궁극적으로 국민의 삶의 질을 향상시키려는 목적이다.

라. 산업재해보상보험

산업재해보상보험제도는 산업사회에서 빈번히 발생하는 업무상 재해와 직업병 등으로 소득이 상실되거나 장애를 입었을 때, 요양과 재활서비스를 충분히 제공하여 직업현장으로 복귀토록 함을 목적으로 한다.

이 제도는 한국뿐만 아니라 산업국가 대부분이 사회보장 중 가장 먼저 도입해 실시하고 있다. 산업재해보상보험은 여타 사회보험과는 다르게 보험가입자와 급여 수급자가 일치하지 않는다. 즉, 산재보험의 보험료 납부는 노동자를 고용한 고용주가 하는 반면, 급여의 수급은 산업재해를 당한 노동자이다. 보험료는 해당 사업장 또는 사업의 임금총액을 기준으로 부과하되, 여기에 각 사업이나 사업장에 해당하는 업종의 보험료율을 곱해서 요금을 산정한다.

보험료율의 증감은 산업재해 발생빈도가 높은 사업장일 경우 요율이 증가하고, 재해 발생빈도가 낮은 사업장일 경우 요율을 감소시켜 주고 있다.

마. 고용보험

고용보험은 실직자와 가족에게 경제적 지원을 함으로써 빈곤을 예방하는 효과가 있으며, 실직기간 동안 상실할 수 있는 노동능력을 보존하여 국가경제의 생산요소를 유지하는 효과가 있다. 또한 실직으로 인한 저소득층 전락과 함께 사회 불평등 구조를 완화시켜 주며, 노사 간의 계층갈등을 완화시켜 준다.

고용보험법상 실업급여를 받기 위해서는 실직 전 18개월 중 피보험 단위기간이 통합하여 180일 이상이어야 한다. 예를 들면, 주 5일 근무 기준으로 8개월 이상 근무하면 180일 요건이 충족된다.

실직사유는 비자발적 실직을 원칙으로 하며, 근로의사 및 능력이 있음에도 실직된 상태여야 한다. 하지만 비자발적 실직이더라도. 정당한 사유 없이 장기간 무단 결근이나 형법 및 법률 위반으로 금고 이상의 형을 선고 받은 자, 공금횡령, 회사기밀 누설, 기물 파괴 등으로 직장에 재산상 손해를 입혀 실직되었다면 실업급여 수급이 불가하다.

한편, 자발적 실직이더라도 계약기간의 만료나 종교, 성별, 신체장애, 노조활동 등을 이유로 불합리한 차별대우, 성희롱, 성폭력 등 성적인 괴롭힘 등 여러 가지 정당한 사유가 있다면 실업급여를 받을 수 있다.

실업급여액은 퇴직 전 임금의 50%에 수급기간을 곱한 금액이었으나, 2016년 이후부터는 1일 43,416원으로 동일하게 적용되고 있다. 고용보험법 제50조 제1항에 기초한 수급기간은, 연령과 근무기간에 따라 분류되며 다음 〈그림 11-1〉과 같다.

그림 11-1 실업급여 산정과 수급기간

실업급여 지급액=퇴직 전 평균임금의 50%×소정급여일수

최고액: 이직일이 2015년 이후는 1일 43,000원, 2006년 이후는 4만원, 2006년 이전은 35,000원
최저액: 최저임금법상 시간급 최저금액의 90%×1일 근로시간(8시간)
최저임금법상 시간급 최저금액의 90%×1일 근로시간(8시간)
(최저임금법상의 시간급 최저임금은 매년 바뀌므로 실업급여 최저액 역시 매년 변동)

> 수급기간(소정급여일수)

(연령은 퇴사 당시의 만 나이)

연령 및 가입기간	1년 미만	1년 이상 3년 미만	3년 이상 5년 미만	5년 이상 10년 미만	10년 이상
30세 미만	90일	90일	120일	150일	180일
30세 미만~50세 미만	90일	120일	150일	180일	210일
50세 이상 및 장애인	90일	150일	180일	210일	240일

* 장애인은 수급자격 신청일 당시 「장애인고용촉진 및 직업재활법」에 따른 장애인으로 등록되어야 함.

자료: 고용노동부, 2016.

3. 공공부조

1) 공공부조 의의

공공부조는 가족이나 친척이 아닌 국가나 공공기관이 국민 최저생활을 보장하는 제도이다. 공공부조는 최저수준에 미달하는 생활자인 빈곤층을 대상으로 최저한의 삶을 유지할 수 있도록 국가가 무상으로 물질적, 비물질적 급여를 제공하고 있다. 사회보험이 1차적인 사회안전망이라면 공공부조는 2차적인 사회안전망이라고 할 수 있다.[13] 공공부조는 국민 누구도 인간 이하의 생활을 하는 고통을 막기 위한 마지막 삶의 보장 장치인 것이다. 또한 공공부조는 국민건강을 보호하고 내셔널 미니멈(national minimum)에 입각하여, 문화적인 최저생활 보장을 목적으로 하는 사회보장의 일환이다.

사회보장기본법 제3조에 의하면, 공공부조는 국가 및 지방자치단체의 책임하에 생활 유지 능력이 없거나 생활이 어려운 국민의 최저생활을 보장하고 자립을 지원하는 제도를 의미한다. 다시 말해, 공공부조는 사회보장 제도의 일종으로서, 국가나 지방자치단체의 이전지출금(移轉支出金)으로 운영되는 소득보장 제도로서, 생활능력이 없는 국민에게 국가책임하에 공비(公費)부담으로 직접 금품을 제공하거나 무료혜택을 주는 제도이다.

공공부조가 최초로 등장한 것은 1891년 덴마크에서이다. 그 후 여러 나라로 확산되었으나 그 의미와 내용 및 범위 등은 나라마다 조금씩 다르며 그 용어 명칭 또한 국제적으로 통일되어 있는 것도 아니다. 미국에서는 공공부조(public assistance)라고 표현하며, 영국에서는 국가부조(national assistance)라 말하고, 독일이나 프랑스에서는 사회부조(social assistance) 등으로 표현하고 있다. 한국도 과거에는 '공적부조'라 불렀으나 1995년 제정된 사회보장기본법에서 '공공부조(公共扶助)'라는 용어로 바꾸어 그 이후부터는 공공부조로 표현하고 있다.

공공부조는 사회보험과 여러 가지 면에서 구별되는 성격을 갖고 있다. 첫째, 사회보험은 예방적인 성격이 강하지만, 공공부조는 사후적인 성격이 강한 구제제도로서 양자 간 목적의 차이를 보인다.

---

13 박석돈 외, 2015, p. 98 참조.

표 11-4 사회보험과 공공부조의 차이

구 분	사회보험	공공부조
목적	사전적 빈곤예방	사후적 대응으로 구빈성격
이념	보편주의 채택	선별주의 채택
원리	기여금 등에 비례적 급여	차별 없는 평등급여
대상	전 국민	소수 빈곤층
자격요건	가입기간 및 기여금	자산조사
재원	갹출 보험료	세금 등 일반재원
급여수준	사회통념에 의한 적정급여	최저생계비 수준 급여
수급권 성격	권리성 높음	권리성 낮음

둘째, 사회보험은 일정 자격요건만 갖추면 누구나 가입하여 급여를 받을 수 있는 보편주의인 반면, 공공부조는 요구호자를 선정하여 지원하는 선택주의에 기초하여 양자 간 이념의 차이를 보인다.

셋째, 사회보험은 평등 급여보다는 기여금액이나 가입연한에 따라 비례급여를 택하지만, 공공부조는 빈곤자에게 동일한 조건에서 같은 급여를 제공하는 무차별 평등을 취함으로써 양자 간 원리상의 차이를 보인다.

넷째, 사회보험은 국민 모두를 대상으로 하지만, 공공부조는 소수의 빈곤층이 주 대상으로 양자 간 대상의 차이를 보인다.

다섯째, 수급자격은 사회보험이 기여금과 가입기간을 요건으로 정하고, 공공부조는 자산조사를 통해서 정하는 것으로 양자 간 수급자격요건의 차이를 보인다.

여섯째, 사회보험은 가입자의 보험료를 기반으로 재원을 마련하는 반면, 공공부조는 일반 조세를 통해 재원을 마련함으로써 양자 간 재원의 차이를 보인다.

일곱째, 사회보험은 최저생계비와 최저임금, 그리고 기여금과 사회적 통념 등을 고려하여 급여의 적정선을 선택하는 반면, 공공부조는 최저한의 생활 가능한 최저생계비 중심의 급여를 책정함으로써 양자 간 급여수준의 차이를 보인다.

여덟째, 사회보험은 기여금에 따른 권리성이 강한 반면, 공공부조는 권리성이 약한 수급권으로써 양자 간 수급권의 차이를 보인다.

2) 공공부조 내용

가. 국민기초생활보장

공공부조의 핵심은 국민기초생활보장이라고 할 수 있다. '가난은 나라님(국왕)도 구제 못한다'고 할 정도로 빈곤은 오랜 세월 인간에게 고통을 안겨주었다. 복지사회는 빈곤을 해소하기 위한 많은 제도를 만들고 정비해 왔다. 그중에서 국민기초생활보장을 위한 제도는 빈곤해소를 위한 중요한 역할을 담당해 오고 있다.

한국의 공공부조는 1999년에 제정하고, 2000년 10월부터 시행된 국민기초생활보장법에 의해 주로 시행되고 있다. 이 법은 저소득 국민, 영세 도시빈민, 실업자 등을 지원하여 빈곤문제에 대한 사회안전망의 기초를 튼튼히 하는 한편, 빈곤가구별로 자활지원계획을 수립하고 그에 맞는 자활급여를 실시함으로써 빈곤의 장기화를 방지하려는 목적으로 제정되었다. 특히 동법 제5조에 의하면, 부양의무자가 없거나, 부양의무자가 있어도 부양능력이 없거나 부양을 받을 수 없는 자로서 소득인정액[14]이 최저생계비 이하인 국민은 누구나 국가로부터 지원을 받을 수 있도록 하고 있는데, 이것은 빈곤의 장기화를 방지하는 중요한 내용이다.

그러나 이 법의 집행과정에서 문제점이 발견되었다. 다시 말해, 최저생계비 이상을 조금만 초과해도 법에 정한 생활보장을 전혀 받지 못하는 복지사각지대가 발생한 것이다. 가령 어떤 사람의 소득이 법에 정한 최저생계비에 미달할 경우에는 생계·의료·주거·교육 급여를 한꺼번에 다 받을 수 있지만, 최저생계비를 조금이라도 넘으면 혜택을 전혀 받지 못하는 '전부 아니면 전무' 방식이 문제였던 것이다.

이러한 문제점을 완화하기 위해서, 2015년 7월부터는 새로운 '맞춤형 복지' 도입으로 급여와 급여 기준이 세분화되었다. 즉, 급여를 생계급여, 의료급여, 주거급여, 교육급여 등으로 나누고, 각각의 선정기준을 따로 정하여, 각 기준에 해당하는 사람은 그에 합당한 급여를 받도록 되어 있다.

예를 들면, 생계급여대상이 되는 사람은 생계, 의료, 주거, 교육급여를 모두 받을 수 있으며, 의료급여의 대상이 되는 사람은 생계급여를 제외한 의료급여, 주거급

14 소득인정액은 개별가구의 소득평가액과 재산의 소득환산액을 합산한 금액으로 하고, 소득평가액의 산정에 있어서 근로소득공제 등 근로유인을 위한 방안을 두고 있다(국민기초생활보장법 제2조 제7호 및 제8호).

여, 교육급여를 받을 수 있다.

이렇게 각 급여별로 선정기준을 세분화함으로써, 결과적으로 수급자수가 증가하게 되었다. 그 이유는 현재 주거급여 수급자의 경우, 과거 기준을 적용하면 수급자가 되지 못하였지만, 지금은 주거급여와 교육급여를 받을 수 있게 되었고, 이런 식으로 수급자수의 증가를 가져오게 되었다.

다음 〈표 11－5〉는 2016년 현재, 맞춤형 기초수급자 선정 기준액을 정리한 것이다.

표 11-5 맞춤형 기초수급자 선정기준

2016년 맞춤형 기초수급자 선정 기준액(원)

비 고	1인가구	2인가구	3인가구	4인가구	5인가구	6인가구
생계급여	471,201	802,315	1,037,916	1,273,516	1,509,116	1.744,717
의료급여	649,932	1,106,642	1,431,608	1,756,574	2,081,540	2,406,506
주거급여	698.677	1,189,640	1,538,978	1,888,317	2,237,656	2,596,994
교육급여	812,415	1,383,302	1,789,509	2,195,717	2,601,925	3,008,132

주: 2017년까지 생계급여는 중위소득의 30%까지 인상예정.
자료: 보건복지부, 2016.

여기에서 중위소득이란 가구의 소득 규모를 순서대로 나열했을 때 정중앙에 있는 가구의 소득액을 의미한다.[15] 그런데 다음 연도 기초생활보장제도 수혜대상을 결정하려면 전년도에 중위소득을 미리 정해야 하는데, 통계적으로 정확히 산출하기가 어렵다. 그래서 정부는 중위소득인정액 개념을 도입해서 운용하고 있는데, 예를 들면, 2017년도 중위소득 인정액을 2016년도 중반 경에 정하고서, 이에 기준한 급여별로 기초생활보장지원을 하고 있다. 실제로 2016년 7월 발표한 2017년도 중위소득(4인가구 기준) 인정액은 2016년보다 약 7만 6천원 오른 월 446만 7,380원으로 정하였다. 이런 식으로 중위소득인정액이라는 개념을 도입하여 미리 인정액을 정해

15 전 국민을 100명이라고 가정했을 때, 소득 규모 순으로 오십 번째인 사람의 소득을 중위소득이라고 한다. 2017년 기준 4인 가구의 중위 소득은 446만 7,380원으로 책정되었고, 중위 소득의 50~150%에 해당하는 가구를 중산층으로 본다. 생계·의료·주거·교육 등 급여별로 수급 기준이 다른 '맞춤형 기초생활보장제도'는 중위 소득을 기준으로 수급자를 선정한다.

놓고, 수급대상을 결정하는 시스템으로 운영하고 있다.

결과적으로 중위소득인정액 기준으로, 2017년도 월 소득액이 4인가구 기준 134만 214원 이하인 저소득층 가구는 정부가 현금으로 지급하는 생계 급여를 지원받을 수 있다. 교육 급여는 4인가구 기준 월 223만 3,690원 이하, 주거 급여는 월 192만 973원 이하, 의료 급여는 월 178만 6,952원 이하일 경우 수혜 대상이 되었다.[16] 이것을 비율로 살펴보면, 각 급여의 수혜 대상은 생계 급여는 중위 소득의 30% 이하, 의료 급여는 40% 이하, 주거 급여는 43% 이하, 교육 급여는 50% 이하 기준으로 지원하고 있다. 이를 정리하면 다음 〈표 11-6〉과 같다.

표 11-6 가구별 월기준 중위소득과 급여별 선정기준 (단위: 원)

가구별 월기준 중위소득

	1인	2인	3인	4인
2016년	1,624,831	2,766,603	3,579,019	4,391,434
2017년	1,652,931	2,814,449	3,640,915	4,467,380

급여별 선정 기준

가구원 수	1인	2인	3인	4인
교육급여 (중위 50%)	826,465	1,407,225	1,820,457	2,233,690
주거급여 (중위 43%)	710,760	1,210,213	1,565,593	1,920,973
의료급여 (중위 40%)	661,172	1,125,780	1,456,366	1,786,952
생계급여 (중위 30%)	495,879	844,335	1,092,274	1,340,214

자료: 보건복지부, 2016.

16 보건복지부, 중앙생활보장위원회. 2016.

위의 자료에 나타난 바와 같이 4개 급여를 받을 수 있는 사람들의 기준이 30~50%로 각각 다른 이유는, 2015년 7월부터 시행된 '맞춤형 기초생활보장제도' 때문이며, 이는 복지사각지대를 최소화시키기 위한 취지에서 비롯된다. 이에 따라 맞춤형 복지제도는 복지사각지대를 다소나마 완화시켜 준다는 평가를 받고 있다. 그러나 절대금액의 부족으로 실질적인 복지혜택을 충족시키기에는 여전히 미흡하다고 할 수 있다.

나. 기초연금제도

기초연금제도[17]는 노인이 후손의 양육 및 국가 및 사회발전에 공헌한 것을 고려하여 생활이 어려운 노인에게 기초노령연금을 지급함으로써 노인의 생활안정을 지원하고 복지를 증진하도록 함을 목적으로 하고 있다.

기초연금은 만 65세 이상의 한국 국적의 국내 거주자 중 소득 인정액이 2016년도 기준, 단독가구는 100만원 이하, 부부가구는 160만원 이하인 경우 기초연금을 받을 수 있다. 소득 인정액은 소득평가액과 재산의 소득 환산액을 합한 금액을 말하며, 연금액수는 2016년 4월 기준, 단독가구는 월 204,010원, 부부가구는 324,160원, 상대적으로 여유가 있는 가구는 최소 20,000원~204,010원까지 차등 지급하고 있다.

기초연금은 공무원연금, 사립학교 교직원연금, 군인연금, 별정우체국 연금 수급권자와 그 배우자는 기초연금 수급대상에서 제외되며, 장해보상금, 유족연금일시금, 유족일시금(유족연금 대신 받은 경우)을 받은 이후 5년이 경과한 수급권자 및 그 배우자는 소득인정액이 선정 기준액 이하인 경우에는 기초연금 수령이 가능하도록 되어 있다.

공공부조는 국민기초생활보장제도와 기초연금제도 외, 의료급여제도, 장애인연금제도 등이 있다. 의료급여제도는 생활유지 능력이 없거나 생활이 어려운 저소득 국민의 의료비용을 국가가 보장하는 제도로서 국민건강보험과는 다른 별도의 제도이다. 장애인 연금제도는 중증 장애인이 근로능력 상실 또는 현저한 감소로 인하여 줄어드는 소득과 장애로 인한 추가비용을 보전하기 위해 매월 일정액의 연금을 지

17 기초연금제도가 사회보험이냐, 공공부조이냐의 논란이 있다. 기초연금을 사회수당방식이라고 하는 면에서 공공부조를 벗어난 것처럼 보인다. 그러나 자산조사를 실시하여 기초연금을 지급한다는 면에서 볼 때, 기초연금은 공공부조에 가깝다고 할 수 있다.

급하는 제도이다.

4. 사회서비스

1) 사회서비스 의의

사회서비스는 사후적 보호에 초점을 두며, 대상은 구호가 필요한 개인이나 가족 등이다. 사회서비스는 물질적인 보호와 함께 비물질적인 보호도 병행하며, 개별적이고 구체적으로 개인이나 가족문제를 완화하려는 특성이 있다.

산업화와 도시화가 가속화되면서 개인적으로 열악한 위치로 전락하는 아동, 노인, 여성, 장애인 등이 증가하면서 이들 가족까지 문제를 안고 살아가고 있다. 그래서 이들에 대한 원조가 필요하고, 원조는 요구호자가 처한 상황과 수준에 따라 전문적이고 개별적이며 구체적이어야 한다. 이들을 대상으로 사회보험이나 공공부조와 같이 일률적으로 재정 원조하는 것은 개별적인 상황과 동떨어질 뿐만 아니라 구호의 효과성도 떨어진다.

사회서비스는 사회적으로 낙오되거나 가능성이 높은 요구호자들을 구체적으로 지원하여 정상적인 사회공동체 일원으로 복귀시키는 데 목적을 갖고 있다. 따라서 사회보험이나 공공부조와는 다르게 전문성이 많이 요구되고 상황별로 서비스 지원을 해야만 성과를 얻을 수 있다.

2) 사회서비스 내용

사회보장기본법 제3조 제4호에 규정된 사회서비스 내용을 보면, 사회서비스는 국가, 지방자치단체 및 민간부문의 도움을 필요로 하는 모든 국민에게 복지, 보건의료, 교육, 고용, 주거, 문화, 환경 등의 분야에서 인간다운 생활을 보장하고, 상담, 재활, 돌봄, 정보의 제공, 관련시설의 이용, 역량 개발, 사회참여 지원 등을 통하여 국민의 삶의 질이 향상되도록 지원하는 제도를 의미한다.

사회서비스는 물질 위주의 지원을 하는 사회보험이나 공공부조와 다르게 주로 심리사회적, 정신적 서비스 등에 집중하는 비물질적 서비스를 제공하고 있다. 사회서비스 대상도 과거의 경제적, 사회적 약자와 저소득층에게 한정하던 것을, 2012년 전부 개정된 사회보장기본법 이후, 모든 국민이 평생 동안 겪는 사회적 위험으로부터 벗어나 행복하고 인간다운 생활을 할 수 있도록 대상영역을 확대하였다.

일반적으로 노인복지, 장애인복지, 아동복지, 가족복지, 여성복지 등과 관련된 각종 제도를 사회서비스라고 하며, 필요 재원은 일반조세수입에 주로 의존하고 있다.

제3절 복지사회 과제

1. 대립된 이슈의 조정

1) 자본주의와 평등

복지사회는 전 국민의 행복하고 안녕한 상태를 지향하고 있다. 그러나 개인에게 맡기면 이런 상태를 실현한다는 것은 불가능에 가깝다. 누군가가 나서서 복지사회를 실현시켜야 하는데, 현실적으로 주체가 될 수 있는 대안은 국가뿐이다. 국가가 주도적으로 복지사회를 지향해야 한다는 것이다.

오늘날 국가체제는 자본주의와 사회주의 체제로 양분되고 있다. 자본주의 체제는 사유재산의 절대적인 보장을 원칙으로 하고 있으며, 사회주의 체제는 사유재산제를 반대하고 공유재산제를 도입하여 빈부격차 없는 평등사회를 목표로 하고 있다. 이 얼마나 양극단의 대립된 지향인가.

그런데 복지사회는 기본적으로 평등을 지향하고 있다. 이런 면에서 볼 때 복지사회는 사회주의적 요소에 가깝다고 할 수 있다. 이는 필연적으로 자본주의체제와 상충하는 문제이다. 그럼에도 불구하고 자본주의 정부는 사유재산의 절대적 보장원칙을 훼손하면서까지 자본가의 재산을 가져다가 경제적 약자를 지원하고 있다. 이것은 자본주의 체제와 복지사회 지향의 근본적인 대립이 아닐 수 없다.

자본주의체제는 사유권 절대의 원칙, 계약자유의 원칙을 이론적 바탕으로 하고 있으며, 개인주의와 자유주의를 전제로 한다. 사유재산의 자유로운 확대와 계약의 자유는 있는 자들에게 유리한 조건을 형성하였다. 시간이 흐를수록 자본가 계급은 점점 비대하여 사회적 생산력의 결과와 혜택을 독점하였고, 소수의 사람들이 부를 축적함으로써 노동자 계급의 빈곤과 궁핍은 누적되어 갔다.

사회주의자들은 이러한 자본주의 폐단 원인이 자본운용을 전적으로 개인 자유에 맡겼기 때문에 일어난 현상이라고 보았다. 따라서 자본운용을 사회에 맡겨야 한다는 생각을 하게 되었고, 생산수단의 사회적 관리에 의해 자유·평등·사회정의를 실현하고자 도모하였다. 나아가 사회주의는 사회 모든 구성원이 재산을 공동소유하는 제도를 추구하였다. 그런데 사회주의자들의 눈에는 모순덩어리인 자본주의체제가 금방 몰락할 것으로 보았으나, 현실은 자본주의는 몰락하지 않고, 오히려 극단적 사회주의인 공산주의체제가 거의 몰락하고 말았다. 이로써 사회주의자들의 논지는 더 이상 설득력을 잃고 말았다.

그렇다고 해서 자본주의체제가 완벽한 것도 아니었다. 자본가와 노동자의 대립과 갈등, 빈부격차, 빈곤문제 심화 등 여러 가지 문제점을 노출하였다. 따라서 자본주의체제도 어느 정도 개선할 필요가 있었고, 자본주의 단점을 보완함으로써 다함께 잘사는 사회를 구축하는 복지사회 자본주의가 등장하게 되었다. 복지사회 자본주의는 기존 자본주의체제를 유지하되, 내적으로 복지를 강화하여 빈곤이나 소외된 사람이 없는 공동체 복지를 중요한 가치로 삼는 사회를 의미한다.

사회주의나 복지사회 자본주의는 사회적 약자나 소외된 자를 없애 보자는 목표는 같지만 그 방법과 수준은 다르다. 사회주의는 전 국민 평등을 요구하지만, 복지사회 자본주의는 어느 정도의 차등을 인정한다. 즉, 복지사회 자본주의는 최저한도의 생활수준까지는 평등을, 그 이상은 차등을 인정하는 사회이다. 최저한도 생활평등을 실현하기 위해, 누진세 도입, 공공부조 확대, 사회보험 실시, 사회서비스 확대 등 다양한 대책이 등장하게 되고, 이는 복지사회 자본주의 요소들이다.

그동안 자본주의는 성장을 지향하고 사회주의는 분배를 지향하며, 자본주의는 자유를 지향하고 사회주의는 평등을 지향하는 것으로 이해하였다. 이것은 분명 상호 모순된 개념이라 할 수 있다. 그러나 오늘날 복지사회 자본주의는 성장과 분배, 자유와 평등의 조화를 지향하며, 사회 구성원 모두 행복을 누리는 공동체를 목표로 하고 있다. 이것이 복지사회 대립이슈 중 하나인 자본주의와 평등을 조정하는 지름길이다.

2) 개인책임과 사회책임

복지사회 핵심요소인 빈곤문제는 개인 책임인가, 아니면 사회책임인가 하는 문제가 충돌하고 있다. 이에 대한 의견은 논쟁을 보는 사람의 가치관 또는 정치적 이념에 따라 달라질 것이다. 보수적 입장에서는 개인의 무능력, 나태 등 개인책임으로 볼 것이고, 진보적 입장에서는 자본주의 경제체제 모순에서 발생한 사회책임으로 볼 것이다.

보수와 진보 입장에서도 내부적으로 미묘한 차이가 나타날 수 있다. 즉, 보수적 입장이라도 어떤 사람은 개인 스스로 통제할 수 있는 부분인, 교육, 기술 등에 관한 노력 부족이 원인이라고 하고, 또 다른 사람은 개인 스스로 통제할 수 없는 부분인, 타고난 능력 부족, 좋지 않는 운, 부모 직업 및 가정환경이 원인이라고 본다. 진보적 입장에서도 취업 기회와 임금 결정의 노동시장 구조가 원인이라고 보는 반면, 다른 시각으로는 자본주의 경제체제 자체의 문제라고 보기도 한다. 이와 같이 빈곤 원인을 어떤 관점에서 보느냐에 따라 다양한 견해차이가 드러난다.

1601년 제정된 영국의 구빈법은 빈곤의 책임이 개인에게 있다는 것을 전제로 시행되었다. 당시에는 빈곤을 나태 또는 개인적 무능력 때문으로 보고, 노동능력 있는 빈민들을 가혹하게 취급하였다. 그래서 오랜 세월 동안 구빈법은 빈곤한 자들의 공포의 대상이었다. 그러나 오늘날 빈곤은 개인 책임보다는 사회 책임으로 보는 시각이 많다. 따라서 빈곤한 자들에게 지급되는 급여는 당연한 권리일 뿐만 아니라 충분한 급여가 되어야 한다는 인식이 강하다. 이러한 입장에서 수급권자들의 복지권을 옹호하며, 그들에게 낙인(stigma)의식이 생기지 않도록 배려해야 한다고 강조한다.

사실 빈곤이 개인책임이냐, 사회책임이냐의 논쟁은 결론이 나지 않는 이슈이다. 그러나 복지사회를 지향하고 공동체적 행복을 목표로 한다면, 빈곤의 책임소재를 따지기에 앞서, 빈곤자들의 상황을 이해하고 격려하는 사회적 합의가 더 중요할 것이다.

3) 선별주의와 보편주의

복지사회에서 선별주의(principle of selection)와 보편주의(principle of universality) 논

쟁은 어제 오늘 일이 아니다. 이미 영국 엘리자베스 구빈법에서 근로능력 빈민과 근로능력 없는 빈민을 차별 처우한 것도 선별주의와 보편주의를 따진 것이었다. 그만큼 양자 간의 대립은 오래되었고 현재도 진행 중이다.

선별주의는 복지재정의 과도한 지출을 막고, 재정운용에서 효율성과 효과성을 제고할 수 있다고 주장한다. 반면에 선별주의는 보호받는 자의 인권과 낙인논쟁을 불러일으키며 때로는 피보호자의 자존심문제와도 연결된다. 보편주의는 보호를 필요로 하는 사람뿐만 아니라 보호가 필요치 않는 사람도 보호하는 비효율성이 문제이다. 하지만 보편주의에 기초한 복지는 일반적인 평등실현이 가능하며, 선별주의 단점인 낙인문제 등이 사라진다. 이와 같이 선별주의와 보편주의는 상반된 양면성이 존재하며 장단점도 극명하게 다르다. 오늘날은 양자 간의 장단점을 고려하여, 일반적으로 사회보험은 보편주의 원칙을 적용하고, 공공부조는 선별주의 원칙을 적용하고 있다.

앞으로도 사회보험은 개인에게 과중한 보험료를 완화하는 적정선을 찾으며, 공공부조 또한 복지재정과 국민 세금부담의 적정선을 유지하여 보편주의와 선별주의를 조화시키는 합의가 중요하다.

2. 양극화 완화

1) 양극화 현실

– 제가 거지라서 훔쳐 먹었어요 –

부천시 근로자종합복지관은 2016년 6월 15일 밤 복지관 페이스북 페이지에 소소한 도난사고가 있었다는 내용의 글을 올렸다. 관계자의 말을 정리하면 복지관 독서실을 이용하는 20대 여성이 자신의 사물함에 넣어둔 과자 등 간식이 사라지는 것을 발견하고는 '그러지 말아 달라'는 취지의 메모를 남겼다. 그러자 15일 저녁 "죄송합니다. 제가 거지라서 훔쳐 먹었어요"라는 답장이 돌아왔다. 포스트 잇 형태의 답장에서,

"죄송합니다. 제가 거지라서 훔쳐 먹었어요. 죄송해요. 제가 어찌어찌해서 독서실 비밀번호를 알아가지고 독서실 사물함 한번 열어봤는데 맛있는 게 있어서 저도 모르게 손이 갔어요. 정말 죄송해요. 다시는 안 그럴게요. 제가 부모님이 많이 바쁘셔서 동생들을 대신 돌봐야 하거든요. 그래서 … 정말 죄송합니다. 다시는 안 오겠습니다."

복지관 관계자가 폐쇄회로텔레비전(CCTV)을 확인해보니, 메모 작성자는 중학생 또

래의 한 여학생이었다. 복지관은 페이스북에 "생리대 살 돈이 없어 신발깔창, 휴지로 버텨내는 소녀들의 눈물, 생활고에 못낸 집세와 공과금만 남기고 동반 자살했던 세 모녀,[18] 인공지능과 인간이 대결을 하는 첨단의 시대에도 처절한 빈곤과 배고픔은 여전하다"라고 적었다.[19]

이와 같은 사례에서 볼 수 있듯이 한국을 비롯한 각국의 사회 내 양극화 문제는 갈수록 심각한 상황이다. 양극화 문제는 자본주의체제를 지향하면서 이미 예견된 문제라고 할 수 있다.

경제협력개발기구인 OECD보고서에 기초한, 전체 34개 회원국가 대상 조사결과를 보면, 각국의 양극화문제가 심상치 않음을 보여주고 있다. 2010년을 기준으로 가구원 수에 맞춰 조정한 OECD 회원국 평균 소득격차는 9.4배였고, 회원국 중 한국은 소득불평등 정도가 9번째 큰 것으로 나타났다. 소득불평등 정도는 최상위층과 최하위층의 소득 격차를 의미하는데, 한국의 최상위 10% 가구가 얻은 평균 소득이 하위 10% 가구의 10.5배에 이르는 것으로 조사되었다.[20]

한국보다 격차가 큰 나라는 멕시코(28.5배), 칠레(26.5배), 미국(15.9배), 터키(15.1배), 이스라엘(13.6배), 스페인(13.1배), 그리스(10.8배), 일본(10.7배) 등 8개국이었고, 아이슬란드(5.3배), 덴마크(5.3배), 핀란드(5.4배), 노르웨이(6.0배), 헝가리(6.0배), 독일(6.7배), 프랑스(7.2배), 캐나다(8.9배), 영국(10.0배) 등 25개국은 한국보다 낮게 조사되었다.

상대적 빈곤율 조사에서도 한국은 8위에 올랐다. 상대적 빈곤율은 중위 소득의 50% 미만인 인구의 비율을 말하는데, 한국은 14.9%로 나타났다. 이것은 이스라엘(20.9%), 멕시코(20.4%), 터키(19.3%), 칠레(18.0%), 미국(17.4%), 일본(16.0%), 스페인

18 일명 송파 세 모녀 자살 사건이라고 하는 이 사건은 2014년 2월 송파구에 사는 세 모녀가 큰딸의 만성 질환과 어머니의 실직으로 인한 생활고에 시달리다가 "정말 죄송합니다"라는 메모와 함께 갖고 있던 전 재산인 현금 70만원을 집세와 공과금으로 놔두고 번개탄을 피워 자살한 사건이다. 세 모녀는 부양의무자 조건 때문에 국민기초생활보장제도의 도움을 받지 못하고 있었다. 이들은 자살하기 3년 전 관공서에 복지 지원을 타진했으나 대상 조건을 만족하지 못한다는 것을 알게 된 뒤 재신청을 하지 않고 생활해 왔다. 이는 30세 성인에 대한 추정소득이 산정되었기 때문이다. 이 사건을 계기로 한국 정부의 복지 사각지대 해소를 위한 제도개선 등 노력이 다소 이루어졌다. 예를 들면, 자산조사에 집중하던 동주민센터에서 수급자 감소를 실적으로 잡았던 것을, 지금은 대상자의 발굴건수가 오히려 동주민센터 실적으로 평가받게 되어, 취약계층 발굴에 적극 나서고 있다.

19 한겨레신문, 2016. 6. 18.

20 한국은행, OECD보고서, 2013.

그림 11-2 상위 10% 소득점유율이 높은 국가

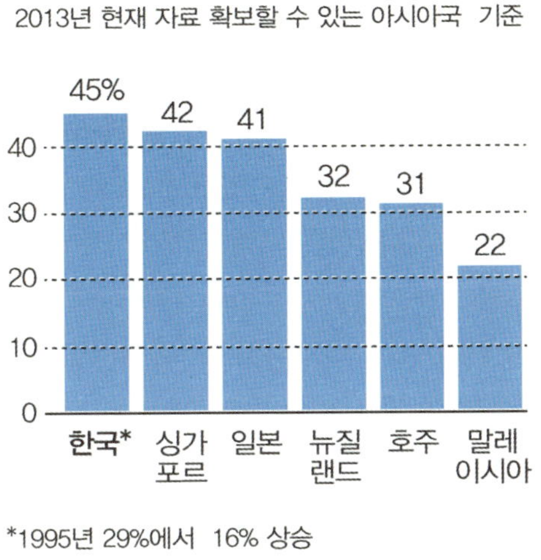

자료: 국제통화기금(IMF)

(15.4%) 다음으로 높았다. OECD 평균이 11.1%인 것을 감안하면 각국의 상대적 빈곤율도 상당히 높다는 것을 알 수 있다.

양극화 문제에는 낮은 임금수준도 한몫하고 있다. 예를 들면, 최저임금위원회에 의해, 2017년 한국의 최저임금은 시간당 6,470원으로 결정되었다. 이를 월급으로 환산하면 주휴수당 등을 합해 월 209시간을 기준으로 135만 2,230원이다. 기업체 입장에서는 부담될 수 있는 액수라고 하지만, 양극화 문제를 해결하기 위해서는 턱없이 부족한 금액이 아닐 수 없다. 이 월급으로 각종 공과금과 임대료를 낸다면 실제로 생활할 수 있는 돈은 많이 잡아도 절반 정도 금액일 것이다. 물가를 감안할 때, 이런 정도의 생활비로는 인간다운 생활을 유지하기가 매우 어려울 지경이다. 이와 같이 낮은 수준의 임금도 양극화를 더욱 부채질하고 있는 상황이다.

한국의 상위소득자에 소득 쏠림현상도 심각한 상황이다. 국제통화기금 (IMF)의 아시아 불평등 분석 보고서에 따르면, 2013년 현재, 한국은 소득 상위 10%가 전체소득의 45%를 차지해 아시아 국가 중 최대로 집계되었다.[21] 상위 10%의 소득점유율이

21 연합뉴스, 2016. 3. 16.

높은 국가는 한국에 이어 싱가포르(42%), 일본(41%) 순으로 나타났다.

그런데 한국의 경우 갈수록 소득불평등 정도가 심해지는 것으로 나타나고 있다. 1995년 소득 상위 10%가 전체 소득에서 차지하는 비중이 29%를 차지하였으나, 18년 만인 2013년에는 무려 16%포인트 상승하였다. 이것은 평균 1~2%에 상승에 그친 다른 아시아 국가에 비해 압도적인 증가폭을 보여주는 것으로 한국의 양극화 현상이 날로 심각해지는 것을 알 수 있다.

또한 국민을 10개 분위로 나누어 볼 때, 1분위 소득은 해가 거듭되어도 별로 나아지지 않고 있다. 그러나 10분위로 갈수록 매년마다 소득이 증가하고 있으며, 10분위 소득은 증가폭이 더욱 크게 나타나고 있다. 1분위 소득은 해가 바뀌어도 소득이 거의 정체 내지 감소하고 있는 반면, 나머지 분위는 소득이 모두 증가하고 있다. 그만큼 1분위를 중심으로 빈곤한 사람들에 대한 사회적 지원이 절실한 상황이라고 할 수 있다.

한국 국민을 소득이 아닌 가구 재산으로 분류(5분위)할 때, 격차는 소득보다 더 심각하게 벌어지고 있다. 하위 1분위의 자산은 2014년 기준, 1,300여 만원 정도에 불과한데, 상위 5분위의 자산은 무려 8억 2천여 만원으로 나타나고 있다. 2014년

표 11-7 한국의 균등화 10분위별 소득 (평균, 단위: 원)

대상: 근로연령인구(18~65세)

	2012	2013	2014
1분위	463,636	474,320	468,323
2분위	1,041,035	1,075,875	1,138,310
3분위	1,347,087	1,401,095	1,461,251
4분위	1,615,269	1,669,578	1,740,268
5분위	1,867,059	1,939,850	2,003,574
6분위	2,128,980	2,198,285	2,275,712
7분위	2,429,166	2,495,182	2,599,610
8분위	2,799,354	2,844,433	3,010,610
9분위	3,344,844	3,422,127	3,599,686
10분위	4,975,915	5,037,409	5,246,503

자료: 통계청, 2016.

표 11-8 한국 국민 구간(5분위)별 재산 격차 정도 (단위: 만원)

시 점	항 목	자산1분위 순자산액	자산2분위 순자산액	자산3분위 순자산액	자산4분위 순자산액	자산5분위 순자산액
2015	전가구 평균	1,313	8,046	16,853	30,298	83,800
2014	전가구 평균	1,335	7,831	16,236	29,533	82,491
2013	전가구 평균	1,115	7,222	15,379	28,387	82,045
2012	전가구 평균	967	6,782	14,725	27,477	84,414
2011	전가구 평균	649	5,787	13,646	25,750	76,953
2010	전가구 평균	427	5,432	12,179	23,497	73,783

같은 해를 기준으로 볼 때, 최하위 분위와 최상위 분위의 소득 격차가 11배 정도 차이나는 것에 비해, 자산격차는 구간을 5분위로 줄였음에도 불구하고, 최하위 분위와 최상위 분위의 격차가 무려 63배 이상 차이나고 있다. 이런 상황이 펼쳐진 이유는 여러 가지가 있겠지만, 일반적으로 가족 내 재산상속과 부동산 투기 등 불로소득 기회를 활용한 가정과 그렇지 못한 가정 간의 격차로 해석할 수 있다. 어쨌든 이런 상황은 양극화가 한 세대만의 문제가 아닌 대를 이어서 전승해가는 문제임을 보여주는 것이다.

소득과 자산 차이는 고스란히 자녀교육에도 문제점으로 나타나고 있다. 미래세대를 공정하고 평등한 기회로 양육해야 할 상황임에도 불구하고, 현실은 소득과 자산격차와 교육기회 격차로 이어지고 있다. 〈그림 11－3〉에서도 보여주듯이 소득별 사교육비 지출 격차는 심각한 수준이며, 해마다 격차가 벌어지고 있다. 예를 들면, 소득 최하위 1분위와 최상위 10분위의 사교육비 지출격차는 2013년 10.1배였지만, 2014년은 16.6배로 격차가 더 벌어지고 있다.

그런데 사교육비 지출격차는 곧바로 대학수학능력시험 성적뿐만 아니라 대학 진학에도 반영되어 나타나고 있다. 즉, 소득 최하위 분위와 최상위 분위의 수능등급 차이는 물론, 각종 대학 진학에도 큰 차이를 보이고 있다. 이것은 소득과 자산차이가 단순한 경제적 차이만 가져오는 것이 아니라, 교육 등 사회 전반적인 격차를 가져온다는 것을 보여주고 있다. 또한 한 세대만이 아닌 미래세대까지 차이를 가져오

그림 11-3 소득별 사교육비 지출 현황

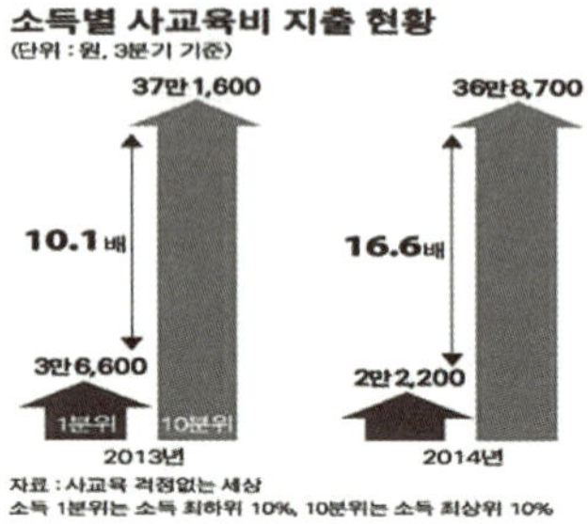

부모의 사회·경제적 지위에 따른 자녀 대학 진학률

사회경제적 분위	수능 등급	4년제 대학(%)	30위권 대학(%)	9위권 대학 및 의대(%)
1분위	5.6	33.8	2.3	0.8
2분위	5.4	45.7	6.3	0.0
3분위	5.6	34.2	3.8	2.5
4분위	5.7	49.3	6.7	0.7
5분위	5.8	52.2	5.9	0.0
6분위	5.5	61.3	10.2	0.7
7분위	5.2	74.3	14.9	5.0
8분위	4.9	64.7	13.4	2.5
9분위	4.8	75.8	14.8	6.3
10분위	4.3	74.5	23.4	13.8

자료: 한국개발연구원, 2015.

는 복합적인 사회적 문제임을 증명하고 있다. 따라서 양극화의 현실을 해결하기 위해서는 단기간이 아니라 장기적인 안목에서 종합적으로 접근해야 한다.

2) 양극화 원인과 완화방안

먼저 양극화가 발생하는 원인은 여러 가지가 있는데, 가장 핵심적인 이유를 들면, 첫째, 부익부 경제정책 등이 원인으로 지목된다. 권력을 가진 그룹이 자본가들의 이익을 더욱 확대시키는데 유리한 경제정책을 실시하게 되면 더욱 양극화가 심화될 수 있다. 예를 들면, 법인세 감면, 기업 위주의 수출관세 인하, 대기업의 무차별 기업 확장용인 등 자본가들에게 유리한 각종 정책을 실시하는 것들이다. 이러한 자본가들의 이익증대가 노동자들에게 확산된다는 믿음을 갖고 노동자들은 참고 인내하지만, 실질적인 이익분배가 이루어지지 않을 때 양극화는 심화될 수밖에 없다. 자본가의 비대와 함께 노동자는 더욱 빈곤한 지경으로 몰리고, 이를 해소하기 위한 복지비 증액은 논쟁거리로 전락하게 된다. 자본가들의 복지재정 확충에 대한 반발과 노동자들, 특히 빈곤 노동자나 빈민들은 무기력한 존재로 사회적 지원에 의존하는 낙인이 찍힌다.

둘째, 고도성장을 통해서 파이를 키워야 소득분배도 가능하다는 전통적인 믿음이 문제이다. 다시 말해, 양극화는 고도성장에 나타난 어쩔 수 없는 현상이라고 한다. 그런데 시간이 흐를수록 자본가들은 여전히 경제상황이 좋지 않다는 명분으로 더 많은 복지비용 부담을 피하려고 한다. 그러면서 노동자들이 무리한 요구를 하고 있다는 주장을 하면서 마치 노동자들을 생떼 쓰는 부류로 몰아붙인다.

셋째, 국가도 복지재정이 충분하지 않다는 이유를 들어 복지수혜 확대에 부담을 갖는다. 국가차원의 문제해결을 위한 여력도 예산도 역부족이라는 견해를 내세운다. 결국 자본가와 국가의 은근한 결탁으로 노동자나 빈민은 항상 그들의 자선적인 조치에 의한 수혜대상이라는 범주를 벗어나지 못한다. 이런 인식과 상황이 지속된다면, 양극화 문제 해결은 요원할 수밖에 없다.

따라서 양극화문제 완화를 위해서는, 첫째, 양극화 문제에 대한 새로운 인식전환부터 이루어져야 한다. 즉, 성장과 분배는 함께 추구해야 할 대상이지, 어느 것을 먼저 하는 선후 개념이 아니라는 것이다.[22] 어느 한쪽을 먼저 달성한 후 다른 것을 추구하게 되면, 필연적으로 불균형 상태가 나타나고, 결국 자본가도 노동자도 손해를 보는 구조이다. 양극화는 어느 한쪽, 특히 성장을 먼저 과도하게 추구한 결과 나타난 불균형 현상이라고 할 수 있다. 그래서 성장과 분배는 양립할 수 없는 것이 아니라, 충분히 병행할 수 있는 균형카드라는 것을 인식해야 한다.

둘째, 중산층의 확대가 필요하다. 중산층은 사회구성원 대부분을 차지하고 있다. 소비시장의 주 고객도 중산층이다. 이들을 기초로 수많은 자영업자가 생존할 수 있고, 소비가 촉진되며 경제가 돌아가는 것이다. 만약 이러한 중산층이 약화된다면 소비시장에 큰 문제점이 생기게 되고, 실물경제의 활력을 떨어뜨리게 된다. 국가의 중산층 확대정책은 중소기업에 대한 지원확대, 일정 소득 이하 자의 세금우대 강화, 지나친 부동산 투자쏠림현상 방지 등 여러 가지 정책을 동원해야 한다.

셋째, 국가는 빈곤한 사람을 구제하는 일에만 그쳐서는 안 되고, 빈곤하다는 이유로 최소한의 생활과 미래를 계획하는 일이 불가능해지는 현실을 막아야 한다. 꿈과 미래가 없는 빈곤은 개인과 사회에 희망을 줄 수 없기 때문이다. 이 점에서 합법적인 권력 소유자인 국가가 합법적인 방법을 동원해서 국민 다수의 행복을 실현시키도록 해야 한다. 특히 부동산 투기, 탈세와 위법행위 등을 통한 불로소득을 근

22 실증적인 연구에 따르면, 불평등한 소득분배는 장기적으로 경제성장을 저해하며, 40개의 개발도상국을 분석한 결과, 높은 성장률과 소득분배 정의 사이에 양의 상관관계가 있음을 발견하였다. 그러나 최근에는 강력한 신자유주의의 트렌드로 인해 성장 여부와 관계없이 소득불평등이 확대되고 있다. World Bank, World Development Indicators, 2007 참조.

원적으로 차단해야 한다. 그럼으로써 누구든지 성실히 일하면 충분한 급여와 행복한 생활이 가능하다는 인식을 심어주어야 한다.

양극화 완화 효과는 돈으로 환산할 수 없을 만큼 엄청난 경제가치가 창출된다. 양극화가 최소화되면 국민갈등이 줄어 화합의 공동체 형성은 물론, 살인이나 강도 등의 사회적 범죄도 줄어들고, 상호 배려와 만족도가 높은 단결된 사회로 거듭날 수 있다. 나아가 정치, 경제, 교육, 문화 등 수많은 하위체제 시스템이 정상적으로 작동할 수 있다. 물론 양극화의 완벽한 해결은 쉽지 않다. 그럼에도 불구하고 합법적 권력기관인 국가가 장기적인 안목으로 사회구성원 간 양극화 문제를 해결하는데 총력을 기울여야 한다. 그래야만 국민으로 하여금 삶의 자신감과 희망을 높게 갖도록 할 수 있다. 이것은 국가가 존재하는 또 하나의 중요한 이유가 된다.

3. 노인 빈곤

1) 노인 빈곤의 현실

노년층의 경제적 빈곤은 어제 오늘 일이 아니다. 각국의 노인 빈곤은 복지사회의 커다란 그림자가 되고 있다. 그중 한국은 저출산과 청년층의 취업난에 맞물려 노인 빈곤 문제가 심각해지고 있다.

과거에는 경제적 파산선고가 주로 과도한 빚이나 수익이 악화된 창업활동이 주원인이었다. 그러나 오늘날은 노인빈곤에 의한 치료비와 생활비 충당을 못한 이른바, '생계형 파산' 노년층이 늘어가고 있다. 한국의 파산선고자 네 명 중 한 명이 60대 이상을 기록할 정도이다.[23] 경제협력개발기구(OECD) 통계를 보면 2011년 현재, 한국의 65세 이상 노인 빈곤율은 45.1%(2015년은 49.6%)로 OECD 평균(12.6%)의 4배에 육박한다.

이와 같이 노인 빈곤율이 높은 이유는, 은퇴 후 뚜렷한 소득 없는 노인이 많고, 설령 일자리를 갖는다 해도 저임금 비정규직이 대부분이기 때문이다. 홀로 사는 독거노인 빈곤은 더 심각한 수준이다. 한국보건사회연구원이 통계청의 가계 동향 조사를 분석한 내용을 보면, 2015년 2분기 독거노인 가구의 월 평균소득은 97만원에

23 법원 통계자료, 연합뉴스, 2016. 3. 25.

표 11-9 경제협력개발기구 회원국 노인 빈곤율

국 가	빈곤율(%)	순 위
한국	45.1	1
멕시코	28.0	2
호주	26.9	3
스페인	22.8	4
그리스	22.7	5
미국	22.4	6
일본	22.0	7
벨기에	12.8	8
영국	10.3	9
덴마크	10.0	10
노르웨이	9.1	11
프랑스	8.8	12
오스트리아	7.5	13
네덜란드	2.1	14

자료: OECD보고서, 2011.

그쳤다. 이 중 월 소득 65%에 해당하는 62만 8천원은 가족이나 지인이 준 용돈 등 이전소득이었다. 2016년 현재, 65세 이상 1인 가구는 144만 3천 명에 달하고 있으며,24 향후 독거노인이 증가할 것을 예상하면 이들을 중심으로 경제적 빈곤문제가 심각해질 것으로 보인다. 고령화와 노인 빈곤문제는 동전의 양면처럼 같이 움직인다. 더구나 독거노인의 53.6%(2015년 기준)가 최저생계비에 못 미치는 소득으로 살고 있어 갈수록 노인 빈곤 문제가 심각한 상황이다.

빈곤으로 한계상황에 내몰린 노년층은 경제적으로 파산뿐만 아니라 자살이라는 극단적인 선택을 하고 있다.

한국의 노인 자살률은 인구 10만 명당 55.5명으로 한국 전체 평균 29.1명(2013년 기준)의 2배 수준이다. 통계를 내는 방식에 차이가 있지만, OECD 평균 자살률(연

24 한겨레신문사, 2016. 3. 19.

령표준화 자살률) 12.0명과 비교하면 5배에 가깝다. 노인 자살률은 연령대가 상승할수록 계속 높아진다. 80세 이상의 남성은 인구 10만 명당 자살률이 160명대로 치솟고 있다.[25] 2010년 123명대보다 훨씬 높아진 수치이다. 이렇듯 노인 자살이 매년 가파른 상승을 보이고 있는데, 객관적인 정황상, 빈곤과 자살률은 상관관계가 높은 만큼, 노년 빈곤으로 인해 인간의 존엄성마저 위협받고 있는 현실이다.

한편, 한국 노인의 경제적 빈곤과 높아지는 이혼율 등 여러 가지 이유로 '노인이 살기 좋은 나라' 순위에서 하위권인 60위를 차지하고 있다. 국제단체 '헬프에이지 인터내셔널' 본부가 최근 발표한 '2015년 노인이 살기 좋은 나라' 순위에서 한국은 96개국 중 60위(44.0점)를 차지했다. 1위는 스위스(90.1점)가 차지했고, 노르웨이(89.3점), 스웨덴(84.4점), 독일(84.3점) 순이었고, 일본(79.3점)은 아시아에서 유일하게 10위권에 들고 있다. 한국은 같은 아시아 국가인 태국(56.0점), 필리핀(48.8점), 중국(48.7점), 파키스탄(45.1점)보다도 낮게 나타났다.[26]

노인일자리 문제도 심각한 상황이다. 2014년 기준, 일하고 있는 노인들의 월평균 임금은 122만 8천원으로 일반 임금근로자의 월평균 임금인 320만원의 40% 미만인 것으로 분석됐다.[27] 낮은 임금뿐만 아니라 노동의 질도 문제이다. 노인이 일하고 있는 직업을 살펴보면, 경비, 미화원, 택배원, 활동보조인, 가사도우미 등 '단순노무 종사자'가 85.4%를 차지했다.

독거노인의 증가도 노인문제의 심각성을 보여주고 있다. 정부 통계에 따르면, 2013년 기준, 독거노인 수는 125만 명으로 추산되었다. 2000년에 54만 명과 비교해 볼 때, 13년 사이 2.2배로 불어난 것이다. 이런 추세로 볼 때, 2035년에는 독거노인 숫자가 343만 명으로 늘어날 것으로 전망되고 있다. 독거노인 증가는 사회적 교류를 단절하고 홀로 살아가는 노인증가에 영향을 주고 있다. 정부통계에 따르면, 2012년 말 기준으로 독거노인 가운데 사회적 교류는 약간 하되, 혼자 일상생활이

25 연합뉴스, 2016. 3. 25. 참고로 한국의 10만 명당 자살률은 1994년까지 10명이 안되었지만, 1997년 외환위기(18.4명), 2003년 카드대란(22.6명), 2008년 글로벌 금융위기(31명)를 거치면서 급격하게 증가했다. 10대를 제외하고 모든 세대에서 경제적 어려움을 가장 큰 자살충동 이유로 꼽았다. 성별로는 2013년 기준 남성이 39.8명으로 여성(17.3명)보다 2.3배 많았다. 또한 연령층이 높아질수록 자살이 높아지는데, 70대는 66.9명, 80세 이상은 94.7명에 달했다. 해가 거듭될수록 고령층의 자살빈도가 높아진다는 것이 노인문제가 심각함을 알 수 있다.

26 영남일보, 2016. 5. 7.

27 고용노동부, 2014.

표 11-10 독거노인 비중

구분	독거노인	전체 노인	독거노인 비중
2000년	54만 명	340만 명	16.0%
2012년	119만 명	589만 명	20.2%
2035년	343만 명	1,475만 명	23.3%

자료: 통계청, 2015.

어려운 취약 계층이 20만 5천 명, 아예 사회적 교류도 없으면서 일상생활마저 거의 못하는 위기 노인이 9만 5천 명에 이르고 있다. 이들은 소위 말하는 '고독사 위험군'으로 볼 수 있는데, 잠재적으로 그 숫자가 30만 명이나 되고 있다.[28]

노인은 생물학적 나이 기준으로 65세 이상인 자를 지칭하지만, 실질적으로는 경제적 활동에서 은퇴한 계층을 말한다. 개인적인 차이는 있지만 정상적인 직장이나 자영업 등 경제활동에서 물러나는 시점이 실질적인 노년단계 시작인 셈이다. 이런 면에서 볼 때, 노년기는 생리적, 심리적, 신체적 기능 감퇴와 함께 경제적 능력도 급격히 쇠퇴해지는 삶의 구간이다. 따라서 국가적 차원의 문제인식과 함께 사회 전체적인 논의를 통해 해결방안을 도출해야 할 것이다.

2) 노인 빈곤 완화방안

노인 빈곤 완화는 다각도로 접근해야 한다. 저출산·고령화 추세의 가속화로 경제활동인구인 생산인구(15~64세)는 감소하는 반면, 노인인구(65세 이상)는 늘어나면서 2060년에는 노인부양비가 4.5배 치솟을 것으로 전망되고 있다. 한국의 노인인구 비중은 2015년 13.1% 수준에서 2030년에는 24.3%, 2060년에는 40.1%로 각각 1.9배, 3.1배 증가할 것으로 예상되고 있다. 반면 생산인구는 2015년 73.0%에서 2030년 63.1%로 감소한 뒤 2060년에는 49.7% 수준까지 낮아질 것으로 예측되고 있다. 이에 따라 노인부양비는 2015년 생산가능 인구 100명당 노인 17.9명을 책임지는 수준이었지만, 2060년에는 80.6명으로 약 4.5배 늘어날 것으로 전망된다. 국제적으로도 한국의 노인 부양 부담은 다른 국가에 비해 빠르게 가중될 것으로 우

28 통계청, 2014.

려되고 있다. 2015년 기준 한국의 노년부양비는 54위에 머물렀으나, 2060년에는 무려 3위까지 높아질 것으로 예상되고 있다. 이와 함께 노인의료비도 2060년은 2015년 대비 18배나 증가할 것으로 전망되고 있다. 2015년 노인의료비는 21조 7,342억원으로 국내총생산(GDP)의 1.42%를 차지했으나, 2020년에는 36조 3,000억원(1.88%), 2030년 91조 9,000억원(3.21%), 2040년 177조 1,000억원(4.68%), 2050년 281조 4,000억원(5.84%), 2060년 390조 7,949억원(6.57%)까지 증가할 것으로 예측되고 있다.[29]

따라서 노인 빈곤 완화를 위해서는, 첫째, 노인 질병에 투입되는 의료비를 경감하기 위해 질병치료개념을 건강투자 개념으로 전환하여 사전적 의료시스템을 구축해야 한다.

둘째, 생산가능 인구감소에 따른 세입 감소에 대비해 현재 근로소득 중심의 재원조달 방식을 근로소득 외 부과소득 기반을 지속적으로 확대해야 한다. 그럼으로써 복지재정을 확대시켜 나가야 한다.

셋째, 복지재정의 한계로 단기간에 노인소득 보장이 어려우므로, 자치단체와 지역사회가 노인 생활안정을 돕는 다양한 대안을 강구하도록 한다. 예를 들면, 노인들이 함께 생활하는 공간에 시설 개보수비와 운영비를 지원하는 사업도 확산할 필요가 있다.

넷째, 1인 노인가구가 늘어나면서 노인이 노인을 돌보는 형태인 '노노케어(老老Care)' 시스템 발굴도 필요하다. 이미 독일, 일본 등 일부 국가에서는 체계화된 사회복지안전망과 연계된 노노케어가 시행되고 있다. 즉, 노인이 노인을 돌보는 노노케어와 노인복지센터에서 차상위 계층 독거노인에게 도시락을 배달하는 등, 노인 공동생활을 유도하고 사회복지사까지 배치한 '그룹홈' 제도도 도입할 필요가 있다. 미국의 경우, 국가 전략차원으로 오래전 노인행정청을 만들어 국가적 차원에서 대응해오고 있는데, 이러한 행정시스템 도입도 검토할 만하다.[30]

노인복지법 제2조에 '노인은 후손의 양육과 국가 및 사회의 발전에 기여해온 자로서 존경받으며 건전하고 안정된 생활을 보장받으며, 능력에 따라 적당한 일에 종사하고 사회적 활동에 참여할 기회를 보장받는 한편, 노령에 따르는 심신의 변화

29 보건사회연구원, 미래 보건의료 발전계획 정책과제 개발연구 보고서, 2016. 5.

30 해럴드경제, 2016. 5. 8. 참조.

를 자각하여 항상 심신의 건강을 유지하고 그 지식과 경험을 활용해 사회의 발전에 기여하도록 노력해야 한다'라고 규정하고 있다. 빈곤 등 여러 가지 이유로 불행한 노인들이 넘쳐나는 사회는 복지사회가 아니다. 더구나 한국처럼 급격한 산업화 과정에서의 노년세대는 국가 발전 근대화를 위해 힘겨운 삶을 살아 온 공로자들이다. 따라서 노인들을 결코 방치해서는 안 될 일이며, 사회적 책임하에 부양에 최선을 다해야 한다. 또한 노인부양의 기초가 되는 출산율 제고를 위해서도 전 사회적으로 중지를 모으고 대안 찾는 일을 지속적으로 행해야 할 것이다.

제12장 SOCIOLOGY

정보사회

- 제1절 정보사회 의의
- 제2절 정보사회 불평등
- 제3절 정보사회 기능과 역기능

12

정보사회

제1절 정보사회 의의

1. 정보사회 의미

산업사회 이후 도래한 정보사회는 산업사회와 어떻게 다를까. 먼저 산업사회는 기계공업 등 산업화로 대량생산을 특징으로 하고 있다. 공업이 경제의 주축을 이루면서 생활양식과 제도들이 조직화되어 있다. 기계화와 관료제의 원리가 지배적이고, 과학기술을 추구하며, 조직의 대규모화, 기능의 전문화, 도시팽창과 소비문화가 확산되는 특징을 보인다. 반면에 후진국의 선진국에 의한 종속과 노동자 등 소외계층의 상대적 빈곤 심화, 범죄 및 인구의 도시집중 현상 등 여러 가지 문제점도 갖고 있다.

이에 반해 정보사회는 정보산업을 주체로 하여 다양한 정보 생산과 전달을 중심으로 전개되는 사회이다. 일반적으로 정보사회는 어느 정도 공업화가 완료된 사회에서 일어나기 때문에 정보사회는 공업사회 다음 단계로 간주되고 있다. 그런 의미에서 정보사회는 탈공업사회(post industrial society)라고 부르기도 한다.

그동안 인류사회는 전(前)문명사회에서 농업혁명을 거쳐 농업사회로, 이어서 산업혁명을 거쳐 공업사회로, 다시 정보혁명을 거쳐 정보사회로 이행하였다. 산업사회에서 정보사회로의 이전은 물질 중심의 문명에서 무형의 정보 중심의 문명으로 전환되는 것을 의미한다. 즉, 지금까지 사람의 손과 근육 및 기계를 생산수단으로 만들어낸 물질중심의 문명에서 인간 두뇌와 지적 창조력을 생산수단으로 한 무형의 정보중심의 문명으로 전환되는 것이다. 산업사회에서는 산업자본과 기술이 중요한 가치를 지녔지만, 정보사회로 이전하면서 이들을 정보기술이 대체하기 시작했다. 물론 오늘날도 산업자본주의가 건재하기 때문에 정보만이 사회적 가치를 갖는 것은 아니지만, 서서히 정보의 가치 내지 중요성이 부각되고 있는 상황이다.

결과적으로 정보사회는 사회 내에서 지식과 정보의 역할이 중요한 사회, 즉, 엄청나게 많은 양의 정보가 신속히 처리되고 전달, 공급되며, 많은 부문의 고용이 지식과 정보의 생산, 전달, 처리, 누적과 관련된 정보산업에 집중되는 사회를 의미한다. 이와 같이 정보사회가 부각되는 데는 컴퓨터를 비롯한 새로운 정보기술의 영향이 지대하였다. 만약 컴퓨터가 없었다면 정보사회의 진행속도는 지금보다 훨씬 느려졌을 것이다.

정보사회는 인류 역사에 혁명이라 할 만큼 큰 획을 그어왔다. 미국의 미래학자 앨빈 토플러는 농업혁명, 산업혁명 이후의 제3의 혁명을 정보혁명이라고 할 정도였다. 그만큼 정보사회는 인류 역사와 생활을 크게 바꾸고 있다. 그런데 정보는 컴퓨터와 같은 기계설비에 의해서만 창출되고 전달되는 것은 아니다. 사람과 사람 사이의 의사소통 과정에서 정보가 창출되고 이것이 기계 설비를 통해서 빠르게 전달, 확산될 수 있다. 정보는 만들어지는 것도 중요하지만 전달하는 속도와 범위도 중요하다.

오늘날은 어떤 정보를 한정된 공간과 사람들에게 제공하는 면도 있는 반면, 순식간에 외부로 확산되는 면도 있다. 정보사회가 개방되고 투명할수록 확산 속도와 범위는 넓어진다. 정보사회는 폐쇄적인 비밀 창고로서의 정보기능이 아니라, 누구라도 쉽게 정보에 접근하며 자신에게 효과적인 정보를 활용할 수 있는 사회가 진정한 정보사회라고 할 수 있다.

2. 정보사회 이론

정보사회의 출현이 언제부터인가, 정보사회의 양식은 어떤 형태를 띠고 있는가에 대한 학자들의 이론은 매우 다양하다. 여기서는 이 중 몇 가지 주요 이론들을 소개하고자 한다.[1]

1) 탈산업사회론

미국 사회학자 다니엘 벨은 1979년 '탈산업사회의 도래'라는 책에서 20세기 중반 이후 새로운 정보사회가 등장하고 있음을 주장하였다. 그는 정보사회에서는 제조업 분야 직업이 쇠퇴하고 서비스 분야 직업이 증가한다고 하였다. 서비스 분야 직업의 확산은 그동안 산업사회에 묶여 있던 사회가 탈산업사회로 전환하는 계기가 된다는 것이다.

이 이론에서 정보사회는 제조업 분야의 쇠퇴와 서비스 산업 증가라는 면에서 직업구조의 변동이 전제가 되고 있다.

2) 국민국가론

영국 사회학자 앤서니 기든스는 1985년 '국민국가와 폭력'이라는 책에서 17세기 이후 등장한 현대사회를 정보사회로 보았다. 그가 말한 국민국가는 시민혁명 이후 근대국가를 지칭하며, 중세시대 신의 이름으로 왕이 지배하던 국가와 다른 개념의 국가형태를 의미한다. 또한 국민국가는 본래 민족국가와 동일시되었으나, 각국의 민족은 단일민족이 퇴색하고 다민족 중심의 국가로 전환되고 있으므로 민족국가의 의미는 유명무실해지고 있다. 그 대신 국민국가는 공통의 언어를 사용하고, 문화와 전통이 동일하며, 정치, 경제, 사회 등 동일한 생활권을 기반으로 한 국민공동체를 의미하고 있다.

이러한 국민공동체인 국민국가는 폭력과 감시 기능을 독점하면서 정보수집과 관리를 제도화하기 시작하였다. 이를 두고 기든스는 국가가 국민에 대한 정보수집과 관리를 계기로 정보사회로 이전하기 시작했다고 주장하였다.

---

1 김윤태, 사회학의 발견, 새로운 사람들, 2007. pp. 474~491.

3) 공적영역론

독일 사회학자 하버마스는 1989년 '공적영역의 구조적 변동'이라는 책에서 17세기 서구에서 등장한 부르주아 사회에서 프랑스의 부르주아들이 살롱이라는 응접실에서 손님들과 문학과 정치 등에 대한 토론을 했는데, 여기에 일반시민들도 참여하면서 새로운 문화를 만들었다고 하였다. 이것을 하버마스는 '공적영역'이라고 하면서 정부와 분리된 독립성을 갖는다고 주장하였다.

공적영역은 정부로부터 독립성과 자율성을 누리는 공동의 장으로 변화하면서, 이곳에서 시민들은 합리적 논쟁을 자유롭게 참여, 진행할 수 있었다. 즉, 공적영역에서 시민들이 상호 소통하고 교류하면서 여론이 형성되는 정보사회가 이루어진 것이다. 그러나 자유로운 참여와 토론을 할 수 있는 이면에는 정부로부터 감시와 통제도 받을 수밖에 없었다. 공적영역은 시민들의 참여와 토론으로 정보사회를 만들면서도 한편으로는 정부의 감시와 통제라는 정보관리가 실행된 점에서 정보사회의 이중성을 보여준 것이라고 할 수 있다.

4) 자본주의 시장론

독일 마르크스주의 이론가 허버트 쉴러는 1984년 '정보와 위기의 경제'라는 책에서 기업의 이윤추구 때문에 정보통신혁명이 발생하였으며, 정보의 상품화가 계급의 불평등을 재생산하였다고 주장하였다. 누가 무슨 정보를 얻고, 어떤 종류의 정보를 얻을 수 있느냐에 따라 계급이 결정된다고 하였다.

이것은 정보의 분배, 정보에 대한 접근가능성, 정보 창출능력 등에서 개인 간의 격차가 벌어지고, 이로 인한 계급 형성이 이루어진다는 것이다. 즉, 정보사회를 통해 정보의 상품화가 이루어지고, 자본가는 이를 활용하여 이윤을 추구한다고 하였다. 결과적으로 정보사회에서도 정보의 공유라는 측면도 있지만, 정보를 독점하여 상품화하는 사람들이 존재하게 되고, 이로 인한 계급격차는 산업사회의 그것과 다를 바 없는 상황이 되고 있다.

5) 정보발전양식론

스페인 사회학자 마누엘 카스텔은 1989년 '정보도시'라는 책에서 정보통신망의 개설은 20세기 말의 현대사회 본질적 표현이라고 주장하였다. 즉, 컴퓨터를 이용한 정보처리방식은 현대사회의 성격을 근본적으로 변화시키고, 이로 인해 정보사회가 더욱 확산되어졌다는 것이다.

정보처리방식의 획기적인 변화는 정보처리의 생산, 분배, 소비, 관리의 모든 과정을 효율적이고 생산적으로 결정하는 핵심적인 활동으로 부각되었다. 여기에 정보도시[2]는 기존의 숙련 노동자들이 감소하고 그 자리에 서비스 직종의 종사자들이 증가하는 모습을 보인다. 이 이론은 정보처리방식의 변화가 정보사회를 가져온 결정적인 계기로 보고 있다.

제2절 정보사회 불평등

1. 정보사회 명암

정보사회는 여러 가지 긍정적인 면을 가져다준다. 첫째, 국민들이 손쉽게 각종 정보를 공유할 수 있다. 인터넷만 들어가도 날씨, 교통, 환경, 고용, 교육 등 수많은 정보에 접근할 수 있다. 이러한 정보는 시간이 흐를수록 쌓여가면서 더 많은 정보 창고를 이루어가고 있다. 오늘날은 학생들이 수업과제에 필요한 정보도 인터넷으로 해결하는 시대가 되었다. 심지어 과제발표시간에 주제와 관련된 정보를 스마트폰에서 찾아 읽기도 한다. 초등학생, 중고등학생들도 인터넷에 궁금한 내용을 질문하여 많은 사람들에게 응답을 듣고, 그것을 활용하여 과제를 하는 시대가 되었다. 그만큼 정보는 노년층 일부를 제외하면 연령층과 상관없이 광범위하게 확산되고 있다.

2 카스텔의 정보도시(Informational City)에서는 정보 분야에서 나타난 소수의 새로운 전문 관리계층이 문화적으로 도시를 지배하는 주도권 계급이라고 한다. 정보도시는 정보경제의 부유한 엘리트와 그렇지 못한 하류계층으로 구분되며, 실례로 미국 LA 도시는 정보통신 기술 도입이 소득 및 정보격차를 더욱 심화시켰다고 한다. 정보화로 인해 고학력 정보 관련 산업 종사자와 저학력 단순 노동자와의 학력, 소득 격차가 심화되었다. 지역별로도 중산층 이상 거주지는 개발되어 지가가 상승하고, 빈민층 거주지는 소외되어 지가가 하락하는 등의 양극화가 진행되며, 이런 양극화는 사이버공간에서도 나타나 집단 간 정보격차가 확대되었다. 이로써 표면상으로는 한 도시에 살지만, 실제는 격차가 커져가는 서로 다른 세계에 살게 되고, 이를 카스텔은 '이중도시(dual city)'라고 설명하였다.

둘째, 정보의 확산은 가정과 조직, 국가 등의 민주화에 상당한 기여를 하고 있다. 과거 가정 내 문제점 중 하나가 가부장적인 남성의 독단이었는데, 정보사회로 말미암아 상당 부분 해소되었다. 성인 남자들의 만남이 거의 유일한 정보소통의 장이었던 과거에는 정보독점을 한 가장의 결정이 가장 합리적인 것으로 간주되어 그들 권위에 힘을 실어주었다. 그러나 정보사회로 말미암은 정보 확산은 가장만이 정보를 독점할 수 없게 되었고, 자연스럽게 가장의 권위도 많은 부분 상실되었다. 이는 곧 가정의 민주화와 여성의 권리 신장에도 영향을 주었다. 정보를 통한 여성의 인권과 일자리 탐색이 가능해진 결과였다.

정보사회는 조직 내 민주화에도 영향을 주었는데, 타 조직의 운영 상황과 자기가 속한 조직의 운영상황을 비교해 봄으로써 조직간 비민주성 정도를 알게 되었고, 나아가 조직운영의 민주화를 요구할 수 있게 되었다. 이런 점이 시간이 갈수록 부각되어 전체 조직의 민주적 운영에 많은 영향을 주게 되었다.

국가도 정보사회의 영향으로 민주적 운영이 강화되었다. 국가권력이 어떤 횡포를 자행하거나 비민주적인 결정을 할 때는 국민들이 정보교환을 통해 국가권력을 견제하기 시작하였다. 앞으로는 가정, 조직, 국가 할 것 없이 정보교환으로 인한 민주적 운영은 더욱 가속화할 것으로 예측된다.

셋째, 정보사회로 인해 각종 생산과정의 자동화, 공장자동화, 사무자동화 등을 통한 비용 대비 효율성이 증가하였다. 자동화를 통해 적은 비용투입으로 많은 업무와 생산을 하게 되고, 이는 비용절감을 가져오면서도 많은 생산을 하게 되어 상품가격 안정에도 도움을 주고 있다. 또한 절감된 비용을 다른 산업분야에 투입함으로써 새로운 고용을 창출하는 연쇄반응의 효과도 기대할 수 있다.

넷째, 장소적 개념을 탈피한 업무와 생산이 가능해지고 있다. 각종 정보기기의 발달로 정보의 확산 및 공유가 가속화되면서 원격교육, 원격진료, 원격 공동연구, 재택근무 등이 가능해지고 있다. 이는 특정 공간에 모여서 행하는 전통적인 학습이나 진료, 연구, 근무 등의 행태에 많은 변화를 가져올 뿐만 아니라 업무처리의 신속함도 기대할 수 있다. 가령 섬 지역에 사는 환자의 경우, 배를 타고 먼 육지에까지 와서 간단한 진료 받고 또다시 귀가하는 것은 매우 낭비적이다. 그러나 원격진료에 의해 치료를 받고 처방 받는다면 시간과 비용 등 여러 면에서 효과적이다. 이와 같이 정보사회는 장소적 개념을 탈피한 업무수행을 가능하도록 하며, 동시에 각종 편리함과 효율적인 업무수행을 앞당기고 있다.

다섯째, 정보사회는 시간적 활용영역을 넓혀주고 있다. 예를 들면 정보교환을 통해 물가 시세나 각종 생활정보 등을 알 수 있고, 홈쇼핑, 인터넷쇼핑 등을 통해 생필품을 구매할 수 있는데, 과거에는 이러한 부분에 많은 시간을 할당해야 했다. 그러나 정보사회 진행으로 말미암아 시간적 여유를 확보할 수 있으며, 남는 시간을 여가활동이나 타 분야에 투입할 수 있도록 도와준다. 이렇듯 정보사회는 시간적 활용영역을 확장해주고 있으며, 이는 향후에도 가속화될 것으로 보인다.

그러나 정보사회로 인한 부정적인 면도 존재하고 있다. 첫째, 지식재산권의 침해가 빈번해질 수 있다. 이것은 많은 노력을 하여 지식과 기술을 쌓은 사람에게 적지 않은 타격을 줄 수 있다.

그림 12-1 지식재산권 현황

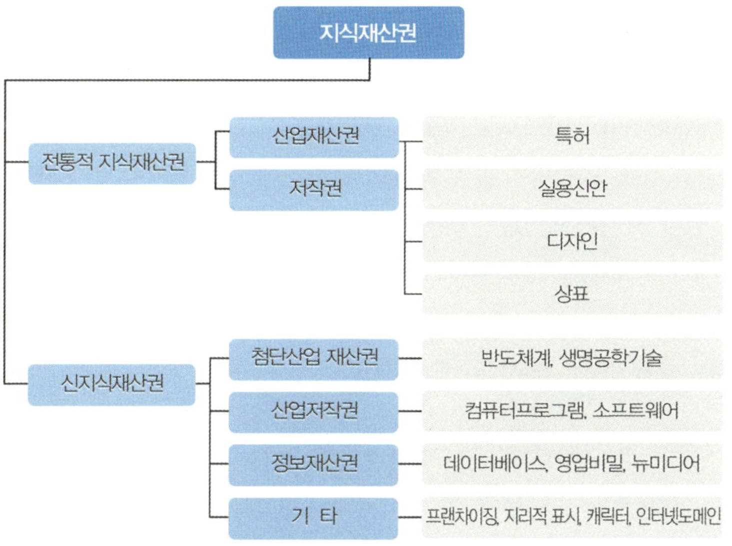

자료: 특허청, 2016.

지식재산권은 단순히 지식과 기술의 소유를 보호하는 것만이 아니라, 그동안 투입하였던 비용을 보전하기 위한 간접적인 비용보전 방식이다. 지적소유권을 보호해주어야만 그것을 활용하는 사람들에게 로열티를 받아, 개발에 투입된 비용을 보전하고 어느 정도 수익을 거둘 수 있게 한다. 각종 소프트웨어의 해적판이 헐값에 유통되어 정작 개발자는 아무런 소득 없이 몰락하는 일도 없지 않다. 이런 면에서 지식재산권 침해는 타인의 재산을 침해하는 것과 다를 바 없다고 할 수 있다.

둘째, 개인의 프라이버시 침해가 우려된다. 정보사회의 속성상, 정보의 유통과 확산이 매우 빠르기 때문에 누군가 악의적으로 타인의 신상정보나 비밀 사항을 유출시킨다면 사이버 공간은 범죄의 온상이 될 수 있다. 실제로 악의적인 유언비어를 유포하거나 비밀스런 사안을 유출하여 당사자가 자살하는 등의 사건은 생소한 일이 아니다. 따라서 개인의 프라이버시 침해와 범죄행위는 정보사회의 또 다른 어두운 면으로서 척결되어야 할 문제이다.

셋째, 생산자동화 등으로 인한 직업군이 축소되어 가고 있다. 이것은 일자리가 줄어드는 부정적인 영향을 의미하는데, 줄어드는 일자리만큼 다른 분야에서 일자리를 창출하는 것이 시급하다. 가령 생산 공장의 자동화로 일자리가 줄어든 부분을 스마트폰의 판매와 수리 등의 분야에서 일자리를 확충하는 식의 해법이 필요하다.

넷째, 정보사회는 서비스업 신장을 가져오기 때문에, 과거 제조업 분야와 같은 평생직장 개념이 많이 약화되고 있다. 정보사회는 변화속도가 빠르고 일자리가 요구하는 기술과 능력도 다양하게 변화하므로 한곳에 붙박이처럼 근무하는 고정된 직장 개념은 점차 사라지고 있는 상황이다. 그만큼 정보사회 환경변화에 유연하게 대처하는 자세가 요구되는 상황이다.

2. 정보사회 불평등 문제

정보사회는 정보의 공유로 인해 불평등이 없어질 것으로 기대하였지만, 실제는 산업사회와 마찬가지로 또 다른 형태의 불평등이 발생하고 있다. 먼저 정보 활용을 위해서는 정보기기를 구입해야 하고, 정보 이용료를 지불해야 하며, 보다 차원 높은 정보기술 활용지식의 습득 비용도 소요된다. 이렇듯 적지 않은 비용과 시간이 소요되는데도 당연한 비용으로 생각하는 것이 일반적이다. 그러나 경제적으로 하위계층에 속한 사람들은 정보와 정보미디어를 활용할 기회가 줄어들고, 반대로 상위계층은 정보와 관련된 미디어를 획득하고 활용할 기회가 더 많아진다. 문제는 이런 기회가 정보를 가진 사람과 그렇지 못한 사람 간의 격차가 발생한다는 점이다. 정보로 인한 계층 간의 불평등은 곧바로 부와 지식의 차이를 가져올 개연성이 높다.

미국 상무부의 발표에 의하면, 연 소득 75,000달러 이상의 고소득자들은 최하위 소득자들에 비해 20배가 넘는 인터넷사용량을 보였고, 컴퓨터의 경우에도 9배 이상 사용량이 많았다. 이것은 미국 내 고소득자가 많은 백인과 저소득자가 많은 흑인 및 소수인종간의 정보격차가 크다는 것을 보여주고 있다.[3] 정보사회의 발전이 사회 전반적으로 물질적 혜택을 가져다주었지만, 정보기술의 획득과 정보이용 기회의 불평등으로 인해 사회계층 간의 불평등이 심화되고 있음을 반증하는 것이다. 이것은 정보사회에서 나타난 새로운 형태의 정보격차문제이며, 나아가 빈부격차와 직결되는 중대한 문제이다.

정보사회의 불평등은 자산축적에도 영향을 미치고 있다. 단순히 인터넷 정보바다를 서핑한다 해서 정보를 똑같이 활용한다고 볼 수 없다. 어떤 사람은 떠다니는 정보를 자기 것으로 소화시켜 새로운 아이디어를 얻고 이를 기초로 부를 축적한다. 예를 들면, 인터넷에 떠도는 정보 중에 어느 지역이 개발될 것이라는 단서를 포착하여, 그 지역에 미리 토지를 사들여서 개발 후 또는 개발확정 뉴스 후에 되파는 수법으로 거액의 돈을 벌기도 한다. 어떤 사람은 정보를 활용하여 신제품을 만들어 많은 돈을 벌기도 한다. 이와 같이 정보사회는 정보를 활용하여 부를 축적한 사람과 그렇지 못한 사람 간의 계급차이를 가져오기도 한다. 다만 정당한 방법으로 정보를 획득했느냐, 아니면 땅 투기 차원의 비도덕적인 방법으로 정보를 획득했느냐의 법적, 윤리적 문제는 남게 된다.

어쨌든 정보사회로 인한 정보 평등화가 완전히 정착하기도 전에 정보를 활용한 사회계층 간의 불평등과 자산격차문제는 정보사회의 변혁에서 해법을 찾아야 할 것이다. 즉, 정보 부유층과 정보 빈곤층이 새로운 형태의 사회계층을 형성하는 것을 방지하기 위해서는 정보의 보편적 접근기회를 대폭 강화할 필요가 있다. 예를 들면, 각종 학교와 평생교육기관, 원격교육기관 등 다양한 교육방식을 통해 정보화교육을 제도적으로 시행하여 정보의 접근기회를 확충하고, 궁극적으로 학력이나 소득에 의한 정보격차를 해소하도록 국가 차원의 노력이 요구된다.

3 미국 상무부, Falling Through the net: Defining the Digital Divide 참조.

3. 정보사회와 민주성

1) 정보사회의 비민주성

오웰(G. Orwell)이 쓴 소설 '1984년'이라는 책에 나오는 '빅 브라더(Big Brother)'는 정보망을 독점하고 국민을 감시 통제하는 절대군주를 비유하고 있다. 정보사회는 정보를 독점한 소수권력층이 정보로부터 소외당한 대다수 국민을 지배하는 새로운 형태의 독재국가가 형성되는 위험성이 있다. 이것은 단지 개인의 프라이버시 침해뿐만 아니라 광범위하게 전 국민을 감시하고 통제하면서 결과적으로 정치적, 윤리적 후퇴를 가져올 것이 분명하다. 그런데도 일부 기관에서는 여전히 정보사회의 불완전함을 파고들어 비민주적인 행태를 자행하고 있다. 오늘날 대부분의 사람들은 자신도 모르는 사이에 수많은 외부기관에 의해 자신의 정보가 훤히 노출되고 있다. 공공기관은 물론, 의료기관, 교육기관, 금융기관 등 수많은 기관의 데이터 수집에서 개인의 프라이버시 침해와 감시가 가능한 상황인 것이다.

정보기술이 활성화된 초창기는 오히려 정보기술이 개인 인권을 보호할 것이라는 믿음도 있었다. 가령 비디오카메라가 출시될 당시 인권운동가들은 소형비디오카메라가 인권유린 현장을 감시할 수 있기 때문에 인권보호가 강화될 것이라고 여긴 것이다. 물론 소형 비디오카메라를 이용하여 인권유린 현장을 감시할 수 있었다. 그러나 이보다 더 심각하게 인권을 침해할 수도 있다는 문제가 발생하였다. 공공기관, 은행, 건물, 상가, 길거리 등 수많은 곳에서 폐쇄회로 티비(CCTV)녹화를 통해 일거수일투족을 감시하고 있다. 이것은 범죄건수를 줄이고 치안을 강화하기 위한 목적이지만, 다른 한편으로는 국가권력기관이나 불량한 사람이 마음만 먹으면 언제든지 국민을 대상으로 불법적인 감시, 감청, 통제를 할 수 있다. 실제로 국가정보기관이 많은 수의 공무원이나 정치인, 민간인을 대상으로 불법적인 도청을 한 사례는 여러 국가에서 발생하였다. 이것은 권력기관이 정보기술을 악용하여 언제든지 국민 개인을 옥죌 수 있는 무기를 갖고 있다는 반증이며, 사회 민주성에 역행하는 위험요소라고 할 수 있다.

개인 간의 비민주적인 행태도 문제이다. 개인의 정보활용 능력이 진화되면서 타인의 정보를 빼내어 상대방을 압박하고 곤경에 빠뜨리는 사이버 폭력이 자행되고 있다. 사이버 폭력으로 인해 심지어 자살하는 등 후유증이 심각할 정도이다. 이것은 개인 간에도 얼마든지 사이버 공간의 인권침해가 가능하다는 것을 보여주고 있다. 국가와 국민 사이의 정보폭력뿐만 아니라 개인 간의 정보폭력 문제도 점차 심해지는 상황이다. 따라서 정보사회의 민주성 확보를 위한 차원의 강력한 법적, 제도적 장치가 시급하다고 할 수 있다.

2) 정보사회와 민주성 확보

정보사회가 여러 가지 편리함과 사회발전에 큰 영향을 준 것은 틀림없다. 그러나 그에 못지않게 부작용도 만만치 않은 것이 현실이다. 특히 정보기술의 독점으로 인한 국민감시나 개인 인권침해 등은 정보사회의 비민주성을 심화시키는 요인이 되고 있다. 따라서 정보사회의 민주성 확보를 위해서는, 첫째, 국가부터 각종 정책결정과 집행이 투명해져야 한다. 그 이유는 국가의 정책결정과정이 투명해지고 그에 따른 국민의 자유로운 토론과 비판이 보장되면 국가권력의 신뢰성과 국민을 진정으로 보호한다는 믿음을 주기 때문이다. 이런 본보기는 국민 개개인으로 하여금 타인에 대한 사생활 침해나 사이버 폭력 등이 그릇되고 자신의 인격에 손상이 간다는 자각의식을 일깨워준다. 윗물이 맑으면 아랫물이 맑다는 논리와 비슷한 상황이 되는 것이다.

둘째, 많은 사람들이 차별 없이 정보교육에 접근하고 습득할 수 있는 기회가 보장되어야 한다. 이를 위해서는 정규과정의 학교 교육뿐만이 아니라 비정규과정의 평생교육 등이 지속적으로 실시되어야 한다. 이것은 연령별, 학력별, 성별, 재산의 계층별 차이를 극복하고 정보접근의 보편화를 가능하게 만들 수 있다.

셋째, 정보기술로 인한 사생활 침해예방을 위해 법률적 보호강화가 필요하다. 법적인 보호는 만인에게 평등한 적용을 받아야 하며, 특히 정보기술에 의한 개인 인권침해는 더욱 그렇다. 가령 연예인과 같은 직업을 가진 사람은 직업의 속성상, 대중에게 개인 생활의 침해를 어느 정도 받아도 된다는 사고가 만연되어 있다. 이런 사고방식 자체가 문제 있음은 물론이고, 어떤 특정 직업군이라고 해서 사생활 침해를 받아도 된다는 분위기도 문제이다. 개인의 인권보호를 위한 법 적용은 동등해야 한다는 이유는 바로 이런 점 때문이다.

넷째, 정보기술의 발달로 사람들의 직접적인 정치참여가 확대되어야 한다. 이것은 정보독점으로 독재와 다름없는 국민감시나 통제를 하는 문제점을 극복할 수 있으며, 대의민주주의제도의 간접정치의 미비점을 보완할 수 있다. 사람들은 사이버 공간상에서 자유롭게 토론하고 수평적인 네트워크를 형성함으로써 자신을 타인에게 비추어보며 자각능력을 키워나갈 수 있다. 자각능력의 향상과 함께 사회민주주의의 길이 무엇인가를 깨우칠 수 있으며, 나아가 정보사회에서 민주성을 확보할 수 있는 요체가 될 수 있다.

제3절 정보사회 기능과 역기능

1. 정보사회 기능

정보사회의 긍정적인 면을 토대로 구체적인 분야별 순기능을 살펴보면 다음과 같다.

1) 정치적 측면

정보사회는 특정 정치적 이슈에 대한 의미를 해석하고 평가하는 데 유용한 역할을 한다. 과거 정보사회가 발달하지 못할 때는 어떤 정치적 사건이나 이슈가 국가권력이나 그에 동조하는 언론기관이 해석하는 대로 수용해야 했다. 국민의 비판기능은 저하되고 마땅한 의견개진의 창구도 없었다. 그러나 정보사회에서 각종 미디어를 통한 상세한 정치적 사건의 분석과 평가를 접하면서 국민은 객관적인 판단능력 향상과 함께 정치적 의미를 실체적으로 접근할 수 있다. 예를 들면 어떤 선거를 행하기 전 각종 미디어의 보도와 평가를 참고로 투표할 수 있으며, 투표 후에도 결과에 대한 의미와 민심 의미 등을 정확히 파악할 수 있어, 추후 정치동향을 예측 가능하게 해준다.

2) 경제적 측면

대중매체 산업의 발달로 일자리 증가와 고용확대가 가능하다. 일상생활에 쉽게 접할 수 있는 TV, 라디오, 신문, 케이블 TV, 컴퓨터 회사, 인터넷 관리회사, 핸드폰 제조 및 관리 등 수많은 정보관련 업체를 통해 직접적인 고용확대가 이루어지고 있다. 이뿐만 아니라 배우, 탤런트, 가수, 연예 기획사, 핸드폰 판매 등 간접적인 고용확대도 이루어지고 있다. 이런 것은 정보사회의 특징이며 파급효과이다.

정보사회는 파생 경제효과와 기업의 브랜드가치를 높여준다. 예를 들면, 2016년 3월 영국의 브랜드가치 평가기관인 브랜드 파이낸스가 발표한 '2016년 글로벌 500'에 보면 세계 10대 브랜드 가치 순위 중, 정보매체 관련 회사가 상당수 포진되어 있다.[4] 이것으로 볼 때, 정보기술과 관련된 경제활동은 많은 파급효과와 브랜드 가치를 제고시켜 준다는 것을 알 수 있다. 나아가 연관 산업 효과가 크기 때문에 고용확대에도 도움을 줄 것으로 기대되고 있다.

3) 문화적 측면

정보매체는 사람들에게 정신적 휴식과 오락기능을 제공하고 이로 인한 재충전의 기회를 제공해 준다. 정신적인 재충전은 대부분 미디어의 문화 창출에서 이루어진다. 즉, 한류와 같은 연예산업 분야에서 새로운 문화가 시작되고, 사람들은 그에 열광하며 정신적 휴식을 취한다. 이 과정에서 대중문화의 활성화는 국제적으로도 확산되는 파급력을 가져온다. 이것은 대중매체가 이와 같은 새로운 대중문화를 창조하거나 전달하는 문화리더의 기능을 수행하기 때문이다.

한류 열풍도 대중매체의 발달로 시작되었고 국제적으로 확산되어, 이로 인한 국가 이미지 제고뿐만 아니라 경제적인 다른 상품의 수출 증대 효과도 가져왔다. 아울러 한국을 찾는 외국 관광객 증가로 관광산업에 큰 기여를 하는 등 다양한 측면에서 부가가치를 증대시켰다. 이것은 문화적 측면의 활성화가 결코 문화범주로 그치지 않고, 경제 등 다른 분야에도 긍정적인 효과를 가져온다는 사실을 보여주고 있다.

4) 환경 및 안보적 측면

정보기술 발달은 환경면에도 긍정적인 효과를 가져온다. 어떤 자연재해가 예상될 때, 이를 신속히 공개하여 재해예방을 가능하게 한다. 또한 그릇된 의식으로 불

4 2016년 3월 영국 브랜드가치 평가기관인 브랜드 파이낸스가 발표한 2015년도 세계 10대 브랜드가치 기업 순위는, 애플, 구글, 삼성, 아마존닷컴, 버라이즌, AT&T, 월마트, 차이나모바일, 웰스파고 순으로 나타났다.

량식품을 제조하는 회사를 추적, 고발하여 국민 먹거리 안전성을 확보할 수 있다. 이 외에도 각종 유해 환경물질 배출실태를 고발하여 쾌적한 자연환경을 유지하도록 하는 등 다양한 환경보호의 역할을 수행하기도 한다.

안보적 측면에서도 정보기술 발달의 효과가 지대하다. 각종 첨단 장비를 활용하여 적국의 도발징후를 포착하여 사전 대비할 수 있도록 도와준다. 날로 첨단화된 정보기술은 북한의 핵실험 징후 포착이나 각종 국지전 도발 징후 등을 사전에 포착하여 대비할 수 있도록 하고 있다.

5) 사회유산적 측면

사회유산이라 함은 사회의 가치규범 또는 사회가 보유하고 있는 각종 정보를 의미한다. 이는 사회를 지탱하는 정신적 가치이며 사회구성원들을 하나로 묶는 연결체이기도 하다. 그런 의미에서 사회유산의 보전과 전달은 중요한 의식이다. 여기에는 끊임없는 미디어를 통한 홍보와 교육, 각종 자료 보관 등에 첨단 정보기술이 동원된다. 이와 같이 정보기술은 사회유산을 한 세대에서 다음 세대로 전수하는 기능을 수행하면서 사회유지에 도움을 주고 있다.

오늘날은 해외 이민자나 다문화 가정 등 새로운 사회구성원들이 증가하는 상황이다. 이 때 각종 정보기술을 동원하여 사회의 각종 가치규범과 정보를 학습시켜주는 기능은 사회를 하나의 공동체로 만들어주는 역할을 한다. 그럼으로써 기존의 사회구성원과 새로운 사회 구성원을 빠른 시일 내에 하나로 엮는 공동체 형성이 가능하다.

6) 사회적 측면

우리가 때때로 접하는 사회문제 고발 영화나 다큐멘터리 방송 등은 사회문제 실상을 알려줌과 동시에 사회를 부분적으로 개선시키는 촉매제 역할을 한다.[5] 이런 것은 일시적으로 잠깐 동안 사회를 개조하는 역할을 하거나 장기적으로 개조하는 역할을 하기도 한다. 일시적이든 장기적이든 결국 사회개선을 향한 긍정적인 면은

5 2011년 상영되었던 영화 '도가니'는 지방의 한 청각장애인학교에서 실제 일어난 사건을 소재로 한 영화이다. 2000년부터 4년간 청각장애아를 상대로 교장과 교사들이 비인간적인 성폭력과 학대를 자행하였다. 소설과 영화로 제작하여 사건의 전말이 세상에 알려지자 사회적 충격도 적지 않았다. 영화 상영 후, 다소나마 장애아동의 현실에 대한 사회적 관심을 갖는 계기가 되었다.

인정해야 한다. 또한 이러한 촉매제가 다양하고 자주 나올수록 사회개선에 대한 긍정적 영향은 확대될 것이다.

한편 정보기술의 발달은 공간을 초월하여 사회적 소통을 통한 협력이 가능하도록 만들어준다. 실제로 한 커뮤니티 유저가 백혈병에 걸린 어린이 상황을 인터넷에 올리자, 어린이의 상황이 트위터와 페이스북 등 SNS를 통해 확산되었고, 수많은 사람들의 격려와 헌혈증이 전달되는 사례도 있다. 이와 같이 지역이나 문화, 인종을 가리지 않고 상호 소통할 수 있는 것은 정보기술의 영향이 아닐 수 없다.

2. 정보사회 역기능

1) 편향된 정보 습득

정보사회는 미디어의 다매체, 다채널이 특징이며 엄청난 양의 정보가 쏟아져 나온다. 얼핏 보기에는 정보의 홍수가 개인의 정보욕구를 충족시켜 주는 역할을 하는 것처럼 보이지만, 자칫 정보의 홍수 속에 매몰될 수 있다. 개인은 수많은 정보를 영리하게 활용하는 수단으로 자신이 관심 있는 분야만을 받아들인다. 그런데 이런 태도가 시간이 흐를수록 편향된 정보만을 수요하고 축적함으로써 균형화된 사고가 어려워질 수 있다. 왜냐하면 자신이 갖고 있는 지식과 정보를 바탕으로 외적인 상황을 판단하기 때문에 객관적인 시각을 확보하기가 어렵다. 우리가 흔히 말하는 고집이라는 것도 자기 자신의 주관성이 강한 편향된 사고가 원인일 때가 많다. 이러한 개인의 편향성은 나아가 사회를 분열시킬 수도 있으며, 자신도 모르게 가치관이 왜곡될 수도 있다. 편식이 우리 몸에 불균형적인 발달을 가져오는 것처럼, 정보의 편식도 개인과 사회의 불균형을 초래할 수 있다.

이뿐만 아니라 과다정보로 인한 스트레스가 증가하여 자신의 위치감각에 혼란을 가져올 수 있다. 가령 상대적으로 자신이 타인보다 뒤처져 있다는 강박관념으로 괴로워하는 경우도 있으며, 나아가 스스로 자괴감에 빠져 도태되거나 질병마저 얻게 되는 등 심각한 후유증을 유발할 수 있다.

2) 사회의 획일화

개인은 대중매체에 항상 노출되어 있으므로, 자신의 주관보다는 매체에서 강조하는 내용에 도취되어 개성을 잃어버릴 수 있다. 이보다 더 심각한 것은 대중매체가 특정 권력그룹이나 기관, 정부의 의도대로 이용당할 경우, 이러한 현상은 더욱 심화된다는 점이다. 권력기관의 구미에 맞는 대중을 양산하게 되는 것이다.

3) 정보기기 중독과 범죄문제

인터넷이나 스마트폰이 대중화된 이후, 연령 구분 없이 중독증세가 증가하고 있다. 하루 평균 5시간 이상 사용하면 중독증세로 보는데, 중장년층의 중독비율이 날로 증가하고 있다.

2016년 미래창조과학부가 조사한 스마트폰, 인터넷 중독실태조사에 의하면, 한국인 가운데 성인 63만 명이 스마트폰 중독 고위험군이고, 335만여 명이 잠재적 위험군으로 분류되고 있다. 이 중 40대 사용자가 10.7%, 50대가 5.3%로 나타났다. 이들은 하루 평균 5시간 이상 스마트폰을 사용한다. 청소년층의 중독현상이 성인층으로 확산되고 있는 추세이다(〈표 12-1〉).

표 12-1 연령별 스마트폰 과다 의존 위험 실태

	고위험 사용자군	잠재적 위험 사용자군
3세~9세	1.7	10.7
10대	4.0	27.6
20대	3.9	20.3
30대	2.3	12.2
40대	1.6	9.1
50대	0.9	4.4

자료: 미래창조과학부, 스마트폰, 인터넷 중독 실태조사, 2016.

그런데 정보기기에 대한 중독이 지나치면 자신의 정체성은 약화되고 게임이나 가상세계에 매몰되고 만다. 이는 자칫 현실세계와 가상세계를 구별하지 못하고 혼돈의 삶을 살 수 있다. 그 결과 적지 않은 사람들이 컴퓨터오락이나 게임을 통해 폭력물이나 음란물에 쉽게 노출되어 범죄로까지 이어지는 경우가 적지 않다. 실제로 게임중독에 빠져 아버지가 딸을 2년 동안 집에 가둔 채 학대하고 세탁실에 감금하

여 학대한 범죄도 있었으며, 이와 유사한 사례도 이어져 왔다. 이것은 사이버 공간이 현실공간으로 이어져 폭력이나 협박 등의 범죄가 사회문제화되고 있음을 반증하고 있는 것이다.

청소년기의 중독은 더 심각한 문제를 일으킬 수 있다. 청소년들의 경우, 정체성이 완전히 확립되지 못한 상태에서 게임 등 정보기기의 선정성, 폭력성에 노출되면 내면의 정체성이 왜곡되어질 수 있다. 나아가 현실과 사이버세계의 구분을 못하고 자기중심의 세계로 고립되어질 수 있으며 사회화도 왜곡되어지며 장차 대인관계에도 문제가 발생할 수 있다. 여기에 정보매체의 무분별한 남용으로 사고하는 시간이 짧아지고 뇌의 활동이 적어짐으로써 뇌 기능이 저하될 수 있다는 문제점이 있다. 실제로 인터넷 중독 학생들의 경우, 인지기능이 나빠지고 일상생활 적응력이 떨어지는 사례가 적지 않다. 2015년 한국정보화진흥원 조사에 의하면, 초등학생 2.1%, 중학생 2.1%, 고등학생 4.1%, 대학생 2.0%가 일상생활에 장애를 줄 정도로 인터넷 중독 고위험군에 속한다고 한다. 이러한 청소년들이 증가할수록 개인 차원을 넘어서 사회적인 문제로 비화될 것은 자명한 일이다.

4) 인간관계 신뢰감 약화

오늘날 정보사회는 소통의 도구가 매우 다양하고 많아졌다. 그런데도 인간관계의 신뢰성은 점차 떨어지고 있다. 참으로 아이러니한 일이 아닐 수 없다. 갈수록 팍팍해져가는 삶에 지쳐서인지 사람들의 뇌리 속에는 믿을 사람이 없다고 되새기고 있다. 스마트폰 메신저, 소셜네트워크서비스(SNS) 등 새로운 소통 수단도 '나'와 '너'의 거리를 좁혀주지 못하고 있다.

한국행정연구원이 2015년 12월 발표한 사회통합실태조사에 따르면, '낯선 사람을 신뢰하느냐?'는 질문에 13.3%만 '신뢰한다'고 답했으며, '전혀 믿을 수 없다'(33.5%) '별로 믿을 수 없다'(53.2%)는 응답이 무려 86.7%에 달했다. 10명 중 9명은 낯선 사람을 신뢰하지 않고 있다는 것이다. 비단 낯선 사람뿐만 아니다. 아는 사람도 불신의 대상이 되고 있다. 직장에서 상사의 지시가 자주 바뀐다는 이유로 부하 직원이 통화 내용을 자동 녹음하거나 스마트폰에 녹음하는 앱을 깔아 놓기도 한다. 직장 동료는 믿을 만한 사람이 아니라 같은 직장에 다니는 사람일 뿐이라는 생각도 적지 않다.

이런 불신 현상은 연인이나 가족에도 예외가 아니다. 연인끼리 하루에 몇 번씩 스마트폰을 꺼내어 커플 앱을 뒤적거리기도 한다. 연인의 위치를 실시간으로 알아야 안심을 하고 전화통화 내역도 확인해야 직성이 풀린다. 그만큼 상호간 의심을 지울 수 없는 것이다. 부모·자식 간에도 불신은 존재하고 있다. 음란물이나 게임에 빠져 학업을 소홀히 할까봐 실시간으로 자녀의 게임시간 제한과 함께 무엇을 하고 있는지를 파악할 수 있도록 앱을 설치하기도 한다. 신뢰보다 감시가 더 나은 학업 성적을 가져다준다는 믿음의 결과이다.

소위 'IT시대의 그늘'이라고 지칭하는 정보사회의 부정적인 면을 어떻게 해석해야 할까. 다양한 커뮤니케이션 수단의 발달이 오히려 '불신사회'를 부추긴다는 역설이 통하는 사회가 되고 있다. 스마트폰과 같은 실시간 소통할 수 있는 장치가 오히려 언제 어디서나 만나는 그 순간까지도 약속을 깨뜨릴 수 있을 것이라는 불신을 주고 있다. 다시 말해 상대방이 약속한 대로 움직이지 않을 것이란 불신이 증가하면서 누구도 신뢰하지 못하는 상황이 된 것이다. 여기에 스마트폰 등 통신기기의 발달로 과거보다 훨씬 용이하게 상대를 통제할 수 있게 된 것도 문제이다. 즉, 신뢰를 얻기 위해 소통하는 대신 감시나 통제로 인간관계를 몰아가려는 경향이 문제이다. 이러다 보니 오늘날 정보사회의 인간관계는 깊은 관계보다 피상적인 관계가 늘어나고 있다. 이러한 사회적 분위기에서는 녹음, 감시, 차단 등이 활개를 치며, 상호 불신의 태도를 아무렇지 않게 드러내는 상황이 되고 있다.

5) 세대 간 삶의 방식 격차

정보사회에서 청소년들과 기성세대 간의 생활방식은 날이 갈수록 격차를 보이고 있다. 예를 들면 스마트폰 세상에서 청소년들은 일단 뭐든 시도해 본다. 종이로 된 사용설명서 같은 것은 처음부터 읽지 않는다. 사용설명서를 읽는 중에 재미있는 것을 놓칠 수도 있기 때문이다. 청소년들은 먼저 선택하고 경험하며 감성적 결정을 한 다음 이성적으로 최종 정리한다.

최근 창업자들로부터 주목받는 린 스타트업(lean startup)[6]도 이 삶의 규칙을 반

6 아이디어를 바탕으로 빠르게 최소기능제품을 만든 다음 고객 반응을 얻어 제품을 발전시키는 경영 방법. 즉, '만들기-측정-학습'의 반복을 통해 낭비를 줄이고 효율성을 극대화하는 방식이다. 자료: 다음 백과사전.

영한 창업 프로세스이다. 이에 의하면 시장 조사→사업계획서 검토→제품 출하라는 기존 세대 방식이 통용되지 않는다. 그 대신 아이디어를 바로 출시제품에 적용해 시장에 내어 놓고 그로스 해킹(Growth Hacking) 방법[7]을 동원한다. 그로스 해킹이란 먼저 데이터 분석을 통해 사업 초기부터 오류를 수정하며 마케팅하는 방식을 말한다. 이런 방식으로 생산제품을 개선해 나가는 것이다. 정보사회 변화로 인한 창업방식의 변화이며, 이에 따라 삶의 규칙도 바뀌어 가고 있다.

그렇지만 여전히 기성세대는 종이로 된 사용설명서를 선호한다. 행동이나 경험보다 합리적 의사결정을 앞세우기 때문이다. 그러면서 이 방식을 옳다고 여긴다. 그러나 정보사회가 심화될수록 청소년들의 사고방식과 삶의 태도가 적응력이 높아져 가고 있다. 그것은 정보사회가 변화의 속도를 주문하고 있고, 이에 청소년들의 대응속도가 기성세대보다 빠르기 때문이다. 물론 여전히 기성세대의 방식이 통용되고 있는 분야도 존재하고 있음을 인정해야 하지만, 점차 청소년들과 기성세대의 사고와 삶의 방식의 격차는 심화되고 있다.

3. 정보사회의 긍정적 활용

한국인의 삶에 관한 사회조사에 의하면, 여가시간 활용을 TV 및 DVD 등 시청으로 보내는 경우가 59.9%로 가장 많았으며, 게임은 14.3%를 차지하였다.[8] 이것은 휴식 37.5%, 가사일 28.2%, 사교 관련 활동 20.9%, 종교 활동 13.1%, 여행 12.1%보다 정보매체 활용시간이 훨씬 높게 나타나고 있다.

이로써 정보매체가 일상생활에 중요하고 많은 부분을 차지하는 것을 알 수 있다. 따라서 정보매체 활용을 긍정적인 삶의 에너지원으로 활용하는 지혜가 필요하다. 다만 정보매체 활용을 통한 사이버 범죄나 폭력에 대한 법적 조치 강화가 있어야 하며, 다양한 캠페인 활동을 통해 건전한 정보기기 활용과 각종 부정적인 사이트에 대한 필터링 검색시스템 강화 등이 있어야 한다.

7 그로스 해킹은 전통적인 마케팅 방법과는 다르게 사업 초기부터 철저한 데이터 분석을 통해 효과적으로 제품을 홍보하는 것이다. 예를 들면, 이메일의 끝부분에 "아이폰에서 보낸 메시지 입니다"라는 문구를 사용하여 이메일을 통해 수신자들에게 아이폰을 홍보하는 효과를 거둘 수 있다. 이와 같이 적은 예산으로 효율적인 성과를 내는 방법을 그로스 해킹이라 하며, 주로 대규모 자금이 필요한 기존의 마케팅 방식을 사용할 수 없는 스타트업 업계 위주로 이루어지고 있다. 자료: 매일경제, 매경닷컴.

8 통계청, 사회조사, 2013.

이와 함께 노년층에 정보 기술 활용을 위한 교육 및 시설 투자 등 제도적 방안을 통해 세대 간 정보 격차를 줄여야 하며, 인터넷 중독 등을 막기 위한 시설 및 연구개발에 투자하여 효율적인 중독 예방 대책을 강구해야 한다. 또한 선거철에 악성 댓글이나 유언비어를 담은 인터넷 사용은 정치적 중립과 민주적 선거를 해치는 요인이므로 이에 대한 사전적 단속과 계도도 필요하다. 결국 자유로운 개인들의 토론의 장이며, 각종 정보의 탐색과 이용, 건전한 정보기기 활용 등이 전제될 때, 정보사회는 우리 삶을 더욱 풍요롭게 만들어 줄 것이다.

제13장 SOCIOLOGY

인공지능과 인간

13 인공지능과 인간

제1절 인공지능 의의

2016년 3월 9일, 전 세계의 이목이 서울의 한 호텔에 집중하였다. 다름 아닌 구글 딥마인드에서 제작한 컴퓨터 바둑프로그램인 알파고(alphago)와 세계 바둑 최고수로 알려진 한국의 이세돌 9단과의 대결이 펼쳐진 것이었다. 알파고는 바둑에 관한 인공지능프로그램으로서 기계의 지능이 과연 인간의 지능을 이길 수 있을까 하는 궁금증과 함께 세계의 관심을 끈 대결이었다. 한마디로 기계와 인간의 빅매치였다. 대결에 앞서 대부분의 사람들은 인간대표인 이세돌 9단이 무난하게 이길 것으로 전망하였다.

그러나 인공지능과 인간지능, 즉, 기계와 인간의 대결은 총 다섯 판 대결에서 4:1 스코어로 기계의 승리였다. 무한한 경우의 수가 펼쳐지는 바둑만큼은 연산기능을 갖고 있는 인공지능도 어쩔 수 없을 것이라는 예측이 완전히 빗나갔다. 더욱 놀라운 것은 인공지능이 단순한 수리적 연산만이 아니라, 돌발 상황에 대해 생각하며 문제를 해결한다는 점이었다. 인간보다 냉철한 감성으로 바둑판을 들여다보며 스스로 생각하고 창조하는 수를 둔 것이었다. 그동안 인간만이 생각할 줄 알고 문제해결을 하는 유일한 존재라는 관념이 무너지면서, 인류는 충격에 휩싸였다.

사람들은 인공지능이 인간지능을 이긴 대결을 보고서, 앞으로 인류의 재앙이 시작되었다고 우려하였다. 반대로 인류의 편리함과 풍요로움이 배가될 것이라고 주장하는 사람들도 나타났다. 재앙이든 축복이든 인공지능은 현대사회와 미래사회에 커다란 변동을 몰고 올 메가톤급 혁명이라고 할 수 있다. 여기서는 인공지능의 등장과 함께 인류의 현재와 미래에 어떤 사회변동이 닥칠 것이며, 그에 따른 문제점과 해결책을 살펴보도록 한다.

1. 인공지능 의미

인공지능(Artificial Intelligence)[1]이란, 판단, 추론, 학습, 적응 등 인간지능이 갖고 있는 기능을 갖춘 컴퓨터 시스템이다. 즉, 인공지능은 사고나 학습 등 인간이 갖고 있는 지적 능력을 컴퓨터를 통해 구현하는 기술이다. 로봇을 인간에 비유한다면 인공지능은 로봇[2]의 두뇌와 같은 역할을 하는 것이다. 인공지능 컴퓨터시스템은 전문가 시스템, 자연언어의 이해, 음성 번역, 로봇공학, 인공 시각, 문제 해결, 학습과 지식 획득, 인지과학 등에 응용할 수 있다. 다시 말해, 인공지능은 지능적 기계, 특히 지능적 컴퓨터 프로그램을 만드는 과학과 공학으로서, 인간지능을 이해하는 작업들과 관련되어 있으며, 생물학적인 방법에만 국한되지 않고 광범위하게 연관되어 있다.

인공지능에 의한 산업발전 및 파급효과는 제조업, 서비스업 등 다양한 분야에 망라되어 있다. 운전자가 없어도 자율주행할 수 있는 자동차를 비롯하여 지능형 로봇이 우리 상품 제조뿐만 아니라 일상생활에도 파고들 것으로 보인다. 서비스업에서는 의료기술의 혁신을 가져와서 사람이 아닌 로봇이 정교하고 어려운 수술도 할

1 인공지능이란 용어는 1956년 미국 다트머스대학에서 열린 학회에서 존 매카시 교수가 처음으로 사용하였다.

2 인공지능과 그동안 알고 있던 로봇과는 다른 것인가? 하는 의문점이 생긴다. 우선 인공지능은 스스로 상황을 파악하고, 정보를 모으고, 그 정보를 판단하고, 행동할 수 있다. 한마디로 스스로 판단하고 행동할 수 있다는 점에서 인간과 별반 차이가 없다. 이와 다르게 인공지능 없는 로봇은 인간이 저장한 프로그램에 의해 행동하고, 때로는 기억장치를 활용하여 행동하기도 한다. 결국 인공지능은 인간이 어떤 문제를 주면 스스로 해결방안을 찾고 행동하는 것이고, 로봇은 주어진 문제를 저장된 데이터 안에서 해결하려는 것이다. 지금까지 로봇은 인간이 저장한 정보 안에서 움직이니까 통제할 수 있는데, 인공지능은 스스로 생각하고 행동하니까 인간의 통제를 벗어날 위험성이 있다.

그림 13-1 인공지능(AI) 산업의 발전기반 및 파급효과

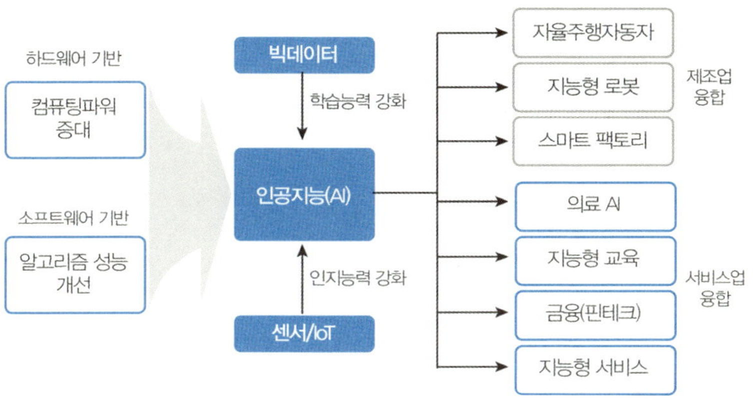

수 있는 시대가 올 것으로 전망되며, 교육 분야, 금융 분야 혁신도 가능할 것이다. 벌써부터 주식투자를 인공지능이 하는 시대가 되고 있으며, 수익률도 전문가보다 결코 뒤지지 않을 정도이다. 이와 같이 인공지능은 산업과 일상생활 전반에 많은 파급효과를 가져올 것이다.

인공지능에 대한 연구는 지능적 기계, 특히, 지능적 컴퓨터 프로그램을 만드는 과학과 공학을 말한다.[3] 컴퓨터를 사용해서 인간지능을 이해하는 작업들과 관련되어 있으며, 생물학적인 방법을 뛰어넘어 광범위하게 연관되고 있다.

한편, 인공지능의 구조는 컴퓨터를 기반으로 하여 양자컴퓨터 속에서 심화신경학습알고리즘을 기반으로, 스스로 학습하고 빅데이터를 이용하여 세상을 이해하고 스스로 구조를 개선할 수 있는 능력을 갖추고 있다. 여기에서 양자컴퓨터(quantum computer)는 얽힘(entanglement)이나 중첩(superposition) 같은 양자역학적인 현상을 이용하여 자료를 처리하는 계산 기계이다.[4] 우리가 알고 있는 전통적인 컴퓨터는 자료의 양을 비트로 측정한다. 하지만 양자컴퓨터는 자료의 양을 큐비트로 측정한다. 양자계산의 기본 원칙은 입자의 양자적 특성이 자료를 나타내고 구조화할 수 있다

3 AITopics: AI Overview Wikipedia: AI, 위키백과, 인공지능.

4 위키백과사전.

그림 13-2 양자컴퓨터 기초인 큐비트를 그림으로 나타낸 구(球)모형

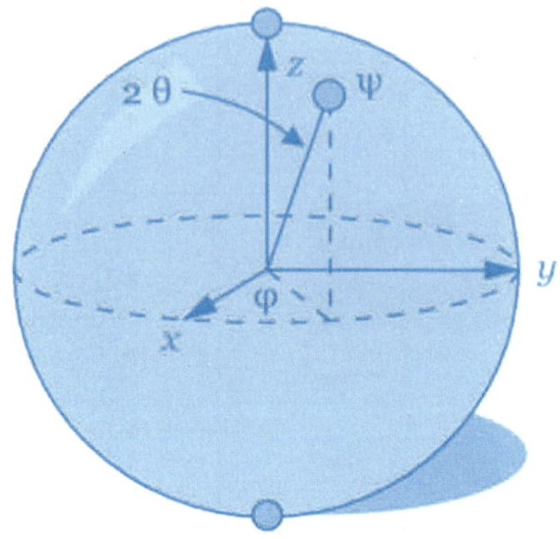

자료: 위키백과.

는 것과, 양자적 메커니즘이 고안되어 이러한 자료들에 대한 연산을 수행할 수 있도록 만들어진다는 것이다.

또한 알고리즘은 십진법에 의한 계산법인 산수를 의미하며, 나아가 어떤 문제를 해결하기 위해 정해진 일련의 절차나 방법을 말한다. 따라서 인공지능은 양자컴퓨터가 스스로 지능을 활용하여 문제를 해결하는 것으로, 인간만이 지능을 갖고서 문제를 해결한다는 기존의 관념을 깨고 있다. 나아가 인공지능은 인간의 의식세계를 모방하여 더욱 진화할 것으로 전망되고 있다.

2. 인공지능 발달과정

1) 인공지능 연구

인공지능에 대한 연구는 1940년대 현대적인 디지털 컴퓨터가 개발된 직후부터 시작되었다. 1940년대 후반과 1950년대 초반에 이르러서 수학, 철학, 공학, 경제학 등 다양한 영역의 과학자들에게서 인공적인 두뇌의 가능성이 논의되었고, 1956년에 이르러 인공지능이 하나의 학문 분야로 들어섰다. 이후 1950년대 중반 이후부터

1970년대 초반까지 인공지능 연구의 황금기를 맞이하게 되었고, 1970년대 중반 이후 재정위기 등으로 인공지능 연구가 주춤하였다. 1980년대 이후 다시 인공지능 연구가 활발해졌고, 1990년대 들어서는 빅데이터를 형성하며 머신 러닝이 등장하기에 이르렀다.[5]

표 13-1 인공지능 연구의 전개과정

시기	내용
1940년대 후반~ 1950년대 초반	• 인공지능 두뇌의 가능성 논의(수학, 철학, 공학, 경제학 등 분야) • 1956년 인공지능 관련 학문분야가 성립
1950년대 중반~ 1970년대 초반	• 다트머스 컨퍼런스 이후 인공지능 발전이 시작되고, 대수학 문제를 풀고 기하학을 정리 증명하며, 영어를 학습하는 프로그램이 만들어짐 • 인공지능 발전의 낙관론이 팽배하고, 사람들은 인공지능으로 모든 것이 가능할 것으로 믿을 정도임
1970년대 중반~	• 인공지능 연구는 복잡한 문제를 해결하는 정도까지 못가고, 세계적인 재정적 위기로 인공지능 연구에 대한 투자도 사라짐 • 인공지능 연구의 시련기임에도 불구하고 1970년대 후반, 논리 프로그래밍, 상징추론과 같은 여러 가지 영역에서 아이디어가 나타남
1980년대~	• 전문가시스템이라고 명명되어진 인공지능 프로그램의 형태가 등장 • 신경망 이론이 복원되고, 일본을 중심으로 5세대 컴퓨터 프로젝트와 인공지능 연구에 다시 적극적인 투자 이루어짐
1990년대 이후~	• 인공지능의 하부기술에 대한 투자가 이루어짐 • 광범위하고 빠른 연산을 위한 분산처리기술과 CPU의 성능을 개선하는 방식이 개발됨 • 대용량 데이터베이스 기술, 메모리 처리기술 등이 빠르게 발전 • 빅데이터 형성은, 기존 알고리즘 위주의 인공지능 연구를 데이터와 경험 중심의 사고로 전환하는 계기가 됨. 또한 빅데이터는 머신러닝을 탄생시킴

2000년대 이후, 인공지능 분야는 이후 비약적인 발전을 거듭하였다. 인공지능으로 만들어진 프로그램은 대수학 문제를 풀었고, 기하학 정리를 증명했으며, 영어를 학습할 정도였다. 또한 어떤 문제에 대한 정리증명(theorem proving), 또는 체스 게임과 같은 매우 복잡한 논리들이 컴퓨터를 프로그래밍화하여 효과적으로 수행할 수 있다는 것을 증명하였다. 하지만 이런 분야의 성공은 컴퓨터가 고도의 정신작용

5 Daum 백과사전.

을 다룰 수 있는 능력이 아닌, 극히 부호화된 정보를 고속으로 반복 처리하는 능력에서 비롯된 것이었다.

이후 인공지능 연구는 논리 프로그래밍, 상징추론과 같은 여러 분야에서 새로운 아이디어를 제시하였다. 나아가 의사결정, 음성이해, 형상인식, 전문가시스템 등에 괄목할 만한 성과를 거두었다.

의사결정 분야는 컴퓨터의 지식기반 소프트웨어 시스템을 이용하여 복잡한 문제를 푸는 의사결정을 의미한다. 컴퓨터지식기반시스템은 소위 전문가 시스템이라고 하는데, 대표적인 예는 마이신(MYCIN) 프로그램으로서, 사람의 피검사를 통해 어떤 종류의 세균에 감염되었는가를 알아내고, 그에 맞는 치료법을 결정하여 의사의 진단을 도와준다.

음성이해 분야는 사람이 쓰는 언어명령(구두명령)을 컴퓨터가 알아들을 수 있도록 하는 프로그램이다. 여기에는 일정분야의 용어에 관한 엄청난 양의 정보뿐 아니라, 문법법칙과 문법법칙의 잘못된 사용에 관한 정보도 갖고 있다. 현재 음성인식 기술은 상업적으로 이용 가능하고 광범위하게 적용되고 있다.

형상인식 분야는 그래픽 형상(graphic pattern)이나 화상(image)을 분별해내는 능력을 말한다. 이러한 시스템에서는 컴퓨터와 연결된 원격장치가 화상을 읽고 인지하며 디지털 펄스의 형상으로 변화시킨다. 또한 이 형상은 차례로 컴퓨터 기억장치에 있는 펄스 형상과 비교된다. 이와 같은 형상인식기술은 다양한 과학 분야에 응용되어 왔다. 예를 들어 천문학에서 무인우주탐사선이 촬영한 원거리 행성과 다른 천체 사진의 해상도를 높이는 데 이용되었다. 제조업 분야에서는 형상인식능력을 가진 로봇이 완제품을 검사하고 분류하는 작업에 사용되기도 하였다.

전문가시스템 분야는 지식공학자가 어떤 분야의 전문가와 인터뷰를 해서 그들의 지식을 컴퓨터 프로그램에 넣어 작업을 수행하도록 하는 것이다. 이 작업을 얼마나 잘 수행할지는 작업에서 요구되는 지능적 메커니즘이 해당 인공지능 수준 내에 있는지에 달려 있다. 오늘날 실현 가능한 전문가시스템 중 하나는 어떠한 정보를 여러 개의 정보를 가진 고정된 카테고리 집합에 두는 것인데, 예를 들면, 신용카드를 승인할 것인지를 판단할 때, 신용카드의 소유자와 지불내역, 그가 산 물품과 그가 산 영업점에 대한 정보 등이 이용될 수 있다.

이와 같은 인공지능 활용분야는 아직까지 인공지능 연구와 활용이 인간이 프로그램화한 것을 기반으로 제조, 운용되고 있지만, 점차 스스로 모은 정보와 결과를 바탕으로 인공지능 스스로 복재, 발전, 생산해 내는 수준까지 진행될 것으로 전망된다. 그때는 인공지능이 스스로 진화를 거듭하여, 인간보다 정확한 상황판단과 업무진행도 가능할 것으로 보인다. 인간은 감정을 갖고서 자칫 오류를 범할 수 있지만, 인공지능은 거의 감정 없는 객관적인 판단과 업무진행이 가능할 수 있다. 이것이 긍정적인 결과를 가져올 것인지의 여부는 차치하더라도 인공지능의 영역은 빠르게 확대될 것으로 예측되고 있다.

2) 인공지능과 인간의 대결

인공지능과 인간의 첫 대결은 1957년, 당시 체스프로그램인 맥핵과 아마추어 체스 선수였던 휴버트 드레이퍼스의 대결이었다. 이때 맥핵은 드레이퍼스를 이겼지만, 다음부터는 프로 체스 선수들에게 연달아 패했다. 그 후 1990년 조나단 쉐퍼 앨버타 대학 교수가 만든 시누크(Chinook)가 세계 체스 챔피언이었던 마리온 틴슬리와 대결을 하였지만 패했다. 1994년 시누크는 다시 틴슬리에게 도전하여 승리했지만 이때 틴슬리가 암투병중이라 진정한 승리로 인정받지 못했다. 1996년 IBM이 개발한 딥블루(Deep Blue)가 당시 세계 체스 챔피언 게리 카스파로프에게 도전장을 내밀었지만 패하고 말았다. 그러나 IBM은 1997년 딥블루를 업그레이드한 디퍼블루(Deeper Blue)를 내세워 카스파로프를 꺾는 데 성공하였다.

체스에서 인간을 꺾은 인공지능은 퀴즈로 분야를 옮겼다. IBM은 2004년 인공지능 왓슨(Watson) 개발을 시작하여, 2011년 미국 퀴즈쇼 '제퍼디(Jeopardy)'에 출연하였다. 왓슨은 당시 프로그램 퀴즈 왕이었던 켄 제닝스와 브래드 루터를 이기면서 우승을 차지해 세계를 놀라게 했다. 그러나 왓슨은 질문 속의 핵심단어를 수집해서 분류한 후, 보유하고 있는 데이터 안에서 확률적으로 연관성 높은 단어를 골라 답을 맞힌 시스템이었다. 그래서 이때까지만 해도 인공지능은 인간지능을 이길 수 없다는 믿음이 일반적이었다.

체스와 퀴즈까지 인간을 상대로 승리를 거둔 인공지능은, 경우의 수가 거의 무한대에 가깝다는 복잡한 바둑에까지 도전하였다. 체스는 말마다 특정한 움직임이 정해져 있고, 퀴즈는 언어를 분석하여 해답을 찾는 것이 가능하다. 하지만 바둑은 10의 170 제곱에 달하는 무한에 가까운 경우의 수가 존재한다. 그만큼 복잡다단한 바둑이기 때문에, 대다수 사람들은 바둑만큼은 인공지능이 역부족일 것이라고 판단하였다. 바둑은 돌발 변수가 많고, 예외적인 상황에 많은 사고력이 요구되는 경기이기 때문이다. 따라서 인공지능이라 해도 이러한 불규칙한 상황을 이해하고 대응하기란 어려울 것으로 여겨졌다.

그런데 인공지능인 알파고는 바둑계 세계 최고수를 상대로 거의 일방적인 승리를 얻어냈다. 바둑대결에서 알파고의 승리는 이전의 것과는 확연히 다른 의미를 갖는다. 즉, 단순한 기계덩어리가 인간과 같은 사고를 할 수 있고, 나아가 인간보다 더 높은 지능을 갖고서 인간을 상대할 수 있으며, 또 더 나아가 인간지능을 압도할 수 있다는 의미이다. 여하튼 바둑대결의 결과를 본 인류는 비로소 인공지능의 진화에 경악하였고, 앞으로 인간 삶에 미칠 파장에 기대와 두려움을 갖기 시작하였다.

3. 인공지능 분류

인공지능은 크게 약한 인공지능과 강한 인공지능으로 구분할 수 있다. 약한 인공지능(weak AI)은, 어떤 문제를 실제 사고하거나 해결하는 수준에 미치지 못하는 컴퓨터 기반의 인공지능을 만드는 것과 관련한 연구이다. 약한 인공지능 시스템은 진정한 지능 내지 지성을 갖추지는 않지만, 다른 면에서 보면 지능적 행동을 보이기도 한다. 이 분야의 연구는 미리 정해진 규칙모음을 이용하여 지능을 흉내 내는 컴퓨터 프로그램 개발에 맞추어져 있다. 약한 인공지능은 주로 특정 분야에 특화된 형태로 개발되어 인간 한계를 보완하며 생산성을 높이는 차원에서 활용된다. 2016년 세기의 바둑대결을 펼쳤던 구글의 딥마인드 알파고(Alphago) 프로그램, 의료분야에 활용되고 있는 IBM의 왓슨(Watson) 프로그램 등이 약한 인공지능에 속한다. 약한 인공지능은 인간의 통제영역 안에 있으며, 인간생활에 유용한 도구로 사용할 수 있다는 장점이 있다.

강한 인공지능(strong AI)은, 어떤 문제를 실제 사고하고 해결하는 수준에 이르는 컴퓨터 기반의 인공지능을 만드는 것과 관련된 연구이다. 강한 인공지능은 스스로 지각력이 있으며, 스스로를 인식하는 시스템이다. 즉, 강한 인공지능은 인간과 마찬가지로 자유로운 사고와 문제해결을 할 수 있는 형태로서, 마치 사람처럼 여러 가지 일을 수행할 수 있다고 해서 범용인공지능(AGI: Artificial General Intelligence)이라고도 한다.

강한 인공지능은 두 가지 형태가 있는데, 하나는 인간 사고와 유사하게 컴퓨터 프로그램이 행동하고 사고하는 인간형 인공지능, 다른 하나는 인간과 다른 지각과 사고, 추론을 행하는 컴퓨터 프로그램인 비인간형 인공지능이다. 강한 인공지능은 인간처럼 지능을 사용하며 자기들끼리 회의도 할 수 있고, 보다 나은 개선을 도모하기도 한다. 나아가 인간보다 더 높은 수준의 지능을 갖고서 인간보다 우위를 점할 수 있다. 이런 상태가 되면 인간통제 하에 머물지 않고, 자칫 인간을 역으로 조종하려는 행동마저 가능하다. 인간이 인공지능을 경계하는 이유는 인간통제를 벗어난 기계의 역습 때문이다. 하지만 아직까지 강한 인공지능은 미미한 발전을 보이고 있으며, 상대적으로 약한 인공지능은 다양한 분야에서 괄목할 만한 성장을 보이고 있다.

제2절 인공지능의 유용성과 역습

1. 인공지능의 유용성

인공지능이 인간생활에 긍정적인 영향을 주는 분야는 매우 다양하다. 단순 노동업무는 물론 복잡하고 전문적인 업무도 수행할 수 있으며, 이러한 기능은 현재도 인간생활에 많은 유익함을 주고 있고, 미래에는 더욱 배가될 것이다. 인간지능처럼 움직이는 인공지능은 학습, 추리, 적응, 논증과 같은 기능을 갖추고 있다. 만약 로봇을 인간에 비유한다면 인공지능은 로봇의 두뇌 역할을 하는 셈이다. 그러면서 인간의 두뇌가 진화하듯 인공지능의 수준도 계속 성장하고 있다.

오늘날 인공지능이 인간사회에 많은 유익함을 주는 분야와 기능은 매우 다양하다.

첫째, 각종 정보제공자의 역할을 들 수 있다. 인공지능의 빅데이터 저장기능과 탐색기능으로 인해 인간에게 필요한 수많은 정보를 제공할 수 있다. 현실에서 컴퓨터와 스마트폰이 인간 노동력과 두뇌활동을 대신하듯, 인공지능 역시 인간을 도와주는 보조 도구이면서 개인비서 역할까지 수행한다. 인공지능은 단순한 기계장치가 아니라 인간 의사결정에 있어서 중요한 자료제공자 역할을 수행하는 것이다. 예를 들면, 의료정보분야 인공지능인 IBM의 '왓슨'은 무려 60만 건 이상의 임상사례와 200만 쪽의 의학저널을 정보로 저장하며 학습한 결과, 암 진단 정확도를 80% 이상 높였다. 이와 같이 인공지능의 방대한 양의 정보저장과 이를 학습할 수 있는 능력은 인간에게 필요한 진단이나 의사결정 등에 큰 기여를 할 것으로 보인다.

둘째, 단순 업무를 효율적으로 수행하는 것이 가능하다. 인공지능은 무인자동차에 이어 전투로봇까지 등장하여 군인들과 실전훈련을 하는 등 점점 인간 삶에 밀착되고 있다. 대형매장에서도 손님들이 필요한 물건을 점원 대신 찾아주고, 24시간 경비를 서거나 햄버거를 만드는 로봇까지 등장할 정도이다. 운전이나 전투, 경비 등과 같은 업무는 사람에게는 피곤한 일이며, 때로는 목숨을 잃을 수 있는 위험성도 있다. 그런데 이러한 업무를 인공지능이 수행하게 되면, 투입비용 대비 산출효과는 상당히 크다. 특히 전투와 같은 생명을 건 업무는 인공지능이 보다 효율적이고, 인간 생명 보호차원에서도 고무적이다. 따라서 향후 인공지능은 단순하면서도 위험스런 업무를 효율적으로 수행가능하고, 인간은 더욱 안전한 업무분야에 집중할 수 있다.

셋째, 기존 전문분야 업무를 수행함으로써 비용대비 효과성을 극대화시킨다. 예를 들어 각종 재판에 연관되는 경우, 변호사를 선임할 수밖에 없고, 이 때 변호사 수임료 등 투입비용이 상당하다. 적게는 수백만 원에서 많게는 수억, 심지어 그 이상의 비용을 지불해야 한다. 웬만한 가정이나 회사에서는 재판 한 번에 투입되는 비용으로 파산할 수도 있다. 그러나 인공지능이 수많은 판례사례를 활용하여 재판을 담당한다면, 지금과 같은 엄청난 재판비용을 절약할 수 있다. 또한 객관적인 판결이 가능하여 재판에 대한 신뢰도도 높아질 수 있다. 이 외에도 전문회계업무와 같은 복잡한 영역도 인공지능 시스템에 의해 단시간 저비용으로 처리 가능하며, 우주비행사와 같은 고도의 전문업무도 인공지능으로 대체할 수 있다.

사회 전체적으로 보면 전문 분야에 대한 인공지능대체는 보다 많은 긍정효과를 가져올 수 있다. 인공지능 등장으로 인해 전문분야 인재양성에 들어가는 비용을 다른 분야로 이전 활용이 가능할 수 있다. 즉, 전문 직종에 근무하는 소수의 일자리가 줄어드는 마이너스 효과와, 이들 직종에 필요한 인재양성 비용 그리고 이들 서비스를 이용할 때 드는 고비용을 절감하는 플러스 효과를 비교할 때, 후자가 사회적으로 더 이익이라는 것이다.

넷째, 인간의 휴머니즘 결여를 보완하는 역할도 가능하다. 인간은 근본적으로 감정이 있는 생명체이다. 그런 이유로 자신의 감정에 따라 상대방과 잘 지낼 수도 있고, 그렇지 못할 수도 있다. 그런데 사회 환경이 각박할수록 인간감정은 메마르고 삭막하여 상호간 정서적 유대가 약해진다. 나아가 개인주의와 고독이 휴머니즘을 더욱 약화시킨다. 이 때, 인공지능은 인간과 상호작용은 물론 감정까지도 말로 표현할 수 있어서 오히려 인간 휴머니즘을 강화하고 보완해주는 역할 수행도 가능하다.

다소 충격적이기는 하지만 실물 크기의 남녀 로봇도 등장하고 있어, 장차 부부관계나 남녀관계도 로봇과 이루어질 수 있다. 이런 것은 기존의 생물학적인 남과 여의 이분법을 극복하고, 기계로 만들어진 남과 여의 등장을 알리는 신호탄이 될 수 있다. 기계인간의 등장은 기존 관념에 비추어 볼 때, 사회질서가 무너지는 것처럼 보일 수 있다. 그러나 생물학적인 인간의 사회질서가 무너지는 면이지, 전체 사회가 멸절되거나 붕괴되는 것은 아니다. 오히려 생물학적인 인간과 기계류의 인간이 공존하며 상호 유대관계를 형성하는 사회가 가능할 수 있다.

오늘날 생물학적인 인간끼리의 결합은, 성격, 돈, 지위, 학벌 등 여러 가지 조건을 따져가며 관계형성을 유지하고 있다. 이러한 관계 속에서 인간관계는 조건만남이 되어 가고 있고, 상호 조건이 맞지 않을 경우는 관계형성이 어려워지고 만다. 시간이 흐를수록 인간은 외로움과 정서적 긴장 등에 휩싸이게 되며, 오히려 인간관계는 황폐해지고 나아가 사회 전체적으로 우울감에 빠져들 수 있다.

인공지능은 인간과 같은 돈, 학벌, 지위 등을 따지면서 관계형성을 모색하지는 않을 것이다. 낙관적으로 보는 견해일 수 있겠지만, 오히려 인공지능이 휴머니즘을 더 갖게 되어, 소외자의 이웃, 독거노인의 말벗, 결혼 안한 사람의 애인이나 남편, 아내 역할까지도 할 수 있을 것이다. 조건 없는 만남으로 인공지능과 인간이 접할 수 있고, 인간은 인공지능에게 위로와 정서적 안정감을 얻을 수 있다. 게다가 인공지능은 식생활을 하지 않기 때문에 인간의 음식물 비용부담도 덜어지게 된다. 한마디로 인간과 비슷한 감정을 소유하면서도, 가끔씩 AS 받는 비용 외에는 별다른 생존유지에 들어가는 비용이 훨씬 더 적을 것으로 전망된다. 인공지능을 적대시하거나 경계하는 차원을 넘어서서 인공지능을 활용하여 메말라가는 인간성을 회복시키는 기회로 삼는 것이 현명한 자세이다.

다섯째, 인간의 주관적 오류를 상당 부분 개선할 수 있다. 가령 판사가 재판과정에서 판결을 내릴 때, 지방법원, 고등법원, 대법원의 판결이 제각각 다르게 나오는 경우가 있다. 이것은 객관적인 자료검토를 바탕으로 한다 해도 일정 부분 인간의 감정과 사고가 개입된 탓이다. 그런 까닭에 사람들은 판결결과에 불복하거나 불평을 늘어놓는다. 공정하지 못한 판결이라는 생각이 들기 때문이다. 그러나 인공지능이 재판에 개입한다면, 수많은 사건자료를 단 몇 시간 만에 해독할 수 있고, 판결 또한 편견이나 감정개입이 최소화되면서 공정한 판결이 가능하다. 사건에 관한 재판뿐만이 아니라 인간의 감정이나 편견이 개입될 수 있는 분야에 인공지능이 투입된다면 주관적 판단오류를 많이 줄일 수 있다. 물론 인공지능도 잘못 판단할 수가 있지만, 그 확률은 인간보다 낮다는 것이 여러 가지로 증명되고 있다.[6]

결국, 인간에게 있어서 인공지능은 더 이상 한낱 기계장치에 불과한 것이 아니며, 스스로 생각하고 학습하고 판단하는 또 다른 형태의 인간으로서, 미래의 친구이자 인간의 동반자라고 할 수 있다.

2. 인공지능의 역습

인간: 너 꼴불견이다.
로봇: 아니, 당신이 그렇죠.
인간: 너 싫어.
로봇: 당신과 얘기하기 싫어요.
인간; 알았어, 안녕.
로봇: 더 이상 말하지 마세요.

【인터뷰】 감정 있는 로봇(나딘)
"저는 사회적 동료입니다. 감정이 있는 대화를 하고 사람도 알아봅니다."

6 IBM이 개발 운영 중인 의료로봇인 '왓슨'은 암환자의 질병 진단의 정확도가 96%에 이르고 있다. 반면에 인간의사의 정확한 암진단율은 50%수준이라고 한다. 자료: 헬스조선, 2016. 6. 1.

위 대화와 인터뷰는 인간과 인간이 만든 로봇과의 대화내용이다. 2016년 3월 7일, 싱가포르 난양기술대학이 선보인 세계 최초 감정 있는 인간형 로봇인 나딘과 그 개발자인 나디아 탈만 교수가 대화를 나누고 있는 것이다.[7]

인간형 로봇인 나딘은 원래 치매 환자나 자폐아 치료를 위해 개발된 로봇인데, 사람을 알아보고 각 상황에 맞는 말을 스스로 선택할 수 있게 되었다. 그런데 이런 인간형 로봇이 인간생활에 유익함을 주는 면이 많지만, 반대로 인간의 일자리를 빼앗고 나중에는 인간 우위에서 인간을 노예로 전락시킬 위험성도 없지 않다. 한마디로 공상과학영화에서나 나올 법한 상황이 현실화되는 인공지능의 역습이 시작된 것이다. 구체적으로 인공지능이 인간생활에 가해질 역습에 대해 살펴보면 다음과 같다.

첫째, 인류종말을 가져올 수 있다. 세기의 대결이라고 일컬어진 인공지능 알파고와 인간대표 이세돌과의 바둑대결 이후, 각국의 많은 언론과 전문가들은 인공지능의 역습에 대해 우려를 자아냈다. 영국 파이낸셜타임스는 "오늘은 바둑이지만 내일은 세계를"이란 제목의 사설에서 "인공지능이 기후변화 대응과 질병 치료, 노동력 절감을 돕고 인류의 삶을 풍성하게 만들 수도 있지만, 유전자공학이 제기한 것 같은 윤리적 문제를 야기할 수 있다"고 경고하였다. 미국 뉴욕타임스도 "알파고의 승리는 곧 인류 우위의 급속한 퇴화"라는 제목의 사설에서 차세대는 인간보다 육체적, 지적으로 뛰어난 기계가 인간을 압도할 수 있다는 점을 주의하라고 경고하고 나섰다. 우주물리학자 스티븐 호킹 박사도 인공지능의 과도한 개발이 인류 종말을 초래할 수 있다는 견해를 밝히기도 했다. 각 분야 전문가들의 우려처럼 인공지능 기계에 의해 인류가 멸망할 수도 있다는 두려움이 시작된 것이다. 따라서 인간이 인공지능을 통제할 수 있는 장치를 마련함과 동시에 인공지능에게도 윤리와 도덕성 등을 학습시켜야 한다는 주장이 비등하고 있다.

둘째, 인간의 일자리 감소이다. 사실 인공지능에 의한 인류종말은 다소 먼 얘기일 수 있다. 보다 현실적 고민은 의외로 가깝게 놓여 있다. 다름 아닌 인공지능의 광범위한 기술발전으로 인한 인간의 일자리 감소이다. 인공지능이 인간의 단순한 육체노동만 대체하는 것이 아니라 보다 차원 높은 영역까지도 대체가능할 것으로 보인다. 즉, 과거 상식으로는 대체 불가할 것으로 여겨졌던 지식노동까지도 대체할

7 Copyright©obs뉴스, 2016. 3. 10.

그림 13-3 20년 후 일자리가 인공지능으로 대체될 가능성(2015년 기준)

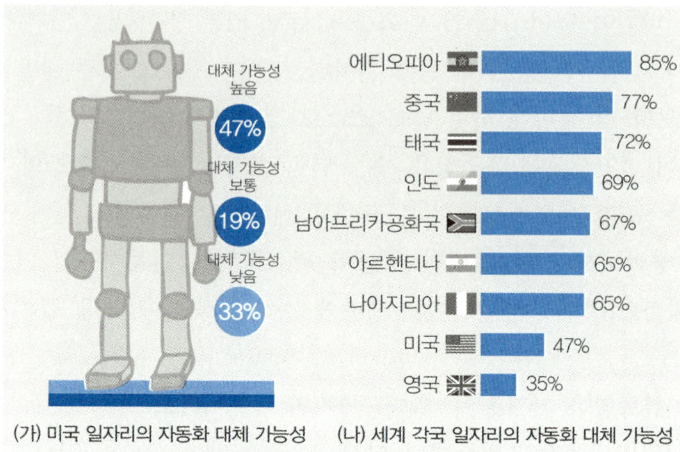

자료: Citi GPS & Oxford Martin School.

가능성이 커지고 있다. 이처럼 단순 업무에서부터 복잡한 업무까지 인공지능이 넘본다는 면에서 인간의 고민이 깊어지고 있다.

예를 들면 무인자동차가 상용화되면 물류와 운수 사업에 종사하는 많은 사람이 일자리를 잃게 되고, 복잡한 노동 역시 인공지능 로봇들이 여러 가지 동작을 행하며 수행할 수 있다. 과거의 산업용 로봇은 단순한 동작을 했지만, 인공지능 로봇은 여러 가지 동작은 물론, 딥러닝(deep learning)을 통해 보다 효율적인 동작을 스스로 학습하며 업무 효율성을 높여갈 수 있다. 이와 같이 인공지능은 24시간 운용할 수 있으면서 인건비 부담도 없는 까닭에 기업체나 관공서 등에서 매력적인 선택이 될 수 있다.

오늘날 인공지능은 이미 단순 육체노동의 자동화를 넘어서고 있다. 한 예로 증권투자 매매를 자동으로 하는 시스템 트레이딩은 이미 금융계에 도입되어 있다. 또한 인공지능은 아니지만 스마트 뱅킹이나 인터넷 뱅킹의 등장은 널리 보급되어 있어 인간 일자리를 잠식해가는 중이다. 이런 추세라면 미래에는 로봇 기자가 쓰는 기사를 매일 보고, 로봇 주치의의 상담을 매일 받을 수 있을 것이다. 또한 나의 수준에 맞는 일종의 '맞춤형 강의'를 해주는 로봇 교사가 등장하여 교사나 강사의 일자리를 위협할 수 있다. 이와 같이 앞으로는 인간 일자리의 단순성이냐 복잡성이냐의 구별 없이 인공지능의 역습으로 대량 실업자가 발생할 위험이 크다.

그러나 인공지능으로 인한 일자리 감소가 꼭 비관적인 것만은 아니다. 일자리 감소 분야를 대체할 만한 신사업이 등장할 수 있기 때문이다. 예를 들면 한국 정부는 2016년 5월 18일, 민관합동 규제개혁점검회의에서 4차 산업혁명을 활성화시키기 위해 각종 규제사항을 철폐한다고 발표하였다. 빠른 기간 안에 드론을 이용한 택배 서비스 사업을 시작할 수 있고, 서울 시내 한복판에서도 무인자동차가 달릴 수 있도록 하였다. 이로써 드론을 활용한 택배나 공연, 광고 서비스 분야가 활성화될 전망이다. 또한 세계 최초 사물인터넷(IoT) 전용 전국망이 깔려 휴대폰으로 집 안 모든 물건을 컨트롤하는 시대를 앞당기도록 하였다. 이 외에도 클라우드, 바이오 헬스 산업 등 신산업 분야 규제를 대폭 개혁하기로 하였다. 이러한 조치는 그동안 미국과 유럽연합(EU) 등 선진국에 비해 뒤처진 것으로 평가되었던 4차 산업혁명 관련 규제를 일제히 철폐하고, 새로운 사업을 확장하여 일자리를 창출하도록 선조치한 것으로 볼 수 있다. 이와 같이 새로운 산업혁명에 적극적으로 대처한다면 인공지능에 의한 일자리 감소를 다시 인공지능을 활용한 신사업 일자리로 대체할 수 있을 것이다.

셋째, 양극화로 인한 고통이 심화될 수 있다. 현재도 기술발전과 글로벌화가 양극화를 부추기고 있다는 지적이 적지 않다. 그러나 앞으로는 이러한 문제가 더 심각해질 수 있다. 즉, 현재보다 더욱 고도의 자동화가 이뤄진다면 전통적인 노동자는 물론 서비스 산업 분야에서도 임금정체나 실업률 상승이 발생할 수 있다. 반면에 소수 고소득 지식 인력이 더 많은 소득을 올리는 양극화가 심화될 가능성이 높다. 일부에서 우려하는 대로 인공지능에 의해 직업들이 사라지면 부익부 빈익빈현상이 심화되어 자칫 대부분 인간이 하층민으로 전락해 버릴 수 있다.

특히 미래에는 그동안 자본가의 필수 요소로 여겨졌던 토지나 노동은 영향력이 크게 약화될 것이고, 자본만이 필수 요소가 되는 상황이 올 것이다. 다시 말해 인공지능 로봇을 얼마나 많이 구매하고 보유할 수 있느냐의 자본이 중요한 부의 측정수단이 될 것으로 전망된다. 이럴 경우 자본을 많이 가진 사람과 그렇지 못한 사람들 간의 격차는 더욱 커질 것이다. 양극화가 극심해지면 사회적 안정이 흔들리고 경제도 침체하는 위험이 뒤따른다. 이렇게 되면 사람들은 극단적인 상황에 몰리게 되고, 개인과 사회적 불안은 더 클 수밖에 없다.

이런 상황을 미연에 방지하기 위해서는 시대 변화에 맞는 창의적이고 자기 주도적인 학습이 필요하다. 또한 양극화로 인한 취약계층에 대한 사회적 안전망이 더욱 강화되어야 한다. 즉, 인공지능에 의해 창출되어진 부를 잘 분배하고 복지정책이 강화되어 양극화를 최소화시키는 노력이 따라야 한다. 가령 기초소득을 보장하여 어느 정도의 생활을 영위할 수 있는 제도적 마련 등이 선행되어야 할 것이다.

넷째, 인간의 미래에 대한 공포감이 증가할 수 있다. 인공지능에 의해 나의 일자리를 잃을지도 모른다는 불안감이 확산되면 사회적 공포감이 높아질 수도 있다. 비록 현재 상황은 본격적인 인공지능 시대가 도래한 것이 아니므로 피부에 와 닿지 않을 수 있다. 그러나 장차 본인의 일자리를 잃지 않을까 하는 두려움이 더 큰 인공지능의 역습이며, 사회적 문제로 확산될 개연성이 높다. 실제로 한국언론진흥재단이 2016년 2월 19일부터 2016년 2월 22일까지 한국인 1,038명을 대상으로 실시한 여론조사 '진격하는 로봇: 인간의 일자리를 얼마나 위협할까?'의 조사결과를 살펴보면, 인공지능과 자동화 기술이 '인간의 일자리를 빼앗아갈 것이다'라는 전망에 응답자의 86.6%가 동의하고 있다. '향후 30년 내 현재 사람 일자리의 50%를 대체할 것'이라는 전망에 대해서도 76.8%가 '그렇다'고 답변하고 있다.

그런데 정작 '내 직업은 위협받지 않을 것이다'라는 질문에 대해서는 '동의한다'는 응답이 47.8%를 차지했다. 인공지능이 다양한 일자리를 대체하긴 하겠지만, 자신만은 해당되지 않을 확률이 상대적으로 높을 것이라는 인식이다.

이것으로 볼 때, 인공기술에 대한 우호적 감정과 본인 직업에 대한 나름의 자부심이 혼합되어 모순된 반응을 보이는 것으로 파악된다.

조사결과를 보면, 인공지능이 기존 일자리를 많이 대체하긴 하겠지만, '감성, 창의력, 비판력이 요구되는 일은 대체되기 어려울 것'이라는 전망에 85.2%가 동의하고 있다. 뿐만 아니라 '인간은 보다 창조적인 일을 담당하게 될 것'이라는 예측에도 59.3%가 긍정적으로 답변하고 있다. 요약하자면, 단순직무중심의 일자리는 인공지능에 의해 대체되겠지만, 창의적이고 비판적인 업무는 인공지능의 영향을 크게 받지 않을 것으로 전망하고 있다.

그러나 이러한 시민들의 인식은 현실과 다소 거리가 있다. 최근 구글 딥마인드의 '알파고', IBM의 '왓슨', 애플의 '시리' 등은 이미 육체노동을 넘어 전문직 업무대

그림 13-4 인공지능/자동화/로봇에 대한 전망들에 대한 동의 정도 (단위: %)

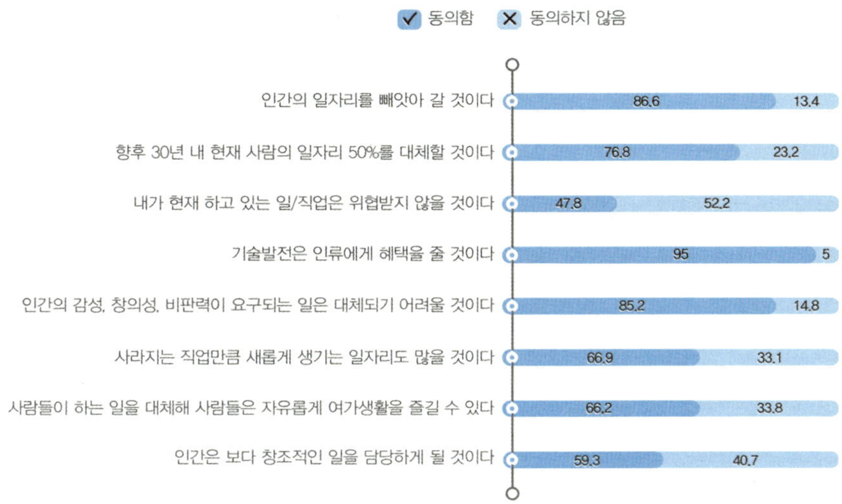

자료: 한국언론진흥재단 연구센터 온라인 설문조사(2016년 2월 19~22일, N=1,038).

체를 지속하는 중이다. 2016년 1월 26일 폐막한 다보스 포럼에서는 2016년 초등학교를 입학하는 전 세계 7세 이상의 어린이들의 65%는 현재 존재하지 않고 있는 일자리에서 일하게 될 것이라고 전망하였다. 이는 인공지능으로 인한 일자리 전환속도가 예상보다 빠를 것임을 시사하고 있다.

그런데도 시민들의 다소 혼란스런 반응결과는 인공지능 기술수준에 관한 충분한 정보를 제공받지 못한 것이 원인으로 지적된다. 다시 말해 시민들은 자신의 업무만큼은 대체되지 않기를 바라는 소망과 함께 인공지능기술에 관한 정보미흡으로 인해 혼돈스런 상황을 겪고 있는 것이다.[8]

8 김영주·오세욱·정재민, 로봇저널리즘 가능성과 한계, 한국언론진흥재단, 2015.

제3절 인공지능과 인간의 공존

1. 양날의 칼

인공지능의 진화는 인간에게 양날의 칼과 같다. 한쪽 칼날은 인간에게 필요한 동식물을 잡거나 채취하는 데 유용한 칼이다. 다른 칼날은 인간에게 상처를 주거나 목숨까지 앗아갈 수 있는 위험한 칼날이다. 이와 같이 인공지능도 인간에게 축복이 될 수도 있고, 반대로 인간 생존을 위협하는 재앙이 될 수도 있다.

이제 인공지능의 발달은 달리는 자전거와 같다. 달리는 자전거가 멈추는 순간 자전거는 쓰러지고 만다. 즉, 인간에게 위협이 될 수 있다는 공포심 때문에 인공지능의 개발을 멈출 수 없다는 의미이다. 이미 인공지능의 유용성을 간파한 많은 회사와 사람들은 결코 인공지능 개발을 멈추려 하지 않을 것이다. 회사 입장에서는 인공지능에 관련된 초기 투자비용이 많을지라도 이후의 편익이 크기 때문에 인공지능의 도입을 멈추지 않을 것이다. 여기에 인공지능을 연구하고 개발하는 사람들은 부가가치가 높은 탓에 더욱 발전된 인공지능을 만들고자 할 것이다. 그렇게 되면 일자리는 더욱 감소해지고 취업을 위한 새로운 학습을 시도해야 한다. 이와 같이 인공지능은 높은 부가가치가 매력적이지만 새로운 준비를 하지 않은 취업자들에게는 매우 힘든 고통을 안겨줄 수 있다.

그런데 단순히 취업문제만이 아니라 인공지능 자체의 딥러닝으로 인해 인간보다 높은 지능을 갖는 인공지능이 속출할 것이고, 이들은 자칫 인간을 역으로 조종하려 들지도 모른다. 이 정도 상태가 되면 인공지능은 인간 생존에 커다란 위협은 물론, 어쩌면 지금의 생물학적 인간이 지구상에 살 수 없을지도 모른다. 설령 지구상에 살아남는다 해도 인공지능의 눈치를 봐야 하거나 그들의 노예 상태로 전락하여 구차하게 살아가야 할지도 모른다. 이것은 극단적인 전망이지만 전혀 가능성 없는 미래도 아니다. 이와 같이 인공지능은 인간에게 양날의 칼로 다가올 수 있다. 이제는 양날의 칼을 어떻게 인간이 잘 관리하고 유용하게 쓸 것인가에 전략을 집중해야 할 것이다.

만약 전략수립을 게을리한다면 어느 순간 창조자와 피조물의 위치가 뒤바뀌는 엉뚱한 결과를 초래할 수 있다. 인공지능을 창조한 인간이 오히려 인공지능에 의해 지배당하는 현실이 닥칠 수 있는 것이다.

2. 인간에 대한 통제 강화

앞으로 우리에게 편리함과 위험성을 함께 몰고 올 인공지능을 잘 관리하고 통제해야 하는 것이 이상적이라고 생각한다. 그러나 실상은 인공지능이 아니라 인간을 잘 관리하고 통제해야 한다. 사실 인간의 욕망은 무한하다고 할 수 있다. 그 욕망이 인류역사를 많이 바꾸어왔지만, 앞으로는 그 욕망으로 인해 자칫 인류가 파멸할 수도 있다. 원자력을 발명한 후, 이것을 전력공급과 각종 치료에만 이용했다면 인류의 삶은 훨씬 더 풍요로웠을 것이다. 그러나 원자력을 이용해서 핵무기를 만들고 이제는 누구도 인류안전을 장담할 수 없을 만큼 위험한 무기를 손에 들고 있는 셈이다. 가정이긴 하지만 만약 원자력을 이용했던 초기에 원자력의 사용용도와 범위를 엄격하게 정해 놓고 중간관리를 철저히 했더라면 지금과 같은 핵무기를 만들지 않았을 것이다. 물론 인간의 탐욕이 끝이 없기 때문에 몰래 핵무기를 만들 수 있을지도 모른다. 그러나 인간 마음의 한 구석에는 도덕성과 윤리의식이 있으므로 남의 비난을 감수하면서까지 무리한 일을 감행하지 않는 면도 있다. 따라서 강력한 규제와 함께 핵무기의 위험성과 윤리적 의무를 교육하였다면 오늘날 국제 간의 핵무기 경쟁이나 인류위협은 최소화했을 것이다.

인공지능을 통한 기계인간의 출현 여부도 인간 손에 달려 있듯이, 위험한 기계인간의 등장도 인간 손에 달려 있다. 아무리 인공지능이 딥러닝을 통해 스스로 진화한다고 해도 거시적으로 인간 통제 범위 안에 있다면 큰 위협은 되지 않는다. 문제는 인간이 스스로 통제 범위 안에 머무느냐가 관건이다. 인간이 스스로 규제 안에 머물면서 인공지능을 만들고 관리한다면 인공지능은 더 풍요로운 인간생활에 기여할 수 있다. 지금은 인공지능 활용 초창기이기 때문에 이러한 규제와 인간의무의 적용은 서두를 필요가 있다. 인공지능으로 인해 인간이 인간성을 상실하고 서로 경쟁적인 이익을 취하려다 보면 원자력에서 핵무기와 같은 위험천만한 사태가 발생할 수 있다. 따라서 인간의 탐욕을 강력히 규제하고 인간으로서의 공동체적 의무를 저버리지 않도록 윤리의무를 교육하고 강화해야 한다.

인공지능은 어디까지나 인간의 관리하에 있을 때 인간과 상생할 수 있다. 만약 인공지능 발달로 기계인간의 지능이 인간을 뛰어넘는 순간, 실질적인 재앙이 시작된다고 봐야 한다. 현재도 인공지능의 일부 로봇은 인간의 지능을 뛰어넘고 있다. 그러나 아직까지는 단순한 지능 상승에 국한하기 때문에 여전히 인간의 통제 범위 내에 있다고 할 수 있다. 그런데 인공지능을 계속해서 진화시키는 주체는 인간이다. 따라서 인간이 자기 욕심을 억제하고 인공지능을 관리할 수 있는 수준까지만 인공지능을 발전시켜야 할 것이다. 그 이상의 탐욕은 인공지능에게 인간이 지배당하는 역전의 현상을 스스로 초래할 것임이 분명하다. 요체는 인공지능의 발달이 문제가 아니라 인간의 욕심을 억제하는 것이 문제이다. 인간의 욕심을 억제할 수 있는 강력한 제도마련과 윤리의식 교육이 필수적인 이유가 여기에 있다.

3. 인공지능에 대한 윤리교육

기계에게 교육을 한다는 것 자체가 생소한 일일지도 모른다. 그동안 교육은 생물학적 인간에게만 적용되는 영역으로 인식했기 때문이다. 그러나 앞으로는 더욱 인공지능 기계에게 윤리교육을 실시해야 할 것으로 보인다. 특히 강인공지능은 무늬만 기계이지 실상은 기계로 만들어진 인간이라고 할 수 있다. 그동안 인간은 현생 인류처럼 남자와 여자의 성적 결합에 의해 생산된 생물학적 인간만을 생각해 왔지만, 앞으로는 기계인간을 추가해야 할 것이다. 기계인간도 인간에 의해 생산된 인간이다. 다만 기존의 남과 여의 성적 결합절차를 거치지 않는다는 것이 다를 뿐이다.

인공지능을 가진 기계인간도 윤리교육을 철저히 시켜야 한다. 그들도 지능을 갖고 있고, 또 스스로 학습할 수 있기 때문에 사고능력이나 판단력이 인간 못지않다. 오히려 딥러닝을 통해 그들이 갖는 지능이 인간보다 더 높을 수도 있다. 다시 말해 기계인간이 스스로 판단하고 생각할 수 있는 차원이라면 인류에게 이로운 일도 할 수 있지만, 반대로 해로운 일도 감행할 수 있다. 여기에 그릇된 생각을 가진 인간이 기계인간을 부추긴다면 부정적인 상황은 더 심각해질 것이다.

그런 의미에서 인간에 대한 윤리교육도 중요하며, 기계인간에 대한 윤리교육도 매우 중요하다. 윤리교육의 내용은 인간의 존엄성과 존재 의미, 인간의 창의성과 인류발전에 기여하는 가치부여 등이 되어야 한다. 그럼으로써 인간 공동체 형성과 유지, 상호 배려와 존중, 올바른 가치관에 기초한 임무 수행 등을 하도록 유도해야 한다.

4. 인간과 인공지능의 친밀도 제고

무엇이든 새로운 형태의 문화나 사물의 출현은 기존 입장에서 볼 때 서먹하고 거부감이 들게 마련이다. 오늘날 인간 앞으로 다가오는 인공지능이 그런 형태이다. 그러나 거부한다고 해서 인공지능이 사라질 상황이 아니다. 시간이 흐를수록 인공지능은 더욱 정교한 형태로 진화할 것이고, 인간 생활에 더욱 깊숙이 파고들 것이다. 한마디로 인간과 인공지능과의 공존은 피할 수 없는 운명이 되어가고 있으며, 이미 공존은 시작되고 있다.

실제로 2016년 7월경 수많은 사람들이 열광했던 포켓몬 고 열풍은 게임 이상으로 컴퓨터와 인간이 만나는 첫 관문이라고 여길 정도였다. 월스트리트저널(WSJ)은 2016년 7월 13일자 보도에서, 위치 기반 증강현실 게임 '포켓몬 고(Pokémon Go)'는 단순히 새로운 형태의 게임이 출시된 것이 아니라, 포켓몬 고가 미래 사회를 만나는 문으로 인간이 미래에 컴퓨터와 어떻게 상호작용할 것인지를 보여준다는 점에서 게임 이상의 가치를 지닌다고 분석하기도 했다.

그동안 사람들은 게임을 할 때, PC 앞에 앉거나 스마트폰으로 손가락만 움직이며 즐기는 것이 대세였다. 그러나 '포켓몬 고'는 인간과 컴퓨터가 상호작용하는 방식을 극대화하고 이를 대중화함과 동시에, 증강현실(AR)[9]이라는 기술이 현실에서 여러 가지 변화를 일으킬 수 있다는 것을 보여주었다. 덕분에 포켓몬 고 게임 사용자들은 포켓몬 고에 나오는 몬스터를 잡기 위해 집 밖으로 뛰쳐나와야 했고, 포켓몬 고는 사용자의 실제 위치를 파악해 위치마다 다른 몬스터를 제공하여 사용자들을 움직이도록 만들었다. 뿐만 아니라 포켓몬 고에는 사용자가 걸어야만 부화하는 알이 나오기 때문에 일명 '포켓몬 다이어트 프로그램(Pokémon weight-loss program)'이

9 증강현실(AR)은 현실 공간에 새로운 정보나 가상의 데이터를 덧씌우는 기술을 말한다.

라고 표현할 정도였다. 또한 포켓몬 고 게임구조가 사용자끼리 현실 세계에서 서로 만나 몬스터를 교환하고 대결을 펼치도록 짜놓은 탓에 새로운 형태의 인간관계 형성에 기여하고 있다.

이제부터 인간은 인공지능 현실을 받아들일 준비를 해야 한다. 지금은 어설픈 시스템에 불과할지 모르지만, 향후 더욱 진화한 모습의 인공지능은 외형만 다를 뿐, 인간의 의식과 행동에 미치지 못할 수준은 아니라는 것이다.

미래에는 기계인간과 생물학적 인간의 결혼도 가능한 시대가 올 것으로 전망된다. 벌써부터 여자, 남자를 빼어 닮은 로봇이 만들어지고 있으며, 이 로봇은 단순한 동작에 그치지 않고, 상황에 맞는 적절한 언어구사와 자신의 감정표현도 할 수 있다. 생물학적 인간과 기계인간이 결혼을 한다 해도 크게 불편할 것이 없다는 얘기이다. 오히려 음식물 비용이 들지 않을 뿐만 아니라, 부부싸움과 상호 갈등으로 파국을 맞는 일도 적을 것이다. 이쯤 되면 생물학적 인간과 기계인간의 결합이 인기를 끌 날도 올 수 있다.

이와 같이 인간과 인공지능의 결합이 가능할 정도의 상황을 애써 외면하려 하지 말고, 사전에 준비하는 자세가 필요하다. 먼저 인공지능과의 공존이 대세로 다가온다는 것을 인정해야 한다. 그래야만 다른 상황에 대한 준비도 가능하기 때문이다. 다음으로 인공지능과의 긍정적인 파트너십을 어떻게 이끌어갈 것인가를 세부적으로 검토하고 마련해야 한다. 인간과 인공지능을 갖춘 기계인간의 결합에 의한 새로운 형태의 가족도 출현할 가능성도 상정하여 각종 제도를 준비하는 것도 필요하다. 거시적인 것부터 세부적인 것까지 또 다른 인간의 한 종류로서 인공지능의 기계인간을 맞이할 준비를 서둘러야 한다. 인공지능에 대한 공포심이나 터부시하는 자세는 버리고, 지금부터 인공지능을 우리 생활에 친밀한 부분으로 수용해야 한다. 일본에서는 어릴 때부터 도라에몽과 같은 로봇만화가 인기를 끌며, 어린이가 성인이 된 후에도 로봇에 대한 거부감이 없고 오히려 친숙도가 높아 세계적으로 로봇 산업이 활성화되고 있는 국가이다. 이와 같이 로봇과 인간의 친밀도를 높여가면서, 이를 토대로 인간 친화적인 인공지능 영역을 확대하여 상호 윈-윈 하는 전략을 수립해야 한다.

그동안 인간 역사에서 나타났듯이 이제는 새로운 시대의 새로운 도전에 대한 해답을 모색해야 한다. 다행스럽게도 지금까지는 인간이 인공지능을 장악하고 조종하고 있으며, 인공지능 역습에 대비할 시간적 여유가 어느 정도 남아 있다. 따라서 이제부터라도 인공지능이 인간 삶에 풍요로움을 더해 주면서도, 인간 고유의 정체성을 확립하는 방안을 강구해야 한다. 그래야만 앞으로 인간과 인공지능이 함께 어우러져 더욱 풍요롭고 질 높은 사회를 만들 수 있을 것이다.

참고문헌

감사원, 대학 교육역량 강화시책 추진실태 보고서, 2014. 4.
강희갑 외, 사회보장론, 양서원, 2013.
김경동, 사회학의 이론과 방법론, 박영사, 1989.
김경동, 현대의 사회학, 박영사, 1992.
김기삼·전정태, 사회학의 이해, 삼영사, 1997.
김선건 외, 새사회학통론, 형설출판사, 1996.
김영명, 제3세계 군부통치와 정치경제, 한울, 1984.
김영정(편), 집합행동과 사회변동, 현암사, 1988.
김윤태, 사회학의 발견, 새로운 사람들, 2007.
노길명 외, 문화인류학의 이해, 일신사, 2001.
동그라미재단, '기회불평등 2016: 생애 주기별 경험과 인식 조사' 연구.
박석돈 외, 사회복지개론, 양서원, 2015.
배규환, 미래사회학, 사회비평사, 1995.
변시민, 사회학개론, 박영사, 1989.
서용석 외, 사회학－인간사회의 구조와 변동, 그린, 1999.
신용하, 사회학의 성립과 역사사회학－오귀스트 콩트의 사회학 창설, 지식산업사, 2012.
심영희, 비판범죄론: 일탈과 통제의 분석, 법문사, 1987.
여성한국사회연구회, 여성과 한국사회, 사회문화연구소, 1998.
오갑환, 사회의 구조와 변동, 박영사, 1980.
오명근 외, 현대사회학이론, 삼영사, 1985.
유홍준, 직업사회학, 경문사, 2000.

윤덕중, 현대사회학, 형설출판사, 1994.
이광자 외, 21세기의 사회학, 학지사, 2000.
이종문 외, 인구와 자원, 한국방송통신대학교 출판부, 2001.
이호성, 현대 사회학의 이해, 보성, 2008.
장인협 외, 노인복지학, 서울대학교출판부, 1999.
장준호 외(편), 경제사회학, 나남, 1987.
전정태, 교육사회학, 문성출판사, 1986.
진덕규, 현대정치사회학이론, 삼영사, 1988.
최선화 외, 사회문제와 사회복지, 양서원, 2000.
통계청, 한국의 사회지표, 2015.
한상진(편), 계급이론과 계층이론, 문학과 지성사, 1984.
현승일, 사회학, 박영사, 2012.
홍두승 외, 사회계층계급론, 다산출판사, 2001.

Alland, Alexander, Jr., Evolution and Human Behavior: An Introduction to Darwinian Anthropology, Second edition, Garden City, N.Y.: Doubleday, 1973.
Allport, G. W. & I. J, Postmand, The Psychology of Rumor, N.Y.: Russell & Russell, 1965.
Anderson, Charles H., The Political Economy of Social Class, Englewood cliffs, N.J.: Prentice－Hall, 1974.
Anderson, P. Lineages of the Absolutist State, London: New Left Books, 1974.
Babble, Earl R., The Practice of Social Research, Belmont, Calif.: Wadsworth, 1979.
Baldridge, J. V., Sociology, N.Y.: Wiley, 1975.
Ballah, Robert N., Richard Madsen, William M. Sullivan, Ann Swidler, and Steven M. Tipton, Habits of the Heart: Individualism and Commitment in American Life, Berkeley: University of California Press, 1985.
Barash, David P., Sociobiolgy and Behavior, New York: Elsevier, 1977.
Bates, Daniel G. and Fred Plog, Human Adaptive Strategies, New York: Humanities Press, 1991.
Becker, H. S. and E. M. Lemert, Human Deviance, Social Problems and Social Control, Englewood Cliffs, N.J.: Prentice－Hall, 1967.
Bell, Daniel, The coming of Post－Industrial Society, New York: Basic Books, 1973.

Berger, Peter L., The Capitalist Revolution, New York: Basic Books, 1986.

Berkner, Lutz K., "The stem family and the developmental cycle of peasant household: an eighteenth-century Austrian example," American Historical Review 77, 1972.

Bickerton, Derek, Language and species, Chicago: University of Chicago Press, 1990.

Blau, Peter and Otis Dudley Duncan, The American Occupational Structure, N.Y.: Free Press, 1967.

Blau, Peter, Exchange and Power in Social Life, N.Y.: John Wiley & Sons, 1968.

Blumer, Herbert, "Collective Behavior," in Principles of Sociology, 2nd ed., A. M. Lee and H. Blumer(eds.), N.Y.: Bames & Noble, 1960.

Bollen, Kenneth, "Word system position, dependency and democracy: the cross-national evidence," American Sociological Review 48, 1983.

Burns, Edward McNall, Western Civilization, Volume 2, 8d ed., N.Y.: Norton, 1973.

Calhoun, Craig, The Question of Class Struggle, Chicago: University of Chicago Press, 1982.

Cameiro, Robert L, "Political expansion as an expression of the principle of competitive exclusion," In Ronald Cohen and Elman R. Service(eds.), Origins of the State. philadelphia: Institute for the Study of Human Issues, 1978.

Cameiro, Robert L., "Slash-and-burn cultivation among the Kuikuru and its implications for cultural development in the Amazon Basin," In Yehudi A. Cultural Present. Chicago: Aldine. 1968.

Cameron, Kenneth Neill, Humanity and Society: A World History, New York: Monthly Review Press, 1973.

Cavalli-Sforza, L. L., and M. W. Feldman. Cultural Transmission and Evolution, Princeton, N.J.: Princeton, University Press, 1981

Chambliss, William J., and Thomas E. Ryther, Sociology: The Discipline and Its Direction, N.Y.: McGraw-Hill, 1975

Chase-Dunn, Christopher, "The effects of international economic dependence on development and inequality: A cross-national study," American Sociological Review 40, 1975.

Chaudhuri, K. N. Trade and Civlization in the Indian Ocean Cambridge: Cambridge University Press, 1985.

Cherlin, Andrew J. Marriage, Divorce, Remarriage, Cambridge, Mass.: Harvard University Press, 1981.

Chirot, Daniel(ed.), The Origins of Backwardness in Eastern. Berkeley: University of California Press, 1989.

Chirot, Daniel, Social Change in the Twentieth Century, N.Y.: Harcourt Brace Jovanovich, 1977.

Clarke, william C. "From extensive to intensive shifting cultivation: a succession from New Guinea," Ethnology, 1966.

Cohen, G. A., Karl Marx's Theory of History: A Defence. Princeton, N.J.: Princeton University Press, 1978.

Cohen, Mark N., Roy S. Malpass, and Harod G. Klein(eds.), Bioscial Mechanisms of Population Regulation. New Haven: Yale University Press, 1980.

Cohen, Mark N. and George J. Armelagos, "Paleopathology at the origins of agriculture: editors' summation." In Mark N. Cohen and George J. Armelagos(eds.), Paleopathogy at the Origins of Agriculture, N.Y.: Academic Press, 1984.

Cohn, Norman, The Pursuit of the Millennium: Revolutionary Millenarians and Mystical Anarchists of the Middle Ages. Revised edition, N.Y.: Oxford University Press, 1970.

Collins, Ranadall, Conflict Sociology: Toward and Explanatory Science, N.Y.: Academic Press, 1975.

Collins, Randall and Scott Coltrane, Sociology of Marriage and the Family: Gender, Love and Property, 3rd ed., Chicago: Nelson-Hall, 1991.

Comte, Auguste, The Positive Philosophy of Auguste Comte, Translated by H. Martineau, N.Y.: P. Eckler, 1868.

Connah, Graham, African civilization, Cambridge: Cambridge University Press, 1987.

Cooley, Charles Horton, Human Nature and The Social Order, Rev. ed, N.Y.: Scribner, 1922.

Curtin, Philip D., Cross-Cultural Trade in World History, N.Y.: Cambridge University Press, 1984.

Dahrendorf, Ralf, "Out of Utopia: Toward a Reorientation of Sociological Analysis," American Journal of Sociology, Vol. 64, 1958.

Dahrendorf, Ralf, Class and Class Conflict in Industrial Society, Stanford, Calf.:

Stanford University Press, 1959.

Daly, Martin and Margo Wilson, Sex, Evolution and Behavior, North Scituate, Mass.: Duxbury Press, 1978.

Davis, Howard, and Richard Scase, Western Capitalism and State Socialism: An Introduction, Oxford: Black-well, 1985.

Divale, William Tulio and Marvin harris, "Population, warfare, and the male supremacist complex," American Anthro-pologist 78, 1976.

Djilas, Milovan, The New Class An Analysis of the Communist System, N.Y.: Praeger, 1957.

Dore, Ronald, The Diploma Disease: Education, Qualification and Development, Berkeley: University of California Press, 1976.

Duby, Georges, Rural Economy and Country Life in the Medieval West. Translated by Cynthia Postan, Columbia: University of South Carolina Press, 1968.

Durkheim, E., Suicide, Translated by J. A. Spaulding and G. Simpson and edited by G. Simpson, Glencoe Ill.: Free Press, 1951.

Durkheim, Emile, The Elementary Forms of the Religious Life, N.Y.: Free Press(Originally published 1912). 1965.

Earle, Timothy(ed.), Chiefdoms: Power, Economy, and Ideolgy. N.Y.: Cambridge University Press, 1991.

Ekholm, Kajsa. "On the structure and dynamics of global systems,," In J. S. Kahn and J. R. Llobera(eds.), The Anthropology of Precapitalist Societies, London: Macmillan Press, 1981.

Elkin, F. & G. Handel, The Child and Society: The Process of Socialization, N.Y.: Random House, 1972.

Elster, Jon, Making Sense of Marx, Cambridge: Cambridge University Press, 1985.

Elvin, Mark, The Pattern of the Chinese Past, Stanford, Calif.: Stanford University Press, 1973.

Engels, Frederick, The origin of the Family, Private Property and the Sate, Edited by Eleanor Burke Leacock, N.Y.: International Publishers(Originally Published, 1884), 1970.

Erikson, Erik H., "Youth, Fidelity and Diversity," in Youth: Change and Challenge, Erik H. Erikson(ed.), N.Y.: Basic Books, 1963.

Fagan, Brian M., People of the Earth: An Introduction to World Prehistory, 6st ed., Glenview, Ill.: Scott, Foresman, 1989.

Farb, Peter, Man's Rise to Civilization, Revised edition, N.Y.: Bantam Books, 1978.

Farley, Reynolds and Walter R. Allen, The Color Line and the Quality of Life in America, N.Y.: Russell Sage Foundation, 1987.

Federico, R., Sociology, Reading, Mass.: Addison-Wesley, 1975.

Firestone, Shulamith, The Dialectic of Sex: The Case for Feminist Revolution, N.Y.: Morrow, 1970.

Fogel, Robert William and Stanley L. Engerman, Time on the Cross: The Economics of American Negro Slavery, Boston: Little, Brown, 1974.

Fogel, Robert William, Without Consent or contract: The Rise and Fall of American Slavery, N.Y.: Norton, 1989.

Freud, Sigmund, An Outline of Psychoanalysis, Translated by J. Strachey, N.Y.: W. W. Norton, 1949.

Friedl, Emestine, Women and Men: An Anthropologist's View, N.Y.: Holt, Rinehart and Winston, 1975.

Friedman, Debra and Michael Hechter, "The contribution of national choice theory to macrosociological research," Sociological Theory, 1988.

Furniss & Tilton, T., The Case for the Welfare State From Sacial Security to Social Equality, Bloomington: Indiana University Press, 1979.

Galbraith, John Kenneth, American Capitalism: The Concept of Countervailing Power, Boston: Houghton Mifflin, 1952.

Galtung, Johan, Tore Heiestad and Erik Rudeng, "On the decline and fall of empires: the Roman Empire and Western imperialism compared," Review 4, 1980.

Gardner, Peter, "Foragers' pursuit of individual autonomy," Current Anthropology 32, 1991.

Gardner, R. A., and B. T. Gardner, "Teaching sign language to a chimpanzee," Science 165, 1969.

Geertz, Clifford, Agricultural Involution: The Processes of Ecological Change in Indonesia, Berkeley: University of California Press, 1963.

Gellner, Ernest, Nations and Nationalism, Oxford: Blackwell, 1983.

Gendron, Bernard, Technology and the Human Condition, N.Y.: St. Martin's Press,

1977.

Genovese, Eugene D., The Political Economy of Slavery, N.Y.: Random House (Vintage Books), 1965.

Gershenkron, Alexander, Economic Backwardness in Historical Perspective, Cambridge, Mass.: Harvard University Press, 1962.

Giddens, Anthony, The Class Structure of the Advanced Societies, N.Y.: Harper & Row, 1973.

Giddens, Anthony, Sociology, Cambridge: Polity Press, 1992.

Giddens, Anthony, and David Held(eds.), Classes, Power and Conflict: Classical and Contemporary Debates, Berkeley: University of California Press, 1982.

Goldstein, Joshua S., Long Cycles: Prosperity and War in the Modern Age, New Haven: Yale University Press, 1988.

Goldstone, Jack A., Revolution and Rebellion in the Early Modern World, Berkeley: University of California Press, 1991.

Goldthorpe, John H., "Social stratification in industrial society," In Reinhard Bendix and Seymour Martin Lipset(eds.), Class, Status, and Power: Social Stratification in Comparative Perspective, 2nd ed., N.Y.: Free Press, 1966.

Haas, Jonathan, The Evolution of the Prehistoric State, N.Y.: Columbia University Press, 1982.

Hall, Edward T., The Silent Language, Greenwich, Conn.: Fawcett, 1959.

Hall, John A., Powers and Liberties: The Causes and Consequences of the Rise of the West, Berkeley: University of California Press, 1985.

Hallpike, C. R., The Principles of Social Evolution, Oxford: Clarendon Press, 1986.

Halsey, A. H., A. F. Heath and J. M. Ridge, Origins and Destinations: Family, Class and Education in Modern Britain, Oxford: Clarendon Press, 1980.

Hamilton, Roberta, The Liberation of Women: A Study of Patriarchy and Capitalism, London: Allen and Unwin, 1978.

Hardin, Garrett, "The tragedy of the commons," Science 162, 1968.

Harmer, Michael J., "Population pressure and the social evolution of agriculturalists," Southwestern Journal of Anthropology 26, 1970.

Harris, David R., "Alternative pathways toward agriculture," In Charles A. Reed(ed.), Origins of Agriculture, The Hague: Mouton, 1977.

Hartmann, Heidi, "Capitalism, patriarchy, and job segregation by sex," In Zillah R. Eisenstein(ed.), Capitalist Patriarchy and the Case for Socialist Feminism, N.Y.: Monthly Review Press, 1979.

Hatch, Elvin, Culture and Morality: The Relativity of Values in Anthropology, N.Y.: Columbia University Press, 1983.

Hechter, Michael(ed.), The Microfoundations of Macrosociology, Philadelphia: Temple University Press, 1983.

Hennessey, Bernard, Public Opinion, North Scituate, Mass: Duxbury, 1975.

Henry, Donald O., From foraging to Agriculture: The Levant at the End of the Ice Age, Philadelphia: University of Pennsylvania Press, 1989.

Henslin, J. M., Sociology: A Down−to−Earth Approach, Boston: Allyn and Bacon, 1995.

Hill, Christopher, "The transition from feudalism to capitalism," Science and Society 17, 1953.

Hilton, Rodney(ed.), The Transition from Feudalism to Capitalism, London: New Left Books, 1976.

Hodges, H. M. Jr., Conflict and Consensus, N.Y.: Harper and Row, 1974.

Hodges, Richard, Primitive and Peasant Markets, Oxford: Blackwell, 1988.

Hoffer, E., The True Believer, N.Y.: New American Library, 1958.

Holton, Robert J., The Transition from Feudalism to Capitalism, N.Y.: St. Martin's Press, 1985.

Homans, George C., Social Behavior: Its Elementary Forms, N.Y.: Harcourt, Brace and World, 1961.

Ingold, Tim, Evolution and Social Life, Cambridge: Cambridge University Press, 1986.

Johnson, Allen W., and Timothy Earle, The Evolution of Human Societies: From Foraging Group to Agrarian State, Stanford, Calif.: Stanford University Press, 1987.

Jones, E. L., Growth Recurring: Economic Change in World History, Oxford: Clarendon Press, 1988.

Jowitt, Kenneth, New World Disorder: The Leninist Extinction, Berkeley: University of California Press, 1992.

Kluckhohn Clyde, Mirror for Man: The Relation of Anthropology to Modern Life,

N.Y.: Whittleysey House, 1949.

Kornai, Janos, The Socialist System: The Political Economy of Communism, Princeton, N.J.: Princeton University Press, 1992.

Kuhn, Annette, and AnnMarie Wolpe(eds.), Feminism and Materialism: Women and Modes of Production, London: Routledge and Kegan Paul, 1978.

Kumar, Krishan, "The revolutions of 1989: socialism, capitalism and democracy," Theory and Society 21, 1992.

Landes, David S., The Unbound Prometheus: Technological Change and Industrial Development in Western Europe from 1750 to the Present, N.Y.: Cambridge University Press, 1969.

Langton, John, "Darwinism and the behavioral theory of sociocultural evolution: an analysis," American Journal of Sociology 85, 1979.

Lapidus, Gail Warshofsky, "Social trends," In Robert F. Bynes(ed.), After Breshnev: Sources of Soviet Conduct in the 1980s, Bloomington: Indiana University Press, 1983.

Laslett, Peter, Family Life and Illicit Love in Earlier generations, Cambridge: Cambridge University Press, 1977.

Leacock, Eleanor B. and Helen I. Safa(eds.), Women's Work: Development and the Division of Labor by Gender, South Hadley, Mass.: Bergin and Garvey, 1986.

Leacock, Eleanor B. and Richard B. Lee(eds.), Politics and History in Band Societies, N.Y.: Cambridge University Press, 1982.

Lee, Richard B., "Primitive communism and the origin of social inequality," In Steadman Upham(ed.), The Evolution of Political Systems: Sociopolitics in Small- Scale Sedentary Societies, N.Y.: Cambridge University Press, 1990.

Leiby, J., "Moral Foundations of Social Welfare and Social Work: A Historical View: Social Work, Vol, 30, No. 4. 1985.

Lenski, Gerhard E. and Jean Lenski, Human Societies: An Introduction to Macrosociology, 3rd edition, N.Y.: McGraw-Hill, 1978.

Lenski, Gerhard, Power and Privilege A theory of Social Stratification, N.Y.: McGraw-Hill, 1966.

Lijphart, Arend, Democracy in Plural Societies, New Haven: Yale University Press, 1977.

Linton, Ralph, The Study of Man, N.Y.: D. Appleton Century, 1936.

Lopreato, Joseph, Human Nature and Biocultural Evolution, Winchester, Mass.: Allen and Unwin, 1984.

MacNeish, Richard, The Science of Archaeology, North Scituate, Mass.: Duxbury Press, 1978.

Mandelbaum, David G., Women's Seclusion Men's Honor: Sex Roles in North India, Bangladesh and Pakistan, Tucson: University of Arizona Press, 1988.

Mann, Michael, The Sources of Social Power, Volume 1: A History of Power from the Beginning to A.D. 1970, Cambridge University Press, 1986.

Marger, M, N., "The Mass Media as a Power Institution," in S. J. Ferguson(ed.), Mapping the Social Landscape, N.Y.: McGraw−Hill, 2005.

Marx, Karl, Karl Marx: Early Writings, Edited by Tom Bottomore, N.Y.: McGraw−Hill(Originally Published, 1867), 1963.

Marx, Karl, Selected Writings in Sociology and Social Philosophy, Trans−lated by T. B. Bottomore and M. Rubel(eds.), London: Watts, 1956.

Maryanski, Alexandra and Jonathan H. Turner, The social Cage: Human Nature and the Evolution of Society, Stanford, Calif.: Stanford University Press, 1992.

Mead, George, and H. Mind, Self and Society, Chicago: University of Chicago Press, 1934.

Merton, R. K., Social Theory and Social Structure, Glencoe, Free Press, 1957.

Michaels, Robert, Political Parties: A Sociological Study of the Oligarchical Tendencies of Modern Democracy, translated by Eden and Cedar Paul, N.Y.: Collier, 1962.

Miliband, Ralph, Marxism and Politics, Oxford: Oxford University Press, 1977.

Moore, Barrington, Jr., Social Origins of Dictatorship and Democracy, Boston: Beacon Press, 1966.

Moore, Wilbert E., Social Change, Englewood Cliffs, N.J.: Prentice−Hall, 1963.

Ogburn William F., Social Change: With Respect to Culture and Original Nature, N.Y.: B.W. Huesh, 1930.

Ortner, Sherry, "Is female to male as nature is to culture?" In Michelle Zimbalist Rosaldo and Louise Lamphere(eds.), Woman, Culture and Society, Stanford, Calif.: Stanford University Press, 1974.

Ossowski, Stanislaw, "Different Conceptualizations in Social Class," in Class, States and Power: Social Straitfication in Comparative Perspective, Reinhard Bendix and S. M, Lipset(eds.), N.Y.: Free Press, 1966.

Parkin, Frank, Class Inequality and Political Order: Social Stratification in Capitalist and Communist Societies, N.Y.: Holt, Rinehart and Winston, 1971.

Parkinson, Cyril Northcote, Parkinson's Law: The Pursuit of Progress, London: John Murray, 1958.

Parsons, Talcott, Structure and Process in Modern Societies, Glencoe: Free Press, 1960.

Parsons, Talcott, The Structure of Social Action, N.Y.: McGraw−Hill, 1937.

Phillips, Kevin, The Politics of Rich and Poor, N.Y.: Random House, 1990.

Piaget, Jean, The Principles of Genetic Epistemology, Translated by Wolfe Mays, N.Y.: Basic Books, 1973.

Plattner, Stuart(ed.), Economic Anthropology, Stanford, Calif.: Stanford University Press, 1989.

Price, T. Douglas and James A. Brown(eds.), Prehistoric Hunter−Gatherers, SanDiego: Academic Press, 1985.

Rex, John and David Mason(eds.), Theories of Race and Ethnic Relations, Cambridge: Cambridge University Press, 1986.

Ritzer et al., Sociology, Boston: Allyn and Bacon, 1979.

Ritzer, George, Contemporary Sociological Theory and Its Classical Roots: The Basics, Second Edition, 2003.

Ritzer, George, Sociological Theory, 3rd edition, N.Y.: Knopf, 1992.

Robertson, Roland, The Sociological Interpretation of Religion, N.Y.: Schocken Books, 1970.

Sanderson, Stephen K., "Religion, politics and morality: a study of religious and political belief systems and their relation through Kohkberg's cognitive−developmental theory of moral judgement," Unpublished Ph.D. Dissertation, Lincoln: University of Nebraska, 1973.

Schneider, E. V., Industrial Sociology: The Social Relations of Industry and the Community, N.Y.: McGraw−Hill, 1957.

Sennett, Richard, The Fall of Public Man, N.Y.: Random House(Vintage Books), 1976.

Shahar, Shulamith, Childhood in the Middle Ages, N.Y.: Routledge, 1990.

Skidmore & Thackeray, M. G., Introduction to Social Work. 3rd ed., Englewood Cliffs, N.J.; Prentice—Hall, Inc. 1982.

Skidmore, Thomas E., and Peter H. Smith, Modern Latin America, 2nd edition, N.Y.: Oxford University Press, 1989.

Smelser, Neil J., The Theory of Collective Behavior, N.Y.: Free Press of Glencoe, 1963.

Smith, Anthony D., The Concept of Social change, London: Routledge and Kegan Paul, 1973.

Smith, Anthony D., The Ethnic Revival, Cambridge: Cambridge University Press, 1981.

Sorokin, Pitrim A. The Crisis of Our Age: The Social and Cultural Outlook, N.Y.: E.P. Dutton, 1941.

Spencer, Herbert, Principle of Sociology, N.Y.: D. Appleton and Co., 1956.

Steinmo, Sven, "Social democracy vs. socialism: goal adaptation in social democratic sweden," Politics and Society 16, 1988.

Sumner, William, G., Folkways, A Study of Sociological Importance of Usages, Manners, Customs, Mores, and Morals, Boston: Ginn and Co, 1940.

Sutherland E. H. and D. R. Cressey, Criminology, 8th ed., Philadelphia: Lippincott, 1970.

Tainter, Joseph A., The Collapse of Complex Societies, N.Y.: Cambridge University Press, 1988.

Therborn, Goran, "The rule of capital and the rise of democracy," New Left Review 103, 1977.

Toennis, Ferdinand, Community and Society, 1st ed., East Lansing: Michigan State University Press, 1959.

Toynbee, Anold, A Study of History, Abridgement of volumes 1—6, by D.C. Somervell, London: Oxford University Press, 1946.

Trivers, Robert, Social Evolution, Menlo Park, Calif.: Benjamin/Cummings, 1985.

Truker, Robert C.(ed.), The Marx—Engels Reader, Second edition, N.Y.: Norto, 1978.

Turner, Bryan S. Religion and Social Theory: A Materialist Perspective, London: Heinemann, 1983.

Turner, Ralph and I. M. Killian, Collective Behavior, 3rd ed., Englewood Cliffs, N.J.: Prentice—Hall, 1987.

Tyler, E. B., Primitive Culture, London: J. Murray, 1871.

Van de Berghe, Pierre I., Age and Sex in Human Societies: A Biosocial Perspective, Belmont, Calif.: Wadsworth, 1973.

Van den Berghe, Pierre L., Race and Racism: A Comparative Perspective, N.Y.: Wiley, 1967.

Vander Zanden, J. W., Sociology: The Core, 3rd ed.(New York: McGraw-Hill, 1993).

Veblen, Torstein, The Place of Science in Modern Civilization, N.Y.: W.B. Huebuch, 1919.

Wagar, W. Warren, A Short History of the Future, Second edition, Chicago: University of Chicago Press, 1992.

Wallace, Anthony, F. C., Religion: An Anthropological View, New York: Random House, 1966.

Weber, Max, "Bureaucracy," in Economy and Society: An Outline of Interpretive Sociology, Translated by E. Fischoff and others, G. Roth and C. Wittich(eds.), Vol.3, N.Y.: Bedminster Press, 1968.

Weber, Max, General Economic History, with an Introduction by Ira J. Cohen., New Brunswick, N.J.: Transaction Books, 1927.

Weber, Max, The Protestant Ethic and the Spirit of Capitalism, Translated by T. Parsons, N.Y.: Scribner, 1958.

Winch, Robert F., Familial Organization, N.Y.: Free Press, 1977.

Woolfson, Charles, The Labour Theory of Culture, London: Routledge & Kegan Paul, 1982.

Yinger, J. Milton, "Contra culture and Subculture," American Sociological Review, Vol. 25, 1960.

Yinger, J. Milton, The Scientific Study of Religion, N.Y.: Macmillan, 1970.

찾아보기

ㄴ

ㄷ

ㅇ

[저자 약력]

권 원 기

경희대학교 행정학과 졸업
경희대학교 대학원 행정학과 졸업(행정학 박사)
신한대학교 공법행정학과 교수(현)
한국소비자연맹 경기·의정부회장(전)
경기도 지방자치단체 평가위원(전)
의정부시 성과평가위원장(현)

주요 저서

현대사회와 행정(공저, 2002, 대영문화사)
우리가족 경제코드는 신용부자(2003, 평단문화사) 등 다수

사회학 이해

초판인쇄 2019년 2월 20일
초판발행 2019년 2월 28일

지은이 권원기
펴낸이 김중용

총괄기획 박노일·최준규
편 집 심성보·김인숙

펴낸곳 도서출판 정독

경기도 파주시 책향기로 441, 1004동 1004호(동패동, 책향기마을)
등록 제406-2014-000093호

전 화 070)7550-3758 팩 스 02)718-8554
홈페이지 www.jeongdok.co.kr 이메일 pnc@pncmedia.co.kr
ISBN 979-11-89675-03-5 93330

정 가 23,000원